普通高等教育经管类系列教材

财务报表分析

第 2 版

胡文献　陈凤钦　衣长军　**编著**

机械工业出版社

财务报表分析是个人投资、公司理财、商业借贷以及公司价值评估的重要工具。本书分为四篇，即基本理论与方法篇、宏观分析篇：理论与方法、微观分析篇：财务能力评价、财务预测篇。作者从中小股东的视角，以挖掘企业持续盈利能力为使命，围绕财务报表分析的步骤展开各篇章论述，将财务信息、会计分析和经营环境评估融为一体，力争实现财务报表分析理论与投资实务的完美结合。

书中案例大多与投资者的切身利益密切相关，书中内容无论是财务报表理论的进一步拓展，还是财务数据的运用和案例的分析，都始终坚持客观性原则，使评价更为中肯，财务预测也更为准确。

本书不仅适合普通高等院校专业会计硕士（MPAcc）、工商管理硕士（MBA）、财务管理和会计学专业高年级的本科生使用，也可供财会从业人员、证券投资人士参考。

图书在版编目（CIP）数据

财务报表分析 / 胡文献，陈凤钦，衣长军编著 . —2 版 . —北京：机械工业出版社，2023.7
普通高等教育经管类系列教材
ISBN 978-7-111-73450-5

Ⅰ.①财… Ⅱ.①胡…②陈…③衣… Ⅲ.①会计报表-会计分析-高等学校-教材 Ⅳ.①F231.5

中国国家版本馆 CIP 数据核字（2023）第 121119 号

机械工业出版社（北京市百万庄大街22号　邮政编码100037）
策划编辑：曹俊玲　　　　　　　责任编辑：曹俊玲　马新娟
责任校对：张爱妮　王　延　　　责任印制：常天培
北京机工印刷厂有限公司印刷
2023 年 11 月第 2 版第 1 次印刷
184mm×260mm · 20.25 印张 · 502 千字
标准书号：ISBN 978-7-111-73450-5
定价：63.80 元

电话服务　　　　　　　　网络服务
客服电话：010-88361066　机　工　官　网：www.cmpbook.com
　　　　　010-88379833　机　工　官　博：weibo.com/cmp1952
　　　　　010-68326294　金　书　网：www.golden-book.com
封底无防伪标均为盗版　机工教育服务网：www.cmpedu.com

前　言

　　财务报表分析既是普通高等院校财务管理、会计学专业的专业基础课，也是对财务会计专业知识的综合运用。通过对本书的学习，读者能够准确地理解公司的商业模式、竞争战略、财务战略及财务数据的本质，从而利用财务数据做出正确的决策。

　　本书选取的案例大多与投资者的利益密切相关，并且具有典型性与时代性，能让读者产生共鸣。

　　案例中涉及的企业，大多为我国当下一流企业，且多是高端制造业的典范，是国家产业结构转型成功的优秀代表。

本书概要

　　第一篇是基本理论与方法篇，包括第一章财务报告有用性、第二章财务报表分析基础和第三章财务报表分析步骤。

　　第一章沿着"自夸→验证→疑问→根源"的逻辑，全面而系统地论述财务报告的有用性。由自夸开始，对财务报告能满足利益相关者信息诉求进行定性描述，指出了管理者角色的特殊性和最重要的财务报告使用者即中小股东，界定了中小股东与其他利益相关者的信息诉求关系，即后者是前者的某一个子集或者几个子集。接着进行验证——在理论上通过财务报告有用的一个模型、个人理性投资决策分析、个人决策模型给予说明，在实践上通过股票市场来论证。再之后是疑问——人们通常认为财务报告无用的原因。最后到根源——财务信息是解决公司制下逆向选择和道德风险的重大制度设计。

　　第二章沿着"财务报告'生产'过程→财务报告体系→基本财务报表→财务报表分析方法→财务报表分析范式"的逻辑，从界定财务报告"生产"过程开始，然后是产成品（财务报告体系），再到一套报表（合并报表和母公司报表的重要性比较），之后是财务报表分析方法的汇总，最后提出了财务报表分析范式，并界定了经营动因分析范式的定义及其重要性。

　　第三章沿着"财务报表分析步骤→分析着力点：会计分析与经营环境评估——经营环境评估是形成财务数据预期的起点和财务数据异动分析的重要来源"的逻辑，描述了财务报表分析的步骤，指出了会计分析的结果决定重要财务数据调整和财务数据分析的必要性，并提出了经营环境评估是财务数据分析的起点和财务数据异动分析的来源。

　　第二篇是宏观分析篇：理论与方法，包括第四章财务报表与持续盈利能力、第五章财务报表结构与趋势分析。

　　本篇沿着"理论→报表→实践"的逻辑，从理论上界定了财务报表中影响公司持续盈利能力的关键项目与机制，从实践上进一步验证了理论上的界定。首先是理论——分析报表中与持续盈利能力密切相关的重要因素，指出了影响公司持续盈利能力的一些内在机制。然后是报表——资产负债表、利润表和现金流量表，通过理论与数据论述影响公司持续盈利能力的关键因素与机制。其中，利润表直观揭示了公司的持续盈利能力，公司股价对盈利信息的反应也更为直观，主营业务利润和核心业务利润是其决定性因素，但是如何判定主营业务利润的持续性是一个难点；在现金流量表中，投资活动产生的现金流量展示了公司扩张的信息，经营活动产生的现金流量在一定程度上佐证了扩张成功的可能性，但如何佐证扩张成功是一个难点；资产负债表是投融资报表，除了显性财务信息，更有公司未来的重要信息隐藏其中。最后是实践——运用财务报表结构与趋势的分析方法，以我国上市公司为例，从教科书层面完美地揭示了财务数据在股票投资决策中的有用性。

第三篇是微观分析篇：财务能力评价，包括第六章流动性能力分析、第七章资产管理能力与财务弹性、第八章盈利能力与公司估值和第九章财务报表综合分析方法。

第六章沿着"供应链财务能力→流动性能力→指标与数据的深度融合"的逻辑，描述了各类财务能力指标之间的关系，将其界定为供应链财务能力，提出了动态循环财务能力评估理论，将财务能力划分为三大类：流动性能力、资产管理能力和盈利能力，并通过与之相关的应用展开论述。流动性能力分析不仅对流动性指标在理论与实践运用上做了系统而全面的梳理，而且在理论上做了一些拓展，并给予数据支撑。

第七章沿着"OPM（Other People's Money）战略的界定→存货周转率和应收账款周转率深度解析→OPM战略约束条件：财务弹性"的逻辑，界定了OPM战略的衡量标准：广义和狭义现金周转期，提出了其约束条件：财务弹性。本章对存货周转率和应收账款周转率在理论上做了深入分析与拓展，提出了两个指标运用的前提条件与失效点，并进行了不同场景下的推理。

第八章沿着"通用盈利能力指标→每股收益（EPS）/每股净资产（BVPS）深度剖析→市盈率（PE）和市净率（PB）理论及其在实践运用的关键→不同人对财务指标的认知差异"的逻辑，简要阐述了常用盈利能力指标的内涵及其运用，重点分析了EPS中"每"的内涵与稀释性，以及BVPS的内涵及其运用，更为系统地解析了决定PE和PB在公司估值时的关键变量和这些变量在公司估值中的变化、两者的组合及其与ROE（股东权益报酬率）的关系，并比较了PE和PB在全球主流股票市场上的差异。

第九章沿着"财务报表综合分析方法汇总→传统杜邦体系因素排序的判定标准→通用报表和管理用报表下杜邦财务体系的重构"的逻辑，在讲述财务报表综合分析方法的基础上，重点对杜邦财务分析方法进行了系统分析、评价、运用和理论上的拓展，提出了因素排序的判定标准，在通用报表和管理用报表下分别重构以EPS为中心的杜邦体系，将现金流信息、管理会计信息、经营负债杠杆效应等分别融入相应的改进体系。

第四篇是财务预测篇，包括第十章财务报表的数据特征分析、第十一章财务报表之间的逻辑关联、第十二章财务预测与可持续增长。

本篇沿着"财务数据的诸多内在特征→财务数据的逻辑关联→财务预测"的逻辑，帮助决策者预测公司未来持续盈利的能力。前两章有利于分析者做出更为合理的假设，提高财务预测的准确性，然后以我国上市公司为例，预测公司的财务报表与持续盈利能力，并对四年前该公司预测数据产生的偏差进行了分析与说明。

前　言

读者对象

本书不仅适合普通高等院校专业会计硕士（MPAcc）、工商管理硕士（MBA）、财务管理和会计学专业的高年级本科生使用，也可供财会从业人员、证券投资人士参考。

由于编者学识有限，书中难免有不当之处，恳请广大读者批评指正。

使用说明

本书理论比较强的章节用"*"标注，并给出以下建议：会计专业硕士和工商管理硕士掌握，财务管理、会计学专业的本科生略过，实业界人士灵活安排。书中案例分析大多只提供了分析思路，有兴趣的读者可向编者索取案例的具体分析过程。为了让读者更好地理解各章有关内容，书中穿插了一些"阅读材料"。为了让读者巩固所学知识，每章都提供了思考题和判断题。考虑到公开信息中有关财务指标的计算已经很多，本书没有单独编写计算题，由授课教师根据教学需要自行安排。

研究生和本科生使用本书时，专业会计硕士、工商管理硕士略过第二章、第五章和第十二章，兼顾第三章中会计分析与经营环境评估的内容；本科生从第二章开始阅读，兼顾第一章，然后再按各章节顺序学习，略过标注"*"的章节。

本书配有丰富的教学资源，如电子课件、课后判断题参考答案、教案、教学大纲等，供选用本书作为教材的授课教师参考。需要者请登录机械工业出版社教育服务网（www.cmpedu.com）注册后免费下载。

致谢

本书反映了编者对找寻持续盈利能力公司应具有财务特征的思考和研究，是在编者教授十多年"财务报表分析"课程的基础上完成的，是对十多年授课经验的总结。本书有对前辈们知识的继承，吸收了大量国内外同行专著、教材的精华，也有对现有财务报表分析理论的再思考。

感谢厦门大学傅元略教授、王荔红教授对本书框架提出的宝贵意见。感谢北京航空航天大学张卫方教授为本书提出的数据分析建议。感谢中南财经政法大学康均副教授和华侨大学刘金雄副教授对本书框架提出的建设性修订建议。感谢华侨大学陈金龙教授、金式容教授对本书再版提供的无私帮助和提出的中肯修订建议。感谢华侨大学曾路教授的鼓励，让我们对教学始终心存敬畏。感谢华侨大学万文海教授的督促，使得本书再版得以提前。感谢西南财经大学石琦硕士研究生为本书搜集并处理了大量数据。感谢证券投资专业人士的宝贵意见，与他们的深入交流与讨论，使我们受益匪浅。

感谢华侨大学邹文兵博士精心为本书设计了封面。

编著者

目　录

前　言

第一篇　基本理论与方法篇

第一章　财务报告有用性 ... 2
- 第一节　财务报告使用者的信息诉求 ... 4
- 第二节　财务报告信息的决策相关性* ... 7
- 第三节　财务报告有用性的现实障碍与逻辑推理的缺陷 ... 15
- 第四节　财务信息的重要用途* ... 18
- 思考题 ... 19
- 判断题 ... 20

第二章　财务报表分析基础 ... 21
- 第一节　财务报告加工过程 ... 22
- 第二节　财务报告体系 ... 23
- 第三节　基本财务报表 ... 29
- 第四节　合并报表与母公司报表* ... 38
- 第五节　通用财务报表分析方法 ... 42
- 第六节　财务报表分析范式 ... 55
- 思考题 ... 56
- 判断题 ... 56

第三章　财务报表分析步骤 ... 58
- 第一节　财务报表分析步骤概述 ... 59
- 第二节　会计分析与经营环境评估* ... 62
- 思考题 ... 74
- 判断题 ... 74

第二篇　宏观分析篇：理论与方法

第四章　财务报表与持续盈利能力 ... 78
- 第一节　持续盈利能力的界定* ... 79
- 第二节　资产负债表与持续盈利能力 ... 81
- 第三节　利润表与持续盈利能力 ... 93

第四节 现金流量表与持续盈利能力 ·· 100
第五节 资产负债表、利润表和现金流量表的勾稽关系 ···························· 106
第六节 不同利益相关者视角下财务报表的重要性比较 ···························· 109
思考题 ·· 110
判断题 ·· 111

第五章 财务报表结构与趋势分析 113

第一节 财务报表结构与趋势分析概述 ·· 115
第二节 资产负债表结构与趋势分析 ··· 117
第三节 利润表结构与趋势分析 ·· 129
第四节 现金流量表结构与趋势分析 ··· 133
思考题 ·· 140
判断题 ·· 141

第三篇 微观分析篇：财务能力评价

第六章 流动性能力分析 144

第一节 各类财务能力的关系与动态循环财务能力评估* ························ 145
第二节 流动性概述 ·· 147
第三节 短期债务偿还能力分析 ·· 148
第四节 长期债务偿还能力分析 ·· 161
第五节 短期债务偿还能力与长期债务偿还能力的关系 ························· 171
思考题 ·· 172
判断题 ·· 173

第七章 资产管理能力与财务弹性 174

第一节 资产管理能力分析概述 ·· 175
第二节 OPM 战略与财务弹性 ·· 176
第三节 其他计量资产管理能力的指标 ·· 193
第四节 资产管理能力与其他类别财务能力的关系 ······························ 196
思考题 ·· 196
判断题 ·· 197

第八章 盈利能力与公司估值 198

第一节 盈利能力与公司估值概述 ··· 199
第二节 应计制下盈利能力指标分析 ··· 200
第三节 现金制下盈利现金流量指标分析 ·· 206
第四节 以盈利为基础的公司估值指标分析 ······································· 208
第五节 不同视角下财务指标重要性的比较分析 ·································· 232
思考题 ·· 234
判断题 ·· 236

第九章 财务报表综合分析方法 238

第一节 财务报表综合分析方法概述 ··· 239

第二节　财务报表综合分析方法介绍 ……………………………………………… 241
思考题 …………………………………………………………………………………… 258
判断题 …………………………………………………………………………………… 258

第四篇　财务预测篇

第十章　财务报表的数据特征分析* 262
第一节　财务数据的"正确性" ………………………………………………………… 263
第二节　财务数据的若干特征 ………………………………………………………… 264
思考题 …………………………………………………………………………………… 275
判断题 …………………………………………………………………………………… 275

第十一章　财务报表之间的逻辑关联* 276
第一节　财务报表之间的逻辑关联概述 ……………………………………………… 277
第二节　财务报表之间的逻辑关联分析 ……………………………………………… 278
思考题 …………………………………………………………………………………… 284
判断题 …………………………………………………………………………………… 286

第十二章　财务预测与可持续增长 287
第一节　预测准确性的决定因素 ……………………………………………………… 288
第二节　财务预测与可持续增长理论 ………………………………………………… 289
第三节　预测财务报表与可持续增长能力的运用 …………………………………… 293
思考题 …………………………………………………………………………………… 315
判断题 …………………………………………………………………………………… 315

参考文献 316

第一篇
基本理论与方法篇

第一章　财务报告有用性
第二章　财务报表分析基础
第三章　财务报表分析步骤

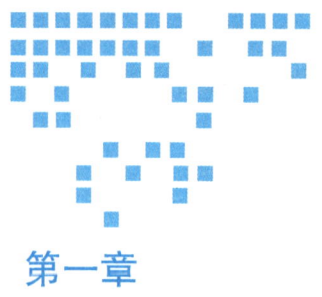

第一章

财务报告有用性

■ **本章提要**

本书由基本理论与方法篇、宏观分析篇：理论与方法、微观分析篇：财务能力评价、财务预测篇构成，由财务报告有用性开启本书学习之旅。

本章首先定性描述了不同利益相关者的信息诉求，指出了中小股东核心信息诉求是企业的持续盈利能力，界定了股东信息诉求与其他利益相关者信息诉求之间的关系，明确了管理者角色的特殊性。然后，运用贝叶斯定理，分析了一个理性投资者在财务报告的影响下的理性决策与调整过程，简要模拟了一个理性投资者运用财务信息做出决策的过程。接着扼要介绍了会计数据与股票价格的相关性，并对我国上市公司股价的总体表现进行了描述性统计，进一步验证了我国财务数据的有用性。提及了财务报告有用性的现实障碍。最后论述了财务信息在现实生活中的一个重要用途：减少和降低公司制下由于信息不对称产生的逆向选择和道德风险。

■ **展望**

第二章和第三章描述了财务报表分析的基础与分析步骤。第四章至第十二章介绍了财务数据分析和财务预测。

◆ **章首案例**

通常认为，财务报表分析与财务报表产生的历史是一致的，财务报表为财务报表分析提供了载体，现实生活中财务报表分析的需要促进了财务报表的产生与完善。

一般认为财务报表分析产生于 19 世纪末 20 世纪初。美国南北战争之后，其国内经济步入快速扩张期，出现了修建铁路的热潮，大型股份有限公司也由此诞生，其资金主要来源于股票市场。铁路的繁荣带动美国经济和证券市场出现了短暂繁荣，但是好景不长，美国陷入经济危机，引发了大量企业破产，那时银行贷款成为其主要救助资金来源，并且在企业资金来源中的比重逐步增加。

信用分析是早期财务报表分析的主要目的及内容。最早的财务报表分析主要是为银行服务的信用分析，并由银行家倡导。银行主要评估企业信用和还贷能力，确保该贷款的安全性。这时，银行主要以企业经营者个人信用作为评估贷款发放的标准，但是个人信用已经难以应对这种日益复杂且规模不断扩大的企业组织形式，迫切需要分析企业经营的稳定性和债务偿还能力，这样才能评估贷款的风险。于是，银行要求企业提供财务报告，以判断其是否有充足的债务偿还能力。

早期的信用分析主要侧重于对财务状况的分析与判断。银行的分析结果不仅为银行本身所利用，也引起了企业其他股东的兴趣，他们发现银行对企业的评价也可以作为自己行为决策的参考。与此同时，企业之间的交易也很自然地借用银行分析的结论相互作为对对方企业实施信用政策的依据，财务报表分析的重要性日益凸显。于是，银行进一步通过开办经营咨询机构，提供财务报表分析资料和其他调查资料为企业及其他有关单位或个人的经营决策进行咨询服务和业务方面的指导。财务报告分析的内容不再仅局限于信用分析，逐渐向其他领域拓展。

资本市场形成后，股权投资人不断增加，社会公众进入资本市场，他们要求的信息比银行更广。投资人不仅重视企业偿还债务的风险，而且更关心企业的收益能力、筹资结构、利润分配等。由信用分析过渡到收益分析是一个重要的变化，财务报表分析也扩展到为投资人服务，渐渐被不同人群所应用，为其各自的需要提供服务。此时，企业由被动地接受银行分析过渡到主动地进行自我分析，促使财务报表分析成为一门新兴的学科。收益分析的出现，使财务报表分析形成了比较完善的包括偿债能力分析和收益能力分析的外部财务分析体系。

企业组织发展壮大以后，经营者为了取得投资人和债权人的支持，需要提高收益能力和偿债能力，由此进行了内部分析。内部分析不仅能够借助公开财务报告的数据，而且利用内部的数据进行分析，找出管理行为和财务报告数据的关系，通过改善管理活动来改善未来的财务报告。

上述财务报表分析使用的领域属于规范研究，是财务报表使用者通过财务数据的定性描述与分析，做出有利于自己的决策。

20世纪50年代，现代金融与财务理论得到了空前发展，股票市场也取得了长足进步，财务报告有用性在股票市场中经学者们运用数学工具得到了有效验证，使财务报表分析的研究由单纯枯燥的数据分析与应用变得更为有趣且更有深度。这正式揭开了财务信息价值相关性理论研究的大幕，其后几年间财务信息价值理论研究获得了空前的发展，大量研究几乎都证明了财务信息具有价值相关性，这为财务信息相关性理论的其他方面研究奠定了坚实的基础。

伴随全球股票市场不断壮大与成熟，财务报表对于投资者更为重要，不同分析者对财务报表有不同的见解，通过超越他人的分析能力可获得超越他人的投资回报。世界各主要经济体都有非常成功的投资者，通过财务数据的挖掘获得了惊人的回报。这不仅证明了财务报告的有用性，而且证明了财务报表分析能力的重要性。

由此，财务报表分析在规范研究和实证研究方面都得到了完善与发展，并被证明了在投资领域中的价值。

第一节　财务报告使用者的信息诉求

一、不同利益相关者的信息诉求点

财务报告是指企业对外提供的反映某一特定日期的财务状况和某一会计期间的经营成果、现金流量等财务信息的文件，其主要目的是方便财务报告使用者做出决策。

财务报告使用者如图1-1所示。其中，最主要使用者是股东、债权人和管理者。

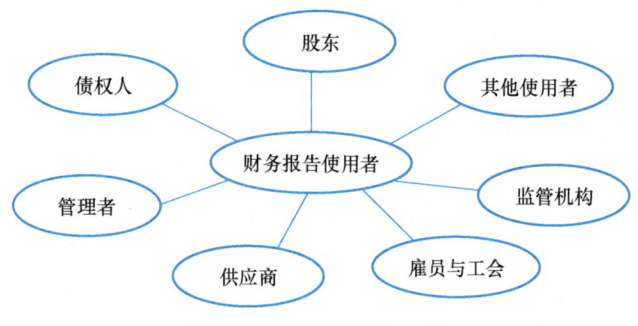

图1-1　财务报告使用者

根据使用者拥有的信息优劣可以将其划分为两类：一类是处于信息劣势的外部使用者，另一类是处于信息优势的内部使用者。外部使用者是指不参与企业经营活动的单位与个体，主要包括外部中小股东、债权人、供应商、监管机构、投资分析师等。内部使用者主要是指董事会成员、管理者、员工等。

(一) 不同利益相关者的信息诉求

不同利益相关者的信息诉求各不相同，各利益相关者索取的信息需求大体如下：

(1) 股东　股东需求的信息主要与企业价值评估有关，而影响企业价值的主要因素是企业未来持续盈利能力，因此投资者要预测企业未来，需要了解企业全部相关信息，不仅包括企业债务偿还能力、资产管理能力、盈利能力、现金流能力等信息，还包括一些与企业未来有关的经营环境等非财务信息。当前，股东对企业未来的预测更多地依赖于历史成本的财务信息，导致其预测受限。

(2) 债权人　债权人关注的焦点是企业未来还本付息能力。债权人拥有对企业资产的优先索取权，索取固定利息与本金，这就导致债权人不仅优先关注债权的保障程度，更关注企业收益的稳定性与安全性。债权人通过评估企业债务偿还能力，考察自己权益受到保护程度，并决定是否进一步为企业提供资金。

(3) 管理者　他们受所有者之托，是企业最直接的管理者，负责公司日常运营，主要任务是统筹企业全局，通过财务报表分析，了解企业财务状况、经营成果和现金流量等方面的信息，找到问题所在，并寻求解决方案。此外，财务报告信息还有一个重要用途是业绩评价。例如，基于对业绩的会计计量，如销售净利率和权益报酬率，对管理人员进行考核和支付薪酬；拥有多个分部的公司也通常用财务报告数据比较这些分部的业绩。还有，管理者进行企业未来规划时，财务报告信息也是非常有用的。

(4) 供应商　出于建立长期合作关系之需，供应商通常需要分析企业债务偿还能力和盈利能力，至少需要分析债务偿还能力，进而决定为企业提供何种信用政策以及是否需要调整信用政策。

(5) 雇员与工会　工会代表劳方利益，与资方谈判，维护雇员利益。工会谈判的基础就是企业盈利能力等信息，以此为基础，为员工争取最大利益。而雇员要评价其工资与工作环境的公允性，比较关注企业未来盈利能力和基本面方面的财务信息。

(6) 监管机构　监管机构是指制定财务报告编制规则或对此拥有重要影响的人员，他们通过财务报表分析，审查公司纳税申报和检查财务报告数据的合理性等，如政府、证券交易委员会、价格管制委员会、审计师等。不同的监管机构使用财务报告的目的不同。政府通过分析财务报表为其货币、财政、金融政策的调整提供依据。证监会监督企业财务报告是否符合证券法。一些价格管制行业，如公用事业，为了制定收费率需要向监管机构提交财务报告。审计师需要对财务报告的公允性、公正性、合法性出具审计意见。

(7) 其他使用者　其他使用者主要包括资产评估师、媒体和顾客。其中，资产评估师主要评价被评估企业的经济价值，评估企业财务和经营的协同性；媒体主要提供投资分析建议；顾客主要评价企业售后服务和供应商的持续供货能力等。

(二) 最重要的利益相关者——股东——最重要的财务报告使用者

企业的出资方是股东和债权人。如果企业按时还本付息，债权人就不会干涉企业经营管理，除非企业濒临破产清算，债权人将接管企业，实施破产清算程序。股东作为企业所有者，是企业最重要的利益相关者，拥有企业重大投资决策权、人事决策权、财务决策权、运营决策权等，股东通过聘请更专业的管理团队，通过有效授权，委托其管理企业，实现股东财富最大化和企业价值最大化。

大股东作为内部人，原本可以直接参与管理企业，但是大股东作为全体股东的代表，通过有效授权，并不直接参与企业管理，只保留最重大事项的决策权，而中小股东原本就没有机会进入董事会，无法代表全体股东行使权力，更没有机会参与企业经营管理。这就是说，无论大股东还是中小股东，实际上基本都不直接参与企业的经营管理。当然，大股东与中小股东的不同在于，前者是董事会成员或者股东代表，作为内部人，掌控企业重大事项决策权，后者基本没有机会参与企业管理，无法掌握企业日常运营的内部信息，他们通过二级市场购入股票，主要目的是分享上市公司的财富增长，实现个人利益最大化。

实证表明，给予股东最大回报的都是那些具有持续增长盈利能力的企业，尤其是那些具有持续高增长盈利能力的企业。这就要求中小股东要对自己的投资行为负责，需要对其投资意向企业或者所持有的企业的财务信息与非财务信息做出全面甄别，判定这家企业是否具有持续盈利能力。这就注定了中小投资者必需关注企业各方面信息，以了解企业全貌。这也意味着，投资者关注的财务信息必定最复杂且最全面。

(三) 特殊利益相关者——管理者——财务报告提供者

所有者通过薪酬契约激励和约束管理者，使管理者为自己创造最大价值。管理者需要通过可信的载体向股东传递信息，使股东确信其评价管理者是否完成了薪酬契约中对管理的绩效约束方式是正确的。这种可信的信息载体就是财务报告。财务报告成为管理者解除自身受托责任的最佳方式,也是中小股东判断企业持续盈利能力的重要信息源。提供财务报告是管理者的基本义务。审计师对财务报告出具审计意见之前,管理者已经检验过财务报告的公允性与公正性,因此管理者使用财务报告的一个重要用途是通过财务报告找出其与自己原有预期的差异,尤其是负差异,评估这些差异信息产生的原因及其对企业的影响,并寻求解决对策。

二、不同利益相关者信息诉求之间的关系*

利益相关者信息诉求之间的关系如图 1-2 所示。

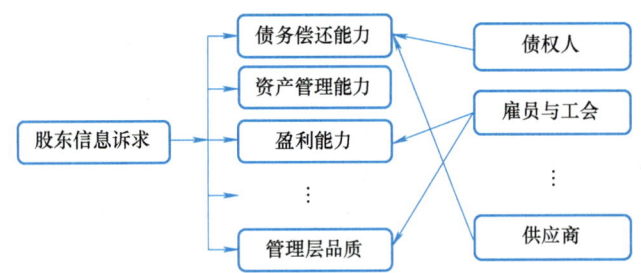

图 1-2 利益相关者信息诉求之间的关系

假设将股东的信息诉求集合称为全集,它由 n 个子集构成,如债务偿还能力子集、资产管理能力子集、盈利能力子集、现金流能力子集、公司战略执行能力子集和管理者前瞻能力子集等。这 n 个子集既有财务信息子集,如资产管理能力、债务偿还能力、盈利能力等,也有非财务信息子集,管理者的前瞻能力、管理者品质等。当然,财务报告更多地而且更好地体现了企业财务方面的信息子集,而非财务信息更多地通过公开信息披露平台、公司网站等渠道对外公布。

与股东的信息诉求集相比,其他利益相关者的信息集是前者的某一个子集或者某几个子集,或者总可以转化为股东的某一个子集或者某几个子集。例如债权人更关注企业偿还债务能力,它只是股东信息集中的债务偿还能力子集;又如政府机构根据各国实际情况因地制宜实施财政政策和货币政策,这些政策与上市公司财务绩效密切相关,而政府不需要像股东一样对企业进行全方位诊断,只是重点关注上市公司盈利能力子集或者偿还债务能力子集;再如,我国政府实施酿酒行业消费税改革时查阅酿酒行业盈利能力和流动性能力就可决定消费税的改革力度。

三、财务信息与非财务信息的互验关系

财务信息是企业日常和非日常活动的静态和动态的会计语言表达,活动是因,财务信息是果,财务信息在很大程度上可以验证非财务信息的真伪。

一般而言,企业业绩与活动行为是一致的,两者呈现高度正相关。但是由于会计估计、会计政策等因素的客观存在,财务报告与企业经营活动可能出现"背离"。一般情况下业绩越优秀的企业,两者的吻合度可能越高;业绩越一般的企业,两者吻合度可能越差。

阅读材料1-1

财务信息与非财务信息交相辉映

从财务信息上讲，一家具有持续盈利能力的企业的现金流是充沛的，企业债务偿还能力强，资产管理能力也是如此。审计师也不太担心企业造假，供应商也不必担心企业违约风险，政府对这类公司实施的调控大多是主动性调整。

从非财务信息上讲，具有持续盈利能力的企业战略定位清晰、战略执行能力强、顾客忠诚度高、企业口碑优良、企业信誉极佳、员工满意度高、劳资双方和谐共存等。

持续盈利能力比较强的企业，其财务信息与非财务信息之间的相互验证关系更为明晰，是优质管理能力与优秀财务数据的匹配过程。持续盈利能力越强，企业财务信息与非财务信息之间的呼应关系越容易被识别。

持续盈利能力不太强的企业，两者的相互验证关系通常也应该是明晰的，但有时可能并不确定，短期尤为明显。例如，财务数据重大异动可能会扰乱二者的关系。又如，一家战略混沌的企业资产管理能力财务指标一般，成本耗费比较高，企业现金流不充沛，供应商不愿意让这类企业赊欠货款，从逻辑上讲，这家企业盈利能力应该一般，但财务报表披露，该企业在短期具有强大的盈利能力。与之冲突的是，该企业的信誉、口碑也一般，员工满意度低，顾客满意度也是如此。这种情况更为普遍，也是投资者要重点关注的。

当下企业之间的竞争更为充分而激烈，虽然鲜有企业拥有持久核心竞争力，但这种情况在今天变得更难。唯有企业不断提升研发能力，执行顾客服务至上的理念，将产品和顾客体验做到极致，切中消费者痛点，才可能拥有核心竞争力。这也意味着，财务信息与非财务信息的不吻合性变得更为普遍，且更加难以判定，更需分析者谨慎为之。

第二节 财务报告信息的决策相关性*

一、财务报告与单人理性决策

(一) 单人理性决策与财务信息

单人决策理论是指一个人在不确定条件下的理性决策行为。财务报告使用者在面临多样不确定性选择的条件下，基于获取额外信息，以修正决策者原来的初始决策。而财务报告就是决策者获取额外信息的一种渠道，它被认为是一张条件概率表，这种额外信息可能是好消息也有可能是坏消息，从而使个人决策与财务信息产生了联系。

假定投资者在某一期间拥有50 000元，决定投资于风险资产与无风险资产。假定购买股票 M 为 a_1 和购买政府债券为 a_2。当他投资股票时，下一期投资收益是不确定的。下一期投资收益主要取决于公司的持续盈利能力。因此，本处定义两种情况：事件1——高盈利能力；事件2——低盈利能力。

如果事件1发生，下期股票收益达8 100元，即资本利得与持股期间股利之和。如果事件2发生，下期股票净收益为0。而无论哪种事件发生，政府债券是无风险的，政府债券下期投资收益都是 2 500 元。

假定事件 1 发生的概率（高盈利能力）$P(H) = 0.4$，事件 2 的概率 $P(L) = 0.6$。本处概率判断包含了投资者所知道的 M 公司的所有信息，故称为先验概率。投资者估计先验概率时需要依据公司历史财务报告、非财务报告信息、股价、市盈率、市净率、净资产回报率等。

假定投资者是理性风险中性者。之所以假定当事人是风险中性者，是因为他的效用函数是线性的，更有利于计算与分析。一般而言，根据人们对风险偏好的不同类别，将其分为风险规避者、风险中性者和风险偏好者。在现实生活中，风险无处不在。从广义上讲，只要投资者从事股票投资，至少他应该是风险中性者，而不应该是风险规避者，否则他应该远离风险型资产。因此，本处假定投资者为风险中性者。假定投资者从投资回报中获取的效用值是回报值的正平方根。投资者必定按照期望效用值最大化做出选择。购买股票的期望效用为 $EU(a_1)$，购买政府债券的期望效用为 $EU(a_2)$。

投资者的两种投资标的决策树如图 1-3 所示。

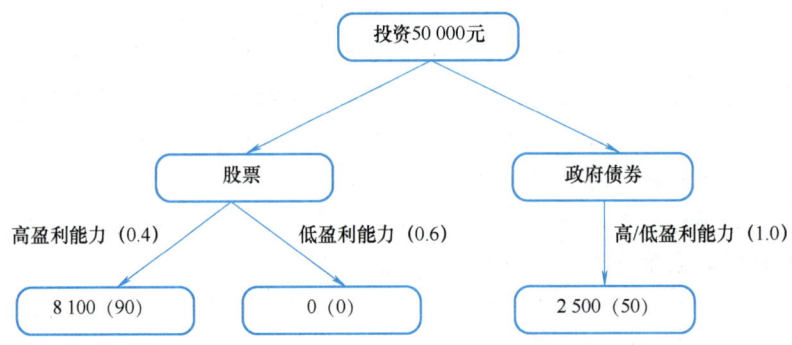

图 1-3 投资者的两种投资标的决策树

如果投资者即刻做出决策，那么他应按照期望效用值最大化原则进行选择。因为，$EU(a_1) = 0.4 \times 90 + 0.6 \times 0 = 36$，$EU(a_2) = 1.0 \times 50 = 50$，显然，投资者应选择购买政府债券。

假定投资者决策时可以获取更为充分的信息，就不一定选择购买政府债券。例如不久后 M 公司将公布财务报告，投资者决定耐心等待，因为财务报告中包括了公司财务状况、经营成果、现金流量、公司未来规划等及时性信息。如果公司财务报告披露后，投资者发现公司净利的确很高，界定为财务报告显示为"好消息"（GN）；反之称为"坏消息"（BN）。

基于对财务分析的经验，投资者发现，如果 M 公司确实处于高盈利状态，那么它将有 80% 的可能性当年财务报告显示为 GN，20% 的可能性将显示 BN。将其分别定义为条件概率 $P(GN|H) = 0.8$，$P(BN|H) = 0.2$。同样 M 公司的确处于低盈利状态，由于财务报告并不完全可靠与相关，财务报告仍然可能显示 GN。假定 M 公司处于低盈利能力时，当年财务报表显示 GN 的概率是 10%，显示 BN 的概率为 90%。将其分别定义为条件概率 $P(GN|L) = 0.1$，$P(BN|L) = 0.9$。

根据 GN 和 BN 的证据与概率数据，运用贝叶斯定理计算后验概率。则高盈利能力的后验概率与低盈利能力的后验概率分别为

$$P(H|GN) = P(H) \times P(GN|H) \div [P(H) \times P(GN|H) + P(L) \times P(GN|L)]$$
$$= 0.4 \times 0.8 \div (0.4 \times 0.8 + 0.6 \times 0.1)$$
$$= 0.84$$

$$P(L|GN) = P(L) \times P(GN|L) \div [P(H) \times P(GN|H) + P(L) \times P(GN|L)]$$
$$= 0.6 \times 0.1 \div (0.4 \times 0.8 + 0.6 \times 0.1)$$
$$= 0.16$$

现在根据后验概率计算两种投资标的的期望效用:

$$EU(a_1|GN) = 0.84 \times 90 + 0.16 \times 0 = 75.6$$
$$EU(a_2|GN) = 1.0 \times 50 = 50$$

因此,如果当期披露财务报告显示 GN,即高盈利能力,将会导致投资者改变投资行为,做出购买 M 公司股票的最优决策,而不是购买政府债券。

由于事前观测到两种不同盈利状态下出现好消息与坏消息的概率,即它已知的,当财务报告出现好消息或者坏消息时,即出现了额外信息,通过计算后验概率,投资者修正了原有决策的行为,使其投资效用达到了最大化。

(二) 单人理性决策模式的通俗表达

我们可以将购买政府债券的行为作为第一次决策,也可以将购买股票的行为作为第一次决策,这取决于我们对决策过程的界定。与前者相比,后者更符合严谨主义者的决策行为,即对原来公开已知信息的处理过程作为初始预期的形成过程,等待新信息出现,当与初始预期出现差异时,当事人做出第一次决策。

单人理性决策的通俗描述如下:个人基于当前已知信息形成初始预期,公司财务报告披露形成额外信息源,当事人做出初次决策。在初次决策的基础之上,由于新信息出现,形成再次预期,然后由于财务报告披露信息产生差异源,当事人做出再次决策,以此类推。

财务报告是分析者获取决策信息差异源的重要途径之一,有助于其修正决策与改进预期。理解财务报告信息有用性至关重要。财务报告为了有用,必须有助于分析者预测未来投资收益。在历史成本下,虽然财务报告不能直接表述未来期望值,但是它在一定程度上是仍然有用的,它能使好消息或者坏消息的预测持续到未来。想象一个序列,从当期的好消息或者坏消息到未来的盈利能力再到投资收益的期望值。需要注意,通过当期财务报告信息预测公司未来盈利能力,然后公司盈利能力反映到公司股价,有助于预测投资者未来投资收益。

通常来讲,人们之所以修正原来的决策,是因为现实与预期出现了差异。差异就是额外信息源,财务报告就是差异信息来源之一。这里假定财务报告使用者根据公开的财务报告等信息,首先形成了初始预期,然后根据下一期财务报告等信息,基于差异性信息做出事后调整,修正原来的决策,以此类推,通过不断优化决策达到最终决策最优化。

在股票市场中,一个理性投资者在财务报告披露日需要根据财务报告与其预期的差异做出决策调整,而决策调整程度取决于当事人的原有预期(原有决策)与财务报告披露的差异程度。

阅读材料 1-2

财务报告披露日投资者的决策调整——以招商银行为例

G 投资者认为招商银行是一家持续盈利能力较强的公司,于是在 2021 年 3 月 20 日财务报告披露当日购买了 10 000 股招商银行股票,并预期招商银行 2021 年将实现净利约

1 100亿元。2022年3月19日招商银行披露的2021年年度财务报告显示，公司归属于本行股东的净利润为1 199.22亿元。若投资者理性且市场有效，我们分析一下招商银行股价在披露日的不同表现。

首先界定投资者类型。凡是预期招商银行2021年度将实现净利低于披露业绩的投资者，界定为A类投资者。反之为C类投资者。凡是预期招商银行2021年度将实现净利与披露业绩相当的投资者为B类投资者。所以，财务报告披露日招商银行股价取决于A类投资者和C类投资者的买卖力量对比。

招商银行2021年实现的归属于本行股东的净利润为1 199.22亿元。G投资者预期招行净利为1 100亿元，属于A类投资者。2021年年度财务报告披露日，对A类投资者而言，公司净利好于投资者的预期，属于财务报告显示"好消息"（GN）。假定当日有剩余资金，A类投资者在财务报告披露日将继续购入公司股票，而不是抛售或者维持原有股份不变，成为招行股票的买方力量，G投资者就是其中之一。若A类投资者无剩余资金，但是还持有招商银行以外的投资标的，他也有可能抛售其他股票，转而购买招商银行股票。若当日A类投资者只持有招商银行股票且无剩余资金，将只能被动持有股份不变。综合上述三种情况，A类投资者是招商银行的买方。同样，B类投资者预期招商银行将赚取约1 199.22亿元，与其预期基本一致，财务报告披露日B类投资者的投资决策是继续持有公司股票。B类投资者不会影响公司股票价格；C类投资者因预期高于1 199.22亿元而购入招行股票，而招行财务业绩低于C类投资者的预期，C类投资者于财务报告披露日抛售股票，形成卖方力量。

因此，财务报告披露日招行股价表现取决于A类投资者和C类投资者的买卖力量对比。如果A类投资者的买方力量大于C类投资者的卖方力量，招商银行股价于财务报告披露日将上涨；如果A类投资者的买方力量与C类投资者的卖方力量相当，招商银行股价将维持不变；如果A类投资者的买方力量小于C类投资者的卖方力量，招商银行股价将下跌，俗语"见光死"指的就是这种情况。假定2022年3月20日招商银行股价下跌，这表明A类投资者买方力量弱于C类投资者卖方力量，说明C类投资者的初始预期是基本正确的，A类投资者的初始预期是错误的，而B类投资者的初始预期也是错误的。

阅读材料1-2揭示了投资者根据公开信息尤其是财务信息形成个人初始预期做出决策的场景。每个投资者的决策都是基于个人预期而开始的，但是其决策的正确性与市场平均预期密切相关。

由此可见，财务报告使每一个投资者不断地修正自己的投资决策，有助于其做出动态良性调整，最终有利于社会资源的优化配置，同时也将起到规范资本市场的作用。当然，我们也有可能通过多次调整做出错误决策。

沿袭原有假定事件1发生时的概率（高盈利能力）$P(H)=0.4$，事件2发生时的概率$P(L)=0.6$，并假定先验概率保持不变。然后对一些数据做出修正：基于对财务分析等的经验，投资者认为，即使M公司确实处于高盈利状态，那么它有50%的可能性当年财务报表将显示GN，50%的可能性将显示BN。将其分别定义为条件概率$P(GN|H)=0.5$，$P(BN|H)=0.5$。同样M公司处于低盈利状态，由于财务报告并不完全可靠与相关，财务报告仍然可能显示GN。假定当年财报显示GN的概率是30%，显示BN的概率为70%。将其分别定义为

条件概率 $P(GN|L)=0.3$，$P(BN|L)=0.7$。

根据 GN 和 BN 的证据与概率数据，运用贝叶斯定理计算后验概率。则高盈利能力的后验概率与低盈利能力的后验概率分别为

$$P(H|GN) = P(H) \times P(GN|H) \div [P(H) \times P(GN|H) + P(L) \times P(GN|L)]$$
$$= 0.4 \times 0.5 \div [0.4 \times 0.5 + 0.6 \times 0.3]$$
$$= 0.53$$

$$P(L|GN) = P(L) \times P(GN|L) \div [P(H) \times P(GN|H) + P(L) \times P(GN|L)]$$
$$= 0.6 \times 0.3 \div [0.4 \times 0.5 + 0.6 \times 0.3]$$
$$= 0.47$$

现在根据后验概率计算两种投资标的的期望效应：

$$EU(a_1|GN) = 0.53 \times 90 + 0.47 \times 0 = 47.7$$
$$EU(a_2|GN) = 1.0 \times 50 = 50$$

因此，根据公布的财务报告，在当期显示高盈利能力时，投资者仍然维持购买政府债券。投资者之所以做出了错误判断，是因为事前观测到两种不同盈利状态下财务报告显示好消息和坏消息的概率出现了错误，这与投资者的信息处理能力与分析能力有关。

二、我国上市公司股价与财务业绩关系的统计分析

(一) 会计数据与股票价格

净收益能够解释股票价格变动吗？1968 年 Ray Ball 和 Philip Brown 开创了会计领域中资本市场研究的先河，运用事件研究法，通过研究未预期会计盈余与股票超额回报率之间的显著正相关性，证明财务信息具有价值相关性。他们第一次以令人信服的科学证据提出，公司证券的市场价格会对财务报告的信息做出反应，即财务信息含量是解释证券价格变动的重要因素。Ray Ball 和 Philip Brown 运用 1957 年到 1965 年间 9 个会计年度的 261 家纽约证券交易所上市公司的有关资料，实证研究发现股票非正常回报的符号与未预期盈余变动的符号之间存在显著相关性，好的盈余信息带来 7% 的股价上升，而坏的盈余信息与 9% 的股价下跌有关。这正式揭开了财务信息价值相关性理论研究的大幕，其后几年间财务信息价值理论研究获得了空前的发展，海量的研究几乎都证明了财务信息具有价值相关性，为财务信息相关性理论的其他方面研究奠定了坚实的基础。随后不少国内外学者都给出了类似的证据。研究证据显示，净收益传递的"消息"与公司股票价格之间具有确切的关系。传递"好消息"会伴随着股票价格的正向变动，而传递"坏消息"的净收益则与股票价格呈负向变动关系。净收益越好或者越坏，股票价格的反应越大。财务报告中其他财务数据与股票价格之间也存在类似情况。

Ray Ball 和 Philip Brown 研究了未预期会计盈余与股票超额回报之间的关系，而 Beaver 等人进一步研究了未预期盈余与股票超额回报率之间在数量上的关系，得出"未预期盈余越大，公司股价变动也越大"的结论。

将未预期盈余与股价的超额回报相联系，即盈余反应系数（Earnings Response Coefficient，ERC）。早期对盈余信息含量的研究，隐含着所有公司具有相同的 ERC 的同质假定，并没有涉及 ERC 在公司层面上的差异，对未预期盈余的进一步研究就是分析 ERC 在公司层面的差异及其原因，国内外学者对这部分内容进行了充分研究，有兴趣的读者可以进一

步查阅相关文献。

上述研究主要集中于盈余的信息含量，主要探讨未预期盈余与股票超额回报之间的关联性，运用该方法也证明了我国财务信息具有价值相关性。赵宇龙（1998）借鉴 Ray Ball 和 Philip Brown 的事件研究法，选取 1994 年到 1996 年间 3 个会计年度在上海证券交易所上市的符合若干假定的 123 家公司作为样本，研究财务报告批准报出日前后各 8 个交易周内未预期盈余与股票超额回报之间的关系。研究发现，未预期盈余的符号与股票超额回报的符号显著相关，证明了我国财务信息具有价值相关性。陈晓等（1999）从股价反应和交易量反应角度也证实了盈余数量在我国具有很强的信息含量。孙爱军、陈小悦（2002）基于 1992 年到 1998 年间上市公司的数据，利用两种模型检验会计盈余的信息含量，发现在这一期间我国股票市场上，会计盈余对股票收益的影响十分显著，并且显著水平呈现不断增强的趋势。

这里只是列示了一些具有代表性的财务信息价值相关性研究文献，有兴趣的读者可以查阅更详细的相关学术文献，进一步研究财务信息的价值相关性。

（二）公司股价与财务业绩之间的关系

从中长期来看，那些股价表现优异的公司都具有强劲的持续盈利能力，虽然公司每年业绩增长率与股价增长率的运转轨迹未必逐一对应，但总体上公司股价与业绩的运行轨迹是大体吻合的，只是股价变动轨迹更为剧烈一些。当然，宏观经济周期、公司的行业属性、公司的发展阶段等因素也会影响公司股价短期表现，从而使股价与业绩出现短暂背离，但总体趋势不会出现背离。

网宿科技股份有限公司（简称网宿科技）成立于 2000 年 1 月 26 日，主要向客户提供全球范围内的内容分发与加速（CDN）服务、互联网数据中心（IDC）服务及云服务整体解决方案。公司于 2009 年 10 月 31 日登陆我国深圳证券交易所创业板，成为创业板首批 28 家上市公司之一。2012 年到 2016 年间公司股票最高价是最低价的近 30 倍，成为我国创业板中一颗璀璨的明星。网宿科技 2007 年—2016 年的主要财务数据见表 1-1。

表 1-1　网宿科技 2007 年—2016 年的主要财务数据　　　　　单位：亿元

年度	营业收入	同比增加（％）	利润总额	同比增加（％）	归属上市股东净利润	同比增加（％）
2007 年	1.19	72.91	0.30	59.86	0.25	56.89
2008 年	2.39	100.32	0.44	44.16	0.37	45.51
2009 年	2.87	20.07	0.45	2.87	0.39	4.78
2010 年	3.62	26.22	0.45	0.21	0.38	-1.48
2011 年	5.42	49.65	0.65	42.65	0.55	42.97
2012 年	8.15	50.29	1.23	89.96	1.04	89.59
2013 年	12.05	47.89	2.66	116.89	2.37	128.55
2014 年	19.11	58.57	5.01	88.25	4.84	104.00
2015 年	29.32	53.43	8.78	75.20	8.31	71.87
2016 年	44.46	51.67	13.26	50.95	12.5	50.41

注：计算数据有出入乃营业收入、利润总额、归属上市股东净利润栏中数据有省略导致。

与之对应，公司股价在此期间表现也一样强劲，长期持有该公司股票者可以获得超惊人回报。网宿科技 2009 年—2016 年的后复权股价见表 1-2。

表1-2 网宿科技2009年—2016年的后复权股价 单位：元

年度	2009	2010	2011	2012	2013	2014	2015	2016
股价	42.71	28.73	22.68	29.24	144.85	165	450.08	403.89
涨跌幅		-33%	-21%	29%	395%	14%	173%	-10%

根据上述数据，请思考以下问题：

1）从总体上讲，网宿科技的股价与财务业绩的吻合度如何？

2）仅通过网宿科技的财务数据分析，投资者是否能预测适合购入公司股票的机会？请说明原因。

3）为何2016年公司业绩增速与股价表现出现显著背离？

（三）我国上市公司股票价格分布的统计分析

1990年12月19日上海证券交易所开业，正式挂牌的上市公司为8家，而1991年7月3日深圳证券交易所正式开业，正式挂牌的上市公司为5家，这就是我们通常所说的"老8股"和"老5股"，这标志着我国现代股票市场正式启航。当时股票市场的最大特点是国有股、法人股上市时承诺不流通。2005年，中国证监会再次提出"股权分置改革"，从根本上解决了限售股的流通难题。

历经30年多年风雨，我国股票市场取得了长足进步，截至2021年年底，我国沪深股市上市公司超过4 600家，股息红利个人所得税制度不断改进，优先股试点管理办法及时出台，中小投资者保护政策不断完善，注册制通过科创板和创业板先行试点并稳步有序推进，我国股票市场有效性得到了显著提升。

运用Wind软件按后复权价统计我国上交所和深交所A股上市公司的股票最高价与其上市第一天收盘价之间的涨幅倍数关系，称为投资样本，界定为样本Ⅰ，见表1-3。按后复权价统计上市公司的股价最高价与股价最低价的涨幅倍数关系，称为投机样本，界定为样本Ⅱ，见表1-4。样本Ⅰ上市公司股价最高点的时间点分布如图1-4所示；样本Ⅰ和样本Ⅱ涨幅在30倍以上公司股价最高点的时间点分布如图1-5和图1-6所示；样本Ⅰ和样本Ⅱ时间差数理统计见表1-5和表1-6。

表1-3 样本Ⅰ上市公司股价最高价与第一天收盘价的涨幅倍数关系

倍数区间	数量	累计数量	占比	累计百分比	时间差均值	时间差中位数
[100,1089)	33	33	0.71%	0.71%	21.6年	23.9年
[50,100)	55	88	1.18%	1.88%	17.9年	19.3年
[40,50)	43	131	0.92%	2.80%	17.9年	18.6年
[30,40)	76	207	1.63%	4.43%	14.6年	17.5年
[20,30)	143	350	3.06%	7.49%	14.7年	17.9年
[10,20)	488	838	10.44%	17.93%	12.5年	12.3年
[0,10)	3 836	4 674	82.07%	100.00%	4.64年	2.8年

表1-4 样本Ⅱ上市公司股价最高价与最低价的涨幅倍数关系

倍数区间	数量	累计数量	占比	累计百分比	时间差均值	时间差中位数
[100,1883)	87	87	2.58%	2.58%	19.0年	19.4年
[50,100)	207	294	6.15%	8.73%	16.0年	15.9年

(续)

倍数区间	数量	累计数量	占比	累计百分比	时间差均值	时间差中位数
[40,50)	119	413	3.54%	12.27%	14.1 年	14.5 年
[30,40)	225	638	6.68%	18.95%	11.3 年	9.9 年
[20,30)	346	984	10.28%	29.23%	10.8 年	9.9 年
[10,20)	768	1 752	22.82%	52.05%	7.6 年	7.2 年
[0,10)	1 614	3 366	47.95%	100.00%	2.9 年	2.0 年

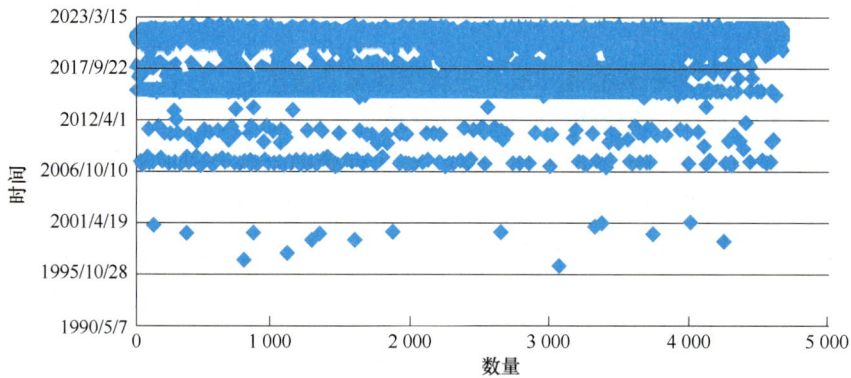

图 1-4 样本 Ⅰ 上市公司股价最高点的时间点分布

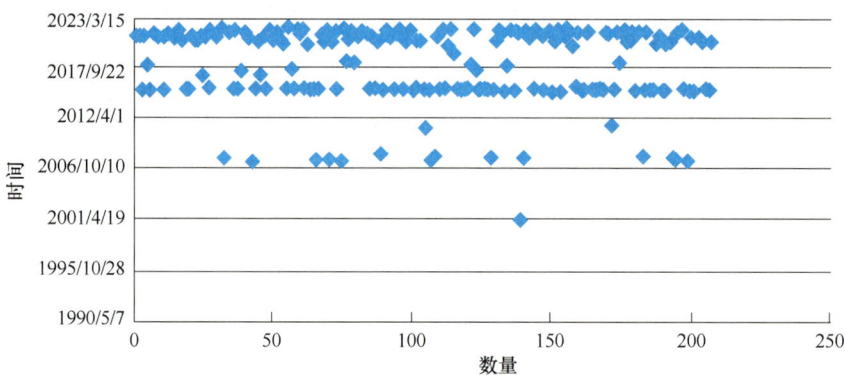

图 1-5 样本 Ⅰ 涨幅在 30 倍以上公司股价最高点的时间点分布

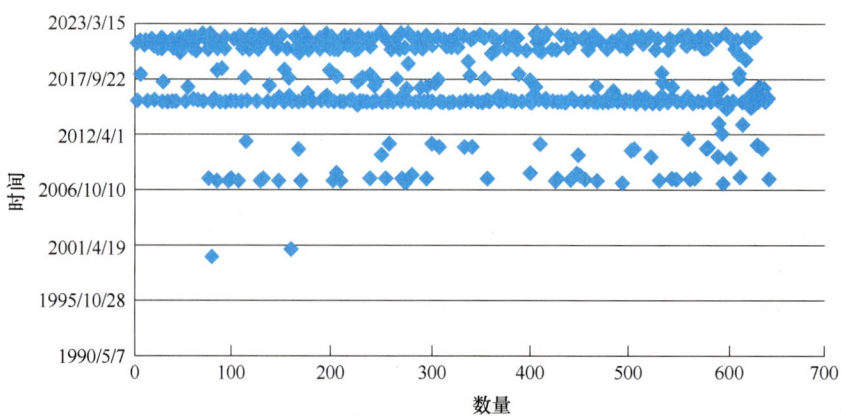

图 1-6 样本 Ⅱ 涨幅在 30 倍以上公司股价最高点的时间点分布

表 1-5　样本Ⅰ时间差数理统计
单位：年

平均值	6.3
中位数	4.0
最大值	30.0
最小值	0
极差	30.0
方差	7.3

表 1-6　样本Ⅱ时间差数理统计
单位：年

平均值	6.9
中位数	4.9
最大值	30.1
最小值	0
极差	30.1
方差	6.4

样本说明：样本Ⅰ和样本Ⅱ的截止日为 2022 年 4 月 8 日，沪深两地共 4 696 家上市公司。当日上证指数报收 3 251.85 点，深证成指收盘 11 959.27 点。其中，样本Ⅰ中剔除 22 个上市当日破发及倍数异常（几千倍涨幅）的公司，剩余 4 674 家上市公司；样本Ⅱ剔除 1 330 家公司，主要包括股价涨幅倍数过于异常、股价后复权最低价为负数、股价后复权最高价与股价后复权最低价的时间差为负数的公司，总计剩余 3 366 家上市公司。

投资者通过上述数据，可观察我国股票市场给予股民的不同投资收益的时间分布和倍数分布及其稳健性。

根据样本统计发现，无论是样本Ⅰ还是样本Ⅱ，只要投资者长期持股 10 年以上，投资者很有可能获得惊人回报。样本Ⅱ的投资回报更为惊人，耗时更短。投资者对两类样本的偏好选择代表了两种不同类型的投资策略，关键是投资者如何践行其投资策略。

如果进一步研究这些数据就会发现，它为投资者提炼了一套最佳投资策略：大道至简，贵在坚持。

第三节　财务报告有用性的现实障碍与逻辑推理的缺陷

一、财务报告有用性的现实障碍

这里重点分析报表动因和竞争动因两个因素，当然无法穷尽一切，例如股票市场的有效性也会影响财务报告的有用性。

（一）报表动因

1. 财务报表生成流程

财务报表编制大都经历"原始凭证→记账凭证→会计账簿→财务报表"的循环过程。财务报表分析实际上就是将财务报告还原为公司原始凭证所代表的各类业务的过程，即通过财务报表还原公司经营的过程，财务报表与原始凭证之间经历了记账凭证、会计账簿、成本计算等多个环节。记账凭证是会计语言的初次表达，与原始凭证逐一对应，但是由记账凭证到会计账簿，尤其是总账，属于对记账凭证的加工、整理和汇总，这两者之间无法逐一还原，再由账簿到财务报表更是综合整理、汇总和撰写成文，更无法逐一还原。因此财务报表分析的难度是显而易见的，财务报表分析过程也只能是一种概率还原过程。例如，一家公司产品是否畅销、公司管理效率是否高效、公司服务意识是否较强、公司财务战略是否可控、公司经营模式是否较优等，这些信息只有内部核心管理者比较清楚，外部人员无法准确界定，更不用说分析者只利用财务报表和公开信息，并且公开信息或多或少都带有一些"粉饰"成分，这就是说分析者只要能够大概率还原公司基本面即可。一般来说，财务报表分析的能力越强，分析者还原公司基本面的能力越强，越有利于其做出决策。

2. 会计计量属性

基于财务信息可靠性的前提，不同利益相关者都需要与其决策相关的信息，尤其是投资者，需要更多的与预测公司未来持续增长盈利能力有关的信息。为了给财务报告使用者提供与决策更为相关的财务信息，会计要素应该更多地采用非历史成本计量，确定其金额；为了提供更为可靠的财务信息，会计要素应该采用历史成本进行计量，确定其金额。

会计计量属性的选择实际上就是财务信息相关性与可靠性的权衡，在现实世界中，很难完美平衡二者的矛盾。虽然不同会计计量属性之间存在着矛盾，但并非不可调和。一般认为公允价值计量最为综合，历史成本、现值、重置价值、可变现净值都有可能是在不同情况下公允价值的一种表达形式。

一般而言，财务信息相关性越高，可靠性越弱；财务信息相关性越弱，可靠性越强。在现值计量属性下财务信息相关性高，在历史成本计量属性下财务信息可靠性强。换言之，为了取得更为相关的财务信息，就必须牺牲财务信息的可靠性；为了获得更为可靠的财务信息，就必须牺牲财务信息的相关性。一种极端情况是，财务报告只采取一种相关性高的会计计量属性，如公允价值或现值，但是在现实世界中无法保证财务信息的可靠性；另外一种极端情况是，财务报告为了实现高可靠性，只采用历史成本计量属性，但是它却很有可能丧失财务信息的相关性。

由于现实世界中财务会计无法从根源上同时达到财务信息的相关性和可靠性完美均衡，人们就采取了退而求其次的方法，即在财务信息相关性和可靠性之间做出协调，即牺牲一部分财务信息的相关性来提高其可靠性，舍弃一定程度上的财务信息的可靠性来提高其相关性，从而兼顾财务信息的相关性和可靠性。

基于现实世界，从历史成本计量属性到公允价值属性、现值计量属性，其反映的财务信息的相关性得以提升，但其可靠性却被削弱。也就是说，会计计量属性越趋近历史成本计量，财务信息越可靠；会计计量属性越趋近公允价值、现值计量，财务信息越相关。所以，在现实生活中，财务报告内不同的会计要素采取合适的会计计量属性，其中历史成本计量属性占据主导地位，其他计量属性处于辅助地位。这样财务报告中的会计计量属性就呈现出一种混沌状态。换句话说，现实世界中无法完美解决财务信息相关性与可靠性之间的矛盾，不过它提供了最为现实的"次优的"会计状态的比较尺度，在一定程度上缓解了财务信息的相关性与可靠性之间的矛盾，但是这也在一定程度上增加了财务报告阅读的难度。

（二）竞争动因

人类社会有可能在不远的将来走进共享经济和人工智能时代，社会正发生着一些颠覆性变革：供求双方信息日益对称、顾客转移成本较低、顾客忠诚度下降等，这就注定企业经营环境日趋复杂，企业竞争更加激烈，生存压力陡增。与之对应，企业产品生命周期更短，这要求企业具有更强的产品研发能力、更好的顾客服务意识和产品体验。基于竞争相对充分的环境，企业未来重大战略一旦被竞争者敏锐察觉，就有可能对企业未来战略执行及抢占市场先机构成致命威胁，所以，企业决策者在披露财务报告信息时，不愿意揭示过多关于企业未来发展的信息。

二、财务报告中运用逻辑推理的缺陷*

但凡与分析有关的事情,必定与当事人的逻辑推理能力有关,而逻辑推理能力必定与思辨能力有关。严谨的逻辑推理能力和思辨能力的确对财务分析至关重要,它有利于财务报告使用者更高效地洞察财务数据真相。但这并不意味着逻辑推理无所不能,分析者需要正视自己的逻辑推理能力。

分析者进行财务报表分析,大都借助公开信息,而公开信息披露通常是有限的,即使基于分析者的逻辑推理、思辨、理性都比较强的前提下,分析者仍然有可能无法合理地解释公司部分财务数据。

之所以通过公开信息对财务数据进行逻辑推理存在着一些缺陷,主要是由于以下原因:

首先是公司可以在不违反会计准则的前提下对会计数据进行一系列盈余管理,甚至精心粉饰财务报告,公司因为舞弊而被起诉的可能性较小。当重大财务报告违规被发现时,同其他类型的白领犯罪一样,是否界定其为真正的丑闻还需要判断这些粉饰财务报告的操作是否被明令禁止。而且会计估计、会计政策、会计计量等手段十分多样,这些政策和计量方法的选择都具有较大的操纵空间。

比如我们经常看到公司肆无忌惮地进行利润平滑,即人为创造出利润按一定比率稳定增长的迹象。公司进行利润平滑的动因很简单,因为公司表面上的稳定增长更容易获得投资者青睐,从而获得比实际情况更高的溢价,实现股东和管理者个人财富最大化。

这种现象不仅仅是中小公司基于特殊动机常用的手段,也是大型公司的惯用手法,因为市场对利润极其敏感,它们有时也别无选择。当某上市公司的某个分部可能达不到年度目标利润时,选择在衰退期进行并购活动也是可以接受的做法。这样被并购方的利润都可以并入合并财务报表,从而保持上市公司归属于母公司股东的利润实现平稳增长,因而这种方法备受投资者青睐。我国不少上市公司也经常使用这种技巧,促使利润出现较大幅度增加,从而获取更高估值。比如2013年我国一些传媒类上市公司通过不断并购,实现了利润较大幅度增长,这为利益相关者在分析财务报表、进行逻辑推理时构成了"并购障碍",需要甄别其中并购质量才能做出判断。

还有一个原因是财务报告披露是否及时而且充分。这是一个老生常谈的话题,如何让公司信息披露更为及时且充分是一个重大难题。基于公司不同利益相关者的利己主义动机的博弈,尤其是管理者、股东和债权人的三方博弈,注定财务信息披露一定并非如投资者所愿:简单、真实、充分、及时而且透明。比如管理者薪酬合约中,假定CEO的年终分红完全根据净利润计算而来,同时假定出于粉饰财务报告的目的,公司的折旧政策按规定使用直线法计提折旧,期限为5年。现在公司人为调整为7年,并获得了注册会计师的认可,这样公司就可以降低每年折旧费用,提升公司利润。这是一项会计估计变更。对使用过程中不断磨损的设备进行重置的实际成本并没有降低。不仅折旧引起的税收抵减没有增加,而且现金流也没有增加。投资者也意识到利润并没有真正增加,所以公司股票价格并不会因为这项会计政策的变化而变动,而实际上是随着公司账面利润增加引起了CEO薪酬的增加。由此可见,管理者知道投资者喜欢简单而透明的信息披露,但是公司却要变更会计政策,使投资者更难追踪其真实的业绩水平,从而实现个人利益最大化。这种做法的根本原因在于,由于薪酬契约的不完全性,公司管理者时常将自身利益置身于股东利益之上。他们通过高估利润增加自身薪酬，而投资者却承担了市盈率下降的成本，该成本是由于报告盈余质量恶化造成的。当然可以让管理者与股东的利益相一致，通过薪酬契约设计，比如股票期权等，但这也有消极的一面。因为公司管理者不能通过一些易于被投资者甄别的财务报告的手法来增加奖金，在这种情况下，他们有可能会设计出更隐蔽的方法来欺骗市场，并人为抬高股价，这使分析者更难以甄别财务报告的真假。

这告诉我们一个道理：分析者在进行财务分析或者信息处理时，当公开披露信息并不充分，或者是当事人获取信息并不充分时，有些疑点有可能始终都难以揭开谜底，运用逻辑推理时切勿牵强推理，切勿一次性给出肯定性结论，从而陷入"冤假错案"。

为了提升信息分析的正确性，读者在进行逻辑推理过程中尽量进行多次"试错"，通过公开信息的不断披露，对需要处理的信息进行不断良性调整，不断修正原有判断，尽可能通过多条逻辑主线进行推理分析并相互验证，规避运用单一线索逻辑推理的陷阱。财务报表分析更是如此，更需要通过公开信息，不断验证信息真伪，借助股票市场价格方面信息进一步求解信息真相。

第四节　财务信息的重要用途*

经济越发展，财务信息越重要。但是需要注意的是，这个观点有一个基本前提是人类社会不是完美社会。在完美社会中，财务信息并不重要，因为它是已知的或者基本确定的。在人类社会走向完美社会过程中，财务信息随着经济发展变得更加重要。在移动互联网、大数据时代，完美社会似乎可以实现，但它还没有到来，财务信息仍然是一种十分重要的信息源，并影响着人们的决策。

一、理想状态下的财务信息

理想状态也称为最优状态，是指经济以完美和完全的市场机制为基础，不存在信息不对称或者其他影响市场公平、有效运作的障碍。在这种条件下，资产、负债的计量建立在未来现金流的折现值基础上。市场的强势有效注定套利机制保证了现值与市场价值是相等的。在完美社会中，会计计量属性的选择不再是难题，会计计量选择历史成本、公允价值等计量属性皆可，财务报告数据传递的信息仅是一个已知的数字而已，每个交易主体都知道这些数据信息，并且每个利益相关主体无法运用这些数字信息做出获取超额收益的决策。基于此，财务报告同时具有了完全的相关性与完全的可靠性，公司制下的逆向选择与道德风险问题也不复存在。

二、现实世界中财务信息的制度设计功能

现实是不完美的，财务信息仍是外部利益相关者评估公司估值的一种无比重要的信息源。信息不对称存在着逆向选择和道德风险。公司制下最重要的利益相关者是股东、债权人与管理者。股东与债权人、股东与管理者之间都存在着道德风险，公司内部人员如大股东、管理者等与外部人员如中小股东等之间存在着逆向选择。如果道德风险过高，公司制下股东、债权人和管理者之间就没有合作的可能，公司出资方只有股东而没有债权人，股东也不会授权给管理者，最终股东既是出资者又是管理者；如果逆向选择过重，中小股东选择

"用脚投票",中小股东渐渐消失,则大股东成为公司唯一出资者。因此,如果公司制下的逆向选择与道德风险问题过于严重,公司制企业这种组织形式将退出历史舞台。

逆向选择是事前发生的,是指信息双方有一方信息占优,信息占优的一方必定损害信息处于劣势一方的利益。公司制下处于信息优势的一方是公司内部人,如管理者、大股东等,信息处于劣势的一方是外部中小股东等。如果信息处于劣势的一方的利益受损过重,中小股东必定"用脚投票",不断抛售股票,当这种情况日趋严重时,公司股价大跌,跌破净值,最后退市,股权凭证变成一张废纸,将给予公司内部人严厉惩罚。为了解决这一矛盾,财务信息通过充分而及时的信息披露,缓解内部人与外部人的信息不对称,使外部人受到一定程度上的保护,至少使双方可以和谐共存。简而言之,逆向选择的解决路径是,一方面通过信息处于劣势的一方比较理性的决策,另一方面是准则制定者要求公司充分而及时地披露财务信息和非财务信息,证监会也会做出相应要求。

道德风险是事后发生的,是指一方可以看到另一方的行为,而对方看不到自己的行为,可以看到对方行为的一方必定损害另一方的行为。在公司制下,股东与债权人、股东与管理者之间都存在着道德风险。股东、债权人和管理者之间通过契约缓解彼此之间的道德风险。股东与管理者之间的道德风险解决路径是要求管理者能如期履约薪酬合同,如期完成绩效考核要求,促使股东与管理者得以和谐共存。其中,在管理者薪酬合约中,财务信息成为核心机制设计,例如净利润指标是核心要求,这就要求公司净利润与管理者的努力程度之间高度正相关,即管理者越努力,公司净利润越高,管理者薪酬就越高,而会计准则制定者对利润的界定也要满足这一要求,即利润要具有刚性。同样,股东与债权人之间通过借款契约缓解双方的矛盾,其中财务信息同样是借款契约的重要机制设计,如流动比率、速动比率、资产负债率、营运资本、抵押资产等,确保债权人利益得到高度保障。

由此可见,财务报告的运用领域十分广泛,小至个人决策,大到公司制下制度安排。分析者是否能够通过财务报告索取其信息诉求,取决于其财务报表分析能力,而分析财务报表的方法与手段有多种,检验财务报告使用者的数据解读能力的方法也有多种。其中,最有效的检验财务报告使用者是否做出正确决策的最佳试验场,或者说是最快速的检验场,无疑就是股票市场,这也是财务报告最难被解读的场所。

思 考 题

1. 不同利益相关者的信息诉求是什么?
2. 为什么管理者是最特殊的利益相关者?
3. 为什么投资者对财务报告的信息诉求是最全面而且是最复杂的?
4. 假定将股东的信息诉求界定为全集,为何其他利益相关者的信息诉求只不过是股东信息诉求的子集或者总可以转化为股东信息诉求的子集?
5. 如何理解财务报告是一张条件概率表?
6. 我国上市公司股价统计数据对投资者有何启示?
7. 为什么财务报表分析只能是大概率还原企业真相?
8. 财务报告有用性的现实障碍有哪些?
9. 使用财务数据进行逻辑推理时有哪些障碍?

10. 财务信息相关性、可靠性和会计计量属性的关系是什么？

11. 现实世界中如何缓解公司制下的逆向选择和道德风险问题？

判 断 题

1. 股东、债权人和管理者是财务报告最重要的使用者。（   ）
2. 管理者既是财务报告的提供者，也是财务报告的使用者。（   ）
3. 会计人员既是财务报告的编制者，也是财务报告的提供者。（   ）
4. 股东最关注公司持续盈利能力。（   ）
5. 股东信息诉求只不过是其他利益相关者信息诉求的子集而已。（   ）
6. 公司财务信息与公司经营状况有可能背离，一般来讲，公司持续盈利能力越强，财务信息与公司经营状况的吻合度越低。（   ）
7. 财务报告是一张条件概率表。（   ）
8. 财务报告有助于分析者修正原有决策。（   ）
9. 财务报告有助于预测投资者收益的逻辑过程：通过当期财务报告信息预测公司未来持续盈利能力，然后通过公司未来持续盈利能力反映到公司股价，进而有助于预测投资者预测未来投资收益。（   ）
10. 股票市场是财务报告有用性的重要体现。（   ）
11. 我国上市公司股价总体上不能够有效地反映公司业绩。（   ）
12. 我国上市公司给予股民最大回馈的公司是具有持续高增长盈利能力的公司。（   ）
13. 会计人员编制财务报表必须经历"原始凭证→记账凭证→会计账簿→财务报表"的加工过程。（   ）
14. 假定公司财务信息严重失真，潜在投资者通过正确评估财务报告，做出正确决策，例如舍弃投资公司的决策，这原本就是一种优化自身投资收益的行为。（   ）
15. 竞争动因不是妨碍财务报告有用性的一个重要因素。（   ）
16. 现实生活中，企业并购事件时有发生，而这些事件在利益相关者运用财务报告进行逻辑推理时构成了"并购障碍"，需要投资者甄别并购质量才能做出判断。（   ）
17. 现实世界中无法完美解决财务信息相关性与可靠性之间的矛盾，不过它提供了最为现实的"次优的"会计状态的比较尺度，在一定程度上缓解了财务信息的相关性与可靠性之间的矛盾。（   ）
18. 完美世界中会计计量属性的选择仍然是一大难题。（   ）
19. 道德风险是事前发生的，是指信息双方有一方信息占优，信息占优的一方必定损害信息处于劣势一方的利益。（   ）
20. 财务信息是缓解公司制下逆向选择和道德风险的重要制度设计。（   ）
21. 充分披露是缓解大股东与中小股东之间道德风险的重要手段。（   ）

第二章

财务报表分析基础

■ 回顾

第一章全面论述了财务报告有用性,从财务信息有用性的定性描述,到财务信息修正投资决策的作用,到个人决策过程,再到证券市场股价的有效反应,最后是现实生活中财务信息具有重大制度设计作用。

■ 本章提要

本章描述了财务报告加工过程,探讨了财务报告体系,列示了基本财务报表的格式与内容,说明了合并报表的若干问题,梳理了通用财务报表分析方法,提出了财务报表分析范式。其中,财务报告加工过程将与会计加工的若干知识有机结合在一起,财务报表分析范式突出了分析逻辑:由果及因和由因及果的重要性。

■ 展望

第三章主要探讨财务报表分析的基本步骤,描述了各步骤的基本要求,重点探讨了会计分析和经营环境评估。

◆ 章首案例

    财务报表分析的方法论是唯物辩证法,投资者要学会用辩证的思想和相互联系的观点分析问题。从广义上讲,财务报表分析方法体系是一个多层次的立体结构体系,该体系由财务报表分析范式、分析方法、分析步骤等组成,缺一不可。

    财务报表分析作为一门新兴的应用技术,起源于19世纪末20世纪初期,由当时银行家通过对企业的财务报表进行相应的分析来审核借款人的债务偿还能力,进而决定是否发放贷款来保障自身的债权。

    1900年,托马斯·乌杜洛发表了《铁道财务诸表分析》,初步提出了财务报表分析的含义。1919年在银行从事贷款业务的亚历山大·沃尔发表了《比率分析体系》，他指出，为了全面评估企业经营状况，必须考虑财务报表间的各种关系，提出了极具代表性的流动比率，并认为流动比率最好维持在2。在此基础上，沃尔又陆续提出了速动比率、负债比率等。后来，他又在《信用晴雨表研究》和《财务报表比率分析》中提出了信用能力指数的概念，即把若干个财务比率用线性关系结合起来，以此评价企业的信用水平。这就是综合财务分析方法。同时，杜邦公司于20世纪20年代提出了杜邦财务分析方法，进一步推进了综合财务分析方法。它是根据目标管理思想构建的一种综合财务分析方法，实质是因素分析法，以所有者权益报酬率为中心，将其分解为若干个用以评价企业经营效率和财务状况的比率，按其内在联系有机地结合起来，形成一个完整的指标体系。

到后来，一些比较复杂的数学方法也被运用到针对财务报表数据的分析中，这使得财务分析技术日趋充实和完善。

第一节 财务报告加工过程

普通产品都有严格的生产工艺流程与检验流程，财务报告作为会计信息产品也不例外。财务报告的检验过程如图2-1所示。

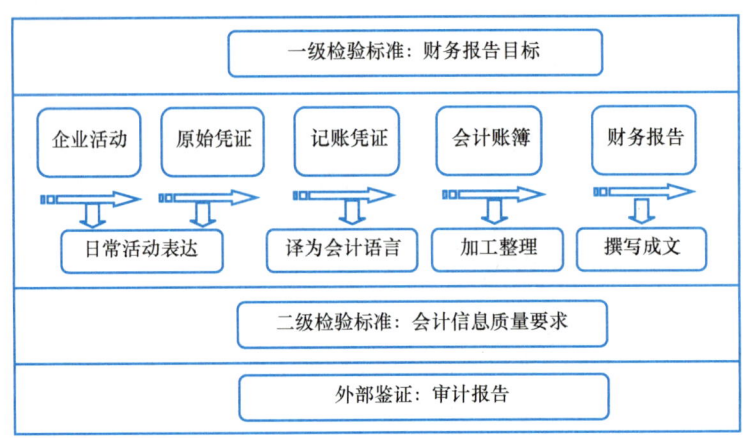

图2-1 财务报告的检验过程

财务报告的加工流程是会计循环系统。凡是计入财务报告的信息都必须进入会计系统，经历会计系统各个环节，最终生成财务报告。企业交易事项进入会计系统后经历会计确认、会计计量、会计记录和会计报告，即原始凭证、记账凭证、会计账簿与财务报告，加工过程中间夹杂着成本计算、财产清查，以及根据权责发生制进行账项调整，编制账项调整分录以及结账。

财务报告的内部检验环节有两个标准，一个是总检验要求：财务报告目标，一个是细节检验要求：八项会计信息质量要求。其中，财务报告目标主要有两种观点：受托责任观和决策有用观。美国财务会计准则委员会（FASB）和国际会计准则理事会（IASB）认为财务报告的目标是决策有用观，代表着主流观点。我国财务报告目标采取的是决策有用观和受托责任观的融合。会计信息质量要求主要包括可靠性、相关性、可理解性、可比性、实质重于形式、重要性、谨慎性和及时性。

如果财务报告通过了上述检验标准，则该财务报告是合格品，否则，该财务报告是不合格品，公司需要对不合格的地方重新进行加工，然后再次检验，直到它成为合格品。上市公司财务报告向外界披露之前还需要经过注册会计师的检验，注册会计师以独立第三方的身份对财务报告进行审计，并给出鉴证意见：审计报告。注册会计师的审计意见可以作为财务报告的外部检验标准，它是管理者向外界提供财务报告之前，注册会计师以独立专业人士的身份对财务报告做出的公正评价，也是为外部利益相关者做出的一次专业性评价，有利于降低财务报告的专业技术风险，是为分析者提供财务报告是否合格的积极保证，也为利益相关者提供财务报告的某些强调事项等方面信息。

第二节　财务报告体系

一、财务报告的定义

财务报告是指企业对外提供的反映某一特定日期的财务状况和某一会计期间的经营成果、现金流量等会计信息的文件。

在理解财务报告时需要注意以下方面：

（1）财务报告是一种定期披露的会计信息文件　根据财务报告披露时期的不同，财务报告可分为年度财务报告和中期财务报告。

上市公司年度财务报告中的财务报告必须经具有证券期货相关业务资格的会计师事务所审计，审计报告必须由该所两名注册会计师签字。年度财务报告正文如阅读材料2-1所示。年度财务报告应当在每年会计年度结束之日起4个月内完成，并按照中国证监会的有关规定予以披露。我国会计年度是指公历1月1日至12月31日。

中期是指短于一个完整会计年度的报告期，通常包括月、季度、半年，也可以是其他短于一个会计年度的期间。中期财务报告至少应包括资产负债表、利润表、现金流量表以及报表附注等内容，对于所有者权益变动表等其他报表和相关信息，企业可根据需要自行决定。中期财务报告的附注相对于年度财务报告的附注应适当简化，其编制应遵循重要性会计信息质量要求。

（2）会计信息　财务报告主要包括三种会计信息：财务状况、经营成果和现金流量，与之对应的是，静态、存量的资产负债表，动态、流量的利润表和现金流量表。

（3）财务报表　财务报表是财务报告的核心，但是财务报告并不只包括会计信息文件，财务报告还包括其他非财务信息，且其重要性凸显。

二、财务报告体系

财务报告体系如图2-2所示。它包括财务报表和其他应当在财务报告中披露的相关信息和资料。

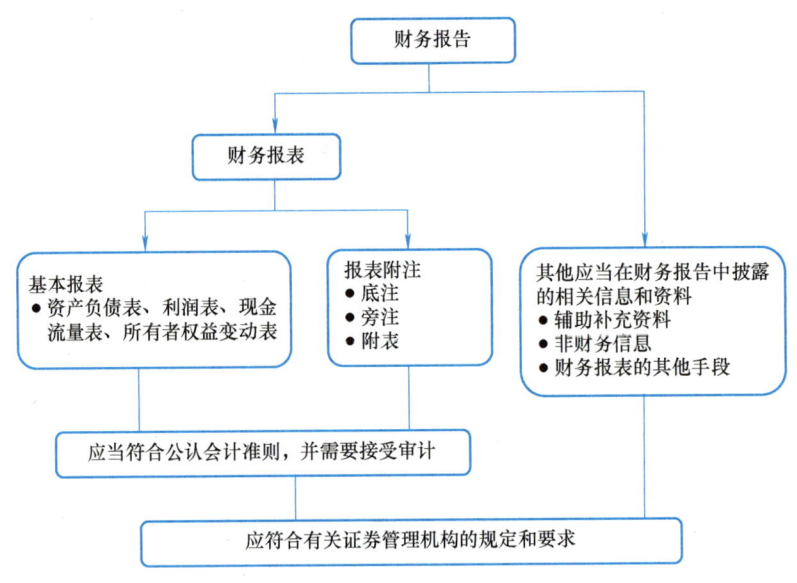

图 2-2 财务报告体系

其中财务报表包括资产负债表、利润表、现金流量表和所有者权益变动表及报表附注。资产负债表、利润表、现金流量表和所有者权益变动表是主要财务报表，属于表内信息，是表内确认。财务报表并非都是表内确认，有一些重要信息因不符合会计确认的要求，这部分资料将以报表附注的形式进行披露。报表附注是财务报表的重要组成部分，是对财务报表本身无法或难以充分表达的内容和项目所做的补充说明和详细解释。报表附注是对财务报表主表的有效补充，这种形式的披露是表内披露。

这两部分都要符合公认会计准则要求，并需要接受审计。财务报告另一个重要组成部分就是其他应该在财务报告中披露的相关信息和资料，它属于表外披露的部分，可以将其视为是对财务报表的有效补充。这部分信息的重要性在于它是对财务报表的重要补充，有利于信息需求者进一步了解公司真实的业绩状况，以及公司未来风险与机遇的计划信息。这部分资料受到的约束比较少，披露形式比较自由，可以不受公认会计准则的限制，但需要相关管理机构对其真实性进行审阅。这部分资料更多的是基于证券管理机构要求给予的表外信息披露。

阅读材料 2-1

了解：公司年度财务报告的内容

下面通过五粮液的年度财务报告目录了解一下我国现行会计准则下公司年度财务报告的基本内容。

五粮液股份有限公司 2021 年度财务报告目录如下：

目录

第一节 重要提示、目录和释义 …………………………………………………… 3

第二节 公司简介和主要财务指标 ………………………………………………… 5

第三节 管理层讨论与分析 …………………………………………… 8
第四节 公司治理 …………………………………………………… 25
第五节 环境和社会责任 …………………………………………… 39
第六节 重要事项 …………………………………………………… 43
第七节 股份变动及股东情况 ……………………………………… 48
第八节 优先股相关情况 …………………………………………… 54
第九节 债券相关情况 ……………………………………………… 54
第十节 财务报表 …………………………………………………… 55
第十一节 备查文件目录 …………………………………………… 156

（资料来源：五粮液 2021 年度财务报告。）

三、报表附注及其他财务报告信息进一步透视

20 世纪 90 年代初，我国建立了现代股票市场，经过多年发展，尤其是进入 21 世纪后，我国加快了资本市场的改革步伐。2005 年股权分置改革是我国股票市场发展史上的重要里程碑，并于 2006 年 10 月基本完成，这标志着我国股票市场步入全流通时代，股票市场的有效性进一步提高，财务信息披露变得更为重要。

在股票市场制度不断完善的过程中，财务信息与其他公开信息充分披露成为重要治理环节。财务信息充分及时披露是为了保护中小投资者的利益。报表附注作为主要财务报表的有效补充，主要体现了财务信息的重要性要求，而表外披露部分也是为了进一步更好地体现财务信息相关性的要求。

（一）报表附注

报表附注是对资产负债表、利润表、现金流量表和所有者权益变动表等报表中列示项目的文字描述或明细资料，以及对未能在这些报表中列示项目的说明等。报表附注是财务报告中必不可少的组成部分，也是财务报表的重要组成部分。报表附注经常带有技术性，因为它要求财务报表的使用者具有较强的信息处理能力。报表附注一般应该包括以下内容：所运用的会计原则和方法、会计政策和会计估计变更以及差错更正的说明、关于各种财务报表要素的详细列示、承诺事项和或有负债、企业合并、关联交易、法律诉讼、重要客户等。

由此可见，报表附注十分重要，如果财务报表分析者不认真阅读报表附注，就很难理解会计数字的经济含义。

阅读材料 2-2

报表附注是理解财务报表的重要一环

通过会计政策，财务报表分析者才能真正理解财务报表背后的经济实质，从而理解会计数字的内涵。孤立分析财务报表难以理解和体会财务报表所反映的企业运营环境，很难解读会计数字的经济含义。

例如，企业财务报表显示"货币资金"为 100 000 元，如果没有查阅报表附注以及会计政策，财务报表分析者就不知道这 100 000 元是单纯的人民币，还是包括其他币种。如

果包括一定数量的外币，这些外币如何折算成人民币？由于外币折算不等于外币兑换，这些外币是硬通货还是软通货？在合并财务报表的情况下，这些货币资金是母公司的还是子公司的？如果财务报表分析者不理解"货币资金"100 000元背后的实质，就难以真正理解企业拥有"100 000"元货币资金代表的支付能力。再如，企业财务报表显示"存货"200 000元，如果没有分析会计政策，财务报表分析者同样不知道"存货"包括哪些具体项目及其比重。这对理解企业资产流动性和短期债务偿还能力具有重要影响。显然，如果存货"200 000"元中90%以上都是产成品，则企业存货的变现能力可能存在较为严重的问题。反之，如果企业"存货"中90%以上都是原材料，则其存货变现能力就比较强。因为原材料属于通用性存货，而产成品已属于专用性"存货"了。如此例证甚多。由此可见，财务报表分析者阅读报表附注，了解会计政策，这是理解会计数字经济内涵的重要一步。

（资料来源：胡玉明. 财务报表分析 [M]. 大连：东北财经大学出版社，2018：70-71.）

（二）管理人员讨论分析书（MD&A）

美国、加拿大等西方国家证券交易委员会要求在该国上市的公司要在其财务报告中提供管理人员讨论分析书。我国财务报告中要求提供"经营情况讨论与分析"。MD&A要求公司应该指出对其有利和不利的情况，明确影响公司流动性、资本来源和经营成果等的重大事件和不确定性因素。它们还必须尽可能揭示公司未来的信息，例如很可能影响到公司未来财务状况的重大不确定事件。除此之外，MD&A还要求报告对财务报表有重要影响的市场方面的信息，如通货膨胀和价格变动方面的定性信息。公司被鼓励而不是强迫提供前瞻性信息。由此可见，MD&A的主要目的是让利益相关者，尤其是投资者，能够更为准确地评判公司做出的会计信息的补充说明，这就在一定程度上保护了处于信息劣势的利益相关者的利益。与西方国家相比，我国管理层提供的"经营讨论与分析"需要加强披露公司风险方面信息，尤其是重大不确定方面的信息。

（三）管理报告

管理报告主要阐述管理当局在编制公司财务报表中的责任。如此要求，其目的主要有两个：其一是提升公司管理高层对公司财务和内部控制系统的责任感；其二是加强管理当局、董事和审计师在编制财务报表方面各自的责任。我国财务报告会披露公司内部控制的相关信息，审计报告中也会披露管理层和治理层对财务报表的责任。

（四）审计报告

审计师在财务报告向公众公布之前对其进行重要检查，检查结果就是审计报告。它是注册会计师在完成审计工作后向委托人提交的最终产品，是注册会计师与财务报告使用者沟通其审计事项的主要手段，它具有法定证明效力，对增加会计信息可靠性起着至关重要的作用。

审计报告一般包括标题、收件人、范围段、意见段、签章、会计师事务所地址和报告日期等基本内容。例如，招商银行2020年审计报告正文包括以下组成部分：审计意见、形成审计意见的基础、关键审计事项、其他信息、管理层和治理层对财务报表的责任、注册会计师对财务报表审计的责任。

审计师出具的审计意见分为以下四类：①无保留意见。财务报告公允地反映了公司的财务状况、经营成果和现金流量等信息。②保留意见。除个别项目出具了保留意见外，整个报告仍出具的是无保留意见。③否定意见。财务报告没有公允地反映公司的财务业绩和状况。④拒绝出具意见。审计范围受到限制因而不足以形成审计意见。

在进行财务报告分析之前，读者首先应该查阅公司财务报告的审计意见。若审计报告出具否定意见或者拒绝发表意见，分析者需要甄别其中的重要风险，尤其是要对审计师可能利用准则中的灰色区域接受管理层的某些操纵行为保持警惕。

（五）社会责任报告

随着人们环保意识的提升，公司更加关注自身的社会责任。近年来我国政府也加大了社会环境保护方面的治理力度，要求公司承担更多的社会责任。公司在财务报告中也要努力解释公司的社会责任，以及管理当局对雇员的承诺、对人力资源开发的投入，以及许多不可量化的分析因素。

我国首家上市公司社会责任报告书由阳光发展股份有限公司于2007年3月15日正式公布。该报告书涉及阳光发展在远景和承诺、环境保护、参与公益事业、提高住宅质量、预防和惩罚商业贿赂行为、加强职工权益保护等几个方面的内容。

四、上市公司信息披露平台

财务报告是公司商业活动的透镜，有利于帮助外部利益相关者判断公司基本面，并做出正确决策，其重要性显而易见。世界各国证券交易委员会都要求所有在本国上市的公司按既定要求及时而充分地披露财务信息以及重要的非财务信息，世界各国管理机构都会指定官方信息披露平台，有利于使用者及时查询相关信息。在美国，所有上市公司必须向证券交易委员会提交年度报告和季度报告。这些报告可以通过证券交易委员会的 EDGAR 数据库（www.see.gov）得到。我国证券监督管理委员会要求上市公司提供年度财务报告与季度财务报告，也为上市公司信息披露指定了官方披露平台。

阅读材料 2-3

我国上市公司信息披露平台

我国的上市公司需要提交年度财务报告给中国证券监督管理委员会，包括首次申请公开发行股票的主板、中小板和创业板企业。中国证监会的网址为 www.csrc.gov.cn，具体的上市公司年报也可以登录上海证券交易所（网址：www.sse.com.cn）和深圳证券交易所（网址：www.szse.cn）获取。此外，中国证监会指定的信息披露网站还包括：深圳证券交易所下属"巨潮资讯网"（网址：www.cninfo.com.cn）、《中国证券报》"中证网"（网址：www.cs.com.cn）、《上海证券报》"中国证券网"（网址：www.cnstock.com）等。

五、公司财务报告和信息披露的法规体系

上市公司作为公众企业，它不仅受到财务报告的编制与报告内容的制约，而且受到信息披露制度的约束。

(一) 企业财务报告的法规体系

在我国制约企业财务报告编制的会计规范体系包括五个层次，见表2-1，按照规范的强制力排列，其分别由会计法律、行政法规、部门规章、地方性会计法规和内部会计管理制度构成。

表2-1　我国会计规范体系

层　级	规范体系	制定部门	具体内容范例
一	会计法律	全国人民代表大会及其常务委员会	《中华人民共和国会计法》《中华人民共和国注册会计师法》等
二	行政法规	国务院	《企业财务会计报告条例》《总会计师条例》等
三	部门规章	财政部	《企业会计准则》《小企业会计准则》《事业单位会计准则》等
四	地方性会计法规	地方人大或者政府	
五	内部会计管理制度	各单位（根据本单位情况制定）	

其中，制约上市公司的会计规范体系包括《中华人民共和国会计法》（下面简称《会计法》）和《企业会计准则》。

《会计法》于1985年1月21日第六届全国人民代表大会常务委员会第九次会议通过，并于1985年5月1日实施。此后于1993年12月29日第八届全国人民代表大会常务委员会第五次会议通过《关于修改〈中华人民共和国会计法〉的决定》，对其进行第一次修正。1999年10月31日第九届全国人民代表大会常务委员会通过第十二次会议进行修订，2017年11月4日第十二届全国人民代表大会常务委员会第三十次会议通过《关于修改〈中华人民共和国会计法〉等十一部法律的决定》进行第二次修正。

《会计法》是规范会计工作的"宪法"，是调整我国经济活动中会计关系的法律总规范，是会计法律规范体系的最高层次，是制定其他会计法规的基本依据，也是指导会计工作的最高准则。它规范了会计工作的作用、适用范围、会计人员行使职权的保障措施和会计工作的管理体制等，也明确了会计信息的内容和要求及企业会计核算、监督的原则，会计机构的设置、会计人员的配备以及相关人员的法律责任。

《企业会计准则》是会计实践活动的规律性总结，是进行会计工作的指导思想，是一个具有普遍性指导意义和具体指导会计业务处理意义在内的并具有一定层次结构的会计规范。简言之，《企业会计准则》是企业的会计部门从事诸如会计确认、计量、记录和报告等会计活动应遵循的标准。

我国企业会计准则体系由基本准则、具体准则、会计准则应用指南和解释公告构成。基本准则于1992年11月30日发布，1993年7月1日起实施。2006年2月15日财政部发布了修订后的《企业会计准则——基本准则》，于2007年1月1日起实施。基本会计准则主要包括：总则、财务会计目标、会计核算的基本前提、会计信息质量要求、会计计量、会计要素、财务会计报告等。具体会计准则是根据基本会计准则的要求制定的，财政部于2006年3月发布了38项具体会计准则，全面规范了企业的财务会计活动。同年，财政部发布了《企业会计准则——应用指南》。应用指南是根据基本准则和具体准则制定的用于指导会计实务操作的细则，主要解决在运用会计准则处理业务时所涉及的会计科目、账务处理、财务报表及其格式以及编制说明等问题。解释公告是随着企业会计准则的实施，根据企业在实务运用中遇到的实施问题对准则做出的具体解释。

需要注意的是，我国这些会计规范体系一直处于完善和变化中，这一态势仍将继续。2014年财政部对企业会计准则进行了第一次大规模修订和增补，2017年修订了金融工具确认和计量、金融资产转移、套期会计、金融工具列报、政府补助、收入等准则，并于2018年1月1日起施行。2018年修订了租赁准则，2019年修订了非货币性资产交换准则。

（二）上市公司信息披露的法规体系

信息披露制度是上市公司为保障投资者利益，接受社会公众的监督，依照法律规定将自身的财务状况、经营成果等信息和资料向证券管理部门和证券交易所报告，并向社会公开，以便投资者充分了解公司情况的制度。

我国现行的上市公司信息披露规范体系主要包括证券发行信息披露制度和持续性信息披露制度。信息披露的评价标准是信息披露的及时性、有效性和充分性。

我国上市公司信息披露体系见表2-2。

表2-2 我国上市公司信息披露体系

层级	规范体系	制定部门	具体内容范例
一	国家法律	全国人民代表大会及其常务委员会	《公司法》《证券法》《刑法》等
二	部门规章	中国证券监督委员会	《首次公开发行股票并上市管理办法》《上市公司监督管理条例》《上市公司信息披露管理办法》《公开发行证券的公司信息披露内容与格式准则》《公开发行证券的公司信息披露编报规则》《上市公司证券发行管理办法》等
三	自律性规则	证券交易所	《证券交易所股票上市规则》《上市公司信息披露工作指引》《格式指引》等

同样，上市公司信息披露制度的有关规定也会随着上市公司治理结构的不断变化而发展变化。

第三节 基本财务报表

财务报表是会计人员用会计特有语言描述企业的基本财务状况、经营成果和现金流量情况的报表，它是外部财务报表使用者理解企业基本面的重要载体。财务报表包括四张主表，分别是资产负债表、利润表、现金流量表和所有者权益（或股东权益）变动表。其中，所有者权益变动表是指反映构成所有者权益的各组成部分当期的增减变动情况的报表，可视为资产负债表的附表。股东权益增减变动表全面反映了企业的股东权益在年度内的变化情况，便于会计信息使用者深入分析企业股东权益的增减变化情况，并进而对企业的资本保值增值情况做出正确判断，从而提供决策有用的信息。

所有者权益变动表直观地体现了股东权益各项目变动情况，尤其是投入资本发生变化，以及企业实施股票股利等情况，均可以被直接观察到。所有者权益变动表提供的决策有用信息远不及资产负债表、利润表和现金流量表重要。所以，本处重点介绍资产负债表、利润表和现金流量表。

阅读材料2-4

财务报表格式的修订

为更好地满足利益相关者需求，我国会计准则始终在不断修订中，财务报表列报也发生了一些变化。我国财政部于2017年12月25日发布《关于修订印发一般企业财务报表格式的通知》（财会〔2017〕30号），接着财政部于2018年6月15日对一般企业财务报表格式再次进行了修订完善，发布《关于修订印发2018年度一般企业财务报表格式的通知》（财会〔2018〕15号），主要是对资产负债表、利润表和所有者权益变动表的一些项目再次做出补充修订，财会〔2018〕15号包括了财会〔2017〕30号修订的合理内容。财政部要求2017年12月25日发布的《关于修订印发一般企业财务报表格式的通知》（财会〔2017〕30号）同时废止。2019年5月财政部再次发布《关于修订印发2019年度一般企业财务报表格式的通知》（财会〔2019〕6号），同时要求，2018年6月15日发布的《财政部关于修订印发2018年度一般企业财务报表格式的通知》（财会〔2018〕15号）同时废止。

有兴趣的读者自行阅读财会〔2017〕30号、财会〔2018〕15号和财会〔2019〕6号的具体内容，更好地了解财务报表列报的具体变化。

一、资产负债表

资产负债表是反映企业在某一时点财务状况的报表，它是一张静态、存量报表，主要提供企业财务状况方面的信息。更为严谨地讲，资产负债表清晰地展示了企业资金来源与资金运用的结果，资金来源来自债务融资和所有者权益融资，资金运用的结果是资产的配置，即企业投融资的结果，所以，资产负债表也可称为投融资报表。这就是我们通常所说的账户式资产负债表。

资产负债表是企业在某一特定时点财务状况的快照，是静态画面，而之前与之后的资产负债表有可能与之不同。

同时，资产负债表反映了企业与企业之外的社会各界的契约关系，并对了解企业财务（资本）结构有莫大帮助。但是，它并没有回答企业的财务绩效如何。

（一）资产负债表的格式

世界各国资产负债表的格式不尽相同。资产负债表通常有三种形式：账户式、报告式和财务状况式。

（1）账户式资产负债表 账户式资产负债表反映了"资产＝负债+所有者权益"的关系式，直观地体现了资产与权益之间的平衡关系，将其分别列示于资产负债表的左边和右边，有利于信息使用者对企业财务状况进行对照、比较和分析，而且从左到右排列，左右对称列示，符合人们审美习惯，也符合人们的阅读习惯。在实务中，账户式资产负债表是企业最常采用的资产负债表格式。在实践中，财务报表编制使用金额单位为元时，由于上市公司规模较大，数字位数过多，所以，账户式资产负债表通常采用由上至下，先列资产，然后是负债,最后是所有者权益,这种列示与报告式资产负债表有点类似,但是其等式仍为会计恒等式:"资产=负债+所有者权益"。

(2) 报告式资产负债表　报告式资产负债表所依据的公式是"资产-负债=所有者权益",突出了资产、负债与净资产之间的内在关系,将资产、负债和所有者权益由上至下排列,资产列示最上方,然后是负债,最后是所有者权益,三者的关系式是前两者相减等于第三者。

(3) 财务状况式资产负债表　财务状况式资产负债表突出反映财务状况的重要指标——营运资本。营运资本等于流动资产与流动负债之差。其由上至下排列如下:流动资产、流动负债,两者相减求得营运资本;然后是非流动资产与非流动负债,最后是所有者权益。该格式的资产负债表直接体现了企业资产的流动性强弱,债权人比较喜欢这种编制方式。

本书以账户式资产负债表为例进行说明。

(二) 账户式资产负债表的格式与内容

财政部 2019 年 4 月发布了《关于修订印发 2019 年度一般企业财务报表格式的通知》(财会〔2019〕6号),再次对一般企业财务报表格式进行了修订。本次修订包括两套财务报表格式,分别适用于未执行新金融准则、新收入准则和新租赁准则的企业和已执行新金融准则、新收入准则和新租赁准则的企业。新金融准则、新收入准则和新租赁准则的内容和执行时间参见准则内容。

本处以已执行新金融准则、新收入准则和新租赁准则的企业为例,列示其资产负债表的格式与内容,见表 2-3。

表 2-3　资产负债表　　　　　　　　　　会企 01 表

编制单位：　　　　　　　　　　____年____月____日　　　　　　　　　　单位：元

资　　产	期末余额	上年年末余额	负债和所有者权益（或股东权益）	期末余额	上年年末余额
流动资产：			流动负债：		
货币资金			短期借款		
交易性金融资产			交易性金融负债		
衍生金融资产			衍生金融负债		
应收票据			应付票据		
应收账款			应付账款		
应收款项融资			预收款项		
预付款项			合同负债		
其他应收款			应付职工薪酬		
存货			应交税费		
合同资产			其他应付款		
持有待售资产			持有待售负债		
一年内到期的非流动资产			一年内到期的非流动负债		
其他流动资产			其他流动负债		
流动资产合计			流动负债合计		

(续)

资　产	期末余额	上年年末余额	负债和所有者权益（或股东权益）	期末余额	上年年末余额
非流动资产：			非流动负债：		
债权投资			长期借款		
其他债权投资			应付债券		
长期应收款			其中：优先股		
长期股权投资			永续债		
其他权益工具投资			租赁负债		
其他非流动金融资产			长期应付款		
投资性房地产			预计负债		
固定资产			递延收益		
在建工程			递延所得税负债		
生产性生物资产			其他非流动负债		
油气资产			非流动负债合计		
使用权资产			负债合计		
无形资产			所有者权益（或股东权益）：		
开发支出			实收资本（或股本）		
商誉			其他权益工具		
长期待摊费用			其中：优先股		
递延所得税资产			永续债		
其他非流动资产			资本公积		
非流动资产合计			减：库存股		
			其他综合收益		
			专项储备		
			盈余公积		
			未分配利润		
			所有者权益（或股东权益）合计		
资产总计			负债和所有者权益（或股东权益）总计		

由此可见，资产负债表通常按其流动性排列，项目流动性越强，其排位越靠前；项目流动性越弱，其排位越靠后。

本处不对资产负债表各项目的具体内涵进行赘述，具体可查阅《企业会计准则》中有关财务报表部分。

阅读材料 2-5

资产负债表项目排列惯例

世界各国资产负债表各项目大都是按照"流动性顺序"排列的，且广泛地应用于商业或者制造企业。但是，也不能排除在其他一些产业中，还有不同的分类及排列顺序。有的先列最重要的项目，例如，铁路及公用事业企业的资产负债表中，先列示设备，另一边则列示长期债务和股东权益；银行则通常先列示实收资本。此外，有的国家按固定性排列，这种排列顺序刚好与按流动性顺序排列相反。

值得指出的是，尽管账户式资产负债表在实务中被世界各国广泛应用，但并不都是左方列示资产，右方列示负债及所有者权益。一些国家（如英国和澳大利亚等）恰好相反，左方列示负债及所有者权益，右方列示资产。这些国家里，"企业说"占主导地位。企业被视为一个社会机构，为许多群体的利益而从事经营活动。这些群体中，除了债权人和股东外，还包括职工、顾客、征税和立法的政府机构，甚至还包括一般公众。最广义的"企业说"可理解为"会计的社会说"。从会计角度上讲，这意味着财务报表的对象不仅限于股东和债权人，而且还包括其他很多群体和一般社会公众。在这种情况下，负债和股东权益相对比较重要，因而，资产负债表左边先列示负债和所有者权益，右方再列示资产。

另外，有些国家如德国企业的资产负债表并不是按照流动性顺序排列，而是按照固定性排列。将资产与负债分为流动与非流动的目的在于向债权人展示关于他们债权的安全性。这是早期编制资产负债表的目的。在今天对外呈报资产负债表的目的不仅如此，并且资产负债表仅是基本财务报表中的一种。但由于流行的会计实务和会计思想仍带有早期的一些概念和做法，资产与负债依然按流动性划分，并以此作为资产负债表项目排列顺序。然而，将资产与负债区分为流动与非流动性两类展示企业的债务偿还能力，已不如早期那么重要了。正如查尔斯·斯普拉格（Chares B. Sprague）在《账户的哲理》一书中所讲：资产负债表上项目的排序具有相当的重要性，特别是当项目很多的时候……在我所举的例子中，是遵循了可用性顺序，或者说清算的顺序……在工业企业中，生产能力或者获利能力比偿债能力更加重要，固定资产可能要放在资产的首位，而库存现金作为生产能力最差资产列在末尾。但是无论如何，按照一定原则排列，总比任意排列要好。这就不难理解为什么铁路及公用事业企业的资产先列示设备，而银行通常先列示实收资本了。

（资料来源：魏明海．比较会计概论［M］．广州：中山大学出版社，1995：96-97．）

二、利润表

利润表回答了"企业财务绩效"即是否盈利这一问题。利润表通过记录一家企业在某一时期内创造的收入和为之而发生的耗费，以及一些偶发性收益和支出，由此知，总收入大于总耗费即企业实现了盈利，反之亏损，两者相抵则盈亏平衡。

（一）利润表的格式

利润表的格式并非是唯一的，在实务中，它通常存在两种格式：多步式和单步式，我国采用多步式利润表。

（1）多步式　多步式利润表根据收入和费用的不同类别，分别计算各项不同的收益指标。多步式利润表是通过对当期的收入、费用、支出项目按性质加以归类，按利润形成的主要环节列示一些中间性利润指标，如主营业务利润、营业利润、利润总额、净利润，分步计算当期净损益。

多步式利润表一般由营业收入开始，首先求得销售毛利，然后求得营业利润，继而与营业外利润相加，求得利润总额，扣减所得税费用，最后求得净利润。这里，销售毛利、营业利润、利润总额和净利润是四个层次的利润。

多步式利润表的优点是便于对企业利润形成的渠道进行分析，指明了企业盈利的主要原因或亏损的主要原因，使管理更具有针对性。同时也有利于不同企业之间进行比较。

（2）单步式　单步式利润表是将当期所有的收入排在一起，然后将所有的费用排在一起，最后将总收入减去总费用，通过一次计算便求出当期损益。在单步式下，利润表分为营业收入和收益、营业费用和损失、净收益三部分。

单步式利润表的基本特点是集中列示收入要素项目、费用要素项目，根据收入总额与费用总额直接计算列示利润总额。这种格式比较简单，便于编制，但是缺少利润构成情况的详细资料，不利于企业不同时期利润表与行业之间利润表的纵向和横向的比较与分析。

虽然利润表的格式可分为多步式利润表和单步式利润表，但是，实际上我国营业利润中包括的内容日趋增加，例如信用减值损失、资产减值损失、投资收益、公允价值变动收益、资产处置收益、其他收益等均计入营业利润，并且营业利润中也不需单独披露主营业务利润、销售毛利等指标，而营业利润与利润总额之间只缺少了营业外收入和营业外支出两项目。因此，单步式利润表与多步式利润表的界限日趋模糊。

（二）多步式利润表格式与内容

本处以已执行新金融准则、新收入准则和新租赁准则的非金融企业为例，列示其利润表的格式与内容，见表2-4。

表2-4　利润表　　　　　　　　　　　　　　　　　　　　　会计02表

编制单位：　　　　　　　　　　____年____月　　　　　　　　　　单位：元

项　　目	本期金额	上期金额
一、营业收入		
减：营业成本		
税金及附加		
销售费用		
管理费用		
研发费用		
财务费用		
其中：利息费用		
利息收入		
加：其他收益		
投资收益（损失以"-"号填列）		
其中：对联营企业及合营企业的投资收益		
以摊余成本计量的金融资产终止确认收益（损失以"-"号填列）		
净敞口套期收益（损失以"-"号填列）		
公允价值变动收益（损失以"-"号填列）		
信用减值损失（损失以"-"号填列）		
资产减值损失（损失以"-"号填列）		

第二章　财务报表分析基础

（续）

项　目	本期金额	上期金额
资产处置收益（损失以"-"号填列）		
二、营业利润（亏损以"-"号填列）		
加：营业外收入		
减：营业外支出		
三、利润总额（亏损总额以"-"号填列）		
减：所得税费用		
四、净利润（净亏损以"-"号填列）		
（一）持续经营净利润（净亏损以"-"号填列）		
（二）终止经营净利润（净亏损以"-"号填列）		
五、其他综合收益的税后净额		
（一）不能重分类进损益的其他综合收益		
1. 重新计量设定受益计划变动额		
2. 权益法下不能转损益的其他综合收益		
3. 其他权益工具投资公允价值变动		
4. 企业自身信用风险公允价值变动		
……		
（二）将重分类进损益的其他综合收益		
1. 权益法下可转损益的其他综合收益		
2. 其他债权投资公允价值变动		
3. 金融资产重分类计入其他综合收益的金额		
4. 其他债权投资信用减值准备		
5. 现金流量套期储备		
6. 外币财务报表折算差额		
……		
六、综合收益总额		
七、每股收益		
（一）基本每股收益		
（二）稀释每股收益		

本处也不对利润表各项目的具体内涵进行赘述，具体内容可查阅《企业会计准则》中有关财务报表的部分。

三、现金流量表

阅读材料 2-6

现金流量表与财务状况变动表的替代过程

财务状况变动表或者现金流量表成为国际流行的第三张基本报表，而现金流量表取代财务状况变动表有一个历史过程。财务状况变动表是以营运资本为基础的报表，现金流量

> 表是以现金为基础的报表，但二者都是反映资金变动情况的报表。在美国，公认会计准则在20世纪70年代初把反映企业营运资本的来源、运用以及增、减净额的财务状况变动表列为对外通用财务报表，并要求其内容能展示企业筹资和投资活动的全貌，这就使财务状况变动表成为美国资产负债表和收益表之外必须编制的第三张基本财务报表。其他欧盟国家以及瑞士、日本等国则很少提出这一要求。1987年，美国又发布了第95号财务会计准则，以现金流量表取代原先要求编制的财务状况变动表。相应地，IASC也在1992年发布新的IAS7，以现金流量表取代原先于1977年发布的IAS7发布要求编制的财务状况变动表。在国际范围内，现金流量表已基本上奠定了它作为对外通用财务报表中的"第二报表"的地位。我国也于1998年1月1日起执行《企业会计准则——现金流量表》，以取代财务状况变动表。
>
> （资料来源：樊行健. 财务报表分析［M］. 北京：清华大学出版社，2014.）

现金流量表是反映企业一定时期内经营活动、投资活动和筹资活动对其现金及现金等价物所产生影响的财务报表。现金流量表是原先财务状况变动表或者资金流动状况表的替代物。它详细描述了由企业的经营、投资与筹资活动所产生的现金流量。现金流量表显示了资产负债表及利润表如何影响现金和现金等价物，以及根据企业的经营、投资和融资角度做出具体分析。

现金流量表的一个重要用途是衡量公司利润风险，规避企业利润的现金含量过低带来的流动性风险。

现金流量表的格式从形式上讲也可分为多步式现金流量表和单步式现金流量表。我们实践中运用的几乎都是多步式现金流量表，它是用直接法编制的，将企业活动分为经营活动、投资活动和筹资活动现金流量，再考虑汇率变动对现金及现金等价物的影响，三类现金流量又分为现金流入量和现金流出量。某一时期现金流入量与现金流出量之差就是现金流量净额。其优点是能够清晰地观察企业各类现金活动的流入与流出情况，也能洞察企业创造现金流的能力和公司的筹资能力，以及评估企业持续盈利能力。而单步式现金流量表对现金流量不做分类，直接将总现金流入量与总现金流出量相减求得现金净流量。在实践中，鲜有企业采用单步式现金流量表。

我国现金流量表的格式与内容见表2-5。

本处不对现金流量表各项目的具体内涵进行赘述，具体内容可查阅《企业会计准则》中有关财务报表的部分。

表2-5 现金流量表

会计03表

编制单位：　　　　　　　　　　　年　　月　　　　　　　　　　　　单位：元

项　　目	本期金额	上期金额
一、经营活动产生的现金流量：		
销售商品、提供劳务收到的现金		
收到的税费返还		
收到其他与经营活动有关的现金		

（续）

项 目	本期金额	上期金额
经营活动现金流入小计		
购买产品、接受劳务支付的现金		
支付给职工以及为职工支付的现金		
支付的各项税费		
支付其他与经营活动有关的现金		
经营活动现金流出小计		
经营活动产生的现金流量净额		
二、投资活动产生的现金流量：		
收回投资收到的现金		
取得投资收益收到的现金		
处置固定资产、无形资产和其他长期资产收回的现金净额		
处置子公司及其他营业单位收到的现金净额		
收到其他与投资活动有关的现金		
投资活动现金流入小计		
购建固定资产、无形资产和其他长期资产支付的现金		
投资支付的现金		
取得子公司及其他营业单位的现金净额		
支付其他与投资活动有关的现金		
投资活动现金流出小计		
投资活动产生的现金流量净额		
三、筹资活动产生的现金流量：		
吸收投资收到的现金		
取得借款收到的现金		
收到其他与筹资活动有关的现金		
筹资活动现金流入小计		
偿还债务支付的现金		
分配股利、利润或偿还利息支付的现金		
支付其他与筹资活动有关的现金		
筹资活动现金流出小计		
筹资活动现金流量净额		
四、汇率变动对现金及现金等价物的影响		
五、现金及现金等价物净增加额		
加：期初现金及现金等价物余额		
六、期末现金及现金等价物余额		

第四节　合并报表与母公司报表*

一、财务报表披露制度

财务报表披露制度主要有两种：一种是"单一披露制"，它要求上市公司必须提供合并报表，不强制要求披露母公司报表，如美国、加拿大等；另一种是"双重披露制"，它要求上市公司不仅提供合并报表而且还要提供母公司报表，如英国、法国、德国和日本等。我国采用的是"双重披露制"。"单一披露制"的披露逻辑是合并报表比母公司报表更有用；"双重披露制"则认为二者各有其作用，不能用合并报表替代母公司报表。

无论是"单一披露制"还是"双重披露制"，从披露形式上讲，合并报表是必须披露的财务报表，而母公司报表在"单一披露制"下不是硬性披露要求，因此，从披露形式上推定合并报表更为重要。

二、合并报表的若干问题

（一）合并报表理论

合并报表是指综合反映母公司和子公司形成的企业集团整体财务状况、经营成果和现金流量的财务报表。它是以母公司与子公司所组成的企业集团中符合合并范围的企业为"单位"编制。这个"单位"不是独立的企业法人，而是经济意义上的会计主体。

合并报表不再遵循"凭证—账簿—报表"的会计循环，而是由母公司根据集团中合并范围内的企业报送的报表及母公司自身的报表在账外完成。

在编制合并报表时对少数股东的处理通常涉及三种不同的理论，分别是母公司理论、实体理论和所有权理论。少数股东和控股股东是股份制公司中的两类股东，少数股东是指非控制权股份的股东。以前，母公司理论一直是主流，认为母子公司之间的关系是拥有与被拥有的关系，合并报表是母公司报表的扩展。少数股权在合并资产负债表中既不列在股东权益部分，也不列在负债部分，而作为一个单独项目列在负债和股东权益之间，因此，合并报表中的股东权益只属于母公司的股东权益，而少数股东权益被看作一项费用，作为合并损益的一个扣减项目。

随着经济发展，原来处于主导地位的母公司理论逐步被实体理论所替代。国际会计准则、美国会计准则都进行了修改。2007年我国实施修订《企业会计准则》后，企业编制合并报表的理论由母公司理论转变为实体理论，合并的范围以"控制"为基础。这一调整体现了我国会计准则与国际会计准则的趋同性。

实体理论认为，母子公司之间是控制与被控制的关系，强调的是在整体角度，将母子公司看作一个经济整体，公司有权支配子公司的全部资产以及重大决策。实体理论的主要特点包括：少数股东权益和少数股东损益不再被视为负债和费用，而是列入所有者权益和净利润；合并净收益是属于集团全部股东的净收益，要在母公司与子公司少数股东之间分配；合并过程中产生的商誉为全部股东共享等。

基于实体合并报表理论，子公司报表要并入合并报表都要符合"控制"标准。大体上讲，公司子公司可以分为全资子公司、直接或者间接控股50%以上子公司以及其他子公司。

母公司应当将符合合并标准的全部子公司，无论是小规模的子公司还是经营业务性质特殊的子公司，都纳入合并财务报表。只要是并入合并报表的子公司，母公司都对其具有重大决策权，如人事权、投资决策权、调度现金权、股利分红权等。因此当母公司或者集团内子公司现金流严重不足时，母公司完全有能力基于整个企业集团而调度各子公司之间现金，帮助危机者度过困境。

具体来讲，"控制"主要体现在以下几个方面：

1）母公司拥有其半数以上表决权的被投资单位应纳入合并财务报表的合并范围。母公司控制方式可以是直接拥有、间接拥有、直接拥有+间接拥有。

2）母公司拥有其半数以下表决权的被投资单位应纳入合并财务报表的合并范围。母公司控制方式可以是与其他投资者签订协议而实施控制、公司章程或者协议规定能够实施控制、有权任免董事会多数成员、董事会中占有多数表决权。

3）在确定能否控制被投资单位时对潜在表决权的考虑。

4）判断母公司能否控制特殊目的主体。

（二）合并报表重要性的逻辑推定

现以一个人的综合收入为例说明合并报表的重要性。假如某人A只有工资性收入，将A视为母公司，则母公司报表和合并报表相同。但是，如果A收入来源多样，除了通常工资性收入外，还有投资性收入等，这些多种渠道收入可比拟为从子公司获取的收益份额，则母公司报表与合并报表出现差异。例如A是一家上市公司的CEO，年收入200万元，除此之外，他还有下列比较稳定的收入：房屋年租金收入100万元，股票市场投资收益年收入150万元，投资实体企业年分红300万元。如果只看A自身的报表，即母公司报表，它的收入只有200万元，但是这显然无法代表他的资信实力，他的综合实际年收入应该是750万元。因此，如果投资者想要判断A的盈利能力，要视A的综合年收入即A的合并报表而定。

如果将A比喻为上市公司，A公司有许多控股子公司，则A母公司报表与合并报表出现差异。这些子公司都属于合并报表范畴，按照双重披露制的要求，A公司在披露年报时不仅应当披露合并报表，而且还要披露A公司自身的报表，即母公司报表，其中，A公司合并报表反映的企业集团这个会计主体的全貌远比A母公司报表要全面得多，其中子公司财务数据信息都属于A公司能够控制的资源，合并报表更有利于投资者判断A公司的未来前景，而不是A公司自身的财务报表。即使投资者评估A公司自身盈利能力一般，但是其控股子公司盈利能力一流，A上市公司也属于一流公司。伯克希尔·哈萨韦就是如此，如果单独查阅母公司报表，它并没有合并报表显示的那么强大，而其控股子公司资质一流，最终母公司盈利能力也是一流。

再言债权人，假定B公司是A公司的债权人，B借款直接对象是A公司自身，当然需要分析A公司自身财务报告，评价公司债务偿还能力。当A公司自身遭遇财务困境时，如果A公司的控股子公司现金流充沛，那么A公司的控股子公司也是帮助其偿还债务的来源之一或者是帮助其周转资金的重要来源。因此，合并报表对债权人B而言也十分重要。

因此，基于逻辑上推定，合并报表显然更重要。如果分析者能够获取子公司的全面信息，能够甄别各子公司财务报表的质量，则有利于确定合并报表质量。这取决于各子公司财务报表披露是否充分，最优的情形是各子公司都是上市公司，但这几乎是不可能的。同样，如果上市公司拥有没有并入合并报表范围的一流合营公司和联营公司，并且投资者能够通过公开渠道获取这些公司的信息,这将有利于股东、债权人等评价公司持续盈利能力。

(三) 合并报表的编制原理

根据会计准则要求,一旦投资方形成对外控制性投资,母公司就要在会计期末,以母公司报表和子公司报表为基础,编制由母公司和子公司组成的整个集团的合并报表。也就是说,合并报表反映的是由母子公司所形成的企业集团的财务状况、经营成果和现金流量等会计信息。

根据我国当前会计准则要求,子公司整体都要并入母公司财务报表,与母公司财务报表一起编制合并财务报表。

在编制合并报表的过程中,如果直接将母子公司财务报表直接相加,就会造成重复计算,因此需要剔除母子公司之间的业务,包括母子公司之间的投资、内部资金往来、产品或者劳务提供形成的利润与亏损等,整体反映母子公司所形成的整个集团的会计信息。

在将子公司整体并入母公司财务报表的过程中,整个集团净资产和净利润属于子公司非控制性股东的权益部分,在合并报表中分别以"少数股东"(实际为非控制性股东)权益或者少数股东损益来反映。而子公司吸纳的非控制性股东的入资,也在合并现金流量表中补充列示。

实际上,合并报表的基本原理是,把母公司的长期股权投资和对子公司提供的资金进行分解或者还原为子公司的个别而具体的资产(减负债),再将子公司的个别资产(减负债)剔除重复因素后与母公司相应的资产相加,从而形成合并资产负债表,再把整个集团内子公司净资产中属于子公司非控制性股东的权益部分用"少数股东权益"列示;把子公司的营业收入与各项利润表项目等剔除重复计算因素,与母公司相应项目直接相加,从而形成合并利润表,再把整个集团内子公司净利润中属于子公司非控制性股东的部分用"少数股东损益"列示;把母子公司对整个集团外的经营、投资和筹资所产生的现金流整合在一起,形成合并现金流量表,再把子公司吸纳的非控制股东的入资,在合并现金流量表中的补充项目"其中子公司吸收少数股东入资收到的现金"中列示。

(四) 公司估值、利润分配时财务报表类型的选择

1. 公司估值时采用的利润指标

公司估值与利润分配时都涉及净利润,而报表中涉及的净利润分别是母公司报表中的净利润、合并报表中的净利润和合并报表中归属于母公司所有者的净利润。

公司估值的重要依据是合并报表中归属于母公司所有者的净利润,而不是母公司报表中的净利润,也不是合并报表中的净利润。如果母公司对所有子公司都是完全控股,子公司的利润都归属母公司,母公司利润全部属于母公司股东的所有者,从而企业集团的净利润全部是归属于母公司所有者的净利润,没有少数股东权益。但是,当母公司不是100%控股子公司时,例如60%控股子公司,即子公司60%的净利润属于母公司,那么母公司自身利润加上子公司60%的净利润就是归属于母公司所有者的净利润,子公司剩下的40%的净利润称为少数股东损益,也就是子公司非控制性股东的损益。

公司估值时公司持续盈利能力是一个重要因素,而合并资产负债表和合并现金流量表中也可以透视更多的关于公司扩张的信息,而扩张与持续盈利能力密切相关,对投资者而言,合并报表的重要性是不言而喻的。

2. 公司利润分配时利润指标的选择

当上市公司自身进行利润分配时，到底采取哪种报表中的利润指标，有不同的观点，也有各自的理论依据。

一般来讲，国有资本收益都要按照合并报表为基础；深交所上市公司都要以孰低为原则；其他企业可以母公司个别报表为基础，也可以选择其他标准。对于可以自行决定的企业，建议以个别报表或孰低为依据。除了国有资本收益和深交所上市公司，其他企业对外利润分配（分红、股利），应当以投资者直接投资的公司（即母公司）个别报表中可供分配利润或个别报表与合并报表中较低的可供分配利润为分配上限。这体现谨慎性原则，以及公司法禁止企业超额分配等。

三、合并报表与母公司报表比较的作用

合并报表与母公司报表有些项目进行差量分析，可以为分析者提供增量信息。

（一）两表比较在一定程度上可以反映母公司控制性投资的资产扩张效果

一般通过比较合并报表与母公司报表中的长期股权投资、其他应收款、预付款项、其他流动资产、其他非流动资产等项目，当两表的这些数字为负数时，大体可以判断母公司对子公司的控制性投资。具体来讲，根据母公司报表这些报表项目金额大于合并报表的金额，然后再比较合并报表中总资产大于母公司报表中总资产的金额，若后者大于前者，即两者之比大于1，就是母公司控制性投资产生的杠杆效应。例如母公司对子公司的控制性投资项目为200亿元，而合并报表总资产与母公司报表总资产差额为1 000亿元，则其杠杆效应为5倍。进一步讲，若存在杠杆效应，它是通过子公司权益资金实现的。其中，经营性负债、金融性负债、股东入资和历年留存是杠杆效应产生的四大支柱。若不分经营活动与金融活动，即是负债和股东权益变化所致。

需要说明的是，母公司的预付账款成为对子公司提供财务支持的重要"合理"渠道。预付账款一般基于以下几种情形：买卖双方初次交易，双方信誉状况不明，供应方要求采购方预先付款；供应方产品供不应求，产品畅销，供应方要求预先支付货款，如苹果公司每当发布新产品时，都会公布接受预订货物时间以及付款时间；供应方的行业惯例如此，如装修行业。如果仅从理性视角看，预付账款一般不应该出现在母子公司之间。如果母公司向子公司预先支付货款，即使是以预付款项的名义支付给子公司，这其中更大可能包含着向子公司提供的财务支持。长期应收款、其他应收款的分析原理也与之类似，当它们在母公司报表与合并报表之间出现差异时，可以被视为是对子公司的财务支持。

需要提及的是，上述控制性投资的识别涉及的主要项目只是简单笼统的方法，不是精确的识别。这些识别项目都基于一个假设前提：子公司并没有与母公司报表对应的项目。假定母公司长期股权投资是1 000万元，子公司并没有长期股权投资项目，合并报表时只冲销子公司的所有者权益。但是如果子公司自身也有长期股权投资，则上述分析会低估母公司对子公司的长期股权投资，其他几类识别项目也是如此。而其他应收款项目与预付账款项目需要识别这些项目是否具有永久属性，只有具有永久属性的其他应收款、预付账款才能谈及母公司对子公司的控制。

进一步讲，长期股权投资是最直观地反映母子公司控制性投资的项目，而预付账款、其他应收款和长期应收款等，可以理解为母公司进一步强化其控制性投资的项目，也可以将其

理解为母公司在控制子公司的基础上进一步提供的财务支持而已，并没有进一步加强控制的内涵，只是基于母子公司纽带提供的财务资源。

由此可见，现有的识别企业控制性投资的方法并不精确。如果需要掌握准确的控制性投资的识别信息，读者需要通过查询企业对外控制性投资的账簿记录。若仅以企业财务报表为例，这意味着我们只能做逻辑上的推理分析，做出概率上的判断，但是这并不是说明我们对此无能为力，我们还是可以通过上述分析透视企业的扩张信息，进而诊断这些扩张性投资给企业带来的盈利能力及现金流信息。

(二) 两表比较可以反映集团的资金管理模式

通过比较合并报表和母公司报表，集团是资金集权管理方式还是资金分权管理方式可以比较明晰地体现出来。

资金的集权模式是指由母公司集中融资，然后向控股子公司提供资金的一种资金运作方式。此时，母公司报表中可能会显示借款金额高、其他应收款金额高等。资金分权模式是指由母子公司根据各自资金需求分别进行融资的一种资金运作方式。这一模式下，合并报表的短款金额大于母公司报表，其货币资金也高于母公司报表中的金额。

(三) 两表比较可以反映母子公司之间的销售模式

如果合并报表利润表各项目远大于母公司利润表各项目，那么母子公司一般是各自销售，直接面向市场，这种情况下，母子公司的业务关联度不大，或者产品（劳务）的地区结构没有重叠。如果母公司销售费用远小于合并报表销售费用，这有可能是母公司通过子公司销售产品或者劳务。若子公司主要为母公司提供配套零部件或者劳务，子公司满足母公司需求后，再向外部市场销售。这时合并报表和母公司报表收入与成本有可能差异都不太大。

第五节　通用财务报表分析方法

一般来讲，财务报表分析方法大体可以划分为定性分析方法、拟定量分析方法和定量分析方法。

这里重点介绍通常使用的财务方法，包括定性分析方法的比较分析法、比率分析法和德尔菲法，拟定量分析方法的综合评分法，定量分析方法的因素分析法。

一、定性分析方法

定性分析方法一般包括比较分析法、比率分析法和德尔菲法。

(一) 比较分析法

比较分析法是最基本的财务报表分析方法，是指将两个或两个以上相关指标进行对比，确定其差异，并进行差异分析的一种分析方法。差异分析是指通过分析差异方向、差异性质及差异大小揭示差距，做出评价，并找出产生差距的原因及其对差异的影响程度，为改进企业的经营管理绩效指引方向的一种分析方法。

1. 比较标准的选择

使用比较分析法对一家企业进行财务分析时，比较标准的选择十分重要。财务分析评价基准就是在一定的评价目标下，人为设定的划分评价对象优劣的财务标准。财务分析评价基准并不是唯一的,采用不同的比较基准,有可能使得同一分析对象得到不同的分析结论。在选择比较分析基准时,根据不同的分析目的,并结合企业的实际情况,选择恰当的比较分析评价基准。

在实践中,比较标准主要包括经验基准、预算标准、历史标准和行业标准。

(1) 经验基准 经验基准是依据大量长期的日常观察和实践形成的基准,有利于财务报告使用者观察企业的经济活动是否符合常规。例如20世纪70年代,财务报表分析实践形成了工业企业流动比率的经验基准是2,速动比率的经验基准是1。该基准缺乏科学理论支撑,只是根据日常生活中的大量现象归纳的结果,它具有明显的时间特性与行业局限,需要因时间和空间的变化而做出相应调整,但是不能完全否定经验基准的价值。同时,经验基准并不是人们常说的平均水平,平均水平未必能够成为经验基准。

(2) 预算标准 预算标准又称为目标基准。它是财务分析人员综合管理人员等意见后,以企业预算编制为基础制定的标准。预算标准的优劣取决于企业预算管理水平与预算编制的合理性。如果是固定预算,则预算标准比较接近历史标准;如果是现代预算,则预算标准更具有弹性和前瞻性。现代企业很少编制固定预算,更多的企业都是通过现代预算管理制定更有前瞻性的预算标准。

(3) 历史标准 历史标准是指企业在过去某段时间内的实际值。根据不同的比较目的,可以选择历史平均值,也可以选择历史中位数,还可以选择历史最佳值作为标准。通常,比较常用的历史标准是上年的历史标准。与历史标准的比较分析,是一种自身最优判断方法,也是一种自身的纵向比较方法,具有排他性。历史标准是企业自身在时间序列上的比较,因此可比性比较强。运用历史标准时要注意分析企业本期财务指标出现明显变化的重要原因,例如,是技术变化所致还是重组所致,甄别这些重大因素变化对历史指标的影响,并决定是否需要修正历史标准。不然,固守历史标准有可能使财务报表分析者犯下"刻舟求剑"式的错误。

(4) 行业标准 行业标准是行业内所有企业某个相同财务指标的简单平均水平、加权平均水平或者是较优水平。运用行业标准时要注意不能夸大行业标准,因为这个世界上几乎没有完全相同的公司,即使是行业内的相同公司,财务数据处理的方法也不尽相同,其各自的财务数据也会明显不同。

与同行业个别企业的比较分析,也属于行业标准的一类,这是一种比较分析自身优劣的方法。比较对象的选择需要考虑以下因素:竞争战略、经营周期、产品生命周期、会计政策选择等,尽可能选择可比对象进行比较分析。

与行业标准的比较分析是比较分析中重要的参考基准,行业标准的确定方法有多种。统计学中可以应用多种变量来描述个别分布的特征,如平均数、中位数、众数等,甚至运用到四分位或者加权平均数的确定方法等。

1) 简单算术平均法。

$$行业标准 = \sum 同行业个别企业的财务指标数值 \div 行业内企业数量$$

使用简单算术平均数作为比较标准,必须注意个别指标的分散程度。例如1和9的平均数、2和8的平均数与3和7的平均数都是5,但是第一个的分散程度最大,第三个的分散程度比较小。这时可以用平均偏差来衡量分散程度的大小。

平均偏差=∑(同行业个别企业的财务指标值-行业标准)÷行业内企业数量

2)二次算术平均法。首先计算简单平均数;其次,按一定标准将行业内数值分组,将个数最多的数值组进行算术平均,计算众数平均数;再次,将位于中央位置的两个个别指标进行算术平均,计算中位数平均数;最后,取三者的简单平均数。

某财务指标的行业均值=(简单平均数+众数平均数+中位数平均数)÷3

3)加权平均法。加权平均法是指按照一定的标准把行业内所有企业的个别财务指标进行分组,对各组平均值以各组的企业数目占总样本的比重为权数计算确定。其计算公式为

某财务指标的行业标准=∑(财务指标的分组平均数×该组中企业个数比重)

此外,加权平均法的权数还可以运用财务指标值、企业某些项目的市值、账面价值等,但计算比较复杂。

具体选择哪一个平均数,视样本具体情况而定。如果是一个标准正态分布的优质样本,这三个平均数应该是趋同的或者是无差异的。

确定行业标准时还需要注意以下三个假设:

1)对企业的假设。在行业标准确定的过程中,以大量的历史统计数据为样本,测算各类指标的平均数,并假设企业持续经营,以及样本数据能反映各行业的经济运行状态。但是,在实际生活中,不少行业并不符合这种要求,如某些重要企业严重亏损,或者大多数企业亏损,都会扭曲行业均值的代表性。

同时,在行业平均水平的计算过程中,假设各个企业所采用的会计政策、会计估计等是相同或高度相似的,而实际情况并非如此。同一个行业各个企业经营模式、竞争战略等的差异也会导致财务数据出现明显不同。

2)统计方法上的假设。行业标准要具有代表性,其隐含的假设是个别企业的财务指标呈正态分布或者分段平均分布,但是现实世界中很难如此。用于描述这种现象的统计变量有偏度和峰度,这些都会影响行业均值的解释能力。在这种情况下,通常的处理办法可采用自然对数或者平方根进行转化,前提是各个变量为正值。

3)行业分类的合理。行业的分类是分析和评价行业经济活动及行业经济联系的基础,合理、恰当的行业分类有助于我们了解企业所处的基本情况,进而应用行业标准作为财务报表分析的基准。否则,行业分类的标准过于笼统,行业均值就没有代表性,比较分析就难以发挥其作用。

迄今为止,行业划分有多种标准,没有一个被普遍认可的标准,也就是说,行业有不同的分类方式。国际上如此,我国也是一样。我国比较权威的行业划分标准是《中华人民共和国国家标准(GB/T 4754—2017)》和《上市公司行业分类指引》。前者通常提供产品的细目,分析者针对具体企业进行判断,选择行业归属;后者是以中国证监会2012年10月26日颁布的新标准,它是对2001年4月4日中国证监会颁布的《上市公司行业分类指引》的修订,同时废止2001年的标准,该标准对中国境内证券交易所挂牌交易的上市公司进行了分类,将上市公司划分为19大类,每一大类又可以进一步细分,共90小类。

行业标准在实践中应用十分广泛,它有一定的理论基础与实证基础。*

(1)理论基础 从理论上讲,同行业中的企业一般都受许多共同因素的影响,每个行业都具有与其他行业不同的经济特征,如不同行业的经营特征、技术特征、资本要求、规模经济效应、行业成本特征、价格定价方式等,这些经济特征决定了行业的价格—成本—利润

组合，形成了某个行业的根本特点，对行业的经济效益有重要影响，从而形成了不同行业的不同盈利能力。从长期来看，等量资金投在不同行业要求获得等量利润是一种客观趋势。即行业之间的利润率差异通过资源转移与优化配置最终实现均衡，但这只是一种长期趋势，行业之间的收益不均是短期客观存在的事实。当然，基于当前移动互联网时代，信息更加对称，行业之间的短期收益达到长期均衡的过程加快。

（2）实证基础　从实证视角考察，国外的一些学者研究显示，个别企业的财务比率确实会向行业平均趋势靠拢。这种靠拢的动因尚不完全确定，或者是企业管理当局的举动，或者是影响行业内所有企业的外部强力所致。例如 Lev 和 Thomas J. Frecka 和 Cheng F. Lee 通过对数线性应用方程证实了个别企业的财务比率有向行业平均水平趋近的趋势。

尽管行业标准如此重要，但是运用行业标准却要慎重，因为在运用行业标准时有可能出现以下情况：虽然两个企业处于同一行业，但是它们可能不具有可比性。因为它们可能占据行业价值链的不同环节而且所采用的会计政策也可能不同。更为重要的是，许多大型企业都从事多元化经营，难以界定其所属的行业。

因此，有必要采取"标杆"标准。所谓"标杆"就是同行业具有可比性的先进企业。标杆标准就是具有可比性的"同行业先进水平"的标准。采用"标杆"标准有助于企业"与同行业先进水平进行比较"，从而成为行业内的领先者，甚至成为世界领先企业。

根据行业特征、经营规模和业务特点，格力电器和海尔智家等企业可以作为美的集团的"标杆"企业。美的集团与同行业资产存货比（存货/资产）的比较见表 2-6，通过评估该数据，可以发现美的集团 2016 年—2019 年存货管理方面的行业竞争地位，也可以洞察其与行业竞争对手在存货管理能力方面的趋势变化。

表 2-6　美的集团与同行业资产存货比的比较

企业名称	2016 年	2017 年	2018 年	2019 年
美的集团	9.16%	11.87%	11.24%	10.74%
格力电器	4.95%	7.71%	7.97%	8.51%
海尔智家	11.61%	14.20%	13.42%	15.06%

（资料来源：各企业财务报告。）

2. 比较分析法的分类

依据具体比较方法的不同，比较分析法可分为两种形式：

1）水平分析法又称横向比较法，是指将反映企业报告期业绩的信息与反映企业前期或某一历史时期业绩的信息进行对比，来研究企业各项经营业绩发展变动情况的一种财务分析方法。比较分析时可以采用绝对数也可以采用相对数。

横向分析法主要是通过编制比较财务报表的方式进行分析的一种方法。比较财务报表研究同一个项目在不同期间的变动情况，列出财务报表各项目前后两期或者数期的金额，并计算其增减变动和百分比。

运用横向分析法编制财务报表时可以按照金额编制，也可以按照百分比编制。其中，按照金额编制财务报表时，可以是报表中某一个或者几个科目金额的横向分析，也可以是总体报表金额的比较；按照百分比编制的比较财务报表，通常用于两年期财务报表的比较。

苏宁易购 2006 年—2019 年存货的金额及其变动额情况见表 2-7，从其中可以观察苏宁易购存货管理能力的变化。当然，仅根据表 2-7 苏宁易购存货绝对额的变化不能全面评估公司存货管理能力，还需结合其他与存货相关的指标综合评估。

表 2-7　苏宁易购 2006 年—2019 年存货的金额及其变动额情况　　　　单位：万元

项　　目	2006 年	2007 年	2008 年	2009 年	2010 年	2011 年	2012 年
存货	340 727	455 254	490 821	632 700	947 445	1 342 674	1 722 248
变动额	138 983	114 527	35 567	141 879	314 745	395 229	379 574
项　　目	2013 年	2014 年	2015 年	2016 年	2017 年	2018 年	2019 年
存货	1 825 836	1 603 852	1 400 480	1 439 230	1 855 149	2 226 329	2 678 010
变动额	103 588	-221 984	-203 372	38 750	415 919	371 180	451 681

（资料来源：企业财务报告。）

美的集团 2018 年度和 2019 年度比较利润表见表 2-8。在进行比较财务报表分析时，对财务报表中一些绝对金额变化不大的项目，例如手续费及佣金支出等，即使其变动百分比较大，报表分析者一般不需要将其列为分析重点，而应该将重点放到金额和变动百分比都比较大的项目上，例如销售费用、财务费用、投资收益、公允价值变动损益等。当然，金额巨大而变化并不大的项目也需要重点关注，例如企业的营业总收入、营业总成本等。在分析利润表时，还需要结合资产负债表的变动情况以及现金流量表的变动情况，由此判断利润表的重点关注项目的变动是否合适。

表 2-8　美的集团 2018 年度和 2019 年度比较利润表　　　　单位：万元

项　　目	2019 年度	2018 年度	变　动　额	变动百分比
一、营业总收入	27 938 050.60	26 181 963.50	1 756 087.10	6.71%
减：营业总成本	25 131 788.80	23 763 437.00	1 368 351.80	5.76%
营业成本	19 791 392.80	18 816 455.70	974 937.10	5.18%
利息支出	12 261.80	18 949.00	-6 687.20	-35.29%
手续费及佣金支出	1 163.30	321.40	841.90	261.95%
税金及附加	172 061.60	161 756.60	10 305.00	6.37%
销售费用	3 461 123.10	3 108 587.90	352 535.20	11.34%
管理费用	953 136.10	957 163.90	-4 027.80	-0.42%
研发费用	963 813.70	837 720.10	126 093.60	15.05%
财务费用	-223 163.60	-182 304.00	-40 859.60	22.41%
资产减值损失/（转回）	87 190.90	44 786.40	42 404.50	94.68%
信用减值损失/（转回）	9 644.60	44 786.40	-35 141.80	-78.47%
加：其他收益	119 466.50	131 690.40	-12 223.90	-9.28%
投资损益	16 413.20	90 732.60	-74 319.40	-81.91%
（其中）对联营企业及合营企业的投资损益	50 622.50	34 932.10	15 690.40	44.92%
公允价值变动损益	136 116.30	-81 045.00	217 161.30	-267.95%
资产处置损益	-13 113.70	-3 493.40	-9 619.70	275.37%
二、营业利润	2 968 309.20	2 556 411.10	411 898.10	16.11%

（续）

项　　目	2019 年度	2018 年度	变　动　额	变动百分比
加：营业外收入	61 331.00	43 475.60	17 855.40	41.07%
减：营业外支出	36 728.80	22 580.90	14 147.90	62.65%
三、利润总额	2 992 911.40	2 577 305.80	415 605.60	16.13%
所得税费用	465 197.00	412 263.90	52 933.10	12.84%
四、净利润	2 527 714.40	2 165 041.90	362 672.50	16.75%

按照百分比编制比较财务报表，若报表中只保留财务报表各项目的变动百分比，可以将其变动比较对象定基于某一年，也可以对其进行环比分析。若将其定基于某一年，它就是通常所说的财务报表的趋势分析，即定比财务报表。

美的集团两年期定比于 2018 年度的定比利润表见表 2-9。定比利润表分析通常需要结合比较财务报表，需要根据重要性原则辨别异动数据的真伪。

表 2-9　美的集团定比利润表

项　　目	2018 年度	2019 年度
一、营业总收入	100%	106.71%
减：营业总成本	100%	105.76%
营业成本	100%	105.18%
利息支出	100%	64.71%
手续费及佣金支出	100%	361.95%
税金及附加	100%	106.37%
销售费用	100%	111.34%
管理费用	100%	99.58%
研发费用	100%	115.05%
财务费用	100%	122.41%
资产减值损失/（转回）	100%	194.68%
信用减值损失/（转回）	100%	21.53%
加：其他收益	100%	90.72%
投资损益	100%	18.09%
（其中）对联营企业及合营企业的投资损益	100%	144.92%
公允价值变动损益	100%	−167.95%
资产处置损益	100%	375.37%
二、营业利润	100%	116.11%
加：营业外收入	100%	141.07%
减：营业外支出	100%	162.65%
三、利润总额	100%	116.13%
所得税费用	100%	112.84%
四、净利润	100%	116.75%

由表 2-9 可以识别美的集团利润表中的异动值，例如手续费及佣金支出、资产减值损失、公允价值变动损益等，并查阅利润表，快速去除伪异动项目。例如美的集团利润表中手续费及佣金支出虽然净增 361.95%，但由于该项目 2018 年度仅 321.40 万元，基数过小，实际上并未引起美的集团的利润出现明显异动。

根据比较基数的选择，可分为定比基数和环比基数。其中，进行定比基数分析时，基期要选择得当，具体需要注意以下几点：

其一，基期要选择得当，基数必须为正数，并且应该剔除个别年度的极端资料，只有选择代表性极强的年份的数据作为基期，才有利于揭示其发展趋势。

其二，即使基期选择恰到好处，然而，随着经济发展的不确定性、技术变革、物价的波动等因素，使原本具有代表性的基期也可能不再具有代表性，若不重新选择基期，则期限越长，财务报表的可比性越差。这时选择环比趋势分析可以有效地避免以上缺陷。虽然可以规避定比趋势分析的某些缺点，但是环比趋势分析也有局限性，有可能出现运用环比增长的方法引起高估或者低估企业盈利水平的现象。

2）垂直分析法又称纵向比较法，是指以财务报表中某一关键项目为基数项目，通过计算报表中各项目占基数项目的比重或结构，反映报表中的项目与总体的关系情况及其变动情况。分析者进行纵向比较分析时，若项目所占比重越大，说明它的重要程度越高，对总体的影响越大。

纵向分析法主要是通过编制共同比财务报表进行分析的一种方法。共同比财务报表将财务报表上的某一关键项目的金额定为 100%，而将其余额项目换算为对关键项目的百分比，以显示各项目的相对地位。这种仅有百分比而无金额的比较财务报表就是共同比财务报表，也称为财务报表结构分析表。

美的集团的共同比利润表见表 2-10，也称为财务报表结构分析报表。通过表中数据可以观察美的集团利润表的各项目与收入的比例，从而评估公司利润质量情况。当然，需要注意报表中异动数据，由于美的集团营业收入过大，这有可能导致某一项目变动比例并不大，但实际上却并非如此。

表 2-10 美的集团 2018 年度和 2019 年度共同比利润表

项　　目	2019 年度	2018 年度
一、营业总收入	100.00%	100.00%
减：营业总成本	89.96%	90.76%
营业成本	70.84%	71.87%
利息支出	0.04%	0.07%
手续费及佣金支出	0.00%	0.00%
税金及附加	0.62%	0.62%
销售费用	12.39%	11.87%
管理费用	3.41%	3.66%
研发费用	3.45%	3.20%
财务费用	-0.80%	-0.70%
资产减值损失/（转回）	0.31%	0.17%

(续)

项　　目	2019 年度	2018 年度
信用减值损失/（转回）	0.03%	0.17%
加：其他收益	0.43%	0.50%
投资损益	0.06%	0.35%
（其中）对联营企业及合营企业的投资损益	0.18%	0.13%
公允价值变动损益	0.49%	−0.31%
资产处置损益	−0.05%	−0.01%
二、营业利润	10.62%	9.76%
加：营业外收入	0.22%	0.17%
减：营业外支出	0.13%	0.09%
三、利润总额	10.71%	9.84%
减：所得税费用	1.67%	1.57%
四、净利润	9.05%	8.27%

（二）比率分析法

比率分析法是财务分析最常用的分析工具，也是最主要的财务分析方法。它是指利用两个财务指标之间的某种关系，通过计算财务比率以考察、计量和评价企业经营业绩的一种财务分析方法。

比率分析是将两个相互联系的财务指标的数额相除，据以对企业财务状况、经营成果和现金流量等信息进行分析的一种方法。通过比率分析，可以使财务报表分析更为全面、更为深入。

比率分析法不是直接比较，而是通过将某一相关指标作为基数求得比值进行间接比较。在通常情况下，按照它们反映关系的区别形成如下几类比率：反映因果关系的比率、反映并列关系的比率、反映对应关系的比率、反映转化关系的比率、反映周转关系的比率。

比率分析法经常运用于下面两种情况：一种是通过计算两个相关指标的比值，将求出的比率与标准比率进行比较；另一种是对不同时空条件下求得的同一种比率进行比较。以上两种情况得到比率之间的差异即为分析结果。所以，比率分析法在很大程度上均与比较分析法相结合。

此外，因为财务比率是指两个指标之间的关系，所以，这两个指标之间必须具有一定的逻辑关系，而且构成的财务比率要具有经济意义，这也是构建财务指标的基本原则。在实际运用中，有些财务比率并非只有一种计算公式。同时，财务报表分析者基于分析需要构建比率时，需要注意坚持上述原则。

阅读材料 2-7

年报关注的财务比率

为了说明如何有效地利用财务数据，美国托莱多大学 Gibson 教授调查了《财富》500 家企业中的 100 家企业年度财务报告。这 100 家企业代表《财富》杂志 500 家企业名单中，每100家企业的前20家。该调查的目的是为了说明：①哪些财务比率经常在年报中出现；②这些财务比率出现在年报的什么位置；③在计算这些比率时采用什么方法。

年度财务报告中关注的财务比率见表2-11。

表2-11 年度财务报告中关注的财务比率　　　　　　　单位：次

财务比率	出现次数	董事长公开信	管理层讨论	管理重点	财务评论	财务摘要
每股收益	100	66	5	98	45	93
每股股利	98	53	10	85	49	88
每股账面价值	84	10	3	53	18	63
营运资本	81	1	1	50	23	67
权益报酬率	62	28	3	21	23	37
利润率	58	10	3	21	23	35
实际税率	50	2	1	2	46	6
流动比率	47	3	1	16	12	34
负债/资本比率	23	9	0	4	14	23
资本报酬率	21	6	2	8	8	5
债务/权益比率	19	5	0	3	8	8
资产报酬率	13	4	1	2	5	10
股利支付率	13	3	0	0	6	6
毛利	12	0	1	0	11	3
税前利润	10	2	0	3	6	6
总资产周转率	7	1	0	0	4	4
市盈率	7	0	0	0	1	6
经营利润率	7	1	0	0	6	1
每小时劳动量	5	0	2	2	2	2

根据表2-11，有7个财务比率在多处出现的频率大于等于50次。这些比率及其所出现的次数分别为：每股收益（100次）、每股股利（98次）、每股账面价值（84次）、营运资本（81次）、权益报酬率（62次）、利润率（58次）、实际税率（50次）。由此观察，我们可以得出盈利能力和投资相关的比率关系最为密切这一结论。这与年报主要目的之一就是向股东传递信息有关。

有关财务比率的计算表明，对于如何计算有些财务比率存在很大分歧，有关债务比率的计算尤其如此。调查显示，披露最多的两个债务比率是负债/资本比率和债务/权益比率。这两个指标相似，只是前者分母除了所有者权益之外，还包括资本的其他来源。

年度财务报告中披露负债/资本比率23次，但是，这100家企业运用了11种不同的计算公式。其中一家企业采用了资产负债表年初与年末的平均数，而其他22家采用资产负债表年末数。披露债务/权益比率19次，这些企业使用了6种不同的计算公式。

总体上讲，企业没有着力于通过年报披露财务比率来解释财务成果。

（资料来源：胡玉明. 财务报表分析 [M]. 大连：东北财经大学出版社，2018.）

(三) 德尔菲法

德尔菲法又称专家意见法，是指靠专家作为获取财务信息的对象，组织各领域的专家运用专业方面的经验和知识，研究分析对象的性质，考虑对象所处的社会环境和背景，通过对企业过去和现在发生的问题进行综合分析，从中找出规律，借以对企业状况做出评判。

二、拟定量分析法

定性与定量之间的划分通常没有绝对明晰的界线，它们经常交织在一起。拟定量分析法是指介于定性分析法与定量分析法之间的分析方法。正因为定性与定量之间难以划清界限，拟定量分析法也难以给出明确的定义。这种方法把定量与定性分析法结合，比较适合分析难以完全定量的复杂问题。综合评分法是一种最简单、通用的拟定量分析法，它通过对各组因素的特定评分来反映对评估的判断，并将各种因素的评估通过某种方式的综合，最后用一个量化的结果来表达评估结论。综合评分法的分值又称为效应值，用因素权数的高低来表示对象对目标的效应程度。在单因素评估基础上，通过采用加权等方式进行新的综合，给出总体评估结果。综合评分法一般基于明确的评估目的来测度对象的属性，并且判断这些属性的价值。

三、定量分析法

定量分析法一般包括因素分析法、指标测度法、因子分析法、主成分分析法、回归分析法和时间序列分析法。

(一) 因素分析法

因素替代法又称为指数分析法，是指根据指数体系，从数量上分析经济指标变动受各因素指标变动的影响程度的一种分析方法。因素分析法各因素指标之间的关系形式主要有三种：一种是以乘积方式存在，一种是以除的方式存在，还有一种是以非乘积方式存在，即混合运算方式存在。一般因素分析方法中各因素之间的关系以乘积方式存在最为常见，除的方式也比较常见，而混合运算方式中以乘、加和减的方式比较多见，也可以使用除的运算方式。

经济指标和各因素指标共同构成指标体系。财务指标体系必须符合一定条件：在经济上具有一定联系，在数量上具有对等关系的两个或两个以上指数所构成的整体，且这些因素指标或者以乘积形式，或者以混合运算方式出现。因此，构建因素分析指标体系，其前提条件就是相关指标之间在数量上保持对等关系。

因素分析法大体分为两类，分别为连环替代法和平衡分析法，其中最为多见的是连环替代法。连环替代法中因素指标以乘积关系形式最为常见，乘除也为多见。而平衡分析法是指根据某项具有平衡关系的指标之间的依存关系，测定各因素变动对该指标变动影响程度的一种方法。其特点是各因素本身的差额合计数等于指标变动差异数。平衡分析法可视为连环替代法的一种特例。例如，本期销售量=期初存货量+本期生产量−期末存货量，根据上述加减平衡式可以分析期初存货量、本期生产量和期末存货量对本期销售量变动的影响。此时若利用连环替代法也可求得相同的结果，但不如此方法快捷。

连环替代法通过顺次逐个替代影响因素，计算各因素变动对指标变动的影响程度，具有连环性和顺序性。运用连环替代法分析的指标为比率指标较为多见，如果分析对象为绝对数指标，例如材料总额变动的因素差异、工资总额变动的因素差异，此时它又被称为差额计算法，其是连环替代法的简化形式，在实际分析工作中也被广泛运用。

连环性是指在计算每个因素时，都要以前一次计算指标为基础，采用连环比较差异的方法来确定因素变动对指标变动的影响。即后一个因素指标的变动是在前一个因素指标已发生变动的基础上发生，循环往复，直至最后。也可以说，连环替代法的比较基础是移动比较基础（指标），而不是固定比较基础（指标）。遵守连环性，不但可以完整地说明被分析指标变动的原因，而且能够对分析计算进行检查验证。

下面以非连环性为例计算三因素变动对经济指标 A 的影响。

假定经济指标用 A 表示，受 B、C 和 D 三个因素指标的影响，其关系式是 $A=B\times C\times D$。若基期数据为 $A_0=B_0\times C_0\times D_0$，报告期的数据为 $A_1=B_1\times C_1\times D_1$，以报告期 A_1 与基期 A_0 的差异为分析对象，可得 $A_1-A_0=B_1\times C_1\times D_1-B_0\times C_0\times D_0$。

若非连环性，按照 $B\to C\to D$ 进行替代，则其计算过程如下：①B 导致 A 的变动程度 = $(B_1-B_0)\times C_0\times D_0$；②$C$ 导致 A 的变动程度 = $B_0\times (C_1-C_0)\times D_0$；③$D$ 导致 A 的变动程度 = $B_0\times C_0\times (D_1-D_0)$。如此计算，$A_1-A_0$ 即各因素贡献合计贡献值不等于经济指标变动的总差异，即分析结果与分析对象不相符合。

顺序性是指连环替代法在替代各因素指标时，需要按照一定的顺序逐个替代，不可随意变动其替代顺序。若同一指标的分析采用不同的替代顺序，则各因素变动的影响程度有可能因不同的替代顺序而不同。

由于多因素指标的替代顺序必然有多种选择，所以，连环替代法中一个难题是如何界定各因素指标之间的替代顺序。

承上，假定经济指标 A 受 B、C 和 D 三个因素指标的影响，其关系式是 $A=B\times C\times D$。以报告期 A_1 与基期 A_0 的差异为分析对象，可得 $A_1-A_0=B_1\times C_1\times D_1-B_0\times C_0\times D_0$。在分析总差异产生的具体原因时，各因素指标排序不同，其贡献值很可能也是不同的。

根据排列组合知识知，以 B、C 和 D 三个因素指标为例，其排序共有六种：$B\to C\to D$、$B\to D\to C$、$C\to B\to D$、$C\to D\to B$、$D\to B\to C$ 和 $D\to C\to B$。也可以将六种排序划分为三大类：以 B、C 和 D 分别开始排序的三大类，即 $B\to C\to D$、$B\to D\to C$，$C\to B\to D$、$C\to D\to B$ 和 $D\to B\to C$、$D\to C\to B$。

以 $B\to C\to D$ 排序进行替代为例，其计算过程如下：①B 导致 A 的变动程度 = $(B_1-B_0)\times C_0\times D_0$；②$C$ 导致 A 的变动程度 = $B_1\times (C_1-C_0)\times D_0$；③$D$ 导致 A 的变动程度 = $B_1\times C_1\times (D_1-D_0)$。

其中，C 的变动是建立在 B 已经发生变动的基础之上，D 是在 B 和 C 都已变动之后发生的，所以，分析 C 对 A 变动的贡献度时，B 已经由 B_0 变为 B_1；分析 D 对 A 变动的贡献度时，B 已经由 B_0 变为 B_1，C 已经由 C_0 变为 C_1。

以 $C\to D\to B$ 排序进行替代为例，其计算过程如下：①B 导致 A 的变动程度 = $(B_1-B_0)\times C_1\times D_1$；②$C$ 导致 A 的变动程度 = $B_0\times (C_1-C_0)\times D_0$；③$D$ 导致 A 的变动程度 = $B_0\times C_1\times (D_1-D_0)$。

此时，虽然两种替代方法下三因素变动的合计影响数等于经济指标 A 指标变动的总差异。但是，各因素的影响数值与原来 $B\to C\to D$ 替代顺序计算的影响数值出现了差异。

对于 B 因素的影响数来说：$(B_1-B_0)\times C_0\times D_0 \neq (B_1-B_0)\times C_1\times D_1$。

对于 C 因素的影响数来说：$(C_1-C_0)\times B_1\times D_0 \neq (C_1-C_0)\times B_0\times D_0$。

对于 D 因素的影响数来说：$(D_1-D_0)\times B_1\times C_1 \neq (D_1-D_0)\times B_0\times C_1$。

上述三个不等式是假定公司经济指标有变动的情况下发生的，当然也有可能出现经济指标发生变动的情况下凑巧相等的情况。

这是否可以得出,排序不同,同一因素指标的贡献值必然不同呢?

我们进一步分析 $B \rightarrow D \rightarrow C$ 替代顺序下各因素指标贡献值,其计算过程如下:①B 导致 A 的变动程度 $=(B_1-B_0) \times C_0 \times D_0$;②$D$ 导致 A 的变动程度 $=B_1 \times (D_1-D_0) \times C_0$;③$C$ 导致 A 的变动程度 $=B_1 \times D_1 \times (C_1-C_0)$。

比较 $B \rightarrow C \rightarrow D$ 替代顺序和 $B \rightarrow D \rightarrow C$ 替代顺序就会发现,B 的贡献值却是一样的,而 C 和 D 的贡献值仍是不一样的。而这两类排序下,B 的贡献之所以是一样的,是因为 B 在这两类替代顺序下都是第一个被替代的因素,C 和 D 均未变动。

同理计算 $C \rightarrow B \rightarrow D$ 和 $C \rightarrow D \rightarrow B$ 替代顺序,以及 $D \rightarrow B \rightarrow C$ 和 $D \rightarrow C \rightarrow B$ 替代顺序,其结论与上述分析的结论是一样的。

由此知,除三大类排序计算中第一个因素指标在这一大类排序中的贡献是一样的外,只要因素指标的排序不同,同一因素指标对经济指标产生差异的贡献度是不一样的。

目前关于因素指标排序的优劣尚无定论,也无有效的理论支撑。一般而言,因素指标替代顺序的标准是数量指标居前而质量指标居后。若探究其中原因,很难给出一个具有说服力的理由,当前更没有比较一致的观点。关于因素指标排序这一问题,我们将在**第九章 财务报表综合分析方法**中详细讲述,并给出相应的理论支撑。

(二) 指标测度法*

指标测度法是指将定性的、非量化的对象描述转换成量化的、数字形态的指标,通过该指标反映各定性、非量化的对象的一种方法。在财务报表分析中,指标测度法可以用来分析财务报表结构变化程度、分析财务指标之间的相关程度等。

(三) 因子分析法*

因子分析法是指分析决定某些变量的本质及其分类的一种有效的多元统计分析方法。因子分析的基本目的就是运用一组少数几个因子来描述许多指标或者因素之间的关系,即将相关密切的几个变量归为一类,每一类变量成为一个因子,以较少的因子来有效地代表原有变量组,反映原资料的大部分信息。

因子分析法的基本思想是根据相关性大小将变量分组,使同组内的变量之间相关性较高,但不同组的变量相关性较低。每一组代表一个基本结构,这个结构就是公共因子。这样,对于所研究的问题就可以用最少个数的公共因子的线性函数来描述原来观测的每一变量,通过这些因子就可以帮助我们分析复杂的经济问题。但是,形成的因子是不可观测的、不具体的理论变量。

(四) 主成分分析法*

主成分分析法也称主分量分析,是由 Ho-telling 于 1933 年提出的。它来源于现实生活中我们经常遇到的多指标问题,而大多数情况下不同指标之间具有一定的相关性,这就增加了分析处理问题的计算量和复杂性。主成分分析法就是解决这一问题的理性工具。主成分分析法是指利用降维的思想,用多指标重新组合成一组相互独立的少数几个综合指标,并且反映原指标的主要信息的多元统计方法。

一般来说,主成分分析法一般包括以下步骤:根据分析目的选择指标,并收集数据样本,得到样本原始数据矩阵;对样本原始数据进行标准化处理;计算样本相关系数矩阵;选择主成分变量;构造综合评价函数;运算过程的辅助实现。

（五）回归分析法

回归分析法是指在掌握大量观察数据的基础上，利用数理统计方法建立因变量与自变量之间的回归关系函数表达式。回归分析中，当研究的因果关系只涉及因变量和一个自变量时，叫作一元回归分析；当研究的因果关系涉及因变量和两个或两个以上自变量时，叫作多元回归分析。在实践中，一般使用多元回归分析，通过多个变量因素分析其与因变量的关系，找出影响因变量的关键因素。

（六）时间序列分析法

时间序列分析是一种动态数据处理的统计方法。该方法基于随机过程理论和数理统计学方法，研究随机数据序列所遵从的统计规律，用于解决实际问题。具体来说，时间序列分析方法是指按照时间的先后顺序建立起来的同一变量的一组数据或者一组观察数据。时间序列分析方法是以预测为主要目的建立起的各种时间序列模型和方法，主要包括线性趋势外推法、指数平滑法、时间序列分解法等。这些数学方法在**第十二章　财务预测与可持续增长**中也有提及。

四、财务分析方法的评价

定性分析方法的实施成功与否及其研究质量水平，在很大程度上取决于分析者的专业素养和研究经验。同时，定性分析过程中的主观性和灵活性也会对研究结果的可靠性与有效性产生重大影响。

就研究方法而言，定性分析法与定量分析法各有其优缺点，并无绝对优劣之分。定量分析法用直观的数据表达评估结果，更为直观，但是也有可能使原来简单的事物复杂化，甚至使人产生误解。定性分析法可以避免定量分析法的这些缺点，并且相对比较简单，还可以挖掘出一些隐藏很深的思想，使信息分析的结论更为全面而深刻，但其主观性较强，对评估者本身的能力要求更高。实际上，两者无法完全割裂开来，定性分析的数据有赖于评估者的数据分析能力，而定量分析的假设、构建模型及数据分析与评估者的专业素养与研究经验有关。

科学方法的运用趋势是从定性转向定量，但又在更高层次上出现了定量到定性的回归。这不是简单地对定量方法的否定，而是认识到定量分析法虽然是一种重要的分析手段，但其作用也是有限的。因而将定性分析法与定量分析法结合起来，做一个更为全面、更深入的分析是信息分析的最佳选择。当然，拟定量分析法是一种融合两者的硬性结合体，研究者也可以分别进行定性分析和定量分析，做出综合判断。

综上所述，在实际运用时各种分析方法一般都不单独使用，大都综合使用，以达到提升财务分析效率的目的。具体运用各种分析方法时，需要注意以下几点：

1) 各种财务报表分析方法都有其利弊，为完成财务分析目的，需要使用多种财务分析方法，仅使用一种财务分析方法通常是不够的。除非在极端条件下，否则不可以只使用单一财务分析方法。

2) 这些财务分析方法在功能上相近，在方法上可能存在相互替代的关系，使用者要注意财务分析方法的选择。例如运用财务数据进行财务预测时，不仅可以用多因素分析模型，也可以应用单因素分析模型，还可以应用单个财务比率，这些方法之间存在一定的替代关系。

3）财务分析目标通常可以被细分为不同层次的目标，与之对应，财务分析对象也可拆分为各个子系统，不同子系统采用不同的分析方法。例如为了预测公司债务偿还能力，可以将财务报表分为资产负债表、利润表和现金流量表三个系统，然后对各个报表从不同视角运用不同的分析方法。

4）由于财务报表分析对象的特殊性，财务报表可以从不同视角采用不同的方法或者相同的方法进行，例如从财务报表本身数据直接分析，或者从财务报表的结构以及结构之间的关系，还有财务比率等不同视角进行分析。

第六节 财务报表分析范式

财务报表的分析范式一般有两种，一种是财务报表驱动分析范式，另一种是经营动因驱动分析范式。

一、财务报表驱动分析范式

财务报表驱动分析范式又称被动式财务报表分析范式，是一种由果及因的分析范式，基于不同财务报告使用者的信息诉求，以财务报告为中心展开分析，运用专业分析方法，满足不同利益相关者信息诉求的一种财务报表分析范式。

这是一种逆序、先入为主的分析范式，也是一种常用的分析范式。虽然财务报告也有非财务信息，但是分析者对这些非财务信息的利用是事后利用，即当财务数据出现疑问需要解释时才利用非财务信息，而不是在财务数据分析之前，抛开财务报告，首先评估公司经营风险，研究公司经营模式等，形成对财务数据的初始预期。因此，从概率上讲，逆序的分析范式更容易让读者产生错误判断。也就是说，因为财务报告使用者事先没有对公司的基本预期，自然无法形成公司财务数据准确预期，也难以准确把握公司财务数据的差异点，财务决策错误的概率更大。

二、经营动因驱动分析范式

经营动因驱动分析范式又称主动式财务报表分析范式，是一种由因及果的分析范式，首先抛开财务报告，通过分析企业经营能力、竞争战略、行业环境、宏观环境等风险，对企业财务报告形成预期，然后根据财务报告披露信息，基于使用者的信息诉求，运用财务报表的专业分析方法，做出决策的一种财务分析范式。

这是一种顺序的分析范式，首先对企业所处环境给予全面评估，对企业财务数据形成初始预期，然后分析财务报告，找出二者的吻合点与差异点，并甄别其中原因。如果吻合，符合因果动因，仍需甄别财务数据；如果出现差异，找寻出现差异的内在原因。

与前者相比，经营动因驱动分析范式下财务报表分析是主动利用非财务信息，而不是因为财务数据解释之需而借助非财务信息。经营动因驱动分析范式将财务数据置于公司经营环境中进行分析，将其置于一个格局中考虑，而不是如前者将财务分析置于一个散点状态，分析者对分析对象没有任何预期，基本处于头痛医头、脚痛医脚的状态，没有一个总体格局与视野，很难形成准确的分析。因此，从逻辑上讲，与财务报表驱动分析范式相比，经营动因驱动分析范式在进行财务分析时做出错误判断的概率更小，在分析逻辑上占优。

【例2-1】 近年来，在各大城市的繁华地带，ZARA公司的店面扎堆出现。早在2006年，国际时尚趋势研究中心发布"快速、时尚"将成为未来十年服装行业的发展趋势。2011年，这些公司开始进驻我国二线城市。早在21世纪初，这些服装品牌在欧美地区取得了巨大成功，2010年以后，这些品牌在我国快速传播，也取得了成功。

无论是在服装领域，还是在综合零售商品领域，我国都有成功范例。例如，上海拉夏贝尔服饰股份有限公司成立于1998年，并于2017年9月成功在上海证券交易所上市，又如名创优品，其经营模式也被称为"类ZARA"模式，2013年开始经营，素有"年轻人都爱逛"的生活好物集合店之称，于2020年10月成功在纽约证券交易所上市。

根据以上信息，并辅助同行业公开信息，分析如下问题：

1. 这类公司的品牌营销战略是什么？
2. 这类品牌营销战略的核心要求是什么？
3. 这类公司的销售门店在我国各地应该如何布局？
4. 如何借助非财务信息，评估这类公司的持续增长盈利能力？
5. 这类公司财务数据的一般特征是什么？

【分析思路】

（1）首先要明确执行快时尚或者类快时尚的品牌营销战略对企业的核心要求有哪些。

（2）基于这些核心诉求界定公司实施这一策略的具体行动，例如这类公司如何在我国不同城市布局及其门店如何选择区位。

（3）这类公司的战略执行能力基本决定了其持续增长盈利能力，也必然体现在其财务数据上。

思 考 题

1. 简述财务报告的加工过程。
2. 简述财务报告体系。
3. 账户式资产负债表、多步式利润表和直接法编制现金流量表的基本内容是什么？
4. 如何评估合并报表的重要性？
5. 财务报表通常的分析方法有哪些？
6. 评析经营动因驱动分析范式比财务报表驱动分析范式从逻辑上讲更占优的理由。

判 断 题

1. 财务报表作为会计人员加工的产成品，有严格的加工过程。（　　）
2. 财务报告是指企业对外提供的反映某一特定时期的财务状况和某一特定时日的经营成果、现金流量等会计信息的文件。（　　）
3. 财务报告只包括财务报表与报表附注。（　　）
4. 报表附注经常带有技术性，因为它要求财务报表的使用者具有较强的信息处理能力。（　　）
5. 财务报表附注体现了会计信息质量的重要性要求。（　　）
6. 审计意见分为以下两类：无保留意见和保留意见。（　　）

7. 上市公司财务报告只要符合会计准则的要求即可。（　）
8. 财务报告目标主要包括决策有用观和受托责任观，两者不可调和。（　）
9. 我国当前会计目标是受托责任观。（　）
10. 财务报表披露制度主要包括单一披露制和双重披露制。（　）
11. 财务报表单一披露制要求公司披露母公司报表，不强制要求公司披露合并报表。（　）
12. 自我国实施企业会计准则（2006）后，企业编制合并报表的理论由母公司理论转变为实体理论。（　）
13. 公司估值时采用的利润是合并报表中归属于上市公司股东的净利润。（　）
14. 财务报表通用分析方法包括定性分析法、拟定量分析法和定量分析法。（　）
15. 定性分析法只包括比较分析法、趋势分析法和比率分析法。（　）
16. 比较分析法的比较基准主要包括经验基准、预算标准、历史标准和行业标准，其中经验基准最具有使用价值。（　）
17. 行业均值总是能够比较好地代表行业平均水平。（　）
18. 为了更好地评估公司基本面，需要进行多年财务报表分析，当运用各种不同的财务分析方法时，几乎所有财务分析方法都需要进行趋势分析。（　）
19. 一般认为，因素分析法属于定性分析法。（　）
20. 因素分析法下各子因素指标的不同排序无关紧要。（　）
21. 因子分析法是指利用降维的思想，用多指标重新组合成一组相互独立的少数几个综合指标，并且反映原指标的主要信息的多元统计方法。（　）
22. 从概率上讲，财务报表驱动分析范式优于经营动因驱动分析范式。（　）

第三章

财务报表分析步骤

■ 回顾

第二章阐述了财务报表分析的基础必备知识，这些知识储备是分析财务报表的基本前提。

■ 本章提要

本章重点讲述财务报表分析的基本步骤，主要包括六个组成部分：确定财务报表分析目的、实施会计分析、开展经营环境评估、选择财务报表分析方法、实施财务报表数据分析和企业前景分析，其中财务报表的分析目的决定了决策者是否需要完成财务报表分析的全过程，会计分析是财务报表分析的重要基础，而经营环境评估是投资者形成财务数据预期的基石，财务报表分析方法的选择决定了财务数据分析的效率，财务报表数据分析包括财务报表结构和趋势分析、单项财务能力评估和财务综合能力分析，企业前景分析是财务报表分析的重要使命。

■ 展望

下一章开启宏观分析篇：理论与方法的学习，第四章主要揭示资产负债表、利润表和现金流量表中有关持续盈利能力的关键信息。

◆ 章首案例

财务报表分析是一项技术性很强的工作，为使财务报表分析工作规范进行、保证财务报表分析的效果，必须按照科学合理的分析程序来进行。

关于财务报表分析的概念，我国大多数学者认为，财务报表分析是一种判断的过程，通过企业提供的报表和相关财务信息，评估企业现在或过去的财务状况和经营成果，主要目的在于对企业未来的状况和经营业绩进行预测。业内比较有代表性的观点认为，财务报表分析的本质是搜集与决策有关的各项财务信息，并加以分析与解释的一种技术。这种观点将财务报表分析的步骤归纳为三步：第一步，从企业提供的各种财务信息中搜集和选择与决策相关的信息；第二步，将选择出来的各种财务信息，通过适当的方法进行整理，以反映出各种财务信息之间所隐含的重要关系；第三步，研究这些重要关系，解释其结果，作为应用的依据。

财务报表分析除了要求科学合理的分析程序外，在评估财务数据时，会计分析与经营环境分析也是至关重要的。会计分析实际上是财务报告使用者对财务报告公允性做出的个人诊断。经营环境评估是对财务报告生成的运营环境的全面评估。

根据上述信息，分析下面问题：
1. 财务报表分析一般包括哪些内容？
2. 为何会计分析与经营环境分析对财务报表分析至关重要？

第一节　财务报表分析步骤概述

尽管不同学者对财务报表分析步骤的观点不尽相同，但是我们认为，通用的财务报表分析步骤还是有其基本分析框架的。财务报表分析步骤如图3-1所示。

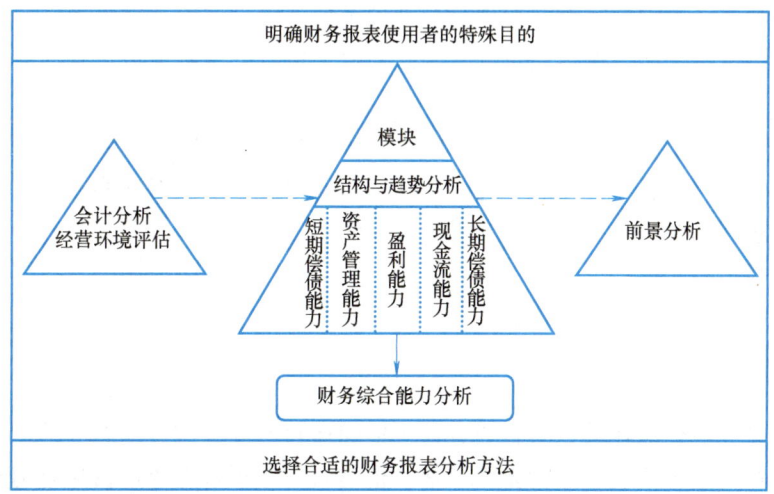

图3-1　财务报表分析步骤

简单来讲，基于不同的财务报表分析目的，不同财务报表使用者通常首先需要进行会计分析与经营环境评估，然后进入具体财务报表分析环节，选择恰当的财务报表分析视角，运用合适的财务报表分析方法，做出正确的财务评价，识别财务数据真相，最终对企业未来前景做出预测。除了通常所说的狭义财务报表数据分析外，财务报表分析还包括了会计分析、经营环境评估等。基于对企业基本面的全方位诊断，仅做狭义上的财务报表数据方面的分析是不够的，企业经营环境评估是必不可少的。经营环境评估有利于分析者形成财务数据的初始预期，而财务报表是企业所处经营环境的静态与动态的货币化表达，通过财务报表分析可以检验它是否与企业经营环境相匹配。

具体来讲,财务报表分析步骤的基本内容如下:

一、明确财务报表分析目的

财务报表分析目的是将一堆繁杂的财务报表数据转换为富有朝气的、为不同利益相关者所用的信息,最终有利于利益相关者,特别是投资者,对企业的长期发展趋势做出较为科学的判断。

在理解财务报告的价值时,需要注意以下几个方面:①财务报告作为信息披露的载体只是提供信息,只做描述、记录,不做评述,它仅是财务报表分析的客体,不具有主观能动性,并不告诉信息使用者如何使用这些会计信息,这是一个"空白"。这个"空白"由信息需求主体通过财务报表分析来填补,填补的好坏取决于会计信息需求者的财务报表分析能力。②在理论分析中,财务报表分析只是模拟不同信息使用者的决策,而不是使用者的真实决策,所以,财务报表分析的思路与具体方法是至关重要的,如何使用它则取决于信息使用者自身处理信息的能力。假定立足于投资者视角,财务报表分析的目的是要尽量从财务报告中挖掘出相对可信而有用的信息,对企业的近期现状与长期趋势做出"科学"的判断。其中,最为重要的是预测企业未来持续盈利能力,这是最复杂的,也是最难满足的信息诉求。

二、实施会计分析

会计分析主要是识别危害财务报告公允性的关键因素,评价关键因素的会计处理方法的合理性,以及评价会计信息披露质量等。因此,财务报告使用者通过正确的会计分析,可以避免无效的财务报表分析。

会计分析实际上是财务报告使用者对财务报告公允性做出的个人诊断。虽然财务报告既有大股东和管理者的背书,又有审计师的鉴证报告,但是个人的会计职业判断仍然是十分重要的。然而,这种职业素养判断绝非易事。这是因为,无论是危害财务报告公允性的关键因素,还是这些因素的会计处理方法的合理性,以及会计信息披露机制的合理性,都要求财务报告使用者具有较高的职业素养,否则会计分析无从谈起。

三、开展经营环境评估

财务报告是反映公司在某一时日或者某一期间运营的静态或者动态的结果。经营环境评估就是对公司经营过程所处环境的全面评估,也是对财务报告生成运营环境的全面评估。

经营环境评估使分析者将公司财务数据置于公司经营环境中,有利于其评价公司财务数据的真实性,从而做出正确决策。

由于"会计分析"和"经营环境评估"内容过多,并且在财务报表分析中地位独特,所以,我们安排在第二节重点讲述这两个部分。

四、选择财务报表分析方法

根据不同的信息诉求,通过会计分析和公司经营环境评估之后,就需要选择恰当的财务报表分析方法,进入财务报表分析。如果比较分析法正确,运用比率分析法就有可能得出错误的结果;如果应该运用趋势分析法,却只分析了一期数据是没有意义的;如果需要运用综合比率指标体系分析法，却运用单独的比率分析法，同样无法达到分析目的。

五、财务报表数据分析

明确财务报表分析的目的、实施会计分析、开展公司环境评估、选择财务报表分析方法之后，进入财务报表分析模块。这一部分可以称之为狭义上的财务报表分析，即财务报表数据分析，财务报表数据分析与经营环境评估相互对应，财务数据验证经营环境评估，经营环境评估有利于分析者找出财务数据异动的原因。狭义上的财务报表分析包括以下内容：财务报表的宏观分析与财务报表的微观分析。

财务报表的宏观分析，又称为财务报表的面上分析，它是指资产负债表、利润表和现金流量表的总体解读，是财务报表宏观面上的分析，其主要目的是使财务报表使用者对财务报表有一个格局观。

财务报表的微观分析，是指财务能力的评价，它包括各类财务能力评价与综合财务能力分析。其中，财务能力评价包括以下六个模块：短期债务偿还能力模块、长期债务偿还能力模块、资产管理能力模块、盈利能力模块、现金流量能力模块、成长能力模块。通常财务能力的评价不单独论述成长能力模块，这主要是因为它传递的信息含量不高，或者是其他财务能力决定了公司的成长能力。有时，成长能力分析也可以包含在公司前景分析中。

财务报表使用者根据自己的信息诉求而侧重选择不同模块。虽然单项财务能力分析能够对企业某方面财务效果与效率进行有效判断，但是只侧重评价某一方面，有可能导致分析者判断错误。而综合财务分析可以弥补这一缺陷，它将各单项财务能力有机结合起来，综合权衡判断企业基本状况。

六个财务能力评价模块是通常所说的财务能力模块，都属于企业的单项诊断，把各项单项诊断加以综合，即财务综合评价方法，有利于更为全面地评估企业财务能力。财务综合分析方法参见**第九章　财务报表综合分析方法**。

六、企业前景分析

企业前景分析主要包括两个方面：财务预测和公司价值评估。从广义上讲，凡是涉及财务数据的预测都是财务预测，而我们一般所说的财务预测是狭义上的财务预测。财务预测，又称财务预算，是指用货币计量的方式，将决策目标所涉及的经济资源进行配置，以计划的形式具体、系统地反映出来。财务预测是由一系列预算构成的体系，各项预算之间相互联系，关系比较复杂，很难用一个简单方法准确描述。我们运用上市公司数据进行财务预测模拟，通过分析公司多年财务报表，进行多次试错，做出更为正确的假设，以此预测公司财务报表和拟合公司持续盈利能力。而公司价值评估并不是对企业各项资产的单独评估，而是一种对企业资产综合性、整体性、动态性和协调性的价值评估。公司价值评估是财务管理的一项重要内容，我们将在**第八章　盈利能力与公司估值**中重点讲述公司相对估值指标的运用。

在上述财务报表分析步骤中，财务报表分析的目标是整个财务报表分析的出发点，它决定了接下来的一系列工作，例如确定财务报表分析的范围、财务报表分析的内容。因此，一般来讲，并不要求各利益相关者在进行财务报表分析时诊断财务报表分析的每一步骤与每一环节，他们可以根据自己的信息诉求侧重某一个方面或者几个方面的分析。其中，会计分析与经营环境评估也不是分析者必然经历的步骤。例如短期债权人并不一定要对企业实施会计分析与经营环境评估，可能只需要重点评估其抵押资产质量的相关信息即可；政府机关基于其特殊信息诉求，也可能侧重关注某一个方面，例如财政部会计司有可能只需要重点关注企业会计分析处理即可；股东则需要评估企业所有的信息，最终预测企业未来持续盈利能力。

由此可见，图 3-1 勾稽的财务报表分析步骤是对公司基本面评估的基本步骤，至少股东评估公司基本面必定要完成勾稽图中的每一步骤。

由此可见，尽管财务报表中充满了数字，但是分析者一看到财务数据，立即埋头苦干分析，并不是上策之选。基于不同利益相关者的分析目的，在会计分析的基础上，财务报表分析的逻辑必须跳出繁杂的数字迷宫，从经济活动透析财务报表，从财务报表回归企业经济活动，然后再梳理财务报表分析框架才更为合理。

第二节　会计分析与经营环境评估*

一、会计分析

会计分析，是指在既定的会计准则之下，对已通过会计核算方法加工处理的财务数据进行的一种梳理，借以发现会计政策、会计方法选择的恰当性与失当性，以做出更为合理选择的一种技术方法。也可以说，会计分析是指根据公认的会计准则对财务报表的可靠性和相关性等进行分析，以提高会计信息的真实性，准确评价公司的经营业绩。

有些人认为没有必要单独进行会计分析，因为狭义财务报表分析也涉及会计分析，例如在财务数据分析时发现异动数据，评估异动数据必然涉及评估会计政策、会计估计等是否合理。我们认为，因分析财务数据所致的会计分析是点的分析，不是系统分析，而会计分析是系统分析而不是某一个点的分析，将会计分析纳入财务报表分析范畴更为科学。

进一步讲，会计分析可以理解为狭义财务报表分析的基础，并为财务报表分析的可靠性提供保证。若企业编制财务报表的会计方法选择不当，会计估计不合理等，财务报表的真实性就令人生疑，其决策有用性将大打折扣。如果通过会计分析发现，企业会计政策、会计估计等极不合理，存在重大粉饰嫌疑，则利益相关者就不能直接进行狭义财务报表分析。由此可见，会计分析是财务报表分析中必不可少的一环。

具体来说，会计分析主要包括以下内容：

（一）辨认关键因素的会计政策和会计估计

企业的行业特征和战略选择决定了其关键成功因素和风险因素。企业的财务报表体现了企业的行业特征与经济特征。会计分析的目的之一在于评估企业如何处理这些关键成功因素和风险因素。所谓关键因素是指影响企业未来发展，对企业经营成败起决定作用的一些因素，它是由企业所在的行业特点及其确定的竞争策略决定的。企业对这些关键因素进行处理时应当采用能够比较真实地反映关键因素的会计政策，这些政策选择的合理与否将影响到利益相关者对企业未来的判断。例如，银行业的关键因素是利息和信贷风险管理；制造业的关键因素是产品质量、产品创新与工业设计系统集成能力；高科技企业的关键因素是研究与开发能力；零售业的关键因素是存货管理、信息流程管理等。与之对应，企业会计处理与之相关的政策就显得十分重要。财务报表分析者应该关注这些会计政策，以及隐含在这些会计政策中的各种会计估计和由此产生的会计信息。

假定 A 公司是一家典型的家电制造公司,特别追求规模经济,采取低成本竞争策略,公司存货和应收账款的管理能力无疑是其成功的关键要素。如果从 2015 年到 2019 年间分析公司财务报表,我们发现公司的应收账款管理能力和存货管理能力并不太强,公司信用政策的有效性存在较大疑问,存货管理水平有待提升。其中,存货和应收账款占流动资产的比例过高,甚至在总资产中的占比也是逐步增加,到 2019 年竟然高达 35.60%,并在 2018 年计提了 23.5 亿元的坏账准备,其中 22.78 亿元是对客户业务流程建模语言(Business Process Modeling Language,BPML)计提的坏账。而公司存货不仅是金额过大,而且更为严重的是,库存商品占存货总额的比例一直保持在 64% 以上,2017 年更是高达 82%,截至 2019 年,库存商品占存货总额的比例也高达 75%。存货占总资产比例在 2018 年也达到峰值,并在 2018 年一次性计提存货跌价准备 10 亿元。这两项重要的资产在 2018 年一次性计提如此巨大减值准备是否合理需要深入研究。

(二)评价企业会计政策的灵活性

不同企业,其关键会计政策不同;不同企业,其会计政策的灵活性也不同。会计人员在处理交易事项时在一定程度上具有较大的选择空间。有的企业关键会计政策受到会计准则的严格限制,企业管理者自主权较小,但是有些企业的关键会计政策可能受到管理者的较大影响,具有较大的弹性。例如,尽管研发支出是生物技术企业的关键成功因素,但是,美国企业管理层对此没有"自由裁量权",必须全部费用化;又如,信贷风险管理是商业银行的关键成功因素,商业银行管理层对信贷资产的质量和贷款损失准备的计提却拥有较大的"自由裁量权"。当然,还有一些会计政策,企业管理者具有比较大的自由权。例如对折旧的计提、存货的计价。对同一交易事项,如果不能确定其准确金额,可以运用会计估计,而会计估计就需要会计人员的职业判断。企业在会计政策允许的范围内,做出有利于自己的行为是合理的。但是,若企业以会计政策灵活性为前提,滥用会计估计,导致会计信息失真,则是不允许的。由此可见,会计政策的弹性越大,财务报表分析者越需谨慎评价其会计政策的合理性。

同样以 A 公司为例,假定 2018 年以前公司管理当局一直采取较为激进的会计政策,这一战略虽然可能帮助公司保住"面子",使公司利润始终保持微利状态,但却在财务报表中埋下了许多"会计雷区"。2018 年公司资产减值计提政策发生重大改变,表面上看起来体现了会计信息质量稳健性要求,但实际上却存在利用管理层更迭"洗大澡"嫌疑,是一种变相的激进,是一次性解决历史性问题,摆脱了历史包袱,为以后扭亏为盈打基础的行为。

(三)评估会计策略的方法

如果企业管理层在关键会计政策选择方面具有较大的自主权,他们就可以运用这种自主权更好地传递企业持续盈利能力或隐瞒企业经营绩效的目的。因此,财务报表使用者要关注并判断管理者所采用的会计策略及其合理性。通常有以下方法可做参考:

(1)与行业惯例相比,企业的关键会计政策是否与其保持一致 如果与行业管理惯例不同,是否意味着企业实施的竞争战略不同。如果企业战略与同行竞争战略基本相同,但是会计政策完全背离,需要谨慎判断其行为动机。例如我国加入世贸后,假定某企业认为由此会带来行业内比较激烈的价格竞争,所以在计提销售补偿费时,企业计提金额与比例完全高于同行,最后发现其动机是为了调高当期利润,有助于提高股价,最终达到有利于企业配股融资的目的。

(2)企业管理层是否运用信息裁量权进行盈余管理 盈余管理是企业的一种正常行为,

但是管理者实施过度盈余管理，误导财务报表使用者做出决策就是不当之举。例如，企业处于流动性困境、管理者薪酬中存在大量股票期权、企业准备上市抑或增资扩股等情况都有可能引起管理层实施过度盈余管理。

（3）企业是否改变其会计政策或者会计估计　如果改变，其原因是什么，以及其影响，还有改变是否合理等，信息使用者都需要做出评估。例如企业计提资产减值损失率明显提升或者明显下降，其合理性需要财务报表分析者甄别。

（4）企业过去采用的会计政策与会计估计是否合理　例如长期待摊费用的摊销时间过长，之后进行巨额冲销，又如计提大额预计负债而后进行巨额冲销，这时需要甄别这种行为是否合理。

（5）为了某些会计目标，企业是否做出了重要的经营安排或者从事明显缺乏商业意义的交易　例如，企业可以改变预收账款对应货物的交付时间，也可以改变资本结构，达到调整每股收益的目的。

（四）评价企业会计信息披露机制的质量

《企业会计准则》体现了充分披露的理念，目的就是更好地保护利益相关者，尤其是保护中小投资者的利益。但是这只是一个美好愿望。《企业会计准则》对披露的最低要求进行了限定，而管理者在最低要求以外是否进行自愿披露仍有巨大的选择空间。因此，利益相关者在阅读报表时，需要评估企业是否及时而充分地披露了重要信息。具体来讲，财务报表使用者在评价会计信息披露质量时，要注意以下问题：

（1）企业是否充分披露信息　例如财务报告中"管理层讨论与分析"应清楚地表明企业的行业地位、竞争地位、经营中遭遇的挑战、管理层的未来规划等，而有些企业则通过"管理层讨论与分析"鼓吹企业经营业绩，对未来处境过分乐观，缺少风险警示信息，或者对风险轻描淡写，这些行为都存在误导报表使用者的嫌疑。

例如，某公司年度报告披露今年主要任务是"去杠杆"，降低财务风险，由此引起公司扩张收缩，导致利润下降。查阅当年报表，公司财务费用净增近2亿元。这一信息披露是不充分的并且是存在疑问的。因为"去杠杆"引起公司调整资本结构，公司应降低有息负债率。若公司总负债率的确保持了微幅下降，公司有息负债率却明显上升，由此导致财务费用净增近2亿元。进一步查阅报表附注发现，利润下降的主要因素是计提应收款项减值超过2亿元，坏账率由原来3%增加到近6%。应收款项坏账率如此明显上升，与当年"去杠杆"的主要任务并无多大关系，却与公司原来坏账率计提过低或者信息披露不充分有莫大的关系。这都不利于报表使用者甄别2018年的"会计雷区"，为投资者的决策带来障碍。

（2）报表附注是否充分地解释了企业的主要会计政策、会计估计以及会计方法的理由　企业会计政策、会计估计和会计方法的变更可以在报表附注中说明其变化的原因。例如，企业收入和费用确认政策与行业不同，企业可以在报表附注给予充分说明。企业因债务人经营状况发生明显变化而对其应收账款坏账计提率做出明显调整，也可以在报表附注中加以说明。

同样以给A公司带来致命一击的事件为例，假定在公司历年财务报告中的"重大合同及履行情况"中却从未提及与客户BPML的交易细节。截至2018年10月25日，公司发布第三季度财务报告时仍只字不提对BPML公司的坏账计提之事，并声称"BPML公司的应收账款的重点回款期在年底这一事实情况，导致了公司没有在2018年中期及第三季度对该项应收账款按更为谨慎的个别认定法计提坏账准备"。假定，BPML公司的董事长正是在2018

年 10 月被警方拘捕,公司作为主要当事人淡化公开媒体披露的与其相关负面信息,而公司计提坏账准备的方法如此解释确实不妥,明显有滥用估计政策的嫌疑。

(3)企业对当前经营业绩及其变动解释是否充分　企业年度报告中"管理层(经营情况)讨论与分析"提供了了解企业业绩变化原因的机会,报表附注中也有企业经营业绩变动的说明,例如企业资产减值上升和营业成本上升的说明。这两部分之间可相互验证,进一步了解企业是否全面而合理地解释了其业绩变化的原因。

(4)企业是否披露相关非财务信息　若企业会计准则和惯例限制企业充分披露企业的关键因素和风险因素,或者没有要求企业披露一些关键信息,则需关注企业是否披露相关非财务信息,帮助财务信息分析者更好地理解企业的关键因素。

(5)企业各分部或者地区产品的信息披露是否详尽　例如,有些企业通过产品分类报告和地区分类报告对其经营业绩加以充分说明。通常行业竞争程度和管理层分享分部经营绩效的意愿会影响该信息披露。在这一方面,不同上市公司披露差异较大,财务报表分析者尤其要注意那些由信息披露不充分引起的风险。

(五)识别和评价危险信号

危险信号是指危害到会计信息相关性与可靠性的一种信号,它常与会计造假行为密切相关。例如,未加解释的会计政策变化、未加解释的提升利润的交易、应收账款异常增加、存货异常增加、巨额利润的冲销、资产的严重高估、负债的严重低估、利润与现金流之间的差额过大、会计利润与应税利润的缺口过大、关联交易有失公允、担保的风险等。一旦发现这些信号,财务报表分析者应该高度关注,分析这些因素是否引起会计信息的失真。

除关联交易和担保外,上述因素大都与会计处理方法、会计估计等职业判断密切相关。以 A 公司为例,投资者应该谨慎评估存货异常增加、应收账款异常,应收账款和存货在 2018 年一次性计提如此巨额减值准备的合理性,以及公司 2018 年之前收益质量水平。而关联交易和担保是基于某些特殊目的而产生的,其识别与评价更难。关联交易及其信息披露之所以引人注目,是因为关联方之间存在密切的关系,它们完全可以在不依赖正常的市场交易条件下进行,通过内部操纵完成交易,达到其特有目的。关联交易是指上市公司与关联方之间发生的交易。关联方可以是控股股东及其亲属,也可以是与上市公司有关的关联企业,如子公司、孙公司、合营企业、联营企业等。关联交易是公司做高收入虚增利润的途径之一,公司也可以通过关联交易压低当期利润,所以,关联交易的价格公允性、交易金额与交易数量都是甄别的重点。当然,公司有一部分关联交易属于正常交易,关联交易并非百害而无一利,关联交易可以降低交易成本,有利于实现集团利益最大化。

如果一家公司关联交易收入占总收入比例过高,财务报表使用者应全面评估此类公司关联交易的合理性、定价的公允性等,进而评估它对公司流动性和持续盈利能力的影响。

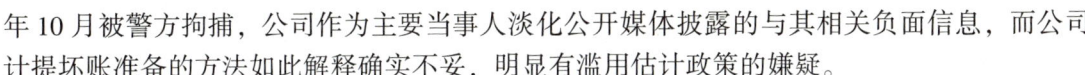
阅读材料 3-1

关联交易成 IPO 被否"大项"　证监会设定 30%分界线

2019 年 3 月 25 日,证监会发布 50 条首发业务若干问题解答,其中,作为拟 IPO 企业被否的重要原因——关联交易也有相关解答。证监会明确中介机构应对企业关联交易进行核查，企业需要进行充分披露。如果拟 IPO 企业关联交易超过收入 30%，还需要披露是否存在利益输送情形。

目前，拟 IPO 企业普遍存在一定比例的关联交易。据《证券日报》记者不完全统计，仅 2018 年就有 43 家拟 IPO 企业因涉及关联交易或业务独立性存疑而被否，占比约为 73%（包括关联交易是被否原因之一和同时存在多种原因情况），而 2018 年全年有 59 家拟 IPO 企业被否。

"关联交易很容易造假，引起虚增收入等现象，因此要求存在关联交易情况的企业提高信息披露的有效性和充分性，这是净化市场、提高上市公司质量、保护投资者的必要措施。"一位第三方财务顾问公司的研究人士在接受《证券日报》记者采访时分析称。

此次证监会发布 50 条首发业务若干问题解答明确，中介机构在尽职调查过程中，应当尊重企业合法合理、正常公允且确实有必要的经营行为，关注关联交易的决策程序、关联方和关联交易的核查等方面的信息。

对于存在关联交易的情况，上述解答提出一项"30%"的分界线，即对于控股股东、实际控制人与发行人之间关联交易对应的收入、成本费用或利润总额占发行人相应指标的比例较高（如达到 30%）的，拟 IPO 企业应结合相关关联方的财务状况和经营情况、关联交易产生的收入、利润总额的合理性等，充分说明并摘要披露关联交易是否影响发行人的经营独立性，是否构成对控股股东或实际控制人的依赖，是否存在通过关联交易调节发行人收入利润或成本费用、对发行人进行利益输送的情形；此外，发行人还应披露未来减少与控股股东、实际控制人发生关联交易的具体措施。

"其实只要存在关联交易，就必须充分披露。之所以强化'30%'这一分界线，要求企业披露是否存在利益输送，这一方面是向投资者充分揭示风险，另一方面，30%的分界线基本可以揭示拟 IPO 企业的主要收入来源不是单一企业。"有券商投行部人士向记者分析称。

（资料来源：摘选自证券日报，《关联交易成 IPO 被否"大项"》，2019 年 3 月 28 日，记者左永刚根据主持人杜雨萌采访专家稿整理而成。）

（六）消除会计信息扭曲

如果通过会计分析发现企业财务报表披露的会计信息有问题，则财务报表使用者应该利用报表附注和其他有关信息，大幅调整企业财务报表，或者调整企业一些关键财务数据，尽量还原企业本来面目。

由此可见，会计分析有助于财务报表分析者了解企业财务报告是否公允、客观，而不是仅根据审计报告做出判断，所以，进行全面财务报表分析之前，分析者通常需要做出正确的会计分析。

二、经营环境评估

因为经营环境评估主要是对企业关键财务数据形成基本预期，是为分析财务数据而准备的，即必定进行狭义财务数据分析。若企业财务数据严重有失公允，则需要调整财务数据或者直接放弃财务报表分析，然后决定是否对企业进行经营环境评估，从而确定是否进行财务数据分析。由此可见，经营环境评估置于会计分析之后更为合适。

这里的经营环境评估是指广义上的范畴。企业经营环境评估是指对全球经济环境、国家宏观环境、行业环境、企业自身素质如经营模式、经营战略等全面评估。企业经营环境评估的主要目的是研究一个国家宏观经济、行业环境与自身素质是如何传导到企业业绩上来，这些非财务信息是如何影响决策者，尤其如何影响投资者判断企业未来持续增长盈利能力，进而有利于财务报表使用者更好地理解财务信息。

经营环境评估有利于财务报表使用者事先形成企业财务报表的基本预期，基于预期的财务报表分析是一种更为主动的财务报表分析范式，更有利于利益相关者找出差异，以获取其信息诉求，做出正确决策。

经营环境评估涵盖面广，无法逐一描述，并且在其他课程中均有不同方面涉及，因此，仅以企业战略分析为例，我们探究它是如何反映企业基本面信息的，以及如何影响企业的竞争力，这些信息最终如何体现在财务报表上。

任何伟大的财务战略的实施都离不开财务资源的支持，而任何战略之所以伟大是因为它最终能够为企业创造财务资源。公司战略决定财务资源配置。因此，战略分析是公司财务报表分析的逻辑起点，也是形成公司初始预期的逻辑起点。战略分析有利于财务报表分析者了解企业的经济活动，有利于将会计分析和财务报表分析置身于模拟公司"现实"的管理情景中。与此同时，战略分析有助于财务报表使用者识别公司业绩动因及其面临的主要风险，从而评估其当前绩效的可持续性，并预测公司未来持续盈利能力。从这个角度上讲，公司战略选择在很大程度上决定了公司未来持续盈利能力。战略选择主要体现在以下方面：

（一）行业分析

1. 识别不同行业的特征

财务报表分析者通过一系列财务数据得出各种财务关系，但是，这些财务关系显现的关键正是行业的经济特征。行业特征以各种各样的方式影响着财务报表各要素的内在关系及财务指标的显现结果。例如，财务报表分析者在分析资产报酬率的决定因素时，是选择资产周转率还是销售净利率就取决于企业所在行业的特征。一般来说，竞争激烈的行业资产周转率比较重要，而垄断程度高的行业销售净利率显得比较重要。同样，投资者可以观察不同行业资产负债表的各要素的构成比例、利润表各要素的比例构成等，进一步了解企业的行业特征。

我国2016年部分行业上市公司各项短期资产占总资产的比重见表3-1。在各行业中，短期资产占总资产的比重呈现了明显差异性。短期资产中大部分是存货和货币资金，而这两种资产的占用水平主要取决于生产经营所处的行业。

表3-1 短期资产结构的行业差异：2016年各项短期资产占总资产的比重

行业	短期资产内部各项目占总资产的比重										短期资产占总资产的比重
	货币资金	短期投资	应收票据	应收账款	应收股利	应收利息	其他应收款	预付账款	存货	其他流动资产	
采矿业	14.54%	0.00%	3.89%	7.02%	0.01%	0.06%	1.85%	1.63%	7.18%	2.38%	38.96%
制造业	17.82%	0.00%	3.78%	13.47%	0.01%	0.09%	1.23%	1.71%	12.78%	6.00%	57.23%
建筑业	17.17%	0.00%	1.76%	21.62%	0.01%	0.06%	3.49%	2.28%	24.25%	1.96%	75.51%
批发和零售业	20.39%	0.00%	1.96%	9.69%	0.02%	0.10%	2.31%	4.13%	16.53%	4.78%	60.86%
住宿和餐饮业	17.76%	0.00%	0.19%	2.64%	0.00%	0.39%	4.46%	1.70%	4.12%	0.95%	41.61%
房地产业	17.43%	0.00%	0.21%	1.56%	0.02%	0.06%	3.76%	2.34%	48.98%	3.70%	78.88%

（资料来源：荆新，王化成，刘俊彦. 财务管理学 [M]. 北京：中国人民大学出版社，2019.）

行业特征对投资者尤其重要。行业信息包括企业在所在行业的前景、企业在行业中所处的地位、行业内竞争态势等。显然,朝阳行业里的企业发展空间更大,在行业竞争中处于优势地位的企业价值更高,而如果企业已经在行业中建立了垄断地位,其未来发展将更有保障。当然,投资者也要明白,在竞争环境中,各个行业的投资回报向一样的水平趋同,同一行业中各企业的投资回报的趋同之势更快,企业盈利能力的均值回转特征是显著的。所以,当企业处于盈利水平高的时候,投资者要小心企业对未来的前景表现出过度的乐观,由此避免高估企业价值。

2. 研究行业特征的工具

这些工具主要包括:价值链分析、经济特征分析框架和波特五力模型。

(1) 价值链分析　价值链分析描绘了行业的研究与开发、生产及分销产品和服务的各种活动。这些活动比较充分地体现了行业特征。如果价值链某个环节的产品或服务是确定的,财务报表分析者就可以判断在整个行业中,哪个或者哪些环节创造了价值。当然,财务报表分析者也可以通过价值链识别特定企业在其行业中的战略地位。

阅读材料 3-2

制药行业价值链分析

制造行业的价值链为:研究与开发新药→新药经过相关部门审批→生产新药→引导新药的需求→新药销售与分销。

新药研制是一件耗时耗力的大工程,制药企业为研发一种新药需投入巨额资金,一旦研发成功,又开始漫长的审批过程。根据相关估计,研制一种新药并得到批准,通常需要投入 10 年左右的时间和近 60 亿元的资金。为了启动审批过程,减少相关成本,使科技人员更有效地从事新药的研究与开发,制药企业开始与医药临床研究单位签订合同,在新药审批过程中,从事药品试验和相关药品的开发。

药品的生产涉及各种化学用品和其他要素的结合,从质量控制和产品纯度方面考虑,生产过程通常由高度自动化的机器设备完成。

制药企业需要聘用强有力的销售力量向医生和医院推销其药品,引导药品需求。在这一过程中,企业不断增加新药品的广告投放,建议消费者向医生咨询或者要求相应的药品。尽管通过线上销售的情况越来越多,但是,药品主要还是通过药店销售。

(资料来源:胡玉明. 财务报表分析[M]. 大连:东北财经大学出版社,2018.)

如果价值链某个环节的产品或者服务的价格是确定的,财务报表分析者就可以判断在行业价值链中哪个价值链创造了价值。例如,为了确定新药研究与开发环节的价值,财务报表分析者可以考察极有希望研发成功新药的企业和刚上市销售新药的价格以及获得新药通过审批时索要的价格。

同样,财务报表分析者也可以通过价值链识别特定企业在行业中的战略地位。美国制药企业通常将战略定位于研发、生产与引导需求等环节上,而将药品的销售与分销交给药店。企业倾向于将药品的试验和审批等环节外包给其他相关企业。又如,美国的工业企业将战略定位于工业设计,通过工业设计产生新产品系统集成能力,而其他环节例如零部件的生产、销售等基本外包。

（2）经济特征分析框架　经济特征分析框架是一种识别行业特征的有效方法。它主要包括行业需求分析、供给分析、生产分析、营销策略分析和融资能力分析等。

行业经济特征各方面需考虑的因素见表3-2。

表3-2　行业经济特征各方面需考虑的因素

框　　架	经济特征考虑因素
需求	顾客对产品或者服务价格的敏感度、行业生命周期、行业的周期性和季节性
供给	供给方多寡、行业门槛高低
生产	资本密集型还是劳动密集型、产品复杂性、产品制造的精准性
营销	产品直销还是分销、自发需求还是创造并引导需求
融资	企业资产周转速度快慢与短长期资金的匹配、重资产还是轻资产与债务和股权融资匹配、现金流稳定度与融资属性匹配

上述经济特征分析通常会体现在财务报表中。以汽车行业需求为例，顾客对汽车价格比较敏感，在我国现阶段，传统汽车（燃油车）年增长率比较稳定，但在"一带一路"国家增长机会更多，产品需求周期性不强。这在财务报表中是这样体现的：行业毛利率比较稳定，出口汽车数量且其占企业总销售额的比例大幅增长的企业，毛利率有可能上升。当前刚好处于全球各国政府大力推动电动汽车的初期，其带有政策的强制性，电动汽车市场处于导入期，电动汽车占比将稳步攀升，而电动汽车与传统汽车的最大区别是用软件定义汽车，汽车智能化得到质的提升，人们对电动汽车的需求很可能被快速打开，走在电动汽车时代变革前沿的纯电动汽车厂商和传统汽车，有可能出现毛利率由前期投入过大研发费用致使毛利率降低转为逐步攀升。

（3）波特五力模型　行业内的竞争态势尤其重要。过度的竞争导致企业不得不通过降低产品价格、压低成本等手段来提高利润。因此，我们在分析一家企业时，只注意这家企业自身的发展情况是片面的，行业内竞争对手的发展情况同样会对被分析企业的价值造成重大影响。尤其是双寡头垄断的行业竞争格局，其对手的竞争能力变化将直接影响到企业盈利能力及其股价变化。双寡头垄断行业最好的范本是飞机制造业波音公司与空中客车公司之间的此消彼长的关系。每一次一家竞争对手出现危机都成就了另一方，另一方无论是短期盈利能力及股票价格都出现了明显变化，后者短期效应更为明显。

由此知，各行业由于其竞争程度不同，其盈利能力存在显著差异。波特五力模型准确地界定了行业的竞争程度与行业盈利能力的差异根源。波特在《竞争战略》指出，有五种力量影响着行业的平均盈利水平。因此，要分析企业盈利能力时，必须分析企业所在行业的盈利能力。竞争强度决定企业在行业中创造超额利润的潜力，潜在利润能否由行业保持则取决于该行业的企业与其顾客和供应商的议价能力。由此可见，一个行业存在三种潜在竞争源：现有企业之间的竞争、新进入者的威胁与替代品的威胁，尤其要注意新进入者的威胁，通常行业领导者会无视这些新进入者的威胁，最终却给了现有企业致命一击。

行业盈利能力的各方力量博弈对比见表3-3。

表 3-3　行业盈利能力各方力量博弈对比

竞争源：实际和潜在竞争者	现有企业之间的竞争	行业成长性、行业集中度、产品（或者劳务）差异化、转换成本、规模经济效应、成本结构、剩余生产能力和退出障碍
	新进入者威胁	规模经济、先行优势、分销渠道、公共关系和法律障碍
	替代品威胁	相对价格与性能、购买者转换的意愿
市场议价能力	购买者议价能力	转换成本、产品（或者劳务）差异化、产品（或者劳务）成本和质量的重要性、购买者数量、单个购买者的购买量
	供应商议价能力	转换成本、产品（或者劳务）差异化、产品（或者劳务）成本和质量的重要性、供应商数量和单个供应商的供应量

需要说明的是，当下社会信息更为充分，产品（或者劳务）价格更为透明，顾客转换成本比较低，大多数产品或者劳务的购买者议价能力显著上升，因此，顾客的品牌忠诚度明显下降，这给企业带来了巨大挑战。此外，新产品或者劳务的差异化周期明显缩短，一旦新产品问世，追随者将快速提供相近产品，电子类产品更是如此。还有，企业潜在竞争者更为隐蔽，更难以被发现，而一旦被发现，企业通常难以应对。例如，智能手机时代，尤其是到了 4G、5G 时代，微信、支付宝、抖音等应用软件被人们广泛使用后，手机变成了照相工具、支付工具、个人秀工具，随之对移动通信行业、照相机行业、皮具行业等产生了巨大威胁，同时也产生了新的市场机会。

（二）竞争战略分析

1. 企业竞争战略分析

世界上没有不赚钱的行业，只有不赚钱的企业。但是，不可否认的是，行业吸引力是影响企业生存处境的重要因素，这也是企业竞争战略涉及的两个问题之一，另一个问题是企业在该行业的竞争地位。

行业吸引力和企业的竞争地位相互依存，但并非一成不变。随着科技与经济发展，二者可能都会发生变化。相对而言，选择行业对企业更加重要，这是因为如果企业选择了一个盈利能力比较差并且未来前景比较差的行业，即使企业在行业中占据主导地位，它的盈利能力也好不到哪里去。如果企业选择了具有未来前景的行业，虽然它未必能在本行业中占据绝对主导地位，但是行业处境可以让企业生存得更好，它的盈利能力也差不到哪里去。例如 2020 年以前，我国医药、酿酒尤其是中药行业，基本面长期向好，即使投资者没有选择这些行业中表现最优异或者比较优秀的企业，甚至是挑选了这些行业中股价表现一般的企业，则其投资收益也差不到哪里去。又如房地产业，在 2000 年到 2020 年间，长期坚守房地产上市公司股票的股民，大概率收益颇丰。无论市场如何表现，我们都会发现这些投资者很难亏钱，只是赚多少而已。由此可见，投资者应该选择盈利能力强的、具有良好前景的行业，然后再选择行业中占据竞争优势的企业，而不是相反。

企业竞争战略的实质就是将一个企业与其所面临的环境建立联系。在企业环境中，最关键的因素就是企业所参与竞争的一个或者几个行业。行业结构强烈地影响着竞争规则的制定以及潜在的可供选择的战略。行业外部力量通常影响行业内部的所有企业。问题的关键在于企业对外部环境的应变能力。因此，企业盈利能力不仅受到行业结构的影响，而且受到企业在竞争定位时的战略选择的影响。

尽管企业相对其竞争对手存在诸多优势与劣势，企业的竞争战略仍然可以选择，大体包括两种：成本领先战略与差异化战略。一个企业所具有的优势与劣势的显著性取决于企业在多大程度上能够在成本领先和差异化方面有所作为，而成本领先和差异化又由行业结构决定。

成本领先是一种获取竞争优势最明显的战略。它要求企业积极地建立达到有效规模的生产设施，在经验基础上全力降低成本。基于当下移动互联网、大数据时代，加上人工智能的不断拓展边界，大企业更有利于实现成本领先战略。贯穿于成本战略的主题是将成本减低到极致。一般而言，能够把成本领先做到极致的企业都是将企业供应链管理做到极致的企业。企业成本领先优势的来源各不相同，并取决于行业结构。它们主要包括规模经济、专有技术、产业集聚效应等。与竞争对手相比，成本领先企业的低成本将转化为企业的高盈利能力。成本领先优势的战略价值取决于其持久性。如果企业成本领先的来源对于竞争对手来说是难以复制或者模仿的，其持续性更强。例如美的集团、格力电器等企业实际上就是将供应链管理做到极致的企业，名创优品也是如此，这个道理无人不知，但是只有少数企业能做到，这也是一种公开的、难以复制的竞争优势。

如果一个企业能够提供给顾客某种独特性的东西，则它就具备了与其竞争对手的经营差异化。经营差异化提供了行业壁垒，减少了竞争，能够保证企业的市场份额。差异化战略利用顾客对品牌的忠诚以及由此产生的价格的敏感性下降使企业得以避开竞争。这可以促使企业盈利能力更具有持续性。因此，实施差异化战略企业需要注意以下几点：第一，确定企业产品或者服务的一种或者多种受到顾客重视的独特性；第二，以独特的方式为特定顾客提供具有独特性的产品或者服务，满足顾客的需求；第三，以低于顾客愿意为具有独特性的产品或者服务支付的价格成本水平实现这种独特性。

从狭义上讲，成本领先与差异化战略是两种互斥战略。但是如果企业进行重大科技变革或者经营革新时，将成本领先战略与差异化战略相结合是有可能的，然而，只有存在竞争者模仿的重大障碍，两者的结合才能持续。但是，从广义上讲，成本领先战略与差异化战略并非互斥，可以将差异化战略界定为一种特殊的成本领先战略，它促使企业的成本领先战略更持久。立足当下全球大数据库时代，成本领先战略与差异化战略的界限远没有以前那么清晰，成功实施差异化战略的企业一般都实现了成本领先战略，而成功实施成本领先战略的企业虽然没有那么容易实现差异化战略，但是今天看来变得比以前更有可能或者更容易一些。

我们也可以这样理解两种战略的关系：两种战略只是强调的侧重点不同而已，各自战略中均包含另一方。差异化战略并不是只考虑差异化而无视低成本，成本领先战略也并非只考虑成本领先而无视差异化。换句话说，成本领先战略并不意味着没有差异化，差异化战略也不意味着没有成本领先，只是两种战略的侧重点不同而已。例如，企业一味追求成本领先而无视产品差异化，企业产品很难被消费者识别，企业很容易被市场淘汰；同样，如果企业一味追求差异化，而不兼顾成本，企业售价远高于消费者的承受能力，产品销售不畅，最终将被市场淘汰。例如，快时尚服装企业是服装行业的一个异类，与普通服装行业不同，主要通过资产高周转，缩短现金周转期，实现低成本制胜。然后快时尚服装企业开始以模仿国际奢侈品牌求生，这种以模仿求生方式原本就是一种差异化的战略，只是其中包含了严重的抄袭痕迹，涉及专利侵权，随后形成了自己的独特设计，最终既实现了快速生产，又兼顾了时尚设计，颠覆了人们对原有服装行业的认知。立足当下竞争更为激烈的社会，几乎所有企业都致力于快于原来的自己，具有了快的属性，而在保证口碑、服务、产品质量一流的前提下能够快到极致者仍寥寥无几。

阅读材料 3-3

成本领先战略与差异化战略：相斥或者相融

过去，战略研究者将成本领先和差异化视为两种互斥战略，他们认为同时实施这两种战略的企业会陷入"夹在中间"、左右为难的境地，并获得较低的收益。因为这些企业既要冒因为成本过高而不能吸引注重价格的顾客的风险，又要冒因为不能使产品或者服务具有足够的独特性以吸引愿意支付溢价的顾客的风险。

然而，近年来，企业面临的战略挑战之一是必须与通过成本领先实现差异化的竞争者打交道。例如，我国的一些汽车制造商和家电制造商已经成功地表明不必在质量和成本之间进行权衡。同样，近年来，一些非常成功的零售商已经能够将高质量、高水平服务与低价格结合起来。这些案例表明，如果企业进行重大技术或者经营革新时，将成本领先战略与差异化战略相结合是可能的。然而，只有企业的核心竞争力难以被竞争者模仿，两种战略相结合的优势才能持续。

因此，在选择成本领先和差异化战略时，成功的企业也不能完全忽视竞争的非主要方面。实施差异化战略的企业也需要重视成本，以便具有差异化的产品或者服务能够以市场可以接受的成本实现；同样，只有至少达到竞争者具有的质量和服务等主要方面的最低标准，成本领先优势才有竞争力。

（资料来源：胡玉明. 财务报表分析［M］. 大连：东北财经大学出版社，2018.）

需要注意的是，企业竞争战略的选择不会自然产生竞争优势。企业竞争优势来自于企业自身素养的积累。为了获得竞争优势，企业基于既定的目标，制定与企业内外环境相适应的战略并有效地实施战略。成本领先与差异化战略都要求企业具有核心竞争能力，并以适当的方式构造其价值链。核心竞争能力和价值链的效益以及竞争对手难以模仿的程度决定了企业竞争优势的持续性。

任何企业战略都需要财务资源的支持，而任何战略的实施都应该为企业创造财务资源。企业战略与财务战略相互匹配，财务战略服务于企业战略，它属于企业战略的一个子系统。有效的财务战略可以提升企业价值。然而，企业因产品或者服务的存在而存在，任何产品都有生命周期。因此，企业在不同发展阶段，其财务战略也不相同。企业财务战略必须与企业产品生命周期相匹配。与之对应，在不同发展阶段，企业持续增长盈利能力的具体表现也不相同。

产品生命周期通常表现为企业发展的不同阶段。产品生命周期描述了产品从进入市场到被市场淘汰的整个过程，通常可以分为导入期、成长期、成熟期和衰退期四个不同阶段。产品的每个阶段长短不一，当然产品的成熟期越长越好，而有的产品好像永远处于成熟期，没有衰退迹象。例如，可口可乐碳酸饮料看似永远没有衰退期，永远没有被市场淘汰的迹象，最多只是增幅减缓或者微幅下滑而已。这种特殊类产品可以理解为是企业基于无形资产——产品配方保密的前提下，通过不断改进产品配方，无限期延长了可口可乐的产品生命周期，也可以将每一次改进视为对旧产品的淘汰，这将与一般产品无异，只是这种产品通过隐形创新实现了旧产品的不断重生。尽管世界上不会存在完全相同的企业，企业的经营过程必定充满个性化色彩，但是一般认为企业产品生命周期具有一些共性特征。不同产品生命周期的特征见表3-4。

表3-4 不同产品生命周期的特征

基本特征	产品生命周期			
	投入期	成长期	成熟期	衰退期
市场特征	知名度不高	具有一定知名度	具有较高知名度	市场萎缩
战略目标	生存并成长	发展壮大	巩固、改善	产品更新
关键因素	营销、顾客认可	提高市场份额	控制成本	研究与开发
成长性	非常高	高	中等偏低	负数
资金来源	股权资本	股权资本	股权与债务资本	股权与债务资本
经营风险	非常高	高	中等	低
财务风险	非常低	低	中等	高
现金流量	负数	基本平衡	正数	平衡
每股收益	负数或者逼近零	低	高	开始下滑
股利支付率	零	一般	高	高或大于100%
市盈率	非常高	高	中等	低
财务战略	稳定成长型	快速扩张型	稳健型	紧缩型

（资料来源：胡玉明．有效财务战略提升价值［J］．新理财，2007（1）：43.）

通过企业战略分析，分析者更容易掌握企业财务数据的信息内涵，也有利于判断企业是否具有持续盈利能力，尤其是企业是否具有持续高增长盈利能力。

2. 识别企业的战略

企业要在激烈的竞争中脱颖而出，必须制定有效的竞争战略，并不断地进行战略细节调整，使企业保持持续竞争优势。

通过企业竞争战略分析，有利于分析者更好地考察企业的战略选择是否合理，准确识别企业的战略，进而判断企业的持续盈利能力。

具体来说，以下方面有助于我们识别企业的战略：

（1）**企业的产品或服务的性质** 企业是基于细分市场创造独特的产品或者服务，从而达到相对较高的盈利能力，还是提供无差异化产品或者服务达到相对较低的单位盈利能力，提高资产周转率，从而达到相对较高的盈利能力。两种战略只是实现高盈利能力的路径不同，但是都实现了高盈利能力。一般来讲，两种战略有明显差异，企业的资源配置重点也明显不同。两种战略的协同也有可能实现，企业通过技术创新实现天然垄断培育顾客忠诚度并严格控制成本，从而实现差异化与成本领先。进一步分析，企业各种战略之间有没有可能出现因企业转型而发生战略转变，例如成本领先战略向差异化战略转变、差异化战略变为成本领先战略，或两者兼顾，也需要评估企业战略优势丧失的可能性。

（2）**价值链的一体化程度** 企业是追求纵向一体化战略，是参与某一个环节还是所有环节。其核心优势是什么，在价值链上是否为创造价值的核心环节。就生产为例，企业是自己进行生产还是外包。就分销而言，企业是自己控制分销还是依靠外部资源进行分销。

（3）地区多元化程度　企业目标是定位于某地区、国内市场还是国际市场。如果定位于国际市场，企业的风险应对能力如何。

（4）行业多元化程度　企业是在单一行业开展经营活动，还是跨行业多元投资。如果进行横向多元化，企业核心竞争能力以及整合资源能力如何。

企业战略选择及其实施结果最终都会体现在财务报表上。因此，分析者必须将财务报表分析与识别企业战略相结合，从而使企业的战略、经营活动与财务活动融为一体。

以上是企业经营环境评估的几个方面，此处并不能穷尽经营环境评估的一切方面。企业经营环境隐含着更多的与未来相关的信息，对预测一家企业是否具有持续增长盈利能力十分重要。

预测未来是一件无比困难之事，预测企业持续盈利能力更是难上加难，预测企业持续高增长盈利能力几乎是不可能。但是这并不意味着我们对此无能为力，只要投资者尽可能试着理解企业所处的行业与企业在行业中的竞争优势等经营环境，预测企业未来持续盈利能力就有可能变成现实。

思 考 题

1. 财务报表分析的基本步骤是什么？
2. 如何理解会计分析与经营环境评估的顺序选择？
3. 会计分析包括哪些方面？
4. 如何辨认不同行业的关键因素的会计政策和会计估计？
5. 如何评估公司会计政策与会计估计的合理性？
6. 如何看待经营环境评估的重要性？运用我国企业实例说明如何分析企业战略对财务资源配置的影响。
7. 2008年全球金融危机爆发，全球各主要国家股指跌幅均超过50%。我国上市公司贵州茅台与伊利股份作为优质投资标的当年也出现大幅下跌，前者跌幅高达62.27%，后者跌幅更是达到了80.16%。

请根据上述信息，并辅助这一时期酿酒和牛奶行业内发生重要事件，分析下列问题：

（1）假定2008年年底有一个投资者决定在贵州茅台与伊利股份两者中选择其一，并长期持股到2017年年底。

（2）假定2008年年底有一个投资者决定在贵州茅台与伊利股份两者中选择其一，并长期持股到2020年年底。

请根据两家公司的经营环境信息及其他非财务信息，构建投资分析的逻辑，判断在两个不同时间点哪一个投资标的将给投资者带来更高的投资回报。

判 断 题

1. 会计分析与财务报表分析是冲突的，不可调和。　　　　　　　　　　（　）
2. 财务报表分析时，会计分析一般应早于公司经营环境分析。　　　　　（　）
3. 进行财务报表分析时，分析者是否进行会计分析无关紧要。　　　　　（　）

4. 行业分析工具主要包括价值链分析、经济特征分析框架和波特五力模型。（   ）

5. 移动支付时代，潜在竞争者有可能不是一个竞争实体。（   ）

6. 会计分析只需要辨别与评价公司关键因素的会计政策。（   ）

7. 财务数据分析是财务报表分析的逻辑起点。（   ）

8. 企业竞争战略的实质是将一个企业与其所面临的环境建立联系。（   ）

9. 当公司产品处于导入期时，公司融资主要采取债务融资。（   ）

10. 关联交易是企业做高收入虚增利润的重要途径之一，关联交易对企业基本是百害而无一利的。（   ）

11. 财务报表分析需要基于特定的分析诉求，选择正确的财务报表分析方法，并不是说在任何条件下都需要严格按照财务报表分析步骤走完全程。（   ）

第二篇

宏观分析篇：理论与方法

第四章　财务报表与持续盈利能力
第五章　财务报表结构与趋势分析

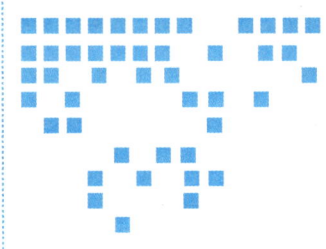

第四章

财务报表与持续盈利能力

■ **回顾**

第三章描述了财务报表分析的基本步骤,重点讲述了会计分析与经营环境评估。

■ **本章提要**

本章主要在财务报表层面进行分析,称为宏观分析,为财务报表的微观分析奠定基础。本章描述了持续盈利能力的基本原理,探究了资产负债表、利润表和现金流量表的分析重点,重点研究了主要报表与公司持续盈利能力有关的重要项目,这些关键财务项目影响持续盈利能力的原理及其案例运用。概括了资产负债表、利润表和现金流量表的勾稽关系,以及合并报表下资产、利润与现金流的转化关系,后者有利于进一步考察公司扩张性信息。

■ **展望**

第五章财务报表结构与趋势分析,以网宿科技股份有限公司为例,对资产负债表、利润表和现金流量表进行结构与趋势分析,重点诊断了报表的重要项目,着重分析了异动数据,并分析其对公司持续盈利能力的影响。

◆ **章首案例**

某公司20×1年—20×3年的比较资产负债表见表4-1。

表4-1 某公司20×1年—20×3年的比较资产负债表 单位:万元

20×1年12月31日		20×2年12月31日		20×3年12月31日	
资产		资产		资产	
货币资金	24 000	货币资金	19 000	货币资金	18 000
应收票据	8 000	应收票据	10 000	应收票据	12 000

(续)

20×1年12月31日		20×2年12月31日		20×3年12月31日	
资产		资产		资产	
应收账款	7 000	应收账款	8 000	应收账款	10 000
存货	18 000	存货	24 000	存货	28 000
固定资产	45 000	固定资产	79 000	固定资产	112 000
合计	102 000	合计	140 000	合计	180 000
负债及所有者权益		负债及所有者权益		负债及所有者权益	
短期借款	21 000	短期借款	46 000	短期借款	73 000
应付票据	5 000	应付票据	8 000	应付票据	7 000
应付账款	6 000	应付账款	7 000	应付账款	5 000
长期借款	25 000	长期借款	31 000	长期借款	45 000
股本	40 000	股本	40 000	股本	40 000
未分配利润	5 000	未分配利润	8 000	未分配利润	10 000
合计	102 000	合计	140 000	合计	180 000

根据上述比较资产负债表，分析下列问题：

1. 公司在这一期间投融资策略有何变化？
2. 公司市场议价能力如何？
3. 若准确界定公司存货管理能力，还需要哪些信息？
4. 假定公司投融资策略转变成功，则利润表和现金流量表需要提供哪些信息？

第一节　持续盈利能力的界定*

一、持续盈利能力的原理

实现持续盈利能力是企业财务上追求的重要目标之一，寻找持续增长盈利能力的企业是投资者财务报表分析的重要诉求之一。企业持续盈利能力通过一系列短期盈利来体现，也通过一系列短期盈利加以验证，与一系列短期盈利的质量密切相关。具体来讲，本期财务报告与连续多期财务报告的关系是①本期财务报告主要用于短期盈利能力分析，连续多期财务报告主要用于盈利的持续性趋势预测分析。②本期财务报告中揭示的企业持续盈利能力的关键因素同样是影响企业未来盈利能力持续性的重要因素。这些关键因素就是那些持续性较强的因素，其关键性越强，越影响企业未来盈利的持续性。③本期财务报告分析是实现持续盈利的必要手段，企业未来盈利的持续性预测是财务报告分析的终极目的。

所以，财务报告中最具价值的财务信息，是能够给财务报告使用者提供有关企业持续性发展的信息，尤其是持续盈利能力信息。因此，如何界定持续盈利能力成为关键所在。

二、持续盈利能力的分类

持续性从狭义上和广义上分成两类。从狭义上讲，持续性可以描述为某种明确的趋势，这种趋势可以表示为时间的函数 $\delta(t)$。持续性有三种表现形态：持续增长趋势，$\delta(t)$ 严格为增函数，即 $\delta'(t)>0$；持续不变趋势，恒等函数，即 $\delta'(t)=0$；持续下降趋势，减函数，即 $\delta'(t)<0$。从广义上讲，持续性是一种趋势，它也可以表示为时间的函数 $\delta(t)$，$\delta(t)$ 除了狭义上的三种趋势之外，还有其他不同的变化趋势。

持续高增长盈利能力是企业最难实现的目标，也是投资者最难寻找的一种趋势。以一家持续五年增速超过 100% 盈利能力的企业为例，它在股票市场中将给予投资者超额收益，少则十几倍，多则几十倍。

本书将从不同角度不断挖掘企业持续盈利能力，尤其是那些拥有持续高增长盈利能力的企业应具有哪些特征，它们在财务报表中是如何显示的，以及从理论上讲财务报表是如何揭示持续盈利能力信息的。我们至少要做到：给投资者提供一些有益线索或者启示，提升投资者识别企业持续盈利的能力。

三、持续盈利能力的简单识别

从计量方法上看，趋势分析法是判断企业持续盈利能力的一种重要方法。本期影响企业持续盈利能力的关键因素是决定本期盈利是否具有持续性的重要因素，同时，这些关键因素也是决定企业盈利长期发展趋势的关键。

通常可以运用以下两个步骤寻找影响企业持续盈利能力的关键因素。第一步是计量各个因素与企业盈利之间的相关系数和敏感系数。如果两者之间的相关系数比较高，并且为真，而且敏感系数也比较高，就说明这个因素是影响企业盈利的关键因素。第二步是该因素发生的频率。如果该因素频繁发生，则说明它是影响企业持续盈利能力的稳定性因素。这为人们预测未来盈利能力的持续性提供了一条重要线索，即人们可以预期到这些频繁发生的因素在每一时期都是影响企业未来盈利能力的构成因子，也就成为评估企业未来盈利能力是否具有持续性的重要因素。

毋庸置疑，寻找企业持续盈利能力的关键因素至关重要，不同的关键因素对企业未来持续盈利能力的影响是不相同的。在一定程度上，以净利润为例，它是企业持续盈利能力的直观表达，其传递的持续盈利能力就是利润不同组成项目反映的不同持续盈利能力因子的加权平均数。如何界定利润不同组成项目所反映的持续盈利能力是个重要难题，这有待实证研究取得进一步突破。关于盈利不同组成部分的持续性，比较有代表性的是拉里莫科里斯南和托马斯（Ramakrishnan 和 Thomas，1991）的划分方法，他们将其分为三类持续性事件：①持续的，期望无限持续；②暂时的，影响当期盈利，但不会影响未来年度盈利；③与价格无关，持续性为 0。这三类不同因素的持续性可以做如下理解，第一类的持续期涉及多期乃至无穷期，第二类的持续期仅及一期，第三类的持续期为零。显然，若仅以利润表的构成因素为例，在净利润的不同构成部分中，第一类项目数量占比越多而且金额越高，公司持续盈利能力越容易预测；第二类占比越高，公司持续盈利能力越难预测；如果第三类占比最高，公司持续盈利能力几乎无法预测。

从理论上讲，影响企业持续盈利能力的因素主要体现在以下几个方面：

1) 利润表直观体现了企业盈利能力，利润表中一些重要因素的持续性决定了企业盈利能力的持续性。其中，主营业务利润和主营业务利润率是决定持续盈利能力的最关键因素，营业利润和营业利润率次之，其他收益、投资收益、公允价值变动收益、资产处置收益等需要根据具体情况甄别其持续性。由于其他收益、投资收益等项目带来的不确定性，有必要构建一个新指标：核心利润，即只包括完全属于狭义营业活动的利润。核心利润和核心利润率仅次于主营业务，对企业持续盈利能力至关重要。营业外利润是偶发的，不具有持续性。至于企业所得税，它是强制性约束，除非有确切信息表明企业所得税税率将下降，例如企业申请到高科技企业资格，享受低所得税税率，并且这一税收优惠具有一定的持续期。

2) 企业资产配置的合理性、融资与投资匹配的合理性是影响其持续盈利能力的重要因素，企业决策者根据企业发展阶段、宏观经济周期、货币政策等对企业资产配置进行动态调整。假定资产配置合理，企业永久经营性流动资产和永久经营性流动负债在很大程度上体现了其持续盈利能力。如果企业永久经营性流动资产与流动资产的占比不高而永久经营性流动负债与流动负债的占比高，并且永久经营性流动负债远高于永久经营性流动资产，这时企业持续盈利能力强。资产来源与资产配置的匹配得当与否也是影响企业持续盈利能力的重要因素。

3) 企业的持续盈利能力离不开经营的稳健性和充裕的经营现金流量。一般而言，企业经营的稳健性是持续盈利能力的重要保障，它与行业属性、经营能力等软资源有关，而企业的投融资策略间接影响了企业经营的稳健性。企业的经营现金流是衡量企业经营稳健性的动态指示器，也是衡量企业风险的动态指示器。企业经营越稳健，企业的经营现金流越充足，企业的持续盈利能力越强。但是，企业现金流过于充足可能意味着现金闲置，有可能影响到其持续盈利能力，所以，现实生活中企业需要权衡资产流动性过剩的边界。

4) 企业筹资是为企业经营活动和投资活动服务的，可视为"企业持续盈利能力"函数的控制变量。当下企业竞争更为激烈，生存处境更为艰辛，产品周期更短，投资周期却可能更长，企业融资能力显得更为重要。一般来说，只要企业盈利具有持续性，经营现金流充足，尤其是自由经营现金流（自由经营现金流是指经营现金流扣除折旧、摊销等之后的净额）充足，企业融资环境将比较宽松，企业扩张更容易成功。

由此知，从理论上讲，不同项目隐含的持续性不同，不同企业影响持续盈利能力的因素也可能不同。例如，典型的轻资产类零售企业，其持续盈利能力取决于其经营性流动资产运转的效率值，尤其是存货管理能力，重资产类零售业的持续盈利能力则取决于长期资产效率和经营性流动资产的效率值。工业企业的前期和本期投入的长期资产的质量至关重要，系统设计集成能力也是关键因素。高科技企业的研发投入是关键变量，持续投入更为重要，投入的效果更为直观。

即使找到影响持续盈利能力的关键因素，财务报表分析者仅从本期报表中挖掘企业持续盈利能力信息也是有难度的，需要借助多期财务指标，对影响持续盈利能力的关键因素做出多次动态评价，做出"合理"的企业发展趋势的判断。

第二节 资产负债表与持续盈利能力

实证会计表明，与资产负债表信息相比，股票价格与利润表之间的相关性更高，也更为充分。这并不是说资产负债表没有利润表重要，而是说明了资本市场并没有有效地对资产负债表进行充分反应，或者是当前学术界还没有发现股票价格对资产负债表的有效反应方式，这意味着资产负债表中的隐含信息价值更大。如果投资者能够对资产负债表进行深入、充分的挖掘，并运用资产负债表指标构建投资组合，则更有可能战胜市场。由此可知，挖掘资产负债表中与持续盈利能力相关的信息是一个充满挑战的主题。

一、资产负债表揭示持续盈利能力的原因

资产负债表，又称平衡表或财务状况表，是反映企业在某一特定日期财务状况的会计报表。财务状况主要反映企业资产拥有情况、企业对债权人和所有者的义务。这里"义务"是广义上的概念，不仅包括企业对债权人承担的经济责任，而且包括对其所有者承担的经济责任。企业对债权人履行的义务是强制性的法律义务，而对股东承担的义务并非强制性义务，更像是一种道义上的约束。债权人具有优先索取权，具有优先向企业索取本金和利息的权利；所有者享有剩余索取权，即企业净利的索取权。

资产负债表与持续盈利能力相关，是因为基本上所有资产最终都会被耗费，确认为成本或者费用，这些耗费是否能够得到高价补偿，决定了利润的高低，同时这些补偿最终也会体现在资产负债表中。因此，与持续盈利能力有关的因素可以在资产负债中找到线索，只是这些因素更为隐蔽，更难于挖掘，并且更影响企业未来持续盈利能力。

二、资产负债表挖掘的基本前提

（一）掌握财务报表各项目的内涵

这是财务报表分析的最基本（或者最低）要求，无论是分析资产负债表，还是利润表和现金流量表。如果脱离这一基本要求，财务报表分析就无从谈起。

财务报表使用者必须掌握报表各个会计科目的内涵，尤其是高度关注比较晦涩的会计科目。例如资产负债表中所有者权益增加了一项"其他综合收益"，它从原资本公积中分化而来。股东权益基本来自以下几个部分：股东出资、利润积累和非利润性的资产增值，其中非利润性的资产增值的主体就是其他综合收益。而引起其他综合收益变化的主要项目有：可供出售金融资产公允价值变动形成的利得和损失、可供出售外币非货币性项目的汇兑差额形成的利得和损失、权益法下被投资单位其他所有者权益变动形成的利得和损失等。

当下，我国会计准则在不断修订，有时新增（或者删减）了会计科目，有时原有会计科目的内涵出现了一些变化等，这就要求财务报表使用者及时了解这些变化。2017年7月，财政部发布了新《企业会计准则第14号——收入》，新收入准则与《国际财务报告准则第15号——与客户之间的合同产生的收入》（IFRS15）趋同。在境内外同时上市的企业以及在境外上市并采用国际财务报告准则或者企业会计准则编制财务报表的企业，自2018年1月1日起施行；其他境内上市企业，自2020年1月1日起施行；执行企业会计准则的境内非上市企业，自2021年1月1日起施行。该项准则中，新增"合同负债"科目，要明晰其与预收账款的区别与联系。预收账款和合同负债的重要区别是，以履约义务相关性为前提，当预收款尚未被企业收取时，如果能够认定企业对这笔款项有无条件收取的权利，企业仍然应该对此确认合同负债。预收账款的概念并不强调它一定要来自与客户之间已订立的合同，在合同成立前已收到的对价不能称为合同负债，但仍可作为预收账款。合同一旦正式成立，又要将预收账款转入合同负债。同时，这也要求分析者掌握上市公司具体类型及其执行新收入准

则的时间起点，不然在分析预收账款时就会产生信息误读。

例如，泰禾集团股份有限公司（简称泰禾）仅在我国境内深圳交易所上市，而万科企业股份有限公司（简称万科）为 A+H 两地上市公司，所以泰禾执行新收入准则的起点是 2020 年 1 月 1 日，而万科的起点是 2018 年 1 月 1 日。因此，假定公司信用政策和收入无明显变化，则泰禾预收账款在 2018 年和 2019 年不会有明显变化，其合同负债为 0，而万科因 2018 年 1 月 1 日起执行新收入准则将原来归属于预收账款的大部分都转入了合同负债，其预收账款在 2018 年必然发生明显变化。同样，计算广义现金周转期时，若只是根据计算公式中涉及的会计科目而不考虑这一变化，则两地或者多地上市公司就有可能出现"异动"。又如，计算这两家公司偿还债务能力指标时，如果分析者计算 2018 年和 2019 年万科经营负债时只包括应付账款、应付票据和预收账款（或者预收款项），而不将合同负债计入经营负债，则审视两家公司偿还债务指标时，就会发现一些数据自相矛盾的地方，例如，两家公司资产负债率相差无几，资产有息负债率相差较大，但是经营负债占总负债比却差异较小。这是万科的经营负债中没有计算合同负债的错误所致。若分析者没有甄别出这些数据矛盾之处，更不知其原因所在，就有可能认为两家公司偿还债务能力无差异，自然也无法规避与之相关的投资风险。万科 A 和泰禾 2018 年和 2019 年有关负债率相关数据见表 4-2。通过观察表 4-2，便知两家公司债务偿还能力存在明显差异。

表 4-2　万科 A 和泰禾 2018 年和 2019 年有关负债率

公 司 名 称	资产负债率		资产有息负债率		经营负债/总负债	
	2018 年	2019 年	2018 年	2019 年	2018 年	2019 年
万科 A	84.59%	84.36%	36.93%	35.45%	17.78%	18.43%
泰禾	86.88%	84.95%	68.36%	59.17%	21.32%	30.35%

（二）注意资产负债表中一切与会计信息稳健性有关的项目

如果会计计量不太稳健，比较激进，公司极有可能虚估资产、低估负债、夸大公司当期利润。例如应收账款的估价是否合理，存货是否高估、特殊目的实体的负债问题、环境负债、退休福利、售后服务的计量的不确定性，以及或有负债的估计是否合理，还有递延所得税资产与少数股东权益隐含的风险等，尤其要注意这些项目中具有重大不确定性的项目及其对企业未来持续盈利能力的影响。例如，格力电器和乐视网的财务报表中均有大量递延所得税资产，但是两家公司产生递延所得税的来源并不一样，前者是计提大量预计负债所致，后者是预期子公司扭亏为盈所致，这对两家公司持续盈利能力的影响大概率是不一样的。

三、资产负债表中与持续盈利能力有关的几个关键要素

（一）流动资产与非流动资产的配置比例

企业流动资产与非流动资产的配置比例受以下几个因素的影响：

1. 企业战略*

（1）资产的分类与战略的分类　按照经典的战略管理理论，战略主要涉及组织的长期发展方向和范围，力求使资源与环境、消费者相匹配，以达到组织的预期目的。因此从企业设立开始，企业的资产结构就已经打上了战略的烙印。企业管理的过程也可以理解为企业战略制定与实施的过程。

按照企业资产对利润的贡献可以将资产划分为经营资产和投资资产。经营资产是指企业因常规性的产品经营和劳务提供而形成的资产。典型的经营资产包括货币资金、应收款项、存货、固定资产、无形资产等。投资资产是指企业以增值为目的而持有的股权和债权。它主要包括各种金融资产、长期股权投资以及以提供经营性资金的方式对子公司投资的其他应收款项等。

要判断一个企业的资产结构是以经营资产为主还是以投资资产为主，抑或是两种资产并重，应该以母公司资产负债表为基础。因为在合并报表的过程中控制性投资已经被分解或者还原为子公司的经营资产。

企业战略从这一角度可以分为经营主导型的企业发展战略、投资主导型的企业发展战略、经营资产与投资资产并重的企业发展战略。企业战略划分有多种标准，可以根据经营资产和投资资产占比划分，也可以根据经营资产和投资资产贡献利润占比划分。前者侧重于形式，后者侧重于实质。无论采用哪一种标准划分，通过中长期而不是短期划定企业战略类型会更为合适。

以经营资产和投资资产占比多少或者经营资产和投资资产贡献利润多少为界划分更为合适，这没有统一标准，一般以50%为界划分。根据企业经营资产和投资资产占比50%为界划分，如果企业经营资产占比超过50%，划入经营主导型的企业发展战略，反之是投资主导型的企业发展战略，两类资产比例近似就是经营资产与投资资产并重的企业发展战略。当以经营资产和投资资产为企业贡献利润的比例作为划分标准时，如果经营资产贡献利润的比例超过50%，划入经营主导型的企业发展战略，反之是投资主导型的企业发展战略，两类资产贡献利润比例近似就是经营资产与投资资产并重的企业发展战略。

（2）战略分类与资产配置　　企业战略的不同，资产配置也会体现明显差异。不同的企业战略，企业关注资产的类别也不相同。经营主导型企业发展战略重点考察经营资产的盈利能力强弱及其持续性，而对投资性资产的考察处于次要地位，同时需要观察企业发展战略是否存在转变为另一种发展战略的可能性；投资主导型的企业发展战略重点考察投资资产贡献盈利能力强弱及其持续性，而对经营资产的考察处于次要地位，也需要观察企业发展战略是否存在转变为另一种发展战略的可能性；经营与投资并重型企业的发展战略要综合考察两类资产产生盈利能力的强弱，同样需要考察企业是否有可能向经营主导型企业发展战略或者投资主导型企业发展战略演变。

资产结构以经营资产为主的企业，它的战略十分清晰：以特定的商业模式、行业选择和产品或者劳务的生产与销售为主营业务的总体战略为主导，以一定的竞争战略和职能战略为基础，以固定资产、无形资产、存货的内在联系及其与市场的关系管理为核心，为企业利益相关者持续创造价值。经营主导型企业能够最大限度地保持其核心竞争力。绝大多数企业都是经营主导型发展战略。在这种战略模式下，通过财务报表可以分析企业是专业化战略还是多元化战略，而多元化战略又可分为相关多元化和非相关多元化。专业化战略主要体现在固定资产、无形资产、存货、应收账款和应收票据等的不断变化中。而与多元化密切相关的对外控制性投资主要体现在长期股权投资的规模大小及其与经营资产规模的比例高低。如果与经营资产相比，投资性资产的比例明显偏低，则可判断企业是以专业化为主导的战略。

资产结构以投资资产为主的企业，通常是规模较大的企业集团。投资主导型企业发展战略同样是清晰的：以多元化或者一体化的总体战略为主导，以子公司采用适当的竞争战略和职能战略，特别是以财务战略中的融资战略为基础，以对子公司的经营资产管理为核心，通过快速扩张为企业的利益相关者持续创造价值。投资主导型企业可以在较短时间内通过直接投资或者并购实现做大做强企业的目标，或者在整体上保持财务方面的竞争能力与市场的竞争地位。例如，与格力集团相比，当前美的集团就是一家投资主导型多元化发展战略的企业，而我国雅戈尔集团股份有限公司比较接近经营资产主导与投资资产主导并重的多元化发展战略。当然，有的企业形式上酷似投资主导型战略或者经营主导型与投资主导型并重多元化发展战略，但实际上仍是经营主导型发展战略。例如，有的企业多年财务报告显示，投资收益在大多年度超过了主营业务利润，而且企业也进行了多次股权投资，从表面上看企业应该是投资主导型战略，但是，若企业投资收益主要来自某一次非常成功的股权投资，除此之外，企业并没有太多投资亮点，并且企业其他多次股权投资金额均不大，而且其投资收益一般，在这种条件下，企业实际上仍是经营主导型战略。

如果说企业战略决定资产配置的格局，那么行业属性、企业发展阶段、管理者风格等决定了资产的具体明细配置，其中行业属性、企业发展阶段等属于客观因素，而管理者风格属于主观因素。

2. 企业行业属性

一般而言，资产的流动性与其盈利性成反比。企业必须在资产的流动性与盈利性之间做出权衡，企业实现高盈利通常需要牺牲一定的流动性，而为了提升流动性需要牺牲一定的盈利性。优秀企业是个例外，它们更容易在资产配置中实现利益最大化，它们有可能在实现资产的流动性极强的同时还能维持企业超强的盈利能力。

资产流动性与盈利性之间的矛盾权衡对于不同类型的企业而言具有明显的差异。这是因为不同行业，流动资产与非流动资产对企业的重要性是不一样的，资产的配置也不相同。这里仅以工业企业和零售业为例说明。

（1）工业企业资产配置　一般来讲，非流动资产是工业企业的主要盈利来源，非流动资产应该占主导。如果一家工业企业的非流动资产占总资产比重过低，而流动资产占比过高，它的盈利能力就很难得到保证。但非流动资产占比多少为优，非流动资产与流动资产两者的比例是否一定超过50%，并没有一个确切答案。

为了更好地理解这一问题，我们根据不同情形进行具体分析：

1）如果一家工业企业非流动资产盈利能力比较强，且企业风险可控，则非流动资产占比越高，企业持续盈利能力越强。

2）如果一家工业企业非流动资产盈利能力比较强，但其风险控制能力比较弱，则非流动资产占比越高，企业持续盈利能力越难于确定。

3）如果考虑到流动资产的盈利能力，上述结论需要进一步修正。如果一家工业企业非流动资产盈利能力较强，并且流动资产管理能力与流动资产的盈利能力都比较强，企业风险控制能力也比较强，则这类企业的流动资产与非流动资产之比取决于基于企业流动性充足的前提下流动资产与非流动资产的单位贡献大小，但是无论如何，这类企业持续盈利能力都应该比较强。

因此，工业企业的流动资产与非流动资产配置一般无规律可循，两者的配置比例更多依赖企业财务总监根据企业经营环境的评估而做出的动态优化资产配置。

（2）零售业资产配置　与工业企业不同，零售业一般主要通过流动资产的高周转率实现利润最大化，从这一角度上讲，流动资产对零售业更为重要。但是，对于零售业而言，流动资产占比多少为优也没有标准答案。

我国零售业部分上市公司不同年度流动资产与非流动资产比例见表4-3。

表4-3 我国零售业部分上市公司不同年度流动资产与非流动资产比例

上市公司	年度								
	2011年	2012年	2013年	2014年	2015年	2016年	2017年	2018年	2019年
苏宁易购	0.79	1.71	1.70	1.76	2.50	1.50	1.26	1.95	1.04
国美零售	1.83	1.82	2.03	2.39	1.88	1.46	1.37	1.58	0.87
新华都	2.42	2.24	1.04	0.88	0.94	1.23	1.23	1.55	3.61
永辉超市	1.72	1.36	1.37	1.14	1.42	2.32	1.62	1.53	1.46
百联股份	0.90	0.85	0.86	0.67	0.71	0.72	0.65	0.76	0.59

（资料来源：同花顺和CSMAR。）

由表4-3知，同一行业不同企业之间的流动资产与非流动资产的配置比例也出现比较大的差异。其中，相似度比较高的家电零售业的苏宁易购与国美零售的资产配置也有明显差异，苏宁易购2015年前逐步走高，2012年增幅最为明显，由上一年0.79增至1.71，然后两年维持在1.70~1.80，2015年达到峰值2.50，然后明显下降到1.50，2017年进一步降低到1.26，2018年增加比较明显到1.95，接着又明显下降到1.04。由此可见，2015年之后，苏宁易购资产配置呈现剧烈波动态势。而国美零售2015年之前总体稳定于2左右，2016年至2018年稳定在1.50左右，2019年公司流动性下降明显。同样，经营模式类似的新华都与永辉超市，资产配置也有明显差异，新华都总体呈向左倾的U形，U形左侧高点为2.42，右侧高点为3.61，U形底在2014年和2015年，其比例低于1。而永辉超市除2016年高于2外大体稳定在1.5左右。百联股份的资产配置中流动资产与非流动资产的比例最低，始终低于1，与其他零售业也有明显不同。

因此，同一行业中不同公司的资产配置呈现明显差异，同一家公司在不同时点也有比较大的变化，其中原因有多种可能，例如主动优化配置、被动调整资产配置，而调整资产配置又与多种因素有关，如公司经营模式、公司战略转型、公司流动性等。

由此可见，在正常条件下，工业企业与零售业的行业属性不同，商业模式不同，盈利模式也不一样，资产偏好也不同。工业企业更重视非流动资产对其盈利能力的贡献，而零售业更为重视流动资产的贡献。这并不意味着前者的非流动资产占比一定要超过50%，后者的非流动资产占比一定要低于50%。

3. 国家宏观经济周期、国家金融政策和企业发展阶段

当国家宏观经济周期处于低谷时，企业第一要务是生存，保持资产的流动性最重要，资产的盈利性退居次席，企业需要调整流动资产与非流动资产的比例。而调整的原则是基于企业现金流充足或者至少是现金流不发生断裂的前提下，主动调整流动资产与非流动资产的比例，尽可能实现企业价值最大化。

国家金融政策，尤其是货币政策，也会影响到企业的资产配置。如果一个国家货币政策明显收紧，再附加一个条件：国家金融危机爆发，这时企业流动性是无比重要的，要提升到企业战略的高度，资产需要向流动资产配置明显倾斜。如果是地区金融危机，尤其是全球金融危机时,企业更需要密切关注其流动性是否充足。

企业在不同发展阶段,资产配置也不相同。不同类型企业、同一类型企业、同一企业在不同的发展阶段,流动资产与非流动资产的配置比例都会存在明显差异。例如一个企业处于创业初期,盈利固然重要,但是企业流动性更为重要。而在一个企业进入成熟期时,盈利则是第一要务,流动性退居次席。

因此,企业资产配置可视为宏观经济周期、金融政策和企业发展阶段的函数。这三个变量交互影响企业的资产配置。例如一家企业处于成熟期,国家宏观经济周期处于复苏与繁荣阶段之间,货币政策宽松并且财政政策扩张,这时,最有利的方法是采取提升盈利能力强的资产配置。

4. 管理者风险偏好

管理者的风险偏好不同,不同企业之间配置资产的流动性会表现出明显的差异性。同是地产行业,2017年万达在不断进行轻资产化、降低负债率,而融创中国却在加快扩张步伐,企业资产负债率明显上升,这体现了企业管理者风格的不同。

(二)应收款项与应付款项

应收款项与应付款项是企业经营性流动资产与经营性流动负债。二者之差称为净经营性应收类经营资产。应收账款规模一般与企业的信用政策、企业经营方式、所处行业有密切关系,而应付款项主要与行业特性、企业产品竞争力等密切相关。

从创造价值角度上讲,当净经营性应收类经营资产为正时,意味着企业被他人无息占用资金,企业在市场竞争中处于弱势地位;如果净经营性应收类经营资产为负,即企业无息占用他人资金,企业在市场竞争中处于主导地位,这意味着企业可以减少净经营性应收类经营资产投资,有利于提高股东权益回报率。

分析者需要注意应收款项与应付款项的变化趋势,以及两者的比例关系,还有应收款项与流动资产的比例关系、应付款项与流动负债的比例关系。如果对应收款项与收入的比例关系、应付账款与购货成本的比例关系进行进一步研究,更有利于观察企业营运资本管理能力的变化,预测企业市场竞争能力的变化趋势以及企业持续盈利能力的变化。

(三)存货的优化能力

存货在流动资产中属于流动性比较弱而盈利能力比较强的一类。企业持有存货必然发生大量成本,其唯一的好处是规避缺货引起的信誉损失。在现实世界中,存货是必不可少的,工业企业持有存货有时甚至占流动资产的50%。现实生活中,因存货管理不善而破产者大有之,资本密集型企业更是如此。

当今移动互联网时代,信息更为充分,企业存货管理效率更高,存货数量更少,存货管理成本更低,甚至有企业可能做到接近零存货。当企业存货真正归零时,企业产品制造流程中存货管理就会消失,订单处理成为关键起点,然后到产品设计、研发、生产、销售。

> **阅读材料 4-1**
>
> **世界各国的存货管理典范**
>
> 世界各主要发达国家与我国都有不少存货管理典范。全球汽车生产巨头日本丰田股份有限公司是制造业的典范,20世纪80年代,丰田创造了存货管理的丰田模式:零库存模

式（Just In Time，JIT）。JIT的实现主要包括三个部分：拉式生产、看板方式和自働化。沃尔玛是零售业的优秀典范，它的全球卫星定位系统、高效的存货信息管理、区位优势等都为其存货管理提供了便利条件。同样作为世界快时尚企业的领跑者ZARA也是存货管理的优秀代表，它把企业供应链管理做到了极致，存货管理水平一流。在今天移动互联网、大数据时代，这些公司充分利用大数据，进一步提升了存货管理水平，使其维持着强劲的盈利能力。

我国也不乏存货管理的典范，京东集团就是我国存货管理的典范，更是全世界范围内存货管理的佼佼者。京东集团于2014年5月在美国纳斯达克上市。2015年，京东首批同城"当日达"的服务范围已经覆盖北京、上海、广州、成都、武汉、沈阳、哈尔滨、长春、西安等9个城市。京东集团于2016年年底首次实现扭亏为盈，持续盈利拐点到来，这与公司存货管理能力密切相关。之后，京东不断增加全国"当日达"的城市，到2019年，京东快递业务在原有北京、上海、广州、深圳、成都等17个城市的基础上，又开通青岛、长沙、重庆、泉州等14个寄件城市，把个人快递服务拓展至31个城市。到现在，"当日达"的城市仍在不断增加中，货物运输效率更进一步。

苏宁易购、国美零售也是我国家电零售业存货管理的典范，名创优品开创了我国小饰品零售业存货管理的典范。当然，我国制造业也不乏一流的存货管理者，格力电器、美的集团、海尔智家就是典型代表。

当下消费者忠诚度进一步下降，顾客黏性更差，消费者转移成本极低，消费者对产品的要求更为苛刻，这就要求企业具有更高素养。其中快速反应只是顾客的基本要求，并且快速反应能力也不再是某一些企业的特有优势，几乎所有企业都要对消费者的偏好做出快速反应，都要具有强大的存货管理能力，"快"几乎成为企业生存的基本要求。这进一步要求企业提升信息化水平，拥有更为精准的顾客定位、更为高效的存货管理能力、更强的创新能力。

因为现实中几乎没有企业能做到零存货，所以评估存货质量仍然重要。评价存货质量最直观的是存货的构成、存货与流动资产比、存货与总资产比、存货周转率的变化。企业存货变化又与宏观经济周期、行业周期及公司存货能力密切相关，这也应引起注意。其中，通过观察存货的构成即可直观判定其趋势变化，基本也可推定其与流动资产、总资产比例，以及存货周转率的变化。当这些基本都没发生变化时，财务报表使用者对存货质量的判断还需要进一步考察企业收入、现金流等是否发生变化。

美的集团2018年和2019年部分存货明细见表4-4。

表4-4 美的集团2018年和2019年部分存货明细　　　　　　　　　单位：千元

项　　目	2018年年末原值	2019年年末原值	变化幅度
库存商品	18 600 407	22 046 730	18.53%
原材料	5 181 916	5 009 197	−3.33%
在产品	2 040 228	1 596 042	−21.77%
已完工未结算	3 924 807	4 009 176	2.15%
合计	29 747 358	32 661 145	9.80%

若仅根据表 4-4 的数据进行判定，2019 年美的集团这部分存货总额增加 9.80%，其中，原材料和已完工未结算项目基本无变化，在产品减少 21.77%，但其占比小。由此可见，美的集团存货变化主要是因为库存商品增加 30 多亿元，考虑到企业资产规模巨大、销售额巨大，产成品发生进一步积压的迹象并不太明显。由此基本可以推定，企业存货周转率应该无明显变化。

（四）投融资策略

企业始终面临两个难题：一个是资产如何配置，另一个是融资如何优化或者如何融资，而这两个问题直观体现在资产负债表中，其中资金的来源即负债与股东权益，直观体现为资本结构，而资金的运用即资产配置，其结果即资产，资金的来源恒等于资金的运用。通过分析不同筹资方式可以观察公司发展的主要资金来源：是经营性负债为主，还是金融性债务融资为主，抑或是股权资金为主，还是留存收益资金为主，还有可能是各种资本来源并重；通过资金来源渠道及其成本的比较分析，可以评估企业的市场议价能力，以及这些资金支持企业实施扩张战略的能力，进而评定企业持续盈利能力。由此可见，企业在发展的不同阶段，运用合适的投融资策略十分重要。

1. 投融资策略理论界定

企业投融资策略从大类上可以划分为保守投融资策略、中庸投融资策略和激进投融资策略。企业投资策略与融资策略的匹配结果如图 4-1 所示。

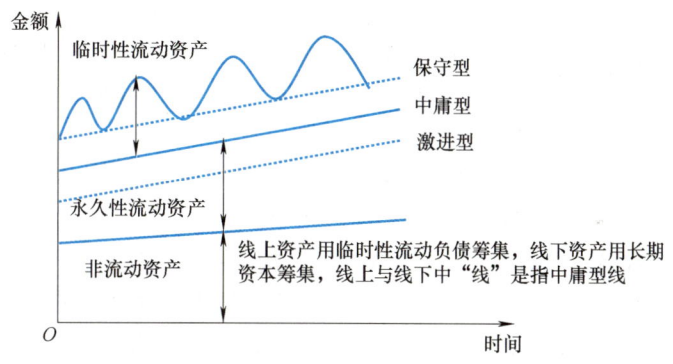

图 4-1　企业投资策略与融资策略匹配结果

投融资策略可以进一步细分为九小类，即保守、中庸和激进型投资策略和保守、中庸和激进型筹资策略的各种组合。在投融资策略的九种战略中，最典型的是中庸型投资策略与中庸型融资策略的组合、激进型投资策略与激进型融资策略的组合、保守型投资策略与保守型融资策略的组合，这就是通常认定的中庸型投融资策略、保守型投融资策略和激进型投融资策略。剩下的六种只是在保守、中庸与激进之间移动。

中庸型投融资策略又称配合型策略，是指企业筹资期限与资产期限完全匹配的一种策略。这种策略要求企业运用临时性流动负债配置临时性流动性资产，而永久性流动资产和非流动资产（统称为永久性资产），运用长期资本如长期负债、自发性负债和股东权益资本筹集资金满足其资金需要。由于外部利益相关者很难准确界定永久性流动资产与永久性流动负债、临时性流动资产与临时性流动负债，简单起见，可以将流动资产与流动负债都作为短期资产与短期资本，也可以根据企业资产规模、收入、员工薪酬、应收款项、应付款项、信用政策等估算临时性流动资产与临时性流动负债、永久性流动资产与永久性流动负债。中庸型投融资策略以控制企业财务风险为第一要务，假定资产的期限结构与资金来源的期限结构完全匹配，从配置的静态时点上讲，这种策略的确可以有效防止企业财务风险的发生，也最容易控制风险。

如果筹资期限与资产期限不完全匹配，则企业投资期限与融资期限出现错配。投融资错位策略主要包括激进型投融资策略和保守型投融资策略。

激进型投融资策略是企业用临时流动负债资金满足部分永久性流动资产和非流动资产的购建的一种策略。激进型投融资策略的最极端形式就是用临时性流动负债解决所有永久性流动资产和非流动资产的购建。激进型投融资策略实际上是企业利用低成本资金如流动资金解决永久性流动资产和非流动资产购建，即以低成本资金博取高收益资产。

保守型投融资策略是一种运用永久性流动负债和长期资金满足部分临时性流动资产的购买的策略。保守型投融资策略的最极端形式是用长期资金解决所有临时性流动资产的购建。保守型投融资策略实际上是企业利用高成本资金购买低收益资产，即以高成本资本配置低收益资产，提升了企业的流动性。

2. 投融资策略界定的前提*

企业投融资策略的界定通常都隐含着一个基本前提：企业资产负债率处于合理区间。企业资产负债率的合理区间却没有标准答案，一般认为非金融类企业的资产负债率处于50%左右。当非金融类企业的资产负债率过高或者过低时，虽然分析者仍然可以根据投融资策略的划分标准界定投融资策略，但是这时判断企业投融资策略通常无意义。这是因为，假定某非金融类企业的资产负债率分别为5%和95%时，前者通常代表企业极端保守，而后者通常代表企业十分激进。

保守起见，这一前提可改为资产有息负债率。当资产有息负债率过高或者过低时，非金融类企业的投融资策略就可能更激进或者更保守。

实际上，即使企业资产负债率处于合理区间，根据投融资策略的划分标准界定的投融资策略也未必准确。例如，假定非金融类企业的资产负债率为50%，此时，如果企业经营现金流量十分充沛，且处于投资扩张的中后期，企业具有持续高增长盈利能力，应付款项与存货占比高，而应收款项占收入比趋于0，这时假定根据投融资策略的划分标准界定的企业投融资策略为激进型，但是这一界定可能是不合适的。

3. 投融资策略的选择

一般来讲，保守型策略与中庸型策略属于稳健范畴，企业风险不太高，但是激进型策略风险过高，企业实施该策略需要一些硬约束条件，例如资产负债率是否合理、经营现金流是否充足、是否具有较强的市场议价能力、经营模式是否具有吸引资本的能力等。因此，在正常情况下，绝大多数企业都不应该选择激进型投融资策略。

企业融资与投资策略是多种因素综合均衡的结果。管理者风险偏好是影响企业投融资策略选择的最直观因素，而企业发展阶段、产品生命周期、行业内竞争状况和行业类型不同，企业投融资策略也会体现明显的差异性。管理者风险偏好越强，企业越有可能选择激进型策略；管理者越趋于保守，企业越有可能选择保守型策略。同样，当企业处于初创期时，一般企业在这一阶段应该采取保守型或者中庸型策略，即使行业内竞争不太激烈，企业仍然应该尽量少用负债，增加股权融资。

中庸型策略适合于任何企业，也适用于企业任何发展阶段。当企业没有更优的投融资策略可选时，中庸型策略总是最好的选择。激进型策略并不适用于大多数企业，最容易出现在企业的成长期，尤其是那些开始有一点知名度的、刚步入发展期的企业。实际上，激进型策略比较适合实力强大的企业，最好是步入成熟期的企业，但现实却不是这样的。从理论上讲，企业应该比较多地选择保守型策略，尤其是企业初期时应该尽量保守，成熟期可以适度激进，现实却是大多数企业在初期激进而成熟期保守。

下面我们通过一个例子进一步了解投融资策略。

【例 4-1】 B 公司是一家制造业上市公司。B 公司 2009 年—2011 年的比较资产负债表见表 4-5。

表 4-5　B 公司 2009 年—2011 年的比较资产负债表　　　　单位：万元

2009 年 12 月 31 日		2010 年 12 月 31 日		2011 年 12 月 31 日	
资产		资产		资产	
货币资金	25 000	货币资金	20 000	货币资金	25 000
应收账款	10 000	应收账款	7 000	应收账款	3 000
存货	35 000	存货	20 000	存货	10 000
固定资产	50 000	固定资产	78 000	固定资产	110 000
合计	120 000	合计	125 000	合计	148 000
负债及所有者权益		负债及所有者权益		负债及所有者权益	
短期借款	20 000	短期借款	32 000	短期借款	63 000
应付账款	25 000	应付账款	15 000	应付账款	5 000
长期借款	30 000	长期借款	30 000	长期借款	30 000
股本	40 000	股本	40 000	股本	40 000
未分配利润	5 000	未分配利润	8 000	未分配利润	10 000
合计	120 000	合计	125 000	合计	148 000

请评述这家公司的投融资策略。

【分析思路】

①2009 年—2011 年是一个特殊时期，我国在这一时期的货币政策和财政政策是什么？全球金融市场总体现状是什么？②这一时期，该公司的投融资策略是否发生了转变？③若发生了转变，请评估公司这种转变的合理性。

四、货币资金的质量是企业持续盈利能力的终极显示器

如果企业能正确处理上述几个重要因素，那么企业将产生高质量的货币资金。货币资金是指企业拥有的、以货币形式存在的资产，包括库存现金、银行存款和其他货币资金。其中，当下库存现金的重要性远不如以前，在货币资金中占比极小。银行存款和其他货币资金的主要区别是其他货币资金的存放地点和用途与银行存款不同，其主要包括外埠存款、银行汇票存款、银行本票存款等。一般来讲，银行存款应在货币资金中占据主导地位，若其他货币资金占主导地位，应引起分析者注意。

美的集团2018年和2019年货币资金明细见表4-6，其将银行存款单列，即使如此，货币资金构成中，2018年银行存款占比56.86%，2019年更高达69.11%，而库存现金占比分别为0.14‰和0.04‰。

表4-6　美的集团2018年和2019年货币资金明细　　　　　　　单位：千元

项　　目	2018年	2019年
库存现金	3 803	3 128
银行存款	15 857 413	49 012 677
其他货币资金	123 197	153 022
存放中央银行的法定准备金	1 126 172	433 149
存放中央银行的超额存款准备金	204 073	355 471
存放同业款项	10 573 622	20 562 160
应计利息		397 234
合计	27 888 280	70 916 841

货币资金质量分析主要需要评估货币资金的币种构成及其受限程度、货币资金产生的主要来源。货币资金质量越高，在一定程度上说明了企业具有越强的持续盈利能力。

货币资金的币种构成中硬货币与软货币的构成比例决定了货币资金的使用便利程度。而货币资金中有一些项目由于某些原因被指定了特殊用途，这些货币资金因不能随意支用而不能充当企业真正的支付手段。

例如，上汽集团2019年年报显示货币资金1 278亿元，其中人民币为964亿元，美元币种金额折算为人民币为80亿元，两者合计占比81.69%，存放境外存款总额为102亿元。此外，受限的货币资金总额为180亿元，其中104亿元是财务公司及上汽通用金融按规定缴存中央银行（即中国人民银行）的一般性存款准备金。财务公司及上汽通用金融根据中央银行规定向中央银行缴存限制性存款，上述存款不得用于其日常业务。由此可见，上汽集团的货币资金充裕、质量高、货币资金披露更为充分。同样，表4-6显示，美的集团的货币资金构成中受限资金占比明显低于银行存款，因此其货币资金质量也较高。

货币资金产生的来源可以来自经营活动、投资活动和筹资活动。筹资活动与投资活动产生的资金来源有可能是一次性的资金，而经营活动的资金来源大多具有高频特性。如果企业经营规模和经营战略没有发生明显调整，那么企业货币资金主要来源于经营活动，这通常是高质量货币资金的特征。这一点通过观察间接法调整经营现金流量的过程即可得知。以美的集团为例，2019年较2018年上升超过400亿元，这主要是负债变化所致，经营活动产生的现金流并未产生明显变化，其中长短期借款贡献近150亿元，非流动负债近100亿元，经营性负债超过50亿元。如果投资活动引起货币资金的变化是企业收回投资、购买固定资产等所致，通常是一次性的，并不能引起货币资金质量的明显变化。筹资活动引起货币资金的变化，例如，准备大量发放现金股利、偿还借款、引进战略投资者等，分析者需要诊断这些因素对企业的影响。这些因素中，分析者需要评估引进战略投资者对企业货币资金质量的影响的持续性。

有学者认为，货币资金的恰当规模也是评估货币资金质量的重要标准，其主要由企业的资产规模、业务收支规模和行业特点决定。当然，企业近期偿还债务的资金需求、企业盈利状况、经营现金流的充裕程度、金融环境的宽松度等也会影响到企业货币资金的规模。这一说法对大多数企业是成立的，但是这一规则并不适用于行业"标杆"企业尤其是世界级企业。对它们而言，没有所谓的货币资金"恰当规模"。这类企业一般都有大量货币资金，与同行相比，其货币资金占流动资产的比例明显偏高，甚至是占总资产的比例都比较高，资产负债率过低，给人以企业存在大量闲置资金的印象。若探究其原因，大概是这些企业长期专注于主业而无暇专注于其他次要业务，这才使得企业的竞争能力强、顾客忠诚度高。当下，我们很难找到主业和投资业务都做到一流的企业，若企业一定要进行投资，也只能投资与其主业密切相关的业务。

第三节 利润表与持续盈利能力

如果将资产负债表比喻为揭示企业持续盈利能力的隐形利器，那么利润表就是企业持续盈利能力的最直观指示器，并且隐性信息最终都会转化为显性信息。

实证会计表明，股票价格与企业盈余信息之间具有高度正相关性。股票价格对利润信息的反应最为充分。因此，投资者比较难通过分析利润表赚取超额收益。但是，通过挖掘高质量利润表，投资者很有可能能够预测企业未来持续盈利能力，从而实现个人财富最大化。

与资产负债表分析的要求一样，阅读利润表的基本前提是掌握利润表的项目的基本内涵。

一、利润表中需重点关注的一个会计科目：其他综合收益

其他综合收益是指按企业会计准则的规定未在当期损益中确认的各项利得和损失。简单地说，其他综合收益是建立在资产负债表观的基础之上，反映报告期内除所有者以外的其他各方之间的交易或者事项所引起的净资产的变动额。它打破了传统会计利润的实现原则，在引入公允价值之后，将企业全部已确认但未实现的利得或者损失也纳入利润表，使公允价值作为计量属性的使用成为一种必然的趋势。

其他综合收益属于当期未实现收益，既不纳入计税范围，也不带来实际现金流，但是，它有可能在未来影响企业的经营成果，因此，分析者需要判断它在未来影响经营成果的程度及其实现概率。

由此知，利润表包含了其他综合收益，被称为综合收益表更合适。只是限于人们的习惯，保留了利润表之名。现实中，我国大多上市公司的"其他综合收益"的规模并不大，因此，维持当前"利润表"的名称具有一定的合理性。

由此可见，综合收益表包括两个部分：一是净利润，另一部分是非利润引起的资产价值变化，体现在利润表的"其他综合收益"项目。

二、收入是企业持续盈利之源

收入是企业盈利源头，若企业收入持续增长，其他问题大都可以迎刃而解。

一般对企业营业收入质量进行分析时，需要着重判断：收入的品种构成、收入的地区构成、收入的客户构成与行政手段对收入的贡献。一般来讲，企业收入地区构成是最重要的，

由此可及彼，若其比较均衡，说明企业开拓市场能力强，则其品种、客户构成就会更优，行政手段对其收入的贡献自然不大。

第一是营业收入的品种构成。一般条件下，企业都会经营多种产品或者劳务。当下，大多数企业都采用垂直多角化或者同心多元化经营策略，比较少采用水平多元化经营策略。基于此，掌握企业营业收入的具体构成情况对信息使用者而言十分重要：占总收入比重大的产品或者劳务是企业目前业绩的主要增长点，而企业销售产品或者劳务结构的变化则会传递出市场环境的变化、经营战略的调整、竞争优势的变化等信息。企业对单一产品或者劳务过度依赖，就会对某些外界变化因素异常敏感，这在一定程度上加大了企业的经营风险。

企业是否能够持续盈利，主要取决于企业的核心竞争力。分析者可通过关注管理者，分析企业是否有意开发具有发展潜力、代表未来发展方向的产品，是否可能对企业营业收入的品种做出调整，以便找出决定企业现在和未来竞争优势的关键性产品，同时进一步结合行业发展特征和环境变化，判断企业营业收入的未来发展趋势。这一点需要注意的是，稍具实力的企业一般都有意愿开发代表未来发展方向的产品，但是真正能开发成功的永远是极少数，这里有意愿和能做到是两件事，需要甄别公司将意愿变成现实的能力，即企业的研发实力，需要通过长期判断企业研发支出与收入比来判定企业的研发能力，这也能帮助分析者判断企业决定开发的产品是否能代表未来。这一点在生物医药行业和高科技行业尤为重要。

在分析营业收入的品种构成时，除了关注其结构与变化，还要注重考察企业现有业务结构与企业战略之间的吻合性。若与企业战略关联度低的业务规模较大，一般也不认为是符合企业发展战略的高质量业务。

第二是收入的地区构成分析。从消费者的行为表现来看，不同地区的消费者对绝大多数品牌的产品具有不同的偏好，因此，分析不同地区的消费偏好和消费习惯的变化趋势，研究企业产品在不同地区的市场潜力，有助于预测企业业绩的持续性和未来发展趋势。

第三是收入的客户构成分析和行政手段对收入的贡献程度。一般情况下，客户越分散，说明企业产品或者劳务的市场化程度越高，行业竞争力越强，营业收入的质量越高。这是一种理想描述，现实生活中不太可能出现如此均衡的情况。若客户集中度过高，需要分析该客户的持续竞争能力，并要考虑企业被洗牌出局的可能性。分析客户构成时，分析者还要注意关联方对收入的贡献度。信息使用者必须关注关联交易形成的营业收入在交易价格、交易实现时间等方面是否存在非市场化因素。2019 年，证监会明确中介机构应对企业关联交易进行核查，企业需要进行充分披露。如果拟 IPO 企业关联交易超过收入 30%，还需要披露是否存在利益输送情形。政府补贴是一些新兴产业发展初期的政府常用的手段，这基本是国家惯例。分析者需要判断这类企业的研发能力，尤其是一旦政府的扶持政策发生变化，其营业收入是否能保持稳定性。

三、利润表中不同项目所反映的持续盈利能力的界定

利润表是指反映企业在一定会计期间经营成果的会计报表。利润表是一张动态、流量报表，反映的是增量，是一个"过程"，而非一个"时点"上的经营状况。

利润表最直观地体现了企业盈利的单期成果，至于它是否具有多期持续性，从理论上讲取决于它各个构成项目所反映的持续盈利能力的强弱。如何界定利润表不同组成部分的持续性因子是个重大难题，这有待实证研究加以解决。从理论上讲，利润表的项目可以分为三大

类,一类是原本持续性较强的经营类项目,一类是原本持续性不太强的经营类项目,还有一类是原本不具有持续性的偶发性项目。对于原本持续性比较强的经营项目,如主营业务收入、其他业务收入等,若企业这些项目的持续性并不强,这势必影响企业未来盈利能力的持续性;对于原本持续性不太强的经营项目,如投资收益,企业却具有了较强的持续性,需要详尽评估企业的投资能力;如果原本不具有持续性的偶发性项目却变成了频发的项目,并且经常对企业利润贡献比较大的份额,这属于一种异动现象,需要甄别企业是否存在操纵利润的行为。

四、利润表中不同项目所反映的持续盈利能力

分步法编制的利润表中将利润主要分为以下几个层次:主营业务利润、其他业务利润、营业利润、利润总额和净利润。从总体上看,利润项目的持续性越强,它反映的内容越单一,这类利润的占比越高,越有利于预测企业持续盈利能力。仅从利润表来看,企业净利润中包含了具有不同持续性的多个项目,很难准确界定不同持续性项目的权重系数,最终难以确定其持续盈利能力。

(一) 主营业务利润所反映的持续盈利能力

主营业务利润的计量公式:主营业务利润=主营业务收入−主营业务成本−主营业务税金及附加。简单起见,主营业务利润可以不考虑主营业务税金及附加。主营业务利润的各构成项目均是企业日常生产经营活动中发生的,其重复性最高,持续性最强,有利于预测企业持续盈利能力。若主营业务利润在净利润中所占份额较高,企业利润质量水平就更有保证,我们就有更充分的理由预期企业未来优质的经营业绩。

(二) 其他业务利润所反映的持续盈利能力

其他业务利润的计量公式:其他业务利润=其他业务收入−其他业务成本−其他业务税金及附加。简单起见,其他业务利润可以不考虑其他业务税金及附加。与主营业务相同,其他业务也与经营活动有关,这一点至关重要,因为只要与经营活动相关,它就必定具有一定的持续性,这将有利于预测企业的未来盈利能力。尽管其他业务利润远不及主营业务利润发生频率,其他业务利润的持续性也不及主营业务利润,但它也是经营活动中产生的,也具有比较高的持续性。如果企业其他业务利润在营业利润中占比竟然比主营利润还高,偶然如此并不重要,但是如果长时间如此,需要具体探究其中原因。

(三) 营业利润所反映的持续盈利能力

1. 营业利润计算公式

自《企业会计准则(2006)》颁布以来,财政部对我国财务报表的格式做出了多次修正,截至 2020 年,营业利润的计算公式:营业利润=营业收入−营业成本−税金及附加−销售费用−管理费用−研发费用−财务费用+其他收益+投资收益+净敞口套期收益+公允价值变动损益−信用减值损失−资产减值损失+资产处置收益。

在主营业务利润和其他业务利润的基础上,营业利润增加了销售费用、管理费用、研发费用、财务费用、其他收益、投资收益等,综合性更强,所反映的持续盈利能力更难判定,不过,从总体上讲,这些项目都具有日常属性和高频特征,是企业利润的基石。

进一步分析,如果从营业利润中剔除其他收益、投资收益等一些高频但是持续性不太强的项目,余下的就是核心营业利润的项目。它具有较强的综合性且持续能力强,是判定企业利润质量的一个重要的综合性指标。其计算公式:核心营业利润=营业收入−营业成本−税金

及附加–销售费用–管理费用–研发费用–利息费用。

2. 营业利润计算公式的变化

计算公式的一个最显著的变化就是新准则将原来属于营业外利润的"投资收益"计入"营业利润",增加了"公允价值变动收益"和"资产减值损失",这是新会计准则计量属性下的产物。后来逐步增加了其他收益、资产处置收益、信用减值损失、研发费用等科目。

3. 营业利润计算公式变化的原因*

必须提及的是《企业会计准则》的一个重大变化:投资收益计入营业利润,这一变化有深层次的原因,它与我国 2005 年股权分置改革密切相关,2006 年 10 月 8 日我国股权分置改革基本完成。从表面上讲,这一变化令人费解,实际上它具有一定合理性,是我国会计准则制定者基于未来"美好"期待的而做出的提前调整。随着 2005 年股权分置改革的逐步完成,我国股票市场将迈入全流通时代,股票市场将更为理性、更加成熟,企业的投资行为将更为频繁,投资收益将具有日常属性,与营业活动一致,将投资收益由营业外利润划入营业利润是比较合理的,并且投资活动原本从广义上讲就属于经营范畴。

资产减值损失原本就是管理者根据企业资产真实情况而计量的减值准备,与管理者的管理能力密切相关。与旧准则相比,这一项目无论是从形式上还是从实质上都有所变化。从形式上讲,旧准则下利润表没有这一会计科目。从具体内容上讲,其中有一些内容仅是形式的改变,并不对利润表产生实质影响;还有一些新变化,在新《企业会计准则(2017)》下原则上要对所有资产计提减值损失,并将所有资产计提的减值损失都直接计入利润表的"资产减值损失"。这在一定程度更好地体现了会计信息质量的稳健性要求,但是同时也增加了企业粉饰利润的空间,而我国会计准则要求企业一旦计提长期资产减值损失将无法冲回,这又限制了企业粉饰利润的空间。

信用减值损失是针对包括应收款项、合同资产在内的金融资产减值的会计处理,对其影响最大的是企业对债券的投资、商业银行的贷款等,是从原"资产减值损失"中分离出来的,两者主要区别是计提减值的依据不同,前者用的是所谓的"预期信用减值"模型(预期未来可能发生的不利事件对未来收取现金流的不利影响),后者采用的是"已减值"模型(已发生的不利事件对未来收取现金流的不利影响)。按"已减值"模型,不需计提减值的,按"预期信用减值"模型,则可能要计提。简言之,信用减值损失,不是基于已出现的不利事件而是基于未来可能出现的不利事件对资产的期末价值(摊余成本)加以评估,立足点更具前瞻性。

其他收益用以核算与企业日常活动相关、但不宜确认收入或冲减成本费用的政府补助,将政府补贴做了区分,与经营活动有关者计入本科目;资产处置收益中计量了企业主动出售资产行为带来的收益与损失,这与当今科技变革加快,使得企业主动处置资产的行为变得更为频繁有关。研发费用属于研发支出中费用化支出的部分,原计入管理费用,现单独列示。这与我国不断重视知识产权保护、重视企业研发投入有关。

(四)利润总额所反映的持续盈利能力

利润总额的计算公式:利润总额=营业利润+营业外利润,其中营业外利润=营业外收入–营业外支出。与营业利润相比,利润总额并没有太多实质变化,利润总额的质量水平几乎取决于营业利润质量水平。营业外利润具有偶发性,一般占利润总额的比例较小。当营业外收支净额为正,它对营业利润起到了锦上添花的作用,但是营业外利润不会对企业起到雪中送炭的功效。

由营业利润与利润总额的计算公式知,两者日益趋同,界限更为模糊。

(五) 净利润所反映的持续盈利能力

净利润的计量公式:净利润=利润总额-所得税费用。从信息含量上讲,净利润与利润总额相比,没有增量信息。当然,企业可以通过盈余管理调节利润,甚至在一定程度上调节企业当期应交所得税,但从长期来讲,这并没有太大意义。

以上各层级利润,利润逐步综合,从理论上讲它反映的盈利能力的持续性逐步减弱,但实际上并非总是如此。从总体上讲,在没有任何经验可以借鉴的前提下,我们可以按照"28原则"推断企业各级利润中主要类别项目的合理占比,主营业务利润与其他业务利润最好是前者占比高于80%,毛利占营业利润高达80%更好,营业利润占利润总额比例高于80%。在这种条件下,企业净利润保持稳定或者持续增长,企业持续盈利能力比较强。

【例4-2】 在财务专题讨论会上,财务管理、会计学专业学生对Z公司20×7年度利润表进行了讨论,比较有代表性的观点主要有两种,一方认为公司利润的持续性比较强,另一方认为公司利润的持续性一般。表4-7和表4-8是该公司20×7年度利润表的相关数据,请评估公司持续盈利能力。

表4-7 Z公司20×7年度利润表　　　　　　　　　　　　　　　　单位:万元

项　目	本期金额	上期金额
一、营业总收入	8 000	7 000
其中:营业收入	8 000	7 000
利息收入		
手续费和佣金收入		
二、营业总成本	5 620	5 330
其中:营业成本	4 200	4 000
手续费及佣金支出		
税金及附加	400	350
销售费用	320	400
管理费用	600	500
财务费用	100	80
三、营业利润	2 380	1 670
加:营业外收入	15	800
减:营业外支出	100	150
四、利润总额	2 295	2 320
减:所得税费用	574	580
五、净利润		
归属母公司所有者的净利润	1 721	1 740
六、每股收益:		
基本每股收益	1.72	1.74
稀释每股收益	1.72	1.74

其中，Z公司营业收入与营业成本明细见表4-8。

表4-8　Z公司营业收入与营业成本明细　　　　　　　　　　　单位：万元

项　　目	本期金额	上期金额
主营业务收入	5 500	3 600
其他业务收入	2 500	3 400
主营业务成本	2 900	1 800
其他业务成本	1 300	2 200

【分析思路】
①公司20×7年年度盈利能力是否得到了提升？②营业利润从数据上看得到了大幅度提升，它是否提升了公司持续盈利能力？③公司销售费用是否发生了质变？④公司营业外利润对利润的贡献出现了何种变化？

五、敏感性分析和杠杆效应分析*

为了找出盈利的关键因素，企业有必要进行敏感性分析和杠杆效应分析。通过敏感性分析和杠杆效应分析，当企业遭遇困境时，企业将具有更强的应变能力。通过敏感性分析和杠杆效应分析，有利于投资者判断这些因素对企业盈利的影响以及评估企业未来持续盈利能力。

（一）敏感性分析

敏感性分析是指从定量分析的角度研究有关因素发生某种变化对某一个或一组关键指标影响程度的一种不确定分析技术。其实质是通过逐一改变相关变量数值的方法来解释关键指标受这些因素变动影响大小的规律。

利润的敏感性分析是指专门研究制约利润的有关因素在特定条件下发生变化时对利润所产生影响的一种敏感性的分析方法。敏感性分析的主要目的有两个：一是通过计算有关因素的利润灵敏度指标，揭示利润与有关因素之间的相对关系，并利用灵敏度指标进行利润预测。二是企业通过事先测算各因素的敏感系数时，制定各种应对之策，因此当企业的敏感性因素出现不利变化时，根据事先制定方案，依据现实变化情形，评估原有方案是否需要修正，进而做出快速反应，挽救企业面临的不利局面。

现实生活中，影响利润的因素有多种，有一些是敏感性因素，有一些是不敏感性因素。当利润变化百分比与某因素变化百分比之比的绝对值大于1时，我们称之为敏感性因素。如果两者变化之比的绝对值等于1，这是敏感与不敏感的临界值。如果两者变化率之比的绝对值小于1，我们称之为不敏感因素。我们需要重点关注敏感性因素，尤其是当其发生不利变化时，企业需要制定应对之策。当不敏感因素发生变化不足以明显影响利润时，我们不需要太过关注；当不敏感性因素出现重大变化并引起利润出现明显不利变化时，我们需要探究其中原因。

假定运用息税前利润（Earnings Before Interest and Taxes，EBIT），进行敏感性分析，则
$$EBIT = Q(P-V) - F$$

式中，Q、P、V和F分别代表销售数量、产品价格、单位变动成本和固定成本。

在EBIT计量公式中，它对成本的划分标准是是否与产量有关，分为固定成本与变动成

本，这种成本划分方法称为成本性态分析。当然企业有可能存在混合成本，即它与产量有关但不是正比例关系，这时需要运用专业的方法对混合成本进行分解，将其划分为变动成本与固定成本部分。当然，如果混合成本与产量之间的关系是非线性的，就比较难将其清晰地划分为变动成本与固定分析，这会影响到利润敏感性分析的效果。

从测算敏感因素的数量划分，敏感性分析可分为单因素敏感性分析和多因素敏感性分析。以单因素敏感性分析为例，根据企业大量数据测算结果，一般认为 Q、P、V 属于敏感因素，而 F 是不敏感因素，但是很难判断 Q、P、V 的敏感性系数绝对值的大小排序，仅根据大量测算结果、大量统计样本，Q、P 的敏感系数的绝对值大于 V 的敏感系数绝对值，而 Q、P 的敏感系数无法给出严格排序。因此，当 Q、P、V 出现不利情况时，例如 Q 下降，其他因素不变，利润当然下降，这时企业需要制定相应对策防止由此带来的利润下滑，或者至少让利润减缓下滑幅度。

需要注意的是，进行单因素敏感分析时，假定 Q 的敏感性系数是 5，即企业销售量上升 5%，企业息前税前利润变化 25%，这只是告诉大家：销量是影响利润的重要敏感因素，需要重点关注这个因素的变化，而不是"利润是销量的 5 倍"为精确数量关系，这是因为单因素敏感分析是假定其他因素都不发生变化，这也是最不符合现实的假定，分析结果与现实背离的概率最大。

由于单因素敏感分析假设因素最多，分析是最简单的，也是最不符合现实情景的。在现实生活中大都是多因素同时变动，所以需要进行双因素敏感性分析、三因素敏感性分析和四因素敏感分析，尽量比较逼真地观察企业的利润是如何受各因素变动影响的。模拟多因素变化的情景越多，企业越容易在未来不利局面发生时制定对策，做出快速反应。

假定采用营业利润这一指标进行敏感因素测试，即分析营业利润与各变量因素的敏感性分析。2019 年 5 月，财政部发布《关于修订印发 2019 年度一般企业财务报表格式的通知》（财会〔2019〕6 号），以已执行新金融准则或新收入准则的企业为例，企业营业利润的计算公式为

营业利润=主营业务收入+其他业务收入−主营业务成本−其他业务成本−税金及附加−销售费用−管理费用−研发费用−财务费用−信用减值损失−资产减值损失+其他收益+投资收益+净敞口套期收益+公允价值变动收益+资产处置收益

因此，营业利润的计算公式比 EBIT 计算公式要复杂得多，这也意味着多因素敏感性分析将更为复杂。这是一个现实生活中更为真实场景的敏感性分析，这种模拟一般只能在企业内部进行，囿于外部利益相关者无法获取充分而相关信息，很难进行这类有效测试，不过外部财务报表使用者也可以尝试进行现实模拟，拓宽分析思路。这种场景模拟也可分为单因素敏感测试和多因素敏感测试，以更真实地观测利润的敏感因素，有利于企业迅速制定对策。例如，进行单因素敏感分析时，测试资产减值损失的敏感系数，外部人员可以了解企业是否存在通过改变资产减值调节利润的动机。当然，模拟这些因素时，如果把收入与成本进一步进行分解，分析因素还会增加，模拟多因素分析时更为复杂，模拟越接近现实情景，企业制定的对策越有针对性。

（二）经营杠杆、财务杠杆与企业利润

为了预测企业的持续盈利能力，进行杠杆效应分析是十分有必要的。有关完整的经营杠杆、财务杠杆与综合杠杆的计量模型与分析，读者可查阅财务管理或者管理会计相关书籍。

经营杠杆分析有助于投资者预测企业销售量变动带来税前利润变动情况。财务杠杆效应分析有助于投资者了解财务融资是否带来正杠杆效应。两种杠杆的综合叠加效应就是综合杠杆效应,企业在总风险可控的条件下,可以适度安排两种杠杆的不同组合,实现企业利润最大化。

进行企业总风险比较时,尽管不同企业之间的经营杠杆与财务杠杆的总乘积有可能相等,但是两家企业的实际风险未必一样。经营风险是企业经营能力的体现,它是内化在每一家企业身上的,只要企业开始运营,经营风险必然存在。而财务杠杆只不过是在企业经营基础上运用财务杠杆,实现股东财富最大化的一种手段,但是现实生活中没有多少企业能够运用好财务杠杆。因此当两家企业总杠杆效应相等时,要更注重企业经营风险分析,在经营能力强大的基础上企业才具有有效举债的能力。

第四节 现金流量表与持续盈利能力

当下移动互联网时代,企业之间的竞争更为激烈,消费者黏性更弱且忠诚度变得更低,这一方面导致创业的机会可能在增多,但是另一方面,企业如何求生变成一个更为重要的命题,而现金流的重要性是不言而喻的。

一、现金流量表概述

我国自 1998 年财政部颁布了《企业会计准则——现金流量表》,首次提及要求企业编制现金流量表,提供现金流量相关信息。2006 年《企业会计准则》提及中小企业可以不编制现金流量表。2013 年《小企业会计准则》要求中小企业也要编制现金流量表。至此,原则上我国所有企业都要编制现金流量表。

现金流量表是反映企业在某一特定会计期间的现金和现金等价物流入和流出的会计报表。现金流量表与利润表是孪生报表。利润表是在权责发生制的计量基础下产生的,反映企业某一会计期间经营成果的报表。而现金流量表可以理解为是在现金收付制的计量基础上的利润表。若会计计量期间越长,现金流量表与利润表之间差异越小。可以设想,若将企业生命周期界定为一个会计期间,企业的利润将与现金流相等。在现实生活中,企业垄断能力越强,市场主导权越强,企业现金流越有可能大于企业净利润;反之,企业话语权越弱,企业净利润的现金含量越差,现金流越有可能小于企业净利润。

在现金流量表中,现金及现金等价物是计入现金流量表的两个标准,现金和现金等价物之间的转换不会产生现金流量,只是现金的形式转换而已,不计入现金流量表。现金等价物则是指企业持有的期限短、流动性强、易于转换成已知金额现金、价值变动风险较小的投资。如企业购买的三个月到期的国库券。所以,若企业用现金购买三个月的国库券,这属于现金和现金等价物之间的形式转换,不属于现金流的范畴,不会产生现金流量。

编制现金流量表有两种方法,一是直接法,另一是间接法。采用直接法便于直接分析经营现金流量,有利于预测企业未来现金流量;而采用间接法有利于将净利润与经营活动产生的现金流量净额做比较,找出两者差异,分析净利润的现金含量。我国会计准则要求采用直接法编制现金流量表,并在附注中提供采用间接法编制的现金流量表。若以采用直接法为例,现金流量表主要被划分为经营活动产生的现金流量、投资活动产生的现金流量和筹资活动产生的现金流量三个部分,每类活动又分为不同的具体项目,这些项目从不同角度反映企业业务活动的现金流入与流出，更容易揭示企业的风险，反映企业的真实状况，弥补资产负债表和利润表提供信息的不足，为利益相关者的决策提供有力依据。

二、经营活动产生的现金流量、投资活动产生的现金流量、筹资活动产生的现金流量与价值创造

（一）经营活动产生的现金流量分析

经营活动产生的现金流量是指企业日常的、与流动资产（除交易性金融资产外）各个项目有关的活动，包括存货销售或劳务提供、存货采购或劳务购买、工资支付、税费缴纳等活动产生的现金流量。而长期类经营资产，如固定资产、无形资产等属于投资活动产生的现金流量的范畴。

经营活动产生的现金流量的显著特点是高频率性和高持续性，对预测企业未来现金流量至关重要。经营活动产生的现金流量直接影响甚至决定了企业未来筹资能力和投资规模的扩张速度。如果企业经营活动产生的现金流量比较充足，它的地位与战略业务单位的现金牛类比较相似，这种战略业务单位能够产生足够的现金，进而支撑其他类型的战略业务单位，例如问号类、明星类战略业务单位，使其得到更好的发展。

评估经营活动产生的现金流量的质量需要了解经营活动产生的现金流量的运作规律。正常情况下经营活动产生的现金流量除了维持企业经营活动的正常周转外，还应该有足够的补偿经营性长期资产折旧与摊销，以及支付利息和现金股利的能力。其中，补偿速度取决于折旧与摊销的速度，这取决于企业会计人员对折旧与摊销方法的选择。因此，企业经营活动产生的现金流量的首要使命是弥补上述基本要求，然后才可以判定企业经营活动产生的现金流量的充裕程度与其质量水平。我们将这类经营活动产生的现金流量称为自由经营现金流量。

一般认为，企业经营活动产生的现金流量应该大于0，企业经营活动产生的现金流量偶尔为负并不太重要，但是持续为负就需要谨慎评估。此外，如果公司经营活动产生的现金流量偶尔一次产生巨额负的现金流，公司由此产生生存危机，这时也需谨慎评估其影响。例如，某公司在正常情况下经营活动现金流量为3 000万~4 000万元，突然某一时期经营活动产生的现金流量骤降为-2亿元，这势必对公司正常运营产生严重影响。

从严格意义上讲，只有当企业自由经营活动产生的现金流量持续大于0时，才说明公司经营活动产生的现金流量更为稳健而充沛，从而为企业持续盈利能力提供有力保障。同样，充足的自由经营现金流量能为投资扩张提供必要的现金流支撑，为其进一步融资提供便利。同样，自由经营现金流量偶尔为负时也不太重要，但是需要注意如果自由经营现金流量持续为负，并且这个负数远远偏离企业正常值时，需要评估它是否影响企业持续盈利能力。

（二）投资活动产生的现金流量分析

投资活动产生的现金流量是指企业长期资产如固定资产的购建和不包括在现金等价物范围内的投资及其处置活动所产生的现金流量。投资活动主要包括取得或收回权益性证券的投资、购买或收回债券投资、购建或处置固定资产、无形资产和其他长期资产等。投资活动隐含了更多与企业未来持续盈利能力有关的信息。

一般而言，投资活动产生的现金流量大于0，代表着企业处于净回收状态，意味着企业处于收缩状态。如果投资活动产生的现金流量小于0，处于"入不敷出"的状态，代表企业

处于净投资状态。如果投资活动产生的现金流量等于0，代表着企业投资处于平衡状态。当投资活动产生的现金流量远小于0，并且越来越小时，需要判断企业扩张成功的可行性。如果企业投资规模控制适度，符合企业的短期计划和长期规划，这表明是企业经营活动发展和企业扩张的内在需要，也反映了企业在扩张方面的努力和尝试。

上述判断只是笼统判断。如果企业的投资活动产生的现金流量小于0，即投资活动产生的现金流入小于投资活动产生的现金流出，一般都认为企业处于扩张状态。但是，分析者需要小心企业处于伪扩张态势。这是因为投资活动产生的现金流出中有一个科目"投资支付的现金"，而我国大多数企业将用于购买大量低风险的理财产品的现金支出记入该科目，这意味着企业是将闲置现金用于投资，只是闲置资金的再利用，而并不是由于购买固定资产、无形资产等支付所致，这并不表明企业真正处于扩张趋势。而至于企业投资扩张是否具有可行性，需要借助经营活动产生的现金流量，并且最好借助企业自由经营现金流量。

评估投资活动产生的现金流量的质量同样需要了解投资活动的运作规律。投资活动中对外投资产生的现金流量和经营性长期资产现金流量的补偿机制不同，在整体上反映了企业利用现金资源的扩张状况。具体分析如下：

1）对外投资产生的现金流量的补偿状况都会在投资活动产生的现金流量的有关项目中反映出来。其主要补偿方式主要有以下几种表现：将本会计期间取得的投资对外出售变现；将本会计期间取得的投资在未来会计期间出售变现；长期持有，其现金流出主要靠投资收益来补偿。到底选择何种方式，这取决于企业管理当局的投资偏好，是注重当前还是关注长远，这都会影响到投资活动的补偿机制，也会影响到企业持续盈利能力或者持续增长盈利能力。

2）长期经营性资产现金流出量的补偿机制与经营现金流的补偿机制也不同。它是长期的，所以不太可能在当期或近期完全得以补偿，大多以折旧或摊销的方式分期补偿。因此，企业购建长期经营性资产时需要慎重考虑才能决定，它可以在一定程度上体现企业管理高层的经营风格与风险偏好。

（三）筹资活动产生的现金流量分析

筹资活动是指导致企业所有者权益及借款规模和构成发生变化的活动，包括吸收权益性投资、发行债券、借入资金、偿还债务、支付股利等。企业筹资能力取决于经营活动产生的现金流量的充裕度与投资是否有效。如果企业经营活动产生的现金流量持续小于0，则不利于企业进行外部筹资。若企业经营活动运转良好，经营活动产生的现金流量充沛，投资扩张比较有效，企业的筹资能力将得到明显提升。在筹集资金时，要注意资金的来源与其用途的匹配性。长期资金一般用于长期资产的购建，短期资金用于流动资产的购置，这样就可以较好地规避风险，尽量达到融资与投资策略的匹配。

筹资活动产生的现金流量同样可能大于0、等于0或小于0。具体分析如下：

1）如果筹资活动产生的现金流量大于0，它是否正常，关键要看企业的筹资活动是否已经纳入企业的发展规划，是企业管理层以扩大投资和经营活动为目标的主动行为还是企业因投资活动和经营活动的现金流出不得已的被动行为。

2）如果筹资活动产生的现金流量小于0，也并不意味都是坏事，有可能是企业在投资扩张方面适度收缩，避免陷入财务困境。

3）如果筹资活动产生的现金流量等于0，这意味着企业资金来源的收入与支出处于平衡状态，需要甄别这种状态是否具有可持续性，如果可持续，则需进一步判断这种状态是否合理，以及企业是否具有再次扩张的可能。

（四）现金流与价值创造

投资活动产生的现金流量更能体现企业未来持续盈利能力，经营活动产生的现金流量能够体现企业当前的财务风险的高低，以及检验投资活动是否有效，也会形成对投资活动的有效支撑。筹资活动产生的现金流量为经营活动和投资活动服务，它无法创造价值，只有经营活动和投资活动才能为企业创造价值。换句话说，筹资能力的高低取决于企业经营活动产生的现金流量是否充沛与投资扩张是否有效，只有当企业经营活动产生的现金流量变得充沛和投资扩张变得有效时，企业筹资能力才会逐步增强。

（五）移动互联网时代企业筹资能力的重要性

当下移动互联网、大数据时代，企业竞争更为激烈，企业经营活动产生的现金流量有可能在很长时间内都不充足，投资却处于长期扩张中，企业盈利是更长远的等待，亏损期有可能长达 10 年。在这种情况下，企业筹资能力并不取决于企业经营活动产生的现金流量是否充沛与投资扩张是否有效，而取决于企业商业模式给投资者的想象空间。例如，2014 年开始兴盛的共享单车、共享充电宝、共享汽车等，其之所以能够快速吸引巨量资本，是因为共享模式代表着未来，更为重要的是，共享经济给人们无限遐想的空间，并且在当时已初露雏形。当然，到底谁能成为这些行业的幸存者，只有时间才会给出答案。这类企业经营活动产生的现金流量、投资活动产生的现金流量和筹资活动产生的现金流量也不太符合上述规律，企业融资的对象基本只能是股东，企业是否有好的商业模式是其融资的重要资本。也就是说，在企业曙光来临之前，股东更需魄力和长远眼光审视被投资企业，给予企业长期支持，避免其陷入财务困境。我们描述的这种现象在一些移动互联网和电商企业中较为常见。这类企业需要很长时间才有可能实现盈利，并且极有可能经历多年后发现它根本不具有盈利能力，但在这类企业利润拐点到来之前，行业内涌入大量资本，行业内企业数量迅速增加，导致行业中最终盈利的企业的盈利时间拐点不断推迟。在创业初期，大多数这类企业的经营活动产生的现金流量长期不充沛，而且在盈利拐点到来之前，企业股东需要不断注资并承担长期亏损，经过市场不断洗礼，最后得以立足的企业对产品重新定价，或者通过实现规模经济效应，转入盈利轨道。

三、现金流量与持续盈利能力预测[*]

以经营活动产生的现金流量、投资活动产生的现金流量和筹资活动产生的现金流量为例，单纯运用其中之一很难预测企业持续盈利能力，而这几类现金流量的组合在一定程度上可以揭示企业的持续盈利能力。

假定企业经营活动产生的现金流量比较充沛，并且自由经营现金流量也是如此，投资活动产生的现金流量为负且逐步变小，则企业的持续盈利能力很可能比较强。这是一种最清晰的现金流序列，投资者最希望寻找到这种企业，但与之完全吻合的现金流的企业少之又少，这是一种理论上的界定。在现实生活中，需要根据实际情况酌情修正，但从中长期来看，这种现金流关系仍然是成立的。

现实生活中，企业可能出现经营活动产生的现金流量长年为负，中间有些年度企业经营活动产生的现金流量甚至呈恶化态势，企业自由经营现金流量更是如此，但是企业却处在不断的投资扩张中。抑或是企业经营活动产生的现金流量长期都大于 0，但只是仅大于 0，企业却处于快速扩张阶段，经营活动产生的现金流量相对投资而言，一点都不充沛。在旧经济模式下，基本可以判断这家企业濒临破产，或者趋于"死亡"。然而在当下移动互联网、大数据时代，如果风险投资愿意投资该企业，它未必会"死"，而是有可能成为行业的领导者。但是无论哪种情况，如果企业经营活动产生的现金流量持续小于0，并且不断恶化，则企业是不可能长期从股东获取资本支撑，最终企业都要回到盈利轨道，企业经营活动产生的现金流量充沛，企业融资才会持续，企业扩张才能比较长期持续下去。也就是说，无论是哪种类型的企业，无论经营模式如何新奇，只要它要具有持续盈利能力，其经营活动产生的现金流量、投资活动产生的现金流量仍需要符合上述条件，只是经营活动产生的现金流量充足的时间有可能要推迟或者提前，而判定投资是否有效的时间也有可能推迟或者提前，企业开始盈利的时点明显后移或者明显前置，投资者有可能要承担更大的风险。

【例4-3】表4-9至表4-12是同一行业的四家不同上市公司的现金净流量序列。

表4-9 现金净流量序列 I　　　　　　　　　　　　　　　单位：亿元

现　金　流	年　度				
	20×5年	20×6年	20×7年	20×8年	20×9年
自由经营现金流量	10	13	16	18	25
投资活动产生的现金流量	−5	−8	−12	−13	−15

表4-10 现金净流量序列 II　　　　　　　　　　　　　　单位：亿元

现　金　流	年　度				
	20×5年	20×6年	20×7年	20×8年	20×9年
自由经营现金流量	10	8	−3	12	14
投资活动产生的现金流量	−5	−8	−12	−13	−15

表4-11 现金净流量序列 III　　　　　　　　　　　　　　单位：亿元

现　金　流	年　度				
	20×5年	20×6年	20×7年	20×8年	20×9年
自由经营现金流量	10	−3	−6	−7	−10
投资活动产生的现金流量	−5	−8	−12	−13	−15

表4-12 现金净流量序列 IV　　　　　　　　　　　　　　单位：亿元

现　金　流	年　度				
	20×5年	20×6年	20×7年	20×8年	20×9年
自由经营现金流量	10	13	16	18	25
投资活动产生的现金流量	−5	−3	−2	0	6

现做以下四个假设：
假设1：资本市场有效。
假设2：公司股本相同，初始公司股价相同。
假设3：公司4年间净利年均增速100%。

假定4：公司投资活动的现金支出均为扩张性支出。

基于上述假定，回答以下问题：

1. 各现金净流量序列下公司融资能力如何？
2. 如果投资者从2015年开始投资，并持股到2019年，哪个公司投资回报可能最好？
3. 如果投资者不是从2015年开始投资，应该在哪个时点选择哪家公司？
4. 四家公司的股利分配政策有何不同？

【分析思路】

①解读四家公司经营活动产生的现金流量与投资活动产生的现金流量的质量。②公司股价与净利润、现金净流量的关系是什么？③判断这些公司分别处于哪个发展阶段？④现金净流量序列Ⅰ和现金净流量序列Ⅱ的不同对公司定价有何影响？⑤现金净流量序列Ⅲ的公司生存处境如何？基于大数据库、移动互联网时代，现金净流量序列Ⅲ的公司的分析结论是否需要修正？⑥四家公司的持续盈利能力有何不同？

四、现金流量的质量甄别*

现金流是现金制下计量的产物，经营活动产生的现金流量被视为是对权责发生制会计的最佳质疑工具，经营活动产生的现金流量是判断企业经营业绩的重要标准。在间接法下编制的现金流量表中，应计项目是在净利润和经营活动产生的现金流量之间列示的。这些应计项目在质量诊断中的应用如下：

1）在进行销售收入质量诊断时，将应收账款净额的变化与销售收入的变化进行比较。

2）在进行销售收入质量诊断时，将递延收入和担保负债的变化与销售收入的变化进行比较。

3）用折旧与摊销额，进行调整后息税折旧摊销前利润和折旧的诊断。

4）将预付费用的变化与销售收入的变化进行比较。

5）将应计费用的变化与销售收入的变化进行比较。

6）使用递延所得税的数额进行递延所得税的诊断。

7）追踪重组费用及其反转。

进行上述诊断时，需要构建诊断指标，分别诊断收入和费用相关的操纵程度。

但是，分析者必须小心处理经营活动产生的现金流量，它也有可能被粉饰。有以下项目需要注意：

（1）经营活动产生的现金流量和非付现费用　经营活动产生的现金流量通常被认为是比收益更为可靠的数字，因为它剔除了折旧、摊销等非付现费用。这些非付现费用不会影响现金的会计政策。但是，忽略折旧是比较激进的。折旧虽然不是其计提期间的现金流出，但它一定源自更早时期投资导致的现金流出，并且这些投资对产生经营活动产生的现金流量是必要的。如果使用经营活动产生的现金流量而不是收益数字，则必须使用经营活动产生的现金流量减去为取得经营现金而进行的现金投资，这实际上就是剩余现金流。如前所述，使用剔除折旧、摊销以及支付股利等之后的经营活动产生的现金流量才是判定其质量的标准。

（2）推迟支付　企业可以简单地通过推迟支付应付账款和其他经营负债来增加现金流。这种推迟支付并不影响收益。通过调整财务政策操纵现金流，比较常见的方法是，推迟向供货商支付货款，从而减少会计期间内的经营性现金支付，改善经营活动产生的现金净流量。

从某种程度上讲，这不失为一种良好的经营管理手段，尤其是这种延迟支付是由于企业市场话语权不断提升引起的。但是，这种利用延长支付期限来改善现金流的方法，一般只能奏效一次。之后，企业只能通过不断提高营业能力来获得持续增长的现金流。

（3）应收账款的提前收取　企业可以通过出售或者证券化应收账款来增加现金流。但是，这并不代表企业通过产品销售创造现金流的能力。

（4）非现金交易　企业可以通过承担债务或者发行股票的方式来支付所获得的服务，进而增加企业经营活动产生的现金流量。用应付工资或者养老金承诺的方式来递延工资的支付也可以增加经营活动产生的现金流量，以股票期权而非现金支付员工薪酬也是如此。

（5）结构化融资　借助金融机构的帮助，企业通过粉饰借款从而使得借款所得现金更像经营活动产生的现金流量而不是融资活动产生的现金流量。安然（Enron）就是这样一个例子：通过表外的层层构造，借款被伪装成了安然和银行间的天然气交易，而这些借款的现金流入被报告为经营活动产生的现金流量。

（6）资本化政策影响经营活动产生的现金流量　如果一项现金流出被作为一项投资并因此在资产负债表上被资本化，它将会被计入现金流量表中的投资而不是经营部分。因此，如果一家公司很激进地将经营费用资本化，它将增加公司经营活动产生的现金流量。例如，常规的维修费用可能会被计入固定资产。一些公司会通过这种方法，蓄意调整经营活动的现金支出，美化经营活动产生的现金流量，从而欺骗和误导财务报表使用者，产生公司良好经营活动创造现金能力很强的假象。

（7）不配比　经营活动产生的现金流量最基本的问题是它没有将现金流入和现金流出很好地匹配起来。还有，并购方利用被并购的子公司增加经营活动产生的现金流量。但是，取得这些现金流量的成本并不在现金流量表的经营活动产生的现金流量中。

（8）指向不明的"其他"项目　每一大类现金流量的项目中，都有一个"其他"项目，分析者要注意"其他"项目的具体内涵。

第五节　资产负债表、利润表和现金流量表的勾稽关系

勾稽关系是指财务报表结合在一起，彼此之间相互联系的方式。资产负债表、利润表和现金流量报表能够相互印证、互为补充。简单来讲，财务报表之间的关系无非是存量与流量的关系，存量主要是通过资产负债表体现，而流量主要通过利润表与现金流量表展现。流量是动态过程的体现，流量是存量动态过程中的耗费，到某一静止时点，流量又累计到存量。

一、资产负债表、利润表和现金流量表的勾稽原理

图4-2勾画了资产负债表、利润表和现金流量表的勾稽关系。通过图4-2可以较为清晰地观察财务报表各项要素之间在资产负债表、利润表和现金流量表之间的来龙去脉。

资产负债表和利润表的关系主要通过股东权益变动表描述。资产负债表给出了某个时日的股东权益存量。股东权益变动表描述了在两个时点资产负债表所有者权益的变化（流量），利润表主要反映了企业在某一期间内，通过营业活动与营业外活动而增加的价值所引起所有者权益的变化。资产负债表与现金流量表反映了现金存量与流量的关系。

进一步说，资产总会被耗费，而这些耗费最终必然体现在利润表中，当企业耗费可换取

更高的收入时，企业利润将随之产生，而利润归属于所有者，利润的分配多少决定了所有者权益的变化程度。现金流量是在现金收付制下计量的利润，它们是一个问题的两个侧面。

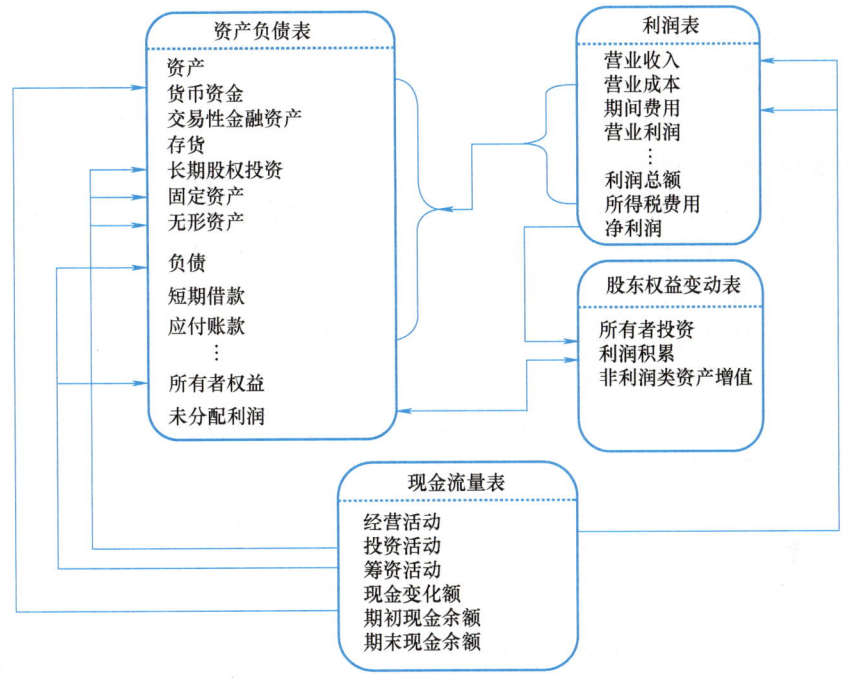

图 4-2 资产负债表、利润表和现金流量表的勾稽关系

（一）资产负债表与利润表的关系剖析

由动态会计恒等式：资产 = 负债 + 所有者权益 +（收入 - 费用）知，资产负债表与利润表存在着密切关系。引起所有者权益变动的有四类要素：投入资本、净利润、其他综合收益和资本公积——其他资本公积。净利润引起所有者权益变化的项目是盈余公积与未分配利润，其他综合收益的变化也会引起资产负债表所有者权益的其他综合收益的变化，两者是流量与存量的关系。企业当期净利润引起所有者权益变化的关系如下：如果企业当期不进行现金分红，则当期净利润必然全部计入所有者权益，即计入盈余公积和未分配利润；如果企业当期净利润全部进行现金分红，则当期净利润转入所有者权益的金额为 0；如果企业当期全部现金分红超过当期净利润，超过当期净利润部分将减少当期所有者权益。企业利润分配更为详尽的情况通过所有者权益变动表显示。

（二）资产负债表与现金流量表的关系剖析

现金流量表中的现金比较接近资产负债表中的货币资金的内涵，但是二者的定义并非完全相同。资产负债表中的货币资金包括库存现金、银行存款及其他货币资金，而现金流量表中的现金及现金等价物是指企业的库存现金和可随时用于支付的银行存款以及现金等价物。在很多情况下现金流量表的现金流量等于或者近似等于资产负债表的货币资金的变化额，即期末货币资金与期初货币资金之差，实际上并非总是如此。

如果企业货币资金中包括限制使用的现金或特殊的货币等价物，诸如定期存款、专项存款、冻结存款、现金抵押或担保、商业票据等，则两张报表中的两组数据就有可能出现差异。具体来说，企业运用资产负债表中的货币资金与短期投资之间的资产内部转换，例如运用货币资金购买三个月到期的国债，这实质上在现金流量表中是现金及现金等价物之间的转换，它不会体现在现金流量表中，但这一事项却引起了资产负债表中的货币资金的变化。

即使企业两张报表界定的现金的定义完全相同，两组数据也并不必然一致，这是因为现金流量表是根据资产负债表和利润表估算或者调整出来的，不是根据严格的账户关系计算而来，这是由于技术原因形成的误差。换句话说，即使两者的定义完全相同，资产负债表与现金流量表中的数据仍然有可能出现差额。

还有，企业对货币资金和现金流量表有关会计科目的处理方法不同，也有可能导致两者不等。因此，如果企业这两组数据几乎每年相同，有可能是企业人为粉饰这两组数据，需要查阅报表、附注以及公开信息进行验证。

三一重工和中国联通在四个不同时点上的资产负债表的货币资金期末余额与现金流量表中的现金及现金等价物期末余额的对比见表 4-13。

表 4-13 上市公司资产负债表与现金流量表中现金流量的对比　　　　单位：元

公司名称	2007 年 12 月 31 日		2011 年 12 月 31 日	
	Δ货币资金	Δ现金及现金等价物	Δ货币资金	Δ现金及现金等价物
三一重工	2 605 454 627	2 605 454 627	4 276 596 935	3 343 424 163
中国联通	7 331 506 985	6 687 178 007	-7 453 553 232	-7 484 817 039
公司名称	2015 年 12 月 31 日		2019 年 12 月 31 日	
	Δ货币资金	Δ现金及现金等价物	Δ货币资金	Δ现金及现金等价物
三一重工	791 606 000	1 708 762 000	1 541 705 000	130 589 000
中国联通	-3 392 812 905	-3 539 239 015	4 881 954 817	4 886 879 509

（资料来源：各公司年度报告。）

总体上讲，中国联通的两组数据之比在四个不同时点期间都近似等于 1，最大差距在 10% 左右，而三一重工除了 2007 年两组数据完全相等外，其他年度均有差异，2015 年和 2019 年差距过大，两组数据之比分别为 0.46 和 11.81，远偏离 1，2011 年为 1.28。若剔除意外因素，这在一定程度上说明，中国联通的货币资金与现金及现金等价物的概念比较接近，而三一重工则差异较大。

（三）现金流量表和利润表的关系剖析

两者之间的关系很难用严格的数学等式表示，但是，这两张报表之间还是存在着密切关系，由现金流量表的间接编制法原理便略知一二。以净利润为起点，通过对不同项目进行调整，可以求得经营活动产生的现金流量，然后考虑投资、筹资活动产生的现金净流量等因素，最终求出现金流量净增加额。由利润=（收入+利得）-（费用+损失）知，利润最终得以形成，主要包括经营活动和非经营活动两方面。如果经营活动根据权责发生制则主要形成利润表中的营业利润；若运用现金收付制计量则形成经营活动现金流量。从广义上讲，投资活动也属于经营活动，经营活动产生的现金流量可以更好地反映营业利润的现金含量。对于非经营活动，利润表中主要是指营业活动以外的活动，这些活动可能会导致营业外收入和营业外支出的发生；对现金流量表来说，非经营活动是指筹资活动，与之对应形成筹资活动产生的现金流量。当然，除此之外，还有汇率变动的影响因素。总的来讲，可以将利润表和现金流量表理解为同一事物的两个方面,若以利润表为立足点,则现金流量表就是以一张以现金收付为计量手段而形成的一张特殊的利润表。如果没有会计分期,利润表和现金流量表将变成一张财务报表。

二、合并报表下资产、利润和现金流的总体脉络关系*

利润由资产耗费而产生,利润结构与资产结构是逐步对应的。但是不同资产贡献利润的能力不同,因此,基于合并报表——企业集团条件下,为获取亮丽的合并报表,企业进行多种产品经营时,应注重优化投资结构与业务结构。

为了更好地理解资产、利润和现金流的关系,我们把资产分为经营资产和投资资产,将资产进一步划分为经营资产、控制性投资资产和其他投资资产,经营资产、控制性投资资产是分析的重点。

经营资产对利润的贡献比较容易理解,分析的难点是控制性投资资产的效应如何转化为盈利以及现金流是如何体现的。它们的具体关系如下:

经营资产对应的利润表现为核心利润或者营业利润,与之对应的现金流是经营活动产生的现金流量;而控制性投资资产的识别方法如前所述,主要体现在如下项目:母公司长期股权投资与合并报表长期股权投资之差;母公司其他应收款与合并报表其他应收款之差;母公司预付账款与合并报表预付账款之差;母公司长期应收款与合并报表长期应收款之差。

控制性投资资产对应的利润表现为子公司的核心利润或者营业利润,也就是并入合并报表的营业利润;此时对应的现金流表现为子公司的经营活动产生的现金流量,也就是并入合并现金流量表的经营活动产生的现金流量。如果子公司分红,则表现为投资方的投资收益,即成本法下确认的投资收益。此时,现金流量表现为取得投资收益收到的现金。其他投资的识别方法是交易性金融资产、可供出售的金融资产、持有至到期投资和合并报表长期股权投资——假定子公司不对外投资。与之对应,成本法确认的投资收益,权益法确认的投资收益、债权投资收益、转让投资收益等。由于投资收益对应的现金流量表现比较复杂,无法准确概括。

第六节 不同利益相关者视角下财务报表的重要性比较

不同利益相关者对资产负债表、利润表以及现金流量表的认知存在着一些差异,他们对财务报表的重要性认定也存有不同。

假定企业以生存为使命,资产负债表远比利润表重要。资产负债表反映的是企业内部支撑,而利润表反映的是外部表现,现金流量表兼顾内部支撑与外部表现。利润表只能反映企业发展快慢,资产负债表是企业实力的体现。利润表反映的是单期的成果,而资产负债表反映的是企业在生命周期内的积累。利润表反映的是企业一个阶段发展的表现,而资产负债表反映的是企业生死存亡的根基,资产负债表的实力决定了企业竞争优势的大小。如果利润表是花,则资产负债表就是树根与树干。

不同利益相关者对不同报表的重要性认知也是不同的。股东的财富主要通过资产负债表来反映,因此,价值投资者更关注资产负债表。因为股价与利润具有高度正相关,每股收益越高,股价可能越高,所以追求短期利益的中小股东更关注利润表,若中小股东追求长期利益，也会更关注资产负债表。大股东在未来将长期持有企业股份，股价高低对大股东并无意义，只有净资产才是王道，资产负债表是其首要关注点。管理者的薪酬主要取决于企业利润，所以，管理者更重视利润表。但是，假定管理者谋求与企业长期合作下去，管理者将更关注资产负债表。债权人，尤其是短期债权人，更关注资产负债表，只有企业资产足以抵债，才是债权安全的重要保障。同样，假定债权人希望与企业长期合作，债权人也会更关注资产负债表。

因此，基于短期视角与长期视角，同一利益相关者，其对财务报表的关注点也存在一些差异。一旦基于长期视角考虑，大多数利益相关者都会更关注资产负债表，更关注现金流量表中与长期投资相关的信息，即更考虑企业的持续盈利能力。

基于持续盈利能力视角，资产负债表、利润表和现金流量表的关系还可以做如下描述：

资产负债表是一个企业的底子，利润表是一个企业的面子，现金流量表是企业的日子。底子是一个企业的家底，面子是一个企业的脸面，日子是一个企业的脸面的红润度。底子是一个企业的存量资源，它是企业产生利润和现金流的基石，而一个企业的家底雄厚，并不一定代表它一定有面子，例如企业亏损严重。同样，一个企业面子够大，它的日子不一定过得红火，例如企业现金流匮乏。

一个企业日子越来越红火，面子必定越来越大，企业的家底子必然越来越厚；一个企业的底子越厚，它的面子有可能越大，日子有可能越红火。前一种关系是基本确定的，这也是一家中小企业成为"巨人"的一种典型路径，而后一种关系并无确定性，只是可能的关系，并且这种可能性远不及前者。

思 考 题

1. 持续盈利能力的简单识别方法有哪些？
2. 为什么说资产负债表是一张投融资匹配表？
3. 资产负债表与持续盈利能力相关的关键因素有哪些？
4. 为什么投融资策略需要假定公司资产负债率处于正常区间？
5. 我国会计准则将"投资收益"归入营业利润，随后"其他收益""资产处置收益"等也一并计入营业利润。请评述其合理性。
6. 利润表中的"其他综合收益"与资产负债表的"其他综合收益"之间的关系是什么？其他综合收益包括哪些内容？
7. 递延所得税资产如何影响公司持续盈利能力？
8. 如何通过利润表透析公司营销策略、竞争战略等方面的非财务信息？
9. 敏感性分析对分析公司持续盈利能力有何作用？
10. 现金流量表的经营活动产生的现金流量、投资活动产生的现金流量和筹资活动产生的现金流量的关系是什么？它们与公司价值创造之间的关系是什么？
11. 如何正确评估一家公司经营活动产生的现金流量尤其是自由经营现金流量突然变为负数对公司持续盈利能力的影响？
12. 影响公司现金流量质量的手段有哪些？
13. 简述现金流量表中"现金及现金等价物净增加额"与资产负债表中的"货币资

金"的净增加额不相等的原因。

14. 为什么说资产负债表中隐含信息最多，现金流量表次之，而利润表最为直观？

15. 如何通过母公司报表与合并报表分析母公司的控制性投资，以及这些控制性投资是如何转化为盈利的？

判 断 题

1. 财务报告中最具有价值的财务信息，是那些与企业持续发展相关的信息，尤其是那些与持续盈利能力相关的信息。（   ）
2. 股东拥有优先索取权，债权人拥有剩余索取权。（   ）
3. 金融资产重新分类形成的利得和损失有可能引起所有者权益变化。（   ）
4. 分析者需要注意与资产负债表中一切与会计信息稳健性相关的项目。（   ）
5. 递延所得税资产是企业基于未来预期扭亏为盈而形成的一项资产。（   ）
6. 考察企业是以经营资产为主导的战略还是以投资资产为主导的战略应以合并报表为主。（   ）
7. 资产的流动性与其盈利性成正比。（   ）
8. 零售业一般是通过流动资产的高周转实现薄利多销，因此，零售企业必然在总资产中配置高于50%比例的流动资产。（   ）
9. 一般认为工业企业的非流动资产更重要，其在总资产中占比必然高于50%。（   ）
10. 无论是工业企业还是零售企业，资产配置都没有一个统一标准。（   ）
11. 宏观经济周期是影响企业资产配置的一个重要因素。（   ）
12. 从理论上讲，投融资策略的界定在某些情况下是失效的。（   ）
13. 资产负债表是一张投融资表。（   ）
14. 资产负债表中的"其他综合收益"与利润表中的"其他综合收益"相同。（   ）
15. 企业应收款项和应付款项是考察企业议价能力的重要报表项目。（   ）
16. 从严格意义上讲，利润表称为综合收益表更为合理，当前我国仍将其称为利润表是极其不合理的。（   ）
17. 投资收益是营业利润的组成部分。（   ）
18. 利得与损失必然计入利润表。（   ）
19. 主营业务项目是企业利润构成项目中反映持续盈利能力最强的项目。（   ）
20. 反映持续盈利能力强的项目发生变化将显著地影响公司估值。（   ）
21. 利润表中的所得税费用就是企业当期应缴纳的所得税。（   ）
22. 敏感性分析的重要意义在于促使企业密切关注这些敏感因素对企业基本面的影响，并制定有效措施，及时纠正这些敏感因素对企业的不利影响。（   ）
23. 当进行利润单因素敏感性分析时，Q是敏感因素，假定其敏感系数是5，即当Q变化1%时，将导致EBIT变化5%，但是这并不意味着两者一定是5倍的关系，更重要的是告诉我们Q是影响利润的敏感因素，需要重点关注Q的变化，并迅速制定有效

对策。（　）

24. 《小企业会计准则》不强制要求中小企业编制现金流量表。（　）

25. 现金流量表中的"现金及现金等价物"与资产负债表中的"货币资金"的内涵相同。（　）

26. 经营活动与投资活动为企业创造价值，筹资活动并不创造价值，为前两者服务。（　）

27. 只要企业经营活动产生的现金流量充足，它就一定可以为企业扩张提供支撑。（　）

28. 企业经营活动产生的现金流量也有可能被人为粉饰，使其具有一定的主观性。（　）

29. 企业投资活动产生的现金流量是极小的负数，它意味着企业必定处于扩张状态。（　）

30. 企业经营活动产生的现金流量为负说明企业经营状况一定有问题。（　）

31. 当企业自由经营现金流量越来越充沛时，如果企业投资趋于扩张态势，企业扩张成功的概率比较高。（　）

32. 如果企业经营活动产生的现金流量呈逐步恶化态势，而投资处于不断扩张中，企业必定趋于破产。（　）

33. 企业应计制下粉饰报表的手段大都可以用于粉饰现金流量表。（　）

34. 企业净利必然引起股东权益变化。（　）

35. 企业绝不可能将当期净利完全分配。（　）

36. 当金融市场不发达和企业业务单一时，企业现金流量表中"现金及现金等价物"的变化与其资产负债表中"货币资金"变化越有可能近似相等。（　）

37. 母公司报表中的长期股权投资和合并报表中的长期股权投资的差额是识别上市公司控制性投资的一个主要项目。（　）

第五章

财务报表结构与趋势分析

■ 回顾

第四章介绍了持续盈利能力的基本原理,重点讲述了财务报表中揭示持续盈利能力信息的关键要点、财务报表之间的勾稽关系和合并报表下资产、利润和现金流的总体脉络关系。

■ 本章提要

本章描述了资产负债表、利润表和现金流量表结构与趋势分析的原理及其运用,以网宿科技股份有限公司为例,通过2011年—2016年公司财务报表结构与趋势分析,透析公司财务报表层面的信息,尤其是与公司持续盈利能力相关的信息。借助比较财务报表,提升财务报表结构分析效率,提出了财务报表结构分析与趋势分析要互相验证:即财务报表结构分析适度关注财务报表趋势变化,根据趋势分析进一步修正结构分析;财务报表趋势分析适度关注财务报表结构变化,根据结构分析进一步修正趋势分析。

■ 展望

第六章开始第三篇 微观分析篇:财务能力评价的学习,首先评价公司流动性能力,探究如何评价公司偿还债务的能力,包括了计量偿还债务能力的财务指标的内涵、运用以及使用时的注意事项等。

◆ 章首案例

A是一家高科技公司,A公司20×5年—20×7年的比较利润表、营业收入与营业成本明细见表5-1与表5-2。

表 5-1　A 公司 20×5 年—20×7 年的比较利润表　　　　单位：万元

项　　目	20×5 年	20×6 年	20×7 年
一、营业总收入	6 000	7 000	8 000
其中：营业收入	6 000	7 000	8 000
利息收入	0	0	0
手续费和佣金收入	0	0	0
二、营业总成本	4 850	5 330	5 520
其中：营业成本	3 900	4 000	4 100
手续费及佣金支出	0	0	0
税金及附加	240	350	400
销售费用	300	400	320
管理费用	350	500	600
财务费用	60	80	100
加：公允价值变动收益	0	0	0
投资收益	0	0	100
三、营业利润	1 150	1 670	2 480
加：营业外收入	1 100	800	20
减：营业外支出	50	150	100
四、利润总额	2 200	2 320	2 400
减：所得税费用	550	580	600
五、净利润	1 650	1 740	1 800
归属母公司所有者的净利润	1 650	1 740	1 800
六、每股收益			
（一）基本每股收益	1.65	1.74	1.80
（二）稀释每股收益	1.65	1.74	1.80

表 5-2　A 公司 20×5 年—20×7 年营业收入与营业成本明细　　　　单位：万元

项　　目	20×5 年	20×6 年	20×7 年
主营业务收入	3 000	4 000	6 000
其他业务收入	3 000	3 000	2 000
主营业务成本	1 700	2 000	3 000
其他业务成本	2 200	2 000	1 100

根据以上资料，分析下列问题：

1. A 公司利润表的内部结构是如何变化的？
2. 如果以 20×5 年 A 公司利润表数据为定基，20×6 年和 20×7 年的数据是如何变化的？
3. 如果投资者 20×5 年 3 月 7 日购入 A 公司股票，计划一直持股到公司 20×8 年 4 月 5 日公司披露 20×7 年财务报告，那么该投资者在此期间的投资回报率如何？请说明理由。

第一节　财务报表结构与趋势分析概述

一、财务报表结构与趋势分析意义

财务数据的分析可以分为两个层面：一个是宏观层面分析，一个是微观层面分析。财务报表的结构与趋势分析是宏观层面分析，有时也称为财务报表质量分析。企业财务比率以及财务比率体系的运用是微观层面分析。宏观分析是微观分析的前提，微观分析是宏观分析的进一步延伸与运用。

财务报表结构和趋势分析有利于利益相关者从宏观层面进一步了解企业经营状况，发现企业存在的问题，为决策者提供分析视角，并使财务能力评价更有针对性。

具体来讲，通过财务报表的结构与趋势分析，分析者可以获取以下信息：

1）通过财务报表的结构分析，可以直观地观察企业的财务结构，便于分析财务结构的合理性，不仅有利于从总体上对企业财务数据有一个比较正确清晰的印象，更能消除不同时期、不同企业规模间的差异，可以对企业财务状况做同行业比较。

2）通过财务报表的趋势分析，财务报表使用者可以从中了解到有关项目变动的基本趋势，正确评估这些趋势变化，揭示这种趋势变化是有利的还是不利的，对这些项目做出正当评价，并在此基础上判断其发展趋势。

二、财务报表结构与趋势分析的内容

（一）财务报表结构分析的内容

1. 财务报表结构分析的含义

财务报表结构分析是对财务报表内部各项目之间进行比较，以某一关键项目的金额为100%，将其他项目与之相比，以显示各项目的相对地位，分析各项目的比重是否合理。由于财务报表结构分析时采用的是共同比基数，这种以百分比表示的企业财务报表，又称为共同比财务报表。又因为共同比基数是以某一关键项目的金额为100%，将其余项目与之相比，所以这一关键项目的选取要具有代表性、综合性。

需要注意的是，当财务报表的内部结构比例出现"重大异动"时，需要借助财务报表的原始数据，才能做出全面诊断。一般情况下，财务报表结构分析选择的比较基数都具有代表性并且数值较大，因此，由于财务报表某项数据定基过大，企业某一数值在财务报表的内部结构比例并未出现明显变化，它实际上却是异动数据，需要重点评估其对企业基本面以及持续盈利能力的影响。

2. 财务报表结构分析的特征

（1）结构性　财务报表结构是以某项目在某一年的数值为基础，计算同时期各个组成部分在总体中的结构比例，可以使得各组成部分的相对重要性得以显现，揭示财务报表中各项目的相对地位以及其与总体结构关系，便于发现问题，并寻求解决方案。

（2）整体性　通过财务报表结构分析，可以从整体上了解企业财务状况的组成、利润形成的过程和现金流量的不同来源，深入研究企业财务结构的具体构成要素及其原因，有利

于准确评价影响企业财务能力的关键点，尤其是影响持续盈利能力相关的关键因素。

(二) 财务报表趋势分析的内容

1. 财务报表趋势分析的含义

需要交代的是，实际上所有财务数据都可以进行趋势分析，通常也需要进行趋势分析。财务报表结构分析当然属于趋势分析范畴，这属于广义上的划分。而财务报表结构分析与财务报表趋势分析通常是狭义范畴，其中财务报表趋势分析主要是指定比基数趋势分析，财务报表结构分析是指财务报表内部结构比例的分析，包括一年财务报表结构分析和多年财务报表结构分析。

财务报表趋势分析是指通过对企业财务报表各类数据按时间序列的比较分析，观察企业财务报表中的异动项目，尤其是那些影响持续盈利能力的相关项目，评估异动项目的真伪及其对持续盈利能力的影响，从而正确判断企业的财务状况、经营成果与现金流量等会计信息的发展趋势。

财务报表趋势分析通常采用定比趋势分析，也需要借助多年财务报表原始数据，快速剔除伪异动数据。

2. 财务报表趋势分析的特征

（1）纵向分析　财务报表趋势分析是将企业的财务数据按时间序列进行比较的纵向分析，它在企业财务报表历史资料的基础上，分析企业现在并展望未来，将企业置身于动态发展过程中加以考察，评估企业未来生存处境。

（2）动态分析　财务报表趋势分析是以企业财务报表的历史数据为主要分析依据，对整个企业经营过程或最近几年财务状况和经营业绩进行全方位考察。趋势分析法不是静态的描述，而是从动态角度反映企业的财务状况、经营成果和现金流量信息，比较深刻地揭示各项财务数据此消彼长的变化及其发展趋势，从而发现财务报表深层次的价值信息，有利于对企业未来做出合乎逻辑的预测。

3. 财务报表趋势分析的类型

根据比较的时点划分，财务报表趋势分析可以分为定比基数趋势分析和环比基数趋势分析。定比基数趋势分析是指选定某一期间数据作为固定基期，然后其余各期间都与基期比较；环比基数趋势分析是指将相邻两年的财务数据相比较，以前一期数据作为基数，能够更明晰地揭示各项目的环比变化趋势。需要注意的是，无论是定比基数趋势分析还是环比基数趋势分析，都需要注意基数的合理性。

按照分析的具体对象划分，财务报表趋势分析可以按绝对数进行比较，也可以按相对数进行比较。具体包括财务报表原数的趋势分析、结构百分比的趋势分析、财务比率的趋势分析。

(三) 财务报表结构分析与趋势分析的关系

财务报表结构分析与趋势分析总是如影随形，不可分割的。将两种分析相结合可用于财务报表的多期比较，使财务报表项目的变化趋势更为清晰，能够更有效地揭示财务报表各项目重要性的变动情况，以及这种变动趋势如何演绎。

在实践中，为了更好地揭示财务报表趋势与结构变化，需要将财务报表结构分析与趋势分析结合起来，即在财务报表结构分析时，适度关注财务报表趋势变化，根据趋势分析进一步修正结构分析；在财务报表趋势分析时，需要注意财务报表结构变化，根据结构分析进一步修正趋势分析。

第二节 资产负债表结构与趋势分析

一、资产负债表结构与趋势分析概述

(一) 资产负债表结构分析

资产负债表结构是指资产负债表各内容要素金额之间的相互关系。资产负债表结构分析就是对这种关系进行分析，从而对企业整体财务状况做出判断。资产负债表的结构分析包括两个方面：一个方面是观察各个项目占总体的比例，最常用的方式就是建立共同比资产负债表；另一个方面是观察各个项目之间的比例和结构，例如企业的资产结构、资本结构、债务结构等，判断分析企业财务状况。

资产负债表结构分析必然涉及比较基数的选择，一般以资产总额或权益总额为100%。但是，这并非一成不变，需要根据资产负债表结构分析关注点的不同而灵活选用比较基数。例如，如果主要目的是要了解企业的流动资产的结构，就应该采用流动资产总额作为比较基数；如果是为了考察企业的流动负债结构是否合理，就应该采用流动负债作为比较基数。

进行资产负债表结构分析时，当它的某些内部结构数据出现"重大异动"时，为规避比较基数过大、过小或者基数变化过大引起的伪异动，需要结合资产负债表的原数作为参照依据。简单来讲，资产负债表结构分析只是直观地描述了报表内部结构，而将其多年报表的结构比例进行比较分析时，其中一些结构比例有可能出现异动，它未必是真的异动数据。

资产负债表结构分析有助于我们判断企业资产负债表的结构是否合理。如果企业要保持持续盈利能力，则必须不断动态优化其资产结构、负债结构，并保持资产结构与资本结构的合理性。

在资产结构方面，企业首先必须确定一个既能维持企业正常生产经营，又能在不增加企业总风险的前提下给企业带来尽可能多利润的流动资金水平。其次，企业需要确定不同类型资产的合理比重，包括长期投资和短期投资、固定资产投资、无形资产投资和流动资产投资、直接投资和间接投资、产业投资和风险投资等。当然，这种合理性判断必须考虑到企业战略定位，以及企业与行业、历史等基准水平的对比。

在负债结构方面，企业管理的重点是负债到期的期限结构。外部人员无法准确计算不同负债项目的具体期限结构，需要根据财务报告及公开信息进行预估。由于预期的现金流量通常很难与债务到期金额保持协调一致，这就要求企业在允许现金流量波动的前提下，确定合理的负债到期结构，保证充分的安全边际。企业应对长、短期负债的资本成本与其带来的潜在企业财务风险进行权衡，以确定长、短期负债，以及各种负债方式的比例。不合理的债务结构可能使企业陷入流动性困境，导致负债带来的税盾效应远低于高负债带来的财务困境成本。

同时，企业还应在股东权益和债务资本之间确定一个合适的比例结构，使负债保持在一个合理的水平上，不能超过自身的承受能力。提高负债固然有可能使股东获得更多的杠杆利益，但一旦超过临界点，过高的负债比率将会成为企业财务危机的前兆。当企业负债杠杆效应运用到极致时，即使企业项目回报率高于负债成本，提高负债也无法增加企业每股收益，

也无法增加股东财富,实现股价最大化。

还有,评估企业投融资策略的合理性也十分重要。投融资策略直观地体现了企业总体风险,企业应基于宏观经济周期、市场竞争地位、战略定位、发展阶段等动态调整投融资结构,增加企业应对风险的能力。为了更好地评估企业风险控制能力,可以将资产负债率、投融资策略以及现金周转期等进行综合评估。

(二) 资产负债表趋势分析

资产负债表趋势分析是采用比较分析方法,分析企业连续若干期的财务状况信息,并观察其变动趋势,判断其总体趋势是向好、保持不变还是趋坏,进而做出正确决策。趋势分析比较灵活,可以是对绝对数的分析,也可以是相对数的比较;可以做定比趋势分析,也可以做环比趋势分析。

其中,资产负债表的定比趋势分析比较常见,通过观察每期数据相对基期数据的变化,快速发现资产负债表不同项目的异动数据,借助比较资产负债表,判定这些异动数据的真伪。资产负债表的环比趋势分析可以直观地观察每年数据与上一期数据的变化,更容易比较真实地观察到资产负债表的不同项目的异动数据,有利于减少资产负债表定比趋势分析产生的伪异动数据。

此外,资产负债表趋势分析经常与资产负债表结构分析结合在一起,后者的分析重点也同样适用于前者。

二、资产负债表结构与趋势分析的运用

现以网宿科技股份有限公司为例说明资产负债表结构与趋势分析的运用。网宿科技股份有限公司(简称网宿科技)成立于 2000 年 1 月 26 日,主营业务是向客户提供全球范围内的内容分发网络(Content Delivery Network,CDN)服务、互联网数据中心(Internet Data Center,IDC)服务及云服务整体解决方案。公司于 2009 年 10 月 31 日登陆我国深圳证券交易所创业板,成为创业板首批上市的公司。公司 2012 年到 2016 年间,成为我国股票市场上一颗璀璨的明星。

网宿科技 CDN 业务占公司总营收达 90%以上。CDN 是指通过在现有的互联网中增加一层新的网络架构,将网站的内容发布到最接近用户的网络边缘,使用户可以就近取得所需的内容,改善网络的传输速度,改善互联网络拥挤的状况,从技术上解决由于网络带宽小、用户访问量大、网点分布不均等原因所造成的用户访问网站响应速度慢的问题。简言之,CDN 主要是解决因分布、带宽、服务器性能带来的访问延迟问题,主要适用于站点加速、点播、直播等场景,使用户可就近取得所需内容,解决互联网网络拥挤的状况,提高用户访问网站的响应速度和成功率。

网宿科技 2011 年—2016 年的比较资产负债表见表 5-3,以此为基础,分别进行公司资产负债表结构与趋势分析。

表 5-3 网宿科技 2011 年—2016 年的比较资产负债表　　　　　单位:万元

项　　目	2011 年	2012 年	2013 年	2014 年	2015 年	2016 年
货币资金	54 546	61 180	56 541	76 216	105 032	322 097
交易性金融资产	0	0	0	0	0	0

(续)

项　　目	2011年	2012年	2013年	2014年	2015年	2016年
应收票据	0	0	0	0	0	445
应收账款	7 215	8 787	20 184	29 660	68 607	93 593
预付款项	732	419	1 842	3 421	4 490	3 228
其他应收款	185	279	956	3 850	3 931	5 361
应收关联公司款	0	0	0	0	0	0
应收利息	822	914	1 963	1 806	526	7 326
应收股利	0	0	0	0	0	0
存货	946	1 114	3 855	1 660	4 667	25 133
一年内到期的非流动资产	0	0	23	13	12	34
其他流动资产	50	3 950	22 911	41 174	91 594	243 437
流动资产合计	64 496	76 643	108 275	157 800	278 859	700 654
可供出售金融资产	0	0	0	0	1 500	3 012
持有至到期投资	0	0	0	0	0	0
长期应收款	0	0	0	0	0	0
长期股权投资	0	0	0	0	4	555
投资性房地产	0	0	0	0	0	0
固定资产	15 864	16 788	24 687	30 630	46 567	76 244
在建工程	0	0	0	0	0	13 321
工程物资	0	0	0	0	0	93
固定资产清理	0	0	0	0	0	0
生产性生物资产	0	0	0	0	0	0
油气资产	0	0	0	0	0	0
无形资产	2 377	3 727	4 173	5 867	7 847	12 568
开发支出	761	427	1 086	1 582	2 839	5 605
商誉	26	26	26	242	596	596
长期待摊费用	249	245	184	367	858	2 067
递延所得税资产	231	380	704	1 278	503	645
其他非流动资产	0	0	0	0	11 000	50 906
非流动资产合计	19 508	21 593	30 860	39 966	71 714	165 612
资产总计	84 004	98 236	139 135	197 766	350 573	866 266
短期借款	0	0	0	0	2581	0
交易性金融负债	0	0	0	0	0	0
应付票据	0	0	0	0	0	0
应付账款	2 206	4 052	11 073	14 359	30 557	47 583
预收款项	1 371	3 091	5 499	5 049	7 745	7 262
应付职工薪酬	1 214	2 041	3 879	6 079	8 256	10 919

（续）

项　目	2011年	2012年	2013年	2014年	2015年	2016年
应交税费	672	1 284	1 748	2 565	6 460	35 959
应付利息	0	0	0	0	12	143
应付股利	0	0	0	0	0	0
其他应付款	378	265	742	1 153	16 101	2 181
应付关联公司款	0	0	0	0	0	0
一年内到期的非流动负债	0	0	0	0	0	0
其他流动负债	0	0	0	0	0	0
流动负债合计	5 841	10 733	22 941	29 205	71 712	104 047
长期借款	0	0	0	0	0	0
应付债券	0	0	0	0	0	0
长期应付款	0	0	0	0	22 074	22 074
专项应付款	229	458	2 004	0	0	0
预计负债	0	0	0	0	0	0
递延所得税负债	0	0	0	0	28	33
长期递延收益	0	0	0	4 964	5 366	4 470
其他非流动负债	0	0	366	0	0	0
非流动负债合计	229	458	2 370	4 964	27 468	26 577
负债合计	6 070	11 191	25 311	34 169	99 180	130 624
股本	15 421	15 421	15 676	31 730	70 798	80 154
资本公积	48 557	49 602	55 531	44 012	12 676	374 663
盈余公积	1 753	2 719	5 070	9 840	18 231	30 751
减：库存股	0	0	0	0	0	0
其他综合收益①	-33	-27	-60	-56	548	1 643
未分配利润	12 236	19 330	37 607	78 071	148 056	244 788
少数股东权益	0	0	0	0	1 085	3 643
非正常经营项目收益调整	0	0	0	0	0	0
股东权益合计	77 934	87 045	113 824	163 597	251 394	735 642
负债和股东权益合计	84 004	98 236	139 135	197 766	350 574	866 266

注：比较资产负债表以万元为单位，由于四舍五入的原因导致若干个别会计科目金额的合计与类别合计数有极小误差。比较利润表和比较现金流量表也一样。

① 2011年—2013年，该项目计入"外币报表折算价差"，现统一调整为"其他综合收益"。

（一）共同比资产负债表的运用

网宿科技2011年—2016年的资产负债结构表，即共同比资产负债表见表5-4。

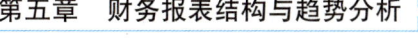

表 5-4 网宿科技 2011 年—2016 年的共同比资产负债表

项　　目	2011 年	2012 年	2013 年	2014 年	2015 年	2016 年
货币资金	64.93%	62.28%	40.64%	38.54%	29.96%	37.18%
交易性金融资产	0.00%	0.00%	0.00%	0.00%	0.00%	0.00%
应收票据	0.00%	0.00%	0.00%	0.00%	0.00%	0.05%
应收账款	8.59%	8.94%	14.51%	15.00%	19.57%	10.80%
预付款项	0.87%	0.43%	1.32%	1.73%	1.28%	0.37%
其他应收款	0.22%	0.28%	0.69%	1.95%	1.12%	0.62%
应收关联公司款	0.00%	0.00%	0.00%	0.00%	0.00%	0.00%
应收利息	0.98%	0.93%	1.41%	0.91%	0.15%	0.85%
应收股利	0.00%	0.00%	0.00%	0.00%	0.00%	0.00%
存货	1.13%	1.13%	2.77%	0.84%	1.33%	2.90%
一年内到期的非流动资产	0.00%	0.00%	0.02%	0.01%	0.00%	0.00%
其他流动资产	0.06%	4.02%	16.47%	20.82%	26.13%	28.10%
流动资产合计	76.78%	78.02%	77.82%	79.79%	79.54%	80.88%
可供出售金融资产	0.00%	0.00%	0.00%	0.00%	0.43%	0.35%
持有至到期投资	0.00%	0.00%	0.00%	0.00%	0.00%	0.00%
长期应收款	0.00%	0.00%	0.00%	0.00%	0.00%	0.00%
长期股权投资	0.00%	0.00%	0.00%	0.00%	0.00%	0.06%
投资性房地产	0.00%	0.00%	0.00%	0.00%	0.00%	0.00%
固定资产	18.88%	17.09%	17.74%	15.49%	13.28%	8.80%
在建工程	0.00%	0.00%	0.00%	0.00%	0.00%	1.54%
工程物资	0.00%	0.00%	0.00%	0.00%	0.00%	0.01%
固定资产清理	0.00%	0.00%	0.00%	0.00%	0.00%	0.00%
生产性生物资产	0.00%	0.00%	0.00%	0.00%	0.00%	0.00%
油气资产	0.00%	0.00%	0.00%	0.00%	0.00%	0.00%
无形资产	2.83%	3.79%	3.00%	2.97%	2.24%	1.45%
开发支出	0.91%	0.43%	0.78%	0.80%	0.81%	0.65%
商誉	0.03%	0.03%	0.02%	0.12%	0.17%	0.07%
长期待摊费用	0.30%	0.25%	0.13%	0.19%	0.24%	0.24%
递延所得税资产	0.27%	0.39%	0.51%	0.65%	0.14%	0.07%
其他非流动资产	0.00%	0.00%	0.00%	0.00%	3.14%	5.88%
非流动资产合计	23.22%	21.98%	22.18%	20.21%	20.46%	19.12%
资产总计	100.00%	100.00%	100.00%	100.00%	100.00%	100.00%
短期借款	0.00%	0.00%	0.00%	0.00%	0.74%	0.00%
交易性金融负债	0.00%	0.00%	0.00%	0.00%	0.00%	0.00%
应付票据	0.00%	0.00%	0.00%	0.00%	0.00%	0.00%
应付账款	2.63%	4.12%	7.96%	7.26%	8.72%	5.49%

(续)

项　　目	2011 年	2012 年	2013 年	2014 年	2015 年	2016 年
预收款项	1.63%	3.15%	3.95%	2.55%	2.21%	0.84%
应付职工薪酬	1.45%	2.08%	2.79%	3.07%	2.35%	1.26%
应交税费	0.80%	1.31%	1.26%	1.30%	1.84%	4.15%
应付利息	0.00%	0.00%	0.00%	0.00%	0.00%①	0.02%
应付股利	0.00%	0.00%	0.00%	0.00%	0.00%	0.00%
其他应付款	0.45%	0.27%	0.53%	0.58%	4.59%	0.25%
应付关联公司款	0.00%	0.00%	0.00%	0.00%	0.00%	0.00%
一年内到期的非流动负债	0.00%	0.00%	0.00%	0.00%	0.00%	0.00%
其他流动负债	0.00%	0.00%	0.00%	0.00%	0.00%	0.00%
流动负债合计	6.95%	10.93%	16.49%	14.77%	20.46%	12.01%
长期借款	0.00%	0.00%	0.00%	0.00%	0.00%	0.00%
应付债券	0.00%	0.00%	0.00%	0.00%	0.00%	0.00%
长期应付款	0.00%	0.00%	0.00%	0.00%	6.30%	2.55%
专项应付款	0.27%	0.47%	1.44%	0.00%	0.00%	0.00%
预计负债	0.00%	0.00%	0.00%	0.00%	0.00%	0.00%
递延所得税负债	0.00%	0.00%	0.00%	0.00%	0.01%	0.00%
长期递延收益	0.00%	0.00%	0.00%	2.51%	1.53%	0.52%
其他非流动负债	0.00%	0.00%	0.26%	0.00%	0.00%	0.00%
非流动负债合计	0.27%	0.47%	1.70%	2.51%	7.84%	3.07%
负债合计	7.23%	11.39%	18.19%	17.28%	28.29%	15.08%
股本	18.36%	15.70%	11.27%	16.04%	20.19%	9.25%
资本公积	57.80%	50.49%	39.91%	22.25%	3.62%	43.25%
盈余公积	2.09%	2.77%	3.64%	4.98%	5.20%	3.55%
减：库存股	0.00%	0.00%	0.00%	0.00%	0.00%	0.00%
其他综合收益	−0.04%	−0.03%	−0.04%	−0.03%	0.16%	0.19%
未分配利润	14.57%	19.68%	27.03%	39.48%	42.23%	28.26%
少数股东权益	0.00%	0.00%	0.00%	0.00%	0.31%	0.42%
非正常经营项目收益调整	0.00%	0.00%	0.00%	0.00%	0.00%	0.00%
股东权益合计	92.77%	88.61%	81.81%	82.72%	71.71%	84.92%
负债和股东权益合计	100.00%	100.00%	100.00%	100.00%	100.00%	100.00%

① 公司 2015 年应付利息是 12 万元，总资产是 350 574 万元，当计量单位取到万分位时，应付利息占比约等于 0。

根据表 5-4，企业资产负债表的结构比例总体比较稳定，重要报表项目异动不多，具体分析如下：

1. 流动资产

企业流动资产与非流动资产的比例基本稳定在 8∶2 左右，仅从数据上看，流动资产占比极高,并且连续六年占总资产比重基本稳定在 80% 左右,由 76.78% 逐步稳定增加到 80.88%。其中,货币资金、应收账款和其他流动资产是资产负债表内部结构中最高的三项资产。货币资金的比重逐年下降,由 2011 年的 64.93% 逐步降低到 2015 年的 29.96%,到 2016 年增加到 37.18%;应收账款占比稳步增加,由 8.59% 增加到 19.57%,只是 2016 年大幅度下降到 10.80%。其他流动资产占比由 2011 年仅占 0.06%,暴增到 2012 年的 4.02%,2013 年再次跳升到 16.47%,然后上升到 20% 以上,2016 年更是上升到 28.10%。

如果只根据这几项重要数据比例的趋势变化,我们很可能得出如下结论:货币资金有逐步恶化的迹象,而应收账款也是如此,而其他流动资产变化过于异动。如果仅根据货币资金和应收账款的变化,我们对其感到担忧。到了 2016 年,公司货币资金和应收账款情况才有所好转。但是这种判断是不严谨的,这是计量方法的内在缺陷所致,资产负债表的结构只是展示了资产负债表的内部结构,而没有考虑每年共同比基数的变化。

以 2016 年为例,公司 2016 年年度报告披露公司非公开发行 81 218 421 股新股,发行价格为 43.95 元/股,募集资金总额为 3 569 549 602.95 元,扣除发行费用 22 420 820.55 元,募集资金净额为 3 547 128 782.40 元。上述募集资金到位情况已经瑞华会计师事务所(特殊普通合伙)于 2016 年 2 月 15 日出具的瑞华验字〔2016〕48260004 号《验资报告》验证确认。通过与比较资产负债表进行比对,公司 2016 年货币资金大幅增加了近 22 亿元,增幅高达 2 倍,而在共同比资产负债表中它的占比与 2015 年相比仅增加了 24.10%,并且货币资金占总资产比例为 37.18%,仍然远低于前两年的 60%,从数据上讲,仍然有可能引起分析者的担忧,这就是结构比例的缺陷。实际并非如此,即使是 2013 年—2015 年,公司货币资金也是相当充沛的。由表 5-4 共同比资产负债表可知,公司近六年的货币资金实际上一直都相当充裕,公司 2011 年—2013 年间的货币资金稳定在 6 亿元左右,2014 年上升到 7 亿元,2015 年高达 10 亿元,2016 年更是高达 32 亿元,公司货币资金并无隐忧,甚至有可能存在资金大量闲置。

即使做了初步修正,我们对公司货币资金的评价实际上仍是不准确的,因为它还需要与其他流动资产联系起来一起评估。根据公司报表附注,公司其他流动资产中几乎全部是理财产品及结构性存款,基本等同于现金,这意味着可以将其计入货币资金,这两项总计占总资产比例近六年间基本稳定在 60% 左右。由此知,我们完全没有必要担心货币资金占比的明显变化,公司货币类资产始终十分充足。并且由于其他流动资产几乎全部是理财产品及结构性存款,这直接导致现金流量表中"投资支付的现金"项目出现异动,有可能让人误认为这是公司的投资扩张支出。这就是说,网宿科技高达 50% 以上的账面资产均是现金类资产,而且公司资产负债率偏低,几乎没有有息负债,公司流动性十分充足。这些数据揭示了公司具有惊人的盈利能力,以及强大的市场定价权,同时也让公司具有了应对市场 CDN 竞争不利局面的资本。

同样,应收账款结构比例也需要结合共同比资产负债表判断。由表 5-4 知,公司应收账款占比由 8.59% 稳步上升到 19.57%,2016 年骤降至 10.80%,本以为是利好,实际上应收账款却增加了 36.42%。具体来讲,应收账款由 2011 年的 7 215 万元逐步增加到 2016 年的 93 593 万元,其中前两年变化不大,2013 年大幅增加到 20 184 万元,2015 年跳升到 68 607 万元,2016 年更是进一步上升。只根据应收账款占比及其绝对数无法准确评估公司应收账款管理能力,需要借助它与销售收入的占比和公司信用政策相关信息,进一步评估公司应收账款管理能力的变化。如果从应收账款与销售收入占比看，2015 年之前公司两者之比基本在 15% 以内，到 2015 年之后两者占比增加到 20% 以上。因此，虽然公司货币资金充足，但是随着公司知名度上升，公司应收账款与收入的占比并未明显下降，而是总体逐步上升，并且公司应收票据占比几乎为 0，而预付款项占比也极小，公司应收账款管理能力还是给投资者带来了一丝隐忧。进一步查询公司客户和信用政策，公司客户主要是企业而非个人，并且公司客户中大公司逐步增加，这些客户资信优质，公司实施的信用政策比较宽松，公司应收账款管理风险是极小的。当然，需要谨慎评估的是，2016 年开始公司产品市场出现了明显变化，给公司带来了巨大挑战，需要密切关注公司客户、信用政策、市场议价权和公司应收账款的趋势变化。

进一步讲，当公司市场竞争环境出现不利变化时，尤其是公司产品价格大幅度下降，公司宽松的信用政策有可能给其带来比较大的隐患。从 2016 年年初到 2017 年年底，阿里巴巴、腾讯多次大幅度降低 CDN 产品价格，公司遭遇了前所未有的挑战。阿里巴巴集团 2016 年财务报告显示，过去一年多时间里阿里曾经 17 次调低 CDN 价格，核心云产品最高降价幅度达 50%。同时腾讯云 CDN 业务降价 25%。原来的 CDN 市场是双寡头垄断市场，网宿科技与蓝汛通信是主要竞争对手，现在这一市场格局正在发生着变化。虽然当下网宿科技仍呈现比较强的盈利能力，但是 2017 年公司盈利第一次出现大幅度下滑，并且没有明显止跌迹象，而蓝汛通信业绩近些年呈现亏损状态。尽管公司管理者披露公司将采取错位竞争，但是公司认为的错位竞争的优势很可能远没有高管估计的乐观，竞争激烈的市场导致公司 CDN 产品价格大幅度下降，公司营业收入虽然保持 10% 以上的增长率，但是利润却呈现了明显下滑趋势，产品价格均衡点目前尚未出现，阿里与腾讯 2017 年下半年再次宣布降价，这都进一步考验着公司产品的定价能力以及应对风险能力。根据 2017 年 12 月 11 日网宿科技公司披露的 2017 年股票期权与限制性股票激励计划考核管理办法，其中行权条件只对未来三年低收入增速做出限制，以 2017 年公司收入为基数，未来三年收入增速分别只要实现 10%、20% 和 30% 即可，并未提及对利润增速的要求，这从一个侧面也说明了公司管理者预计未来市场竞争风险的严峻形势。这时正是检验公司应收账款管理能力的一个最佳时机，未来需要密切监控公司应收账款的变化趋势。

不过，从总体上讲，公司应收账款占收入比不大，计提坏账率为 3%，基于公司强大的盈利能力和充足的现金流，坏账对公司盈利影响较小，从目前来看，公司应收账款风险处于可控范围。

由此可见，仅从共同比资产负债表看，它更多的是提供了资产负债表的内部比例结构，有时会误导分析者，不利于揭示公司数据真相，需要辅助更多数据以及其他相关信息才能做出判断。但是不可否认的是，资产负债表结构分析提供了一个很好的结构剖析分析视角，有利于快速找出重要项目，更有利于从总体上判断资产负债表结构的合理性，只是进行趋势分析时需要密切关注异动值的变化，以及这些异动值变化的真伪。

2. 固定资产

公司长期资产配置中固定资产和无形资产占绝对主导，其他非流动资产于 2015 年和 2016 年占比明显增加，其中 2015 年为 1.1 亿元，2016 年为 4.86 亿元，属于购房款。公司长期金融资产与短期金融资产占比基本为 0，只有 2015 年和 2016 年公司可供出售金融资产分别为 1 500 万元和 3 012 万元。在长期经营性资产中，公司固定资产比重较低，总体逐年递减，2011 年到 2013 年约为 18%，2014 年降低到 15.49%，2015 年微幅下降，2016 年大幅下降到 8.80%。由比较资产负债表发现，公司固定资产前两年小幅上升，之后三年是大幅上升。公司总资产前两年规模比较小，而后由于股东融资、净利润增加等因素，导致总资产快速增加，即尽管固定资产增速比较快，但是与总资产基数相比，导致其占比呈下降趋势，这从一定程度上说明公司实施轻资产策略，这与高科技公司比较吻合。

3. 资产负债率

公司资产负债率呈小幅上升趋势，除了 2015 年是 28.29% 外，基本在 20% 以下，属于典型的低负债率公司。根据流动资产占总资产约 80%，而流动负债占总权益基本低于 20%，尤其是货币类资产占比过高，由此，我们可以断定公司是保守投融资策略。

其中，2015 年公司资产负债率由总体低于 20% 大幅度上升到 28.29%，大幅度上升 63.72%，主要是两个项目所致，一个是其他应付款，另一个是长期应付款。其他应付款由 2014 年仅占 0.58% 大幅度上升到 4.59%，而公司之前多年均不涉及长期应付款，由之前的占比 0，到 2015 年其占比陡增到 6.30%。对于其他应付款，根据公司年度报告的第十项财务报表的第七小项合并财务报表项目注释，主要是由于公司支付的押金大幅度增加，由 2014 年度的 527 623.60 元大幅度上升到 7 038 868.78 元，至于是何种性质的押金，公司未做进一步披露，也未指明其支付对象，可以根据公司的债权人推测其风险大小。对于长期应付款的说明，合并财务报表项目注释显示是国家开发基金投资款，其具体信息披露如下：国开发展基金有限公司于 2015 年 12 月 4 日对上海云宿投资 22 073.5 万元，本次投资期限为自首笔增资款缴付完成日之日起六年，在投资期限内及投资期限到期后国开发展基金有限公司有权行使投资回收选择权，并要求本公司对国开发展基金有限公司持有的上海云宿股权予以回购。国开发展基金有限公司对上述投资每年以分红或通过回购溢价方式获得 1.2% 的收益。国开发展基金有限公司对上海云宿的投资属于阶段性持股行为。

这可能会产生一个疑问：保守投融资策略是否影响公司盈利能力。这需要借助公司利润表中相关信息，以及公司是否拥有充沛的货币资金和极低的资产负债率。2011 年之后，公司净利润呈现超高速增长态势，且公司财务费用持续为负数，即公司在保持超高盈利能力之时保持了资产的超强流动性，这是一流公司通常具有的特征，而网宿科技在成长期就具备了这一特征。

进一步分析，公司负债中绝大部分是流动负债，非流动负债占总负债之比基本维持在 10%~20%，并且有息短期负债占比几乎为 0，更多的是经营性无息负债，其中应付账款和预收账款占流动负债 50% 以上，这两项数据占总权益之比也呈上升态势，这说明公司占用他人无息资金能力比较强，公司市场议价能力得到提升，这在一定程度上减缓了我们对公司应收账款管理能力的担忧，至少在 2011 年—2016 年间公司应收账款风险是极低的。并且公司流动资产所占比重过高，尤其是货币类资产远高于无息经营负债，加之公司长期负债占比过低，再次说明了公司偿债能力强劲。因此，从总体上判断公司市场定价能力和议价能力比较强是比较合理的。

4. 资产配置与资金来源

公司资产配置与资金来源相当简洁。资产中有不少会计科目的金额占比是 0，同样负债类也有不少会计科目占比为 0。例如交易性金融资产、应收公司关联款、应收股利、一年内到期的非流动资产、可供出售的金融资产、长期股权投资、长期应收款、在建工程等，而应收票据除了 2016 年占比 0.05%外，其他年度占比为 0。同样，公司负债不少会计科目占比基本为 0，例如，应付票据、应付股利、应付关联公司款、一年内到期的非流动负债、其他流动负债、长期借款、应付债券、预计负债等，而短期借款占比几乎为 0，只有 2015 年占比 0.74%，应付利息占比几乎为 0，2015 年和 2016 年公司产生极小的利息费用。

此外，存货在流动资产中占有重要地位，而网宿科技的存货占总资产比例极低，存货占流动资产的比例也远低于 5%。公司存货通常只有几千万，只有 2016 年存货超过亿元。公司年度报告披露这主要是随业务量增长，仓库库存增加所致。显然，这种解释是比较乏力的，因为 2016 年存货较 2015 年大增 438.53%，而之前年度公司营收也是大幅增加，但存货并不呈现如此快速的增加。分析者需要进一步将本年度存货骤增与公司市场竞争、信用政策、采购成本、销售成本以及公司存货优化管理等结合起来判断。

5. 股东权益的构成比例

股东权益的构成比例中，股本与资本公积两项占比波动都比较大。其中，股本占比从 2011 年 18.36%逐步下降到 2013 年的低点 11.27%，然后占比逐步上升，到 2015 年升至最高占比 20.19%，然后 2016 年骤降到 9.25%。资本公积占比逐步下降，到 2015 年，占比由 2011 年的 57.80%下降到 3.62%，然后 2016 年大幅度提升到 43.25%。如果仅从股东权益的结构比例趋势上看，同样有可能得出错误结论，有可能认为 2011 年和 2016 年公司股本占比属于异动数据，而 2015 年资本公积占比肯定也是一个异动数据。通过查阅表 5-3 比较资产负债表可知，近些年公司股本总量是逐步上升的，并且从 2013 年到 2015 年间股本数量基本以 100%速度增加，2016 年股本数量也增加了近 1 亿股。股本之所以呈现如此快速的增加，与公司 2013 年和 2014 年实施高送转股利分红政策和 2016 年非公开发行新股密切相关。而资本公积 2011 年到 2014 年并没有明显变化，2015 年资本公积由 4.4 亿元降低至 1.27 亿元，2016 年更是暴增至 37.37 亿元。具体来说，2014 年公司实施资本公积高送转后，公司资本公积总额并未急剧下降。这是因为一方面本期资本溢价的增加是公司股票期权激励对象缴纳行权资金 30 113 563.46 元，其中新增股本合计人民币 3 782 000.00 元，差额 26 331 563.46 元转"资本公积——资本溢价"，以及已行权部分相应的股权激励期权成本 9 910 368.66 元的结转。本期资本溢价的减少是根据公司 2013 年年度股东大会审议通过的 2013 年年度权益分派方案，以资本公积向全体股东每 10 股转增 9.990 104 股所致。另一方面，其他资本公积增加的原因是本期其他资本公积的增加，主要是由于母公司股权激励期权成本摊销所致，其他资本公积的减少是由于第一期、第二期激励计划授予的激励对象已行权的股份额所占的股权激励期权成本结转所致。2015 年主要是资本公积转增资本所致，根据公司 2014 年年度股东大会审议通过的 2014 年年度权益分派方案，由以资本公积向全体股东每 10 股转增 11.993 290 股及股票期权激励对象行权所致。总体上讲，公司 2014 年和 2015 年都对上一年度实施了高送转股利分红，也都出现了其他资本公积的变化，而 2015 年之所以资本公积总额出现明显下降，最主要原因是高送转分红。而 2014 年公司实施高送转分红，之所以并未导致资本公积显著下降，是因为 2013 年公司股本基数比较小，只有 1.5 亿元。而 2014 年股本基数已达 3 亿股之多，加上 2014 年公司实施的是更高比例的高送转，2015 年资本公积就需要多结转 1.6 亿股之多。2016 年公司进行了股权融资，公司非公开发行 81 218 421 股新股，募集资金净额为 3 547 128 782.40 元，导致资本公积骤增。正因为公司在 2016 年进行了巨额融资，公司总资产随之大幅度增加，引起公司股本占比总资产的比例大幅下降，而资本公积的占比出现大幅度上升。

（二）定比资产负债表的运用

承前例，网宿科技2011年—2016年的定比资产负债表见表5-5。

表5-5　网宿科技2011年—2016年的定比资产负债表　　　单位：万元

项　　目	2011年	2012年	2013年	2014年	2015年	2016年
货币资金	100	112.16	103.66	139.73	192.56	590.51
交易性金融资产	—	—	—	—	—	—
应收票据①	—	—	—	—	—	100
应收账款	100	121.79	279.77	411.20	950.96	1 297.29
预付款项	100	57.32	251.71	467.54	613.64	441.16
其他应收款	100	150.89	517.51	2 083.47	2 127.30	2 900.91
应收关联公司款	—	—	—	—	—	—
应收利息	100	111.19	238.83	219.67	64.05	891.14
应收股利	—	—	—	—	—	—
存货	100	117.82	407.64	175.86	493.51	2657.70
一年内到期的非流动资产	—	—	100	6.06	52.44	148.95
其他流动资产	—	100②	580.03	1 042.38	2 318.84	6 162.96
流动资产合计	100	118.83	167.88	244.67	432.37	1 086.36
可供出售金融资产	—	—	—	—	100	200.80
持有至到期投资	—	—	—	—	—	—
长期应收款	—	—	—	—	—	—
长期股权投资	—	—	—	—	100	14 089.52
投资性房地产	—	—	—	—	—	—
固定资产	100	105.82	155.61	193.07	293.53	480.60
在建工程	—	—	—	—	—	100
工程物资	—	—	—	—	—	100
固定资产清理	—	—	—	—	—	—
生产性生物资产	—	—	—	—	—	—
油气资产	—	—	—	—	—	—
无形资产	100	156.83	175.55	246.84	330.13	528.75
开发支出	100	56.10	142.84	207.97	373.22	736.71
商誉	100	100	100	924.46	2 280.96	2 280.96
长期待摊费用	100	98.41	73.82	147.54	344.76	830.58
递延所得税资产	100	164.78	305.31	554.05	217.97	279.65
其他非流动资产	—	—	—	—	100	462.79
非流动资产合计	100	110.69	158.19	204.87	367.62	848.95
资产总计	100	116.94	165.63	235.43	417.33	1 031.22

（续）

项　　目	2011年	2012年	2013年	2014年	2015年	2016年
短期借款	—	—	—	—	100	0
交易性金融负债	—	—	—	—	—	—
应付票据	—	—	—	—	—	—
应付账款	100	183.65	501.85	650.78	1 384.91	2 156.53
预收款项	100	225.54	401.24	368.37	565.07	529.84
应付职工薪酬	100	168.08	319.55	500.80	680.08	899.45
应交税费	100	191	260.01	381.50	960.82	5 348.28
应付利息	—	—	—	—	100	1 170.09
应付股利	—	—	—	—	—	—
其他应付款	100	70.22	196.25	305.30	4 262.41	577.30
应付关联公司款	—	—	—	—	—	—
一年内到期的非流动负债	—	—	—	—	—	—
其他流动负债	—	—	—	—	—	—
流动负债合计	100	183.75	392.75	500	1 227.72	1 781.28
长期借款	—	—	—	—	—	—
应付债券	—	—	—	—	—	—
长期应付款	—	—	—	—	100	100
专项应付款	100	200	875.11	0	0	0
预计负债	—	—	—	—	—	—
递延所得税负债	—	—	—	—	100	120.34
长期递延收益	—	—	—	100	108.10	90.05
其他非流动负债	—	—	100	1 354.73	—	—
非流动负债合计	100	200	1 035.11	2 167.57	11 994.81	11 605.63
负债合计	100	184.37	416.99	562.91	1 633.92	2 151.91
股本	100	100	101.65	205.75	459.09	519.76
资本公积	100	102.15	114.36	90.64	26.10	771.60
盈余公积	100	155.15	289.28	561.49	1 040.25	1 754.64
减：库存股	—	—	—	—	—	—
其他综合收益③						
未分配利润	100	157.99	307.36	638.07	1 210.06	2 000.65
少数股东权益	—	—	—	—	100	335.96
非正常项目收益调整	—	—	—	—	—	—
股东权益合计	100	111.69	146.05	209.92	322.57	943.94
负债和股东权益合计	100	116.94	165.63	235.43	417.33	1 031.22

① 2011年—2015年间应收票据均为0，以2016年作为基期。与此类似情况，均以该项目第一次有数据的年份作为基期。
② 因为公司2011年其他流动资产仅为50万元，2012年起基本在1亿元以上，所以将2012年的数值作为基期。
③ 由于其他综合收益金额占总资产比例过小，并且前四年为负数，后两年为正数，所以本处不做标注。

由于资产负债表结构分析借助了比较资产负债表，我们不单独对比较资产负债表进行系统分析。进行定比资产负债表分析时，同样需要借助比较资产负债表。

定比资产负债表将 2011 年数据定基为 100，各年数据在 2011 年数据作为定比基数上进行计算。

由表 5-5 知，总体上讲，公司 2011 年—2016 年间各项数据均呈明显上升趋势，公司资产增幅比较快，2016 年的公司资产是 2011 年的近 10 倍，而流动负债增幅近 20 倍，非流动负债暴增 115 倍，而股东权益增幅高达 8 倍，不过总负债增幅达 20 倍之多。其中，非流动负债暴增 100 多倍，而总负债增幅仅 20 倍，这主要是因为 2011 年非流动负债基数过小，仅 229 万元，而且总负债中流动负债占比始终过高，至少达 80% 以上。

从公司资产的角度看：货币资金增幅远低于总资产增幅，不到 5 倍，与前面分析呼应，需要结合其他流动资产一并分析更为合理；应收账款增幅明显，主要是公司业务增长所致，如前所述，应收账款总体风险极低，需要密切关注公司应收账款的回款能力；应收利息随着货币资金和其他流动资产（主要是银行理财产品）增加而增加；公司存货增幅近 26 倍，但是存货占流动资产的比例过低，存货管理处于可控范围之内。只有公司 2016 年存货增幅高达 2 亿元之多，与营业收入占比与以前年度相比明显上升，这时需要评估公司是否因为 CDN 市场竞争陷入白热化阶段，给公司产品销售带来挑战，导致公司库存明显上升；公司其他流动资产出现大幅上升，主要是公司购买理财产品增加所致；与流动资产和总资产增幅相比，公司固定资产增幅不大，2011 年—2016 年增加不到 4 倍，并且都集中在 2015 年和 2016 年，它与公司战略扩张、并购等密切相关。

从公司资金来源的角度看：负债之所以增幅如此之快，并不是公司负债上升所致，而是因为公司定比基数过小，导致定比增速过快。从相对比例来讲，流动负债的增速高于流动资产的上升幅度，非流动负债增速更高于非流动资产的上升幅度；但是从绝对数上看，流动资产远大于流动负债，非流动资产也远大于非流动负债。2016 年公司所有者权益增幅较大主要是公司非定向增发和当年公司净利增加所致，非定向增发导致股本和资本公积陡增，进而公司净利引起未分配利润增幅较大。

第三节　利润表结构与趋势分析

一、利润表结构与趋势分析概述

（一）利润表结构分析

利润结构分析表又称共同比利润表。利润表结构分析通常以营业收入总额为共同基数，然后求出利润表中各项目相对于共同基数的百分比，目的在于帮助信息使用者了解企业有关销售利润率以及各项费用率的情况。如果将若干期利润表的结构百分比报表并列在一起，可以比较各期企业盈利状况的发展趋势。

（二）利润表趋势分析

利润表趋势分析是指通过对利润表所列各项目数值或比率进行比较，分析确定其增减变化的方向和幅度，预测未来的盈利水平和分配结构。利润表趋势分析可以采用绝对额比较分析、百分率比较分析和结构比较分析，也可以采用定比趋势分析或者环比趋势分析。

利润表趋势分析一般采用定比基数趋势分析，其内涵与资产负债表趋势分析的原理相同，此处不再赘述。

二、利润表结构与趋势分析的运用

承前例，网宿科技 2011 年—2016 年的比较利润表见表 5-6。

表 5-6　网宿科技 2011 年—2016 年的比较利润表　　　　　　　单位：万元

项　　目	2011 年	2012 年	2013 年	2014 年	2015 年	2016 年
一、营业收入	54 214	81 480	120 499	191 077	293 166	444 653
减：营业成本	38 579	53 908	69 481	107 807	161 938	258 025
营业税金及附加	1 686	2 683	3 891	2 964	448	702
销售费用	4 687	8 498	11 754	15 951	20 068	26 754
管理费用	5 128	6 745	11 650	19 294	32 305	49 261
财务费用	-1 254	-1 636	-1 845	-1 700	-1 547	-9 777
资产减值损失	28	205	436	570	1 729	1 303
加：投资收益	0	165	358	1 531	3 239	6 304
二、营业利润	5 360	11 242	25 490	47 722	81 464	124 689
加：营业外收入	1 208	1 398	2 054	3 765	6 799	8 761
减：营业外支出	103	360	909	1 347	418	850
其中：非流动资产处置净损失	90	345	774	591	369	835
三、利润总额	6 465	12 280	26 635	50 140	87 845	132 600
减：所得税费用	993	1 905	2 924	1 770	4 890	7 780
四、净利润	5 472	10 375	23 711	48 370	82 955	124 820

（一）共同比利润表的运用

承前例，根据表 5-6 计算求得网宿科技 2011 年—2016 年的共同比利润表，见表 5-7；网宿科技 2011 年—2016 年的利润总额构成见表 5-8。

表 5-7　网宿科技 2011 年—2016 年的共同比利润表

项　　目	2011 年	2012 年	2013 年	2014 年	2015 年	2016 年
一、营业收入	100%	100%	100%	100%	100%	100%
减：营业成本	71.16%	66.16%	57.66%	56.42%	55.24%	58.03%
营业税金及附加	3.11%	3.29%	3.23%	1.55%	0.15%	0.16%
销售费用	8.65%	10.43%	9.75%	8.35%	6.85%	6.02%
管理费用	9.46%	8.28%	9.67%	10.10%	11.02%	11.08%
财务费用	-2.31%	-2.01%	-1.53%	-0.89%	-0.53%	-2.20%
资产减值损失	0.05%	0.25%	0.36%	0.30%	0.59%	0.29%
加：投资收益	0.00%	0.20%	0.30%	0.80%	1.10%	1.42%
二、营业利润	9.89%	13.80%	21.15%	24.98%	27.79%	28.04%

(续)

项　　目	2011 年	2012 年	2013 年	2014 年	2015 年	2016 年
加：营业外收入	2.23%	1.72%	1.70%	1.97%	2.32%	1.97%
减：营业外支出	0.19%	0.44%	0.75%	0.70%	0.14%	0.19%
三、利润总额	11.92%	15.07%	22.10%	26.24%	29.96%	29.82%
减：所得税费用	1.83%	2.34%	2.43%	0.93%	1.67%	1.75%
四、净利润	10.09%	12.73%	19.68%	25.31%	28.30%	28.07%

表 5-8　网宿科技 2011 年—2016 年的利润总额构成

项　　目	2011 年	2012 年	2013 年	2014 年	2015 年	2016 年
营业利润	82.91%	91.55%	95.70%	95.18%	92.74%	94.03%
营业外收入	18.69%	11.39%	7.71%	7.51%	7.74%	6.61%
营业外支出	−1.59%	−2.93%	−3.41%	−2.69%	−0.47%	−0.64%
营业外收支净额	17.1%	8.46%	4.3%	4.82%	7.27%	5.97%
利润总额	100.00%	100.00%	100.00%	100.00%	100.00%	100.00%

根据表 5-7 和表 5-8，公司利润表简直可以用"完美"来形容，公司持续盈利能力极强，几乎所有影响持续盈利能力的关键项目都逐步趋好，唯有管理费用占比微幅增高一点，这与公司实施股权激励计划有关，也并非利空信息。公司主营业务与其他业务分明，营业利润与非营业利润更加分明，主营利润在营业利润中占绝对主导，营业利润在利润总额中占绝对主导。具体来讲，营业成本与营业收入之比逐步走低，只有 2016 年微幅上升；营业税金及附加也逐步减低，2011 年—2013 年基本维持稳定为 3%，但是 2014 年大幅度降低到 1.55%，2015 年更是大幅度降低到 0.15%，2016 年与上一年基本持平为 0.16%。这与我国营业税改增值税和税收优惠政策等密切相关，尤其是公司 2015 年营业税金及附加比 2014 年暴降 2 500 多万元。销售费用占比逐步降低，体现了公司销售效率逐步提升。管理费用占比除 2016 年外逐步走低，体现了公司良好的管理水平。财务费用为负数，代表净利息收入，它通常意味着公司银行存款和理财产品金额较大，也代表着公司产品在市场上具有较强的竞争力。资产减值损失占比保持稳定，在一定程度上说明公司资产管理水平比较稳定。投资收益除 2011 年外，其他年份保持逐步上升，对利润产生了正贡献。并且营业外利润始终为正，起到了锦上添花的效果。由此可见，公司利润表简直完美无瑕，利润表完全符合持续高增长盈利能力的特征。

公司在这一期间内的超高收入增长和超强盈利能力主要得益于 CDN 行业高景气周期，网宿科技与蓝汛通信是 CDN 市场竞争中的双寡头，公司受益十分明显。不过从 2014 年开始，CDN 市场双寡头格局遭受挑战，包括阿里、腾讯、百度在内的互联网巨头纷纷开始涉足 CDN，更是在 2015 年打起了价格战，整个行业迎来大变局。这一定程度上增加了公司盈利持续的不确定性。以销售毛利率为例，公司在 2013 年第四季度出现拐点，销售毛利率开始下降，虽然随后又继续上升，但是增长速度已明显不及以前，进入 2015 年，公司销售毛利率几乎接近水平发展。可以预计的是，随着腾讯、阿里等加入行业竞争更加激烈，公司销售毛利率面临明显下滑的风险，公司利润也存在大幅度下滑的风险，2017年的财务数据就是例证。

(二) 定比利润表的运用

承前例，网宿科技 2011 年—2016 年的定比利润表见表 5-9。

表 5-9　网宿科技 2011 年—2016 年的定比利润表

项　　目	2011 年	2012 年	2013 年	2014 年	2015 年	2016 年
一、营业收入	100	150.29	222.26	352.45	540.76	820.18
减：营业成本	100	139.73	180.10	279.44	419.76	668.82
营业税金及附加	100	159.13	230.72	175.79	26.59	41.62
销售费用	100	181.31	250.80	340.35	428.20	570.86
管理费用	100	131.53	227.20	376.28	630.00	960.68
财务费用	100	130.46	147.13	135.55	123.40	779.71
资产减值损失	100	732.14	1 525.70	1 995.17	6 047.76	4 561.05
加：投资收益	—	100	217.54	931.05	1 968.05	3 831.66
二、营业利润	100	209.75	475.58	890.37	1 519.92	2 326.39
加：营业外收入	100	115.74	170.02	311.67	562.73	725.16
减：营业外支出	100	349.36	882.41	1 306.72	404.80	825.08
其中：非流动资产处置净损失	100	376.98	846.22	646.23	403.51	912.42
三、利润总额	100	189.96	411.99	775.59	1 358.81	2 051.08
减：所得税费用	100	191.98	294.49	178.35	492.59	783.71
四、净利润	100	189.59	433.31	883.93	1 515.95	2 280.99

注：在整个分析周期中财务费用皆为负数，代表净利息收入，因此财务费用取 2011 年的绝对值作为定基。而公司投资收益 2011 年为 0，所以将 2012 年数据作为定比基数。

根据表 5-6 和表 5-9 分析，公司 2011 年—2016 年间的营业收入、营业利润、利润总额、净利润均呈现高增长趋势，尤其在 2013 年净利润比 2012 年增幅明显，而此后也保持接近一倍的速度增长，直至 2016 年增速小幅下降到 50%，统计数据再次说明在这段时间内公司的持续盈利能力惊人。

以终点与起点的定比营收增速 720.18% 为比较基础，公司营业利润中各个耗费类明细项目的增速基本都低于营业收入的增长速度，体现了公司在保持收入高增长的同时，成本类项目控制能力极强。其中异动类项目是资产减值损失和投资收益，并且两类增速远高于收入增速，尤其是资产减值损失。通过比较利润表可知，这主要是因为资产减值损失的基数过小，不足 30 万元，因此资产减值损失并不是异动数据；投资收益也是一样，基数比较小，不过从 2012 年开始，公司投资收益大幅度增加。在营业利润项目中，管理费用的增长略高于营收增长，这与公司管理人员股权激励有关。财务费用基本与营收增速相当，财务费用是负数，表示利息净收入，它是公司综合实力强大的一个写照。最终公司净利增速远高于营收增速，净利增加近 22 倍。这是高成长公司的财务数据的典型特征，股票价格走势十分强劲，公司缔造了创业板的神话。

第四节 现金流量表结构与趋势分析

一、现金流量表结构与趋势分析概述

(一) 现金流量表结构分析

现金流量表结构分析是指通过对现金流量表结构的分析,进一步了解企业现金流入的具体来源和现金流出的具体去向,从而有助于预测企业的未来现金流量充沛程度,并更好地评价企业的财务状况质量,提升经营业绩预测的准确性。

现金流量表结构分析包括总体结构分析与各部分内部结构分析两大类。

总体结构分析是通过分析经营活动现金净流量、投资活动现金净流量和筹资活动现金净流量占全部现金净流量的百分比。总体结构分析需要观察企业经营活动现金流(流入、流出或者净额)、投资活动现金流(流入、流出或者净额)与筹资活动现金流(流入、流出或者净额)的总占比分配是否合理,尤其应特别关注经营活动现金净流量的信息。通过经营活动现金净流量占全部现金净流量的分析,结合比较现金流量表,信息使用者可以了解企业的各种经营决策对企业经营成果及其质量的影响。借此,分析者可以更准确地评价企业的偿债能力和股利支付能力。通常,如果在企业各类现金净流量构成中,尤其是企业投资净现金流是负数,并且绝对数逐步增大,这时企业经营活动现金流量要求比较充沛,尤其是自由经营现金流量充沛更为重要。

各部分内部结构分析是指各部分内部不同性质的项目占该部分现金流量的百分比分析。通过各大类别内部结构分析,可以更清晰地了解企业各部分现金流质量,更具体地了解企业的经营战略,了解企业偿债能力、财务弹性能力、现金股利支付能力及其他现金流量情况。

各部分内部结构分析具体包括现金流入结构分析、现金流出结构分析和经营活动、投资活动和筹资活动现金流入和流出之间的比例分析。

现金流入结构分析就是将经营活动、投资活动和筹资活动的现金流入加总合计,然后计算每个现金流入项目金额占总流入金额的比例,分析现金流入的结构和含义。通过现金流入结构分析,可以了解企业资金的主要来源,然后分析企业未来扩张的可行性和各项现金流入波动的原因。

现金流出结构分析就是将经营活动、投资活动和筹资活动的现金流出加总合计,然后计算每个现金流出项目金额占总流出金额的比重,分析现金流出的结构和含义。通过现金流出结构分析,可以了解企业资金的主要去向,进而分析企业未来发展状况和各项现金流出波动的原因。

在分析了现金流入与现金流出结构之后,还需要进行经营活动现金流入与流出、投资活动现金流入与流出和筹资活动现金流入与流出之间的比例进行分析,以观察各部分现金流的匹配情况。一般而言,对于一个正常发展的企业,经营活动现金流入和流出的比例应该大于1,但是投资活动现金流入和现金流出的比例没有确切答案,其主要视企业发展阶段而定,筹资活动现金流入和现金流出之间的比例与企业扩张密切相关。

(二) 现金流量表趋势分析

现金流量表趋势分析是通过观察和比较连续若干期间的现金流量表相同项目增减变动的

金额及幅度，判断经营活动现金流量、投资活动现金流量和筹资活动现金流量等项目质量的变化趋势。

现金流量趋势分析可以分为绝对额比较分析和相对额比较分析，也可以分为定比趋势分析和环比趋势分析。

现金流量趋势分析一般选择定比现金流趋势分析，其内涵与资产负债表原理相同，此处不再赘述。

二、现金流量表结构与趋势分析的运用

承前例，网宿科技2011年—2016年的比较现金流量表见表5-10。

表5-10 网宿科技2011年—2016年的比较现金流量表　　　　单位：万元

项目	2011年	2012年	2013年	2014年	2015年	2016年
销售商品、提供劳务的现金	54 558	81 670	111 334	190 616	271 346	441 181
收到的税费返还	642	490	358	716	2 316	3 654
收到其他与经营有关的现金	1 948	2 790	4 669	4 746	6 182	6 989
经营活动现金流入小计	57 148	84 950	116 361	196 078	279 844	451 824
购买商品、接受劳务的现金	34 571	47 866	61 829	103 147	154 333	270 445
支付给及为职工支付的现金	7 061	10 388	14 812	24 813	38 561	54 035
支付的各项税费	2 709	4 138	6 742	7 913	6 779	6 655
支付其他与经营有关的现金	2 986	4 061	5 420	8 015	8 373	13 549
经营活动现金流出小计	47 327	66 453	88 803	143 888	208 046	344 684
经营活动现金流量净额	9 821	18 497	27 558	52 190	71 798	107 140
收回投资收到的现金	0	238 150	163 050	173 020	310 651	559 282
取得投资收益收到的现金	0	165	355	2 925	4 894	4 679
处置固定资产等现金净额	10	20	9	18	4	176
处置子公司等现金净额	0	0	0	80	0	0
收到其他与投资有关的现金	0	0	0	0	0	0
投资活动现金流入小计	10	238 335	163 414	176 043	315 549	564 137
购建固定资产等支付的现金	6 544	5 874	14 583	14 686	37 986	102 942
投资支付的现金	0	241 997	182 650	220 871	369 256	949 966
取得子公司等现金净额	0	0	0	959	−14	0
支付其他与投资有关的现金	0	0	0	2371	0	461
投资活动现金流出小计	6 544	247 871	197 233	238 887	407 228	1 053 369
投资活动现金流量净额	−6 534	−9 536	−33 819	−62 844	−91 679	−489 232
吸收投资收到的现金	0	0	4 452	2 867	5 147	36 6127
取得借款收到的现金	0	0	0	0	24 655	0
收到其他与筹资有关的现金	0	0	2 153	5 469	30 911	28 661
筹资活动现金流入小计	0	0	6 605	8 336	60 713	394 788
偿还债务支付的现金	0	0	0	0	0	2 581

（续）

项　目	2011年	2012年	2013年	2014年	2015年	2016年
分配股利等支付现金	1 542	2 313	3 084	3 135	4 773	15 967
支付其他筹资有关的现金	0	0	1 791	5 824	16 159	18 660
筹资活动现金流出小计	1 542	2 313	4 875	8 959	20 932	37 208
筹资活动现金流量净额	-1 542	-2 313	1 730	-623	39 781	357 580
汇率变动对现金的影响	-67	-10	-108	20	580	2 329
现金及其等价物净增额	1 678	6 634	-4 639	-11 257	20 480	-22 184
期初现金及现金等价物余额	52 868	54 546	61 180	56 534	45 277	65 757
期末现金及现金等价物余额	54 546	61 180	56 541	45 277	65 757	43 573

（一）现金流量结构表的运用

网宿科技 2011 年—2016 年的现金流入结构表见表 5-11；2011 年—2016 年的现金流出结构表见表 5-12；2011 年—2016 年的现金流入和流出结构分析表见表 5-13。

表 5-11　网宿科技 2011 年—2016 年的现金流入结构表

项　目	2011年	2012年	2013年	2014年	2015年	2016年
销售商品、提供劳务的现金	95.45%	25.26%	38.88%	50.10%	41.36%	31.27%
收到的税费返还	1.12%	0.15%	0.13%	0.19%	0.35%	0.26%
收到其他与经营有关的现金	3.41%	0.86%	1.63%	1.25%	0.94%	0.50%
经营活动现金流入小计	99.98%	26.28%	40.63%	51.54%	42.65%	32.03%
投资收到的现金	0.00%	73.67%	56.93%	45.48%	47.35%	39.64%
取得投资收益收到的现金	0.00%	0.05%	0.12%	0.77%	0.75%	0.33%
处置固定资产等现金净额	0.02%	0.01%	0.00%	0.00%	0.00%	0.01%
处置子公司等现金净额	0.00%	0.00%	0.00%	0.02%	0.00%	0.00%
收到其他与投资有关的现金	0.00%	0.00%	0.00%	0.00%	0.00%	0.00%
投资活动现金流入小计	0.02%	73.72%	57.06%	46.27%	48.09%	39.99%
吸收投资收到的现金	0.00%	0.00%	1.55%	0.75%	0.78%	25.95%
取得借款收到的现金	0.00%	0.00%	0.00%	0.00%	3.76%	0.00%
收到其他与筹资有关的现金	0.00%	0.00%	0.75%	1.44%	4.71%	2.03%
筹资活动现金流入小计	0.00%	0.00%	2.31%	2.19%	9.25%	27.98%
现金流入合计	100.00%	100.00%	100.00%	100.00%	100.00%	100.00%

根据表 5-11，对网宿科技的现金流量进行如下简要分析：

1）总体上讲，经营活动现金流入与投资活动现金流入占现金流入的主导地位，而筹资活动现金流入占比明显处于次要地位。其中经营活动现金流入占比和投资活动现金流入占比，除 2011 年和 2012 年外，两者在现金流入中的贡献相当。2011 年是比较极端的年度，本年现金总流入几乎全是经营活动现金流入，其占比高达 99.98%，而 2012 年两者出现了明显变化，其中经营活动现金流入占比仅为 26.28%，而投资活动现金流入占比暴增到 73.72%。筹资活动现金流入前两年占比为 0，中间两年仅为 2%，2015 年大幅增加到近 10%，2016 年更是高达 27.98%。

需要说明的是，公司经营活动现金流入基本是由销售产品和提供劳务收到的现金提供，这一项目在经营活动现金流入中占比高达 95% 以上，而投资活动现金流入中基本由投资收到的现金贡献，它几乎贡献了全部。也就是说，经营活动现金流入和投资活动现金流入几乎就等于销售产品和提供劳务收到的现金和投资收到的现金。并且由于公司投资支付的现金几乎都是购买理财产品，这部分产品风险比较低，一旦赎回就会产生大量的投资收回的现金。

经营活动现金流入占总现金流入的比例由 2011 年的 95.45% 下降到 2016 年的 31.27%，波动比较大，除 2012 年仅占 25% 外，公司销售产品、提供劳务的现金占比基本维持在 40%~50%。这一比例波动比较大，与公司这一期间投资活动和外部筹资有一定关系。实际上，公司经营活动现金流入在这一期间是逐步稳定上升的，公司销售产品、提供劳务的现金也是稳定上升的。2011 年是公司营收高增长的起点，当年没有外部融资，并且几乎没有投资活动现金流入，总现金流入基数不高，导致经营活动现金流入占现金总流入比例过高。2012 年经营活动现金流入占总现金流入的比例明显下降，主要原因是投资活动中"收回投资收到的现金"增幅巨大，导致本年现金总流入基数增大。而且之后每一年度"销售商品、提供劳务收到的现金"增幅明显，其占比总现金流入维持在 40% 左右。2016 年经营活动现金流入与总流入降低至 31.27% 主要是当年非定向增发导致公司现金流大增所致。

2）除 2016 年外，筹资活动现金流入的占比都比较低，这从一个侧面说明公司经营活动现金流量充沛，为公司扩张提供了支撑。2016 年公司经营活动、投资活动、筹资活动的现金流入比例比较均衡，其他年度比较失衡。公司 2016 年筹资现金流入占总现金流入为 27.98%，其中 25.95% 由股权资本投入。公司自 2009 年上市至 2016 年进行非定向增发前，网宿科技没有进行股权融资，除了 2015 年短期借款 2 581 万元外，其他年度也没有借款，这意味着公司基本利用自由现金流就足以支撑公司运营和扩张，也证明了公司现金流充足，也有利于减缓我们之前对公司应收账款的一丝忧虑。并且 2016 年非定向增发体现了管理层高明之处。公司 2016 年盈利增速开始放缓，市场竞争出现巨变，阿里、腾讯和百度正式发力 CDN 业务，公司经营风险开始显现，于是公司决定重点开拓云计算领域，开始并购一些相关公司，力争开拓新的盈利增长点。此时公司利用多年在市场处于主导地位，以及多年一流的财务数据，以极高估值进行了股权融资，显然是融资上策之选，降低了公司陷入财务困境的可能性。

表 5-12　网宿科技 2011 年—2016 年的现金流出结构表

项　　目	2011 年	2012 年	2013 年	2014 年	2015 年	2016 年
购买商品、接受劳务支付的现金	62.39%	15.12%	21.25%	26.33%	24.26%	18.84%
支付给以及为职工支付的现金	12.74%	3.28%	5.09%	6.33%	6.06%	3.76%
支付的各项税费	4.89%	1.31%	2.32%	2.02%	1.07%	0.46%
支付其他与经营有关的现金	5.39%	1.28%	1.86%	2.05%	1.32%	0.94%
经营活动现金流出小计	85.41%	20.99%	30.53%	36.73%	32.70%	24.02%
购建固定资产等支付的现金	11.81%	1.86%	5.01%	3.75%	5.97%	7.17%
投资支付的现金	0.00%	76.43%	62.79%	56.38%	58.04%	66.19%
取得子公司等支付的现金净额	0.00%	0.00%	0.00%	0.24%	0.00%	0.00%

(续)

项　目	2011年	2012年	2013年	2014年	2015年	2016年
支付其他与投资有关的现金	0.00%	0.00%	0.00%	0.61%	0.00%	0.03%
投资活动现金流出小计	11.81%	78.28%	67.80%	60.98%	64.01%	73.39%
偿还债务支付的现金	0.00%	0.00%	0.00%	0.00%	0.00%	0.18%
分配股利、利润等支付的现金	2.78%	0.73%	1.06%	0.80%	0.75%	1.11%
支付其他与筹资有关的现金	0.00%	0.00%	0.62%	1.49%	2.54%	1.30%
筹资活动现金流出小计	2.78%	0.73%	1.68%	2.29%	3.29%	2.59%
现金流出合计	100.00%	100.00%	100.00%	100.00%	100.00%	100.00%

根据表5-12分析可知，在各类现金流出中，投资活动现金流出占据绝对主导，除2011年占比11.81%外，其余年份基本维持在60%以上。公司投资活动现金流出基本由投资支付的现金构成，占比高达90%以上，该项目主要是购买理财产品，属于闲置资金的再利用，而购建固定资产、无形资产和其他长期资产支付的现金占比，除2011年外，远低于10%，这意味着公司投资活动现金流出的变化并不能有效代表公司扩张的变化。公司购买理财产品从2012年开始，这是2011年投资活动现金流出占比过低的原因；经营活动现金流出占比，除2011年占比高达85.41%外，基本介于20%~35%。其中，经营活动现金流出中购买商品、接受劳务支付的现金占主导地位，其占比基本维持在70%以上；筹资活动现金流出占比极小，基本介于1%~3%。之所以经营活动现金流出占比2011年是个例外，是因为这一年总现金流出过小，主要是投资活动现金流出过小所致，该年投资活动现金流出中仅有购建固定资产等支付的现金一项，其金额为6 544万元。

表5-13　网宿科技2011年—2016年的现金流入和流出结构分析表

项　目	2011年	2012年	2013年	2014年	2015年	2016年
经营活动现金流入/现金流出	120.75%	127.83%	131.03%	136.27%	134.51%	131.08%
投资活动现金流入/现金流出	0.15%	96.15%	82.85%	73.69%	77.49%	53.56%
筹资活动现金流入/现金流出	0.00%	0.00%	135.48%	93.05%	290.05%	1 061.02%
现金总流入/现金总流出	103.15%	102.10%	98.44%	97.12%	103.13%	98.29%

根据表5-13可知，公司现金总流入与现金总流出总体上比较均衡，经营活动现金流入远大于经营活动现金流出，由2011年的120.75%，逐步稳健上升到135%左右，2016年微幅下降到131.08%；而投资活动现金流入与投资活动现金流出之比，除2011年外，由2012年的96.15%，逐步下降到2015年的77.49%，2016年骤降至53.56%。2016年的骤降主要是当年购买理财产品大增近60亿元所致；筹资活动现金流入与筹资活动现金流出的比例，除前两年外，从2013年开始波动极大，这种情况主要与公司融资有关，尤其是2016年公司进行了大额股权融资，导致当年筹资活动现金流入远高于筹资活动现金流出，两者占比竟高达1 061.02%。相对而言，2011年和2012年在整个分析周期中比较特殊。公司2011年没有投资活动现金流入，投资大规模现金流出是由2012年开始，导致2011年公司总现金流入与总现金流出中几乎全是经营活动现金流出构成。2012年公司筹资活动现金流入为0，导致筹资活动现金流入与筹资活动现金流出的比例为0。

(二)定比现金流量表的运用

网宿科技 2011 年—2016 年的定比现金流量表见表 5-14。

表 5-14　网宿科技 2011 年—2016 年的定比现金流量表

项　　目	2011 年	2012 年	2013 年	2014 年	2015 年	2016 年
销售商品等收到的现金	100	149.70	204.07	349.39	497.36	808.65
收到的税费返还	100	76.32	55.82	111.58	360.76	569.14
收到其他与经营有关的现金	100	143.25	239.69	243.62	317.37	358.79
经营现金流入小计	100	148.65	203.62	343.11	489.69	790.63
购买商品等支付的现金	100	138.46	178.85	298.36	446.42	782.29
支付给以及为职工支付的现金	100	147.13	209.77	351.43	546.13	765.30
支付的各项税费	100	152.75	248.90	292.07	250.23	245.58
支付其他与经营有关的现金	100	135.99	181.52	268.48	280.44	453.79
经营现金流出小计	100	140.41	187.64	304.03	439.60	728.31
经营产生的现金流量净额	100	188.34	280.60	531.41	731.08	1 090.94
收回投资收到的现金	—	100	68.47	72.65	130.44	234.84
取得投资收益收到的现金	—	100	215.59	1 777.57	2 974.06	2 843.79
处置固定资产等的现金净额	100	203.21	96.66	185.19	43.05	1 771.40
处置子公司等的现金净额	—	—	—	100	0.00	0.00
收到其他与投资有关的现金	—	—	—	—	—	—
投资活动现金流入小计	—	100①	68.56	73.86	132.40	236.70
购建固定资产等支付的现金	100	89.80	222.85	224.43	580.47	1 573.10
投资支付的现金	—	100	75.48	91.27	152.59	392.55
取得子公司等支付的现金	—	—	—	100	-1.35	0.00
支付其他与投资有关的现金	—	—	—	100	0.00	19.45
投资现金流出小计	100	37.88	30.14	36.50	62.23	160.97
投资产生的现金流量净额	100	145.99	517.58	961.80	1 403.11	7 487.53
吸收投资收到的现金	—	—	100	64.39	115.60	8 223.59
取得借款收到的现金	—	—	—	—	100	0.00
收到其他与筹资有关的现金	—	—	100	254.09	1 436.08	1 331.54
筹资现金流入小计	—	—	100	126.21	919.24	5 977.45
偿还债务支付的现金	—	—	—	—	—	100
分配股利等现金	100	150	200	203.30	309.49	1 035.39
支付其他与筹资有关的现金	—	—	100	325.25	902.46	1 042.12
筹资现金流出小计	100	150	316.11	580.94	1 357.32	2 412.76
筹资产生的现金流量净额	100	150	-112.17	40.39	-2 579.57	-23 187.20
汇率变动对现金的影响	100	15.61	161.99	-29.94	-871.17	-3 500.08
现金及现金等价物净增加额	100	395.31	-276.42	-670.76	1 220.31	-1 321.81

(续)

项　　目	2011年	2012年	2013年	2014年	2015年	2016年
期初现金及现金等价物余额	100	103.17	115.72	106.94	85.64	124.38
期末现金及现金等价物余额	100	112.16	103.66	83.01	120.55	79.88

注：由于公司2011年"收回投资收到的现金"的金额为0，以2012年数据作为定比基数。如果某会计科目2012年没有数据，顺延用2013年作为定比基数，其他类似情况处理方法与此相同。

① 2011年公司投资现金流入仅有10万元，之后多年数据都是达到亿元，所以，本数据以2012年作为基期。

根据表5-10和表5-14可知，从总体上讲，在这一期间内，公司处于非常健康的"快速扩张"阶段，几乎完全符合成功扩张必备的各类现金流条件。但是，如前所述，公司投资活动支出主要是购买金融理财产品而非全部购买固定资产、无形资产等，也非取得子公司等现金支付，而固定资产增加并不太快，取得子公司等现金支付几乎为0，这意味着公司扩张并不明显。公司经营活动现金流量充足，给公司投资提供了支撑，与之对应，公司外部融资能力很强，且偏向股权融资方式，公司始终保持极低的资产负债率，几乎没有陷入财务困境的可能性。

具体来讲，2011年—2016年公司经营活动现金流量呈强劲上升趋势，经营活动现金流量净增到10.91倍，其中销售产品与劳务收到的现金增加到8.09倍，购买商品、接受劳务支付的现金增加到7.82倍。这也说明，公司在产品市场处于主导地位，具有很强的话语权。

在这一期间内，公司投资活动现金流量净增加了73.88倍，相当惊人，但实际并非如此。这主要是由于2011年投资活动现金净流量基数过小，仅为6 534万元。公司从2012年开始大量购买理财产品，高达24.20亿元，2016年更高达95.00亿元，与上一年相比，理财产品暴增近60亿元，而固定资产由2011年的6 544万元，增加到2016年的10.53亿元，与理财产品相比仅为10%左右，说明公司扩张并不激进。

如果进一步将公司现金流量表与利润表一并考察，我们发现公司经营活动现金流入、流出和营业收入、营业成本的变化趋势基本一致，说明公司经营活动健康；2016年公司处置固定资产、无形资产和其他长期资产收回的现金净额大幅增加，购买固定资产和大量理财产品引起投资活动现金流出大幅增加，且后者远大于前者，最终投资活动现金净流量大幅下降；虽然公司分配的股利逐年增加，但现金股利增幅远低于净利增长。

根据表5-14还可以发现有一些异动数据，通过查阅财务报告和其他公开信息发现，这些异动数据基本处于可控、合理的范畴。有兴趣的读者可以评估这些异动数据的原因及其对公司持续盈利能力的影响。

至此，网宿科技从教科书层面上近乎完美地演绎了一家具有持续高增长盈利能力公司应有的财务写照。从总体上讲，公司资产负债表反映的各个方面都比较健康：货币类资产充足，应收账款风险极低，存货占比不高，公司经营性负债比较高，公司资产负债率比较低，投融资策略比较保守，是一家典型的优质公司的财务状况。其中，需要密切关注公司应收账款与存货的趋势变化，并结合其他指标辅助判断。公司利润表完美无瑕，几乎一切影响利润的核心项目都趋好，只有管理费用/收入因为股权激励而微幅升高。公司现金流量表也近乎完美，经营活动现金流量充足，扩张并不激进，这说明公司利润增长更多是基于公司内在驱动而非大规模扩张或者是使用财务杠杆所致。

市场总是变幻莫测，网宿科技还没来得及自赏，挑战便近在眼前。阿里云在 2015 年宣布旗下"极速 CDN"产品降价，降价后价格仅为公司同类产品的 1/3；随后腾讯云加入战局，宣布 CDN 服务价格最高下调 25%；此后金山云、百度云、迅雷等厂商纷纷跟进降价，CDN 行业开启一轮又一轮的降价潮。这一态势在 2016 和 2017 年持续。云厂商的猛烈进攻，对网宿科技造成的压力已显。尽管公司高层管理者始终认为公司产品（服务）市场与阿里云等不同，也与其产品存在巨大差异，但事实可能并非如此简单。虽然公司市场份额仍维持在 40%以上，但是 CDN 市场份额开始下降，定价能力遭受挑战，公司毛利率由 2015 年的 47%开始明显下降，并且云计算尚未形成新的盈利增长点。

网宿科技 2011 年 1 月 1 日—2022 年 4 月 29 日的公司股价走势如图 5-1 所示，其中，除了 2019 年 2 月 1 日到 2019 年 3 月 11 日明显上涨外，公司股价自 2016 年 7 月 28 日创出历史新高之后中长期处于下降通道中。公司股价于 2022 年 4 月 27 日创出历史新低，较前期高点下跌 81.91%。公司业绩远不及 2016 年，近些年公司净利润维持在 2 亿元左右，少数年份仅有几千万元，这昭示着公司市场前景远不如前。

图 5-1　网宿科技的股价走势

（资料来源：广发证券金融终端，股价按照后复权计算。）

回顾 2011 年和 2016 年，网宿科技都充满了不确定性，前一年度被证明是好的投资时期，后者被证明不是好的投资时期，隐含着巨大的风险。无论哪一投资时点，投资者均需借助公开市场信息，根据年度财务报告，正确评估公司持续盈利能力。2016 年投资者需要重点评估公司是否能在维持现有 CDN 服务市场竞争优势的基础上开拓新的竞争性产品（如云计算），提升盈利增加点，使公司重回强劲盈利轨道，至少能够维持当前持续盈利能力，而这一切都充满了不确定性。根据当时公开信息，2016 年网宿科技在 CDN 市场的竞争优势不及以前，虽然阿里和腾讯的产品与公司产品存在一定差异，但其势必影响到公司 CDN 市场服务，并且 CDN 业务长年占公司总营收 90%以上的份额，IDC 服务又在营收中贡献过低，云计算原本就不是公司竞争优势，更难以形成新的盈利增长点。事后多年也逐步验证了上述判断。

思　考　题

1. 简述财务报表结构与趋势分析的内涵、分类与意义。

2. 一般情况下，为什么财务报表结构分析与趋势分析需要借助比较财务报表？

3. 一般而言，为何利润表结构分析不借助比较利润表也基本可以判断利润质量水平？

4. 持续高增长盈利能力公司的现金流量表应该呈现何种特征？

5. 为何2011年—2016年间的网宿科技堪称为一家教科书般完美的高成长公司？

判 断 题

1. 财务报表的结构是财务报表的横截面，需要以某一个财务数据作为比较基础，这个数据选取的合理性直接决定了横截面的分析效果。（　　）

2. 资产负债表的结构分析不借助资产负债表原始数据就可得出比较正确的结论。（　　）

3. 财务报表趋势分析是指对财务报表各类数据按时间序列的比较分析。（　　）

4. 从广义上讲，各种财务数据都需要做趋势分析。（　　）

5. 经由财务报表结构与趋势分析，分析者不需要再评估公司各种财务能力。（　　）

6. 财务报表结构与趋势分析有利于从宏观上掌握财务数据的总体印象，形成正确的财务报表的总体判断。（　　）

7. 利润表结构分析不借助原始数据也有可能正确评价公司盈利能力。（　　）

第三篇

微观分析篇：财务能力评价

第六章　流动性能力分析
第七章　资产管理能力与财务弹性
第八章　盈利能力与公司估值
第九章　财务报表综合分析方法

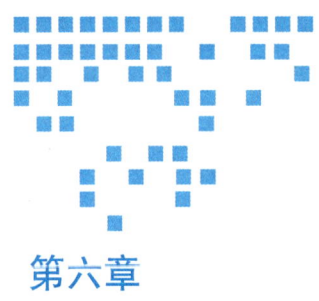

第六章

流动性能力分析

■ 回顾

第五章通过财务报表结构和趋势分析,使读者对财务报表产生总体印象,有利于进一步评价企业财务能力。当财务报表结构和趋势发生变化时,尤其出现重大异动时,首先需要甄别这些异动的真伪,然后对实质性异动数据做出正确评估,并判断这些异动数据的持续性及其对企业持续盈利能力的影响。

■ 本章提要

本章开始学习第三篇 微观分析篇:财务能力评价。本章对企业流动性能力进行评估,着重解释和运用各种计量债务偿还能力指标及其注意事项。本章描述了流动性的内涵与重要性,探讨了短期债务偿还与长期债务偿还的重要计量指标:营运资本、流动比率、速动比率、资产负债率等,深化了一些理论知识,也对一些实务知识进行了逻辑上的推演,有利于读者提升运用这些计量流动性工具进行财务评价的能力。

■ 展望

第七章讲述 OPM 战略与财务弹性评估,探讨 OPM 战略和财务弹性的计量指标的内涵、计算、运用及其注意事项。

◆ 章首案例

如前所述,财务报表分析起源于 19 世纪末 20 世纪初期,由银行家发起,主要用于信用分析。后来,随着生产技术更为复杂和企业规模更大,迫切需要分析企业经营的稳定性和偿还债务能力,原有的信用分析已无法全面评估贷款的风险。于是,银行要求企业提供财务报表,以判断其是否有充足的偿还债务能力。

1919 年,在银行从事贷款业务的亚历山大·沃尔发表了《比率分析体系》,他指出,为了全面评估企业经营状况,必须考虑财务报表间的各种关系,提出了极具代表性的流动比率,并认为流动比率最好维持在2。在此基础上,他又陆续提出了速动比率、负债比率等。由此可见,信用分析是财务报表比率分析的最早期内容,信用分析也是流动性分析的初始内容。后来,流动性指标不断增多,形成了比较完善的指标体系。

在漫长的历史长河中,人类一度淡化企业流动性,更为重视盈利能力。幸运的是,人类很快进行了纠偏,20世纪60年代人类将企业流动性的重要性提升到一个新高度。

步入21世纪后,企业之间的竞争更为激烈,信息更为对称,社会存在的机会更多,大多数企业的顾客"忠诚度"大不如前,企业生存可能变得更为艰难。即便是大企业具有更强的核心竞争力,占有更多信息优势,甚至可能形成了闭环或者开环生态体系,顾客的黏性更强,但也不可掉以轻心,一旦布局未来的产品与未来主流产品不符,同样可能陷入流动性危机。所以,大企业和小企业都需谨慎应对市场变化,居安思危是彼此求生的上策。

虽然我们无法阻挡时光远去,但是依旧不变的是企业流动性的重要性,当下它更胜以往。

第一节 各类财务能力的关系与动态循环财务能力评估*

一、各类财务能力之间的关系

财务能力分析模块主要包括短期债务偿还能力、长期债务偿还能力、资产管理能力、盈利能力、现金流能力和成长能力等六类财务能力。六类财务能力之间的关系如图6-1所示。

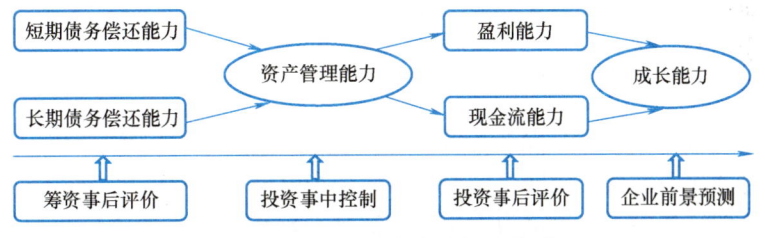

图6-1 六类财务能力之间的关系

我们将各种财务能力之间的关系称为供应链财务能力。供应链财务能力是指各类别财务能力有机构成一个供应链,各类财务能力是供应链的其中一环,供应链各环各司其职。供应链财务能力管理通过不断动态优化供应链每一环节的财务能力,实现企业价值最大化。

具体来说,短期债务偿还能力与长期债务偿还能力是对企业筹资决策的事后评价,通过评估资本结构,检验是否能够进一步优化公司资本成本,分析企业风险是否可控,以及企业陷入财务困境的可能性,企业是否存在现金类资产过度闲置等。资产管理能力分析是对企业长短期投资决策的评价,属于事中控制,例如企业流动资产产生收入的能力是否有改进空间,临时性流动资产是否过多,永久性流动资产占比是否过高,非流动资产效率是否低下等。盈利能力与现金流能力分析是投资事后评价的两个维度，其中，盈利能力是衡量企业创造利润的能力，即投资效益，现金流能力是衡量企业创造利润的含金量，即投资效益现金含量。要实现持续盈利，企业必须兼顾两个维度。如果企业短期大幅度提升了投资效益但是现金流明显不足，企业盈利将难以持续。最后是评价企业的成长能力，属于企业前景预测的内容，以企业盈利成长能力为中心，也称为投资的终极评价。单纯的成长能力指标没有太多信息内涵，成长能力可以视为其他各项财务能力的函数，各项财务能力强弱基本决定了成长性。整个供应链是一个有机整体，环环相扣，实现企业价值再造。只有企业供应链管理各环节的财务能力越强，企业的综合财务能力才可能越强，企业未来的持续盈利能力才可能越有保障。企业要实现持续盈利，正常情况下企业不能有供应链短板，即使有短板，也至少要保持短板环节的风险处于可控范畴。

其中，持续盈利能力是财务能力评价的核心。正常情况下，如果企业具有持续盈利能力，那么企业的债务偿还能力、资产管理能力、现金流能力都会比较强，且企业成长能力至少能反映出其保持收入、利润的持续增长，增长率与企业处于的发展阶段有关。如果这几类财务能力中任何一项表现一般（如果是成长能力的话，是指企业收入和利润下滑），则企业都不太可能具有持续盈利能力。资产管理能力是企业经营过程财务能力的指示器，它直接决定了企业的盈利能力、债务偿还能力和现金流能力。现金流能力只是一个辅助指示器，能保证企业正常运转即可。

财务能力分析的六个模块是一个动态评估链，通过甄别供应链的各个环节，以及有效管理，剔除不创造价值的部分，保留创造价值的环节，不断提升公司创造价值的能力，实现股东财富最大化。一般来讲，企业筹资效果一流，能为投资提供有效支撑；投资链条更具创造价值能力，企业的现金流就比较充沛；公司持续盈利能力越好，资产质量越稳健。企业前景取决于企业供应链管理的综合能力，不是取决于哪一类财务能力最强，但是受制于哪一类财务能力最弱，即短板制约企业未来盈利能力。因此，切勿将六类财务能力割裂开来，需要将每一类财务能力置入动态循环财务能力评估。

二、动态循环财务能力评估

动态闭环循环财务能力评估是指根据一定顺序计算各类财务能力指标，并结合比较标准，形成各类财务能力的初始判断，然后根据后一类财务能力的评价，不断修正对前一类财务能力的判断，即增加一类财务能力评价，就需要对已评估财务能力做出修正，以此类推，最终形成每类财务能力的终极评价，进而形成企业财务能力的综合评价。

各类财务能力因评估不同类别财务能力的顺序的不同而不同，但是各类财务能力和企业综合财务能力的最终评价应该是趋同的。各类财务能力评估的一般顺序是，短期债务偿还能力评估、长期债务偿还能力评估、资产管理能力评估、盈利能力评估、现金流能力评估和成长能力评估，这与资金运动过程也比较一致。基于此，动态循环财务能力评估简化过程如下：财务报告使用者首先计算短期债务偿还能力，根据企业财务数据及非财务信息，形成对企业短期债务偿还能力的初始判断，然后计算长期债务偿还能力，同样借助企业财务数据及非财务信息，给出企业长期债务偿还能力的初始判断，继而根据长期债务偿还能力的初始判断，修正原来企业短期债务偿还能力的初始判断，形成短期债务偿还能力的第二次判断，接着计算企业资产管理能力，形成企业资产管理能力的初始判断，依次修正短期债务偿还能力和长期债务偿还能力的判断，即短期债务偿还能力的第三次评估和长期债务偿还能力的第二次判断，以此类推，最终给出各类财务能力最终评定和财务综合能力评定。

在财务能力动态评估的修正过程中，各类财务能力原有评估有可能出现不太正确的地方，通过再次评估这些矛盾的地方，不断修正每一类财务能力的初始判断，最终给出各类财务能力的更为准确的评价。

通过多次动态调整各类财务能力的初始评价，才能使各类财务能力评价构成有机整体，形成动态闭环循环财务能力评估体系，对各类财务能力做出更为准确的判断。为了更准确地评价企业各类财务能力，借助非财务信息是至关重要的，尤其是企业经营环境评估信息。本书将动态闭环财务能力评估系统与企业经营环境评估相结合，进行再循环修正评估，形成动态开环财务能力评估系统。

各类财务能力之间并非泾渭分明。方便起见，本书将六类财务能力评价重新划分为三大类：流动性能力（债务偿还能力）、资产管理能力和盈利能力，将现金流能力融入三大类财务能力，成长能力不单独讲述，形成三大部分：流动性能力、资产管理能力与财务弹性、盈利能力与企业估值。

第二节 流动性概述

企业流动性能力分析是企业筹资决策的事后评价。它通过一系列财务指标评价公司的流动性，透析企业财务风险的高低，评价企业资本结构的优劣，为企业下一步的优化筹资决策提供数据支撑。

一、流动性定义

流动性有狭义与广义之分。狭义的流动性分析是指企业的债务偿还能力分析，并且一般是指短期债务偿还能力分析。而广义的流动性不仅包括短期债务偿还能力，而且还包括长期债务偿还能力，甚至还可将资产管理能力归入其中，例如应收账款周转率、存货周转率等也可以反映公司的流动性能力，还有现金流能力也属于流动性范畴。因此，从广义上讲，剔除成长能力，财务能力可以划分为盈利能力和流动性能力。而这里流动性分析包括企业偿还债务能力和一些反映企业现金流能力的指标分析，视为狭义流动性。

短期债务偿还能力是指企业用流动资产偿付流动负债的能力，它反映的是企业偿还一年以内到期或一个营业周期以内到期债务的能力。

流动性划分有两个标准：一年和一个营业周期，其中，营业周期的时间界定并非一定要大于一年，可以等于一年也有可以小于一年。资产以年为界限的划分标准直接划定了长期资产与短期资产，例如有一些以年为划分标准的经营性流动资产，例如应收票据、应收账款等，也有一些金融类资产，例如交易性金融资产等，但这并非资产的全部。有些资产的划分以营业周期为标准，例如存货、固定资产等。

一般来说，短期债务偿还能力主要取决于资产的市场流动性。资产的市场流动性是指资产变现的难易程度。从根源来讲，无论是企业的短期债务偿还能力还是长期债务偿还能力，其本质都取决于企业的持续盈利能力。

二、资产流动性的判定标准*

资产的流动性主要体现在两个方面：

（1）非价格压力效应　如果一种资产在改变市价的情况下大量销售，那么这种资产就具有市场流动性，但这说明该资产具有价格压力效应。价格压力效应是指为了有利于资产的销售，而不得不降低资产的价格。而非价格压力效应是指企业不存在降低价格进行资产销售的压力。

（2）时效性　如果一种资产能以现有市价快速出售，那么这种资产就具有比较强的市场流动性。

由此可见，判断资产的流动性有两个标准，一是价格尺度，另一个是时间尺度。价格尺度是指售价与公平市场价格相比的折扣，折扣越小，资产的流动性越强；时间尺度是指公司卖出资产需要多长时间，时间越短，资产的流动性越强。价格尺度与时间尺度的匹配直观产生四个结果：价格尺度与时间尺度皆强、价格尺度与时间尺度皆弱、价格尺度强与时间尺度弱、价格尺度弱与时间尺度强。其中，第一种结果的资产流动性最强，例如货币资金流动性最强，假定币值稳定，则它的价格折扣尺度和时间尺度都几乎为0；第二种结果资产的流动性最弱；其他两类匹配结果存在着不同的流动性。因此，资产的流动性也可界定为公司资产以一个合理的价格顺利变现的能力。

三、流动性的重要性

流动性本身是一个程度大小的问题。缺乏流动性使企业处于被动境况，或者放弃好的投资机会、舍弃巨大的现金折扣，或者拖延企业管理层的决策等。流动性不足导致企业现金流陷入财务困境，有可能导致企业陷入流量破产，甚至是企业破产清算。

对不同利益相关者而言，企业流动性不足都是不利征兆。对股东而言，企业缺乏流动性经常是企业盈利水平下降和投资机会减少的先兆，有可能导致企业控制权和投资机会的流失。对债权人来说，企业缺乏流动性将直接导致企业债权人本息收回的延迟，甚至无法收回。企业顾客和供应商也一样受到企业流动性影响，如果企业流动性匮乏，企业售后服务必然受到影响，供应商的应收账款也会受到影响，严重的话会有可能导致供应商陷入财务困境。

所有这些情况都表明，企业的流动性至关重要。企业流动性是保障其持续经营的前提。如果企业流动性不足，企业无法持续经营，战略无法实施，企业持续盈利更是无从谈起。而现实生活中保持适度流动性不是一件容易的事，流动性关乎企业的生存，更是财务总监面临的重要难题。

第三节　短期债务偿还能力分析

我们通常所说的流动性是指短期债务偿还能力，实际上长期债务偿还能力也属于流动性分析范畴，这是因为在企业破产时，人们看到的总是这个时点的债务无法偿还，这个时点的债务在这个时点必然是短期债务，但是其初始未必是短期债务。

一、短期债务偿还能力存量指标

短期债务存量是指资产负债表中右方列示的流动负债期末余额，与之对应的是资产负债表中左方列示的企业流动资产。两者划分的时间标准相同，都是小于等于一年或一个营业周期，所以，通过流动资产与流动负债的比较可以反映企业短期债务偿还能力。

1. 营运资本指标原理分析

营运资本是计量流动性的重要指标，是衡量企业短期债务偿还能力的常用分析工具。营运资本也是计量流动性储备重要指标，流动性储备的主要目的是用于应付企业的或有事项或者不确定事项。

营运资本又称营运资金，有广义与狭义之分。广义的营运资金是指流动资产总额，它主要衡量企业资产的流动性和周转状况。狭义的营运资金是指某时点内企业的流动资产与流动负债的差额，又称净营运资本。净营运资本越多，企业偿还债务越安全，但企业闲置资金越多，势必影响企业的盈利能力。因此企业营运资本的持有状况和管理水平直接关系到企业的盈利能力和财务风险。

营运资本一般是指狭义上的范畴，即流动资产与流动负债之差。其计算公式如下：

$$营运资本 = 流动资产 - 流动负债$$

营运资本作为判定企业短期偿还能力的标准隐含着一个强假设：以营运资本等于 0 为标准，流动资产与流动负债在金额与期限上均完全匹配。基于此，当流动资产小于流动负债时，即流动资产在不同时点及金额不能完全与流动负债匹配，营运资本出现短缺，表示企业流动性不足；当流动资产大于流动负债时，营运资本出现溢余，说明企业流动性比较充分；当二者相等时，企业处于流动性的安全临界点。具体分析如下：

（1）营运资本大于 0　当流动资产偿还流动债务后剩余越多，偿还债务能力越强，安全边界越高。若企业一味追求安全边界，必然以牺牲其盈利能力为前提。当企业流动性过强时，流动资产的机会成本必然上升，通常会影响到企业的盈利能力，因此并不是营运资本越高越好。如果企业营运资本长期过高，投资者需要考察其中具体原因。它有可能是存货过高，也有可能是企业垄断能力过强，还有可能是企业管理者过度保守等。针对每一种情况，分析需要判断其对企业盈利能力的影响。因此，企业需要优化营运资本的持有量。确定营运资本的持有量可以参考存货管理模型，基于若干假设，测算企业的最佳营运资本持有量区间。

（2）营运资本等于 0　从理论上讲，流动资产刚好用于偿还流动负债，处于债务偿还的安全临界点。如果企业偿还债务能力处于安全临界点，这时需要密切关注企业的偿还债务因素的趋势变化，观测这些因素是朝有利于企业还是不利于企业方向发展的，并分析其中原因。

（3）营运资本小于 0　当流动资产不足以偿还流动负债时，企业偿还债务能力较差，处于危险区域，应引起企业高度关注。在这种情况下，企业短期债务偿还能力较差，若企业流动资产能够满足刚性短期债务，例如金融机构的借款，企业的偿还债务风险仍然处于可控范围之内，否则企业只能动用借款，变现非现金类资产，甚至是变现非流动资产，以解燃眉之急。这种情况下，投资者需要密切关注营运资本不足的具体原因，是企业过度扩张，还是企业产品销售不畅，或者是其他原因，并观察这种流动性不足是暂时的还是持续的。

这三种情况是表象性分析的一般性结论，以营运资本等于 0 为例，其假设前提是流动资产与流动负债不仅在各个时点上完全匹配，而且在金额上也完全匹配，但实际上很少企业的流动资产与流动负债的期限结构与金额是完全匹配的，这就意味着当营运资本相同，同一企业或者不同企业的流动性有可能存在比较大的差异。

阅读材料 6-1

营运资本等于 0 是安全临界点吗？

营运资本等于 0 意味着公司偿还短期债务处于安全临界点吗？实际并非一定如此，要视具体情况而定。

假定各时点流动资产与流动负债金额相同，并且企业流动资产的不同变现时点与偿还流动负债的不同时点相同，如 1 月 15 日企业需偿还流动负债 150 万元，2 月 25 日企业需偿还流动负债 300 万元，而企业 1 月 15 日流动资产 150 万元可变现，2 月 25 日流动资产 300 万元可变现，这时企业处于流动性安全临界点，流动资产刚好用于偿还流动负债。这也是营运资本判定准则的假定前提。然而现实生活中并非总是如此。

假定各时点流动资产与流动负债金额相同，而企业流动资产的不同变现时点都早于偿还流动负债的不同时点，如 1 月 15 日企业需偿还流动负债 150 万元，2 月 25 日企业需偿还流动负债 300 万元，而企业 1 月 1 日流动资产 150 万元可变现，2 月 1 日流动资产 300 万元可变现，因此，虽然公司处于流动性平衡点，实则偿还债务能力比较强，其安全程度由不同时点流动资产变现金额与时间的前置程度而定。这种情况下最极端情形是企业所有流动资产于年初变现，而所有流动负债于年底偿还，此时企业偿还债务能力惊人，流动资产几乎闲置了一整年才偿还流动负债。

假定各时点流动资产与流动负债金额相同，而企业流动资产的不同变现时点都迟于偿还流动负债的不同时点，如 1 月 15 日企业需偿还流动负债 150 万元，2 月 25 日企业需偿还流动负债 300 万元，而企业 1 月 31 日流动资产 150 万元可变现，3 月 20 日流动资产 300 万元可变现，因此，虽然企业处于流动性平衡点，但存在流动性风险，其风险程度视流动资产变现金额和时间的滞后程度而定。这时企业虽然处在流动性安全平衡点，但并不安全。这种情况下最极端情形是企业所有流动资产于年底变现，而所有流动负债于年初偿还，此时企业流动性严重不足，极有可能陷入流动性危机，只能用非常规手段进行补救。

同样，当营运资本大于 0 时，从表象看企业处于流动性安全临界值之上，实际也并非如此，即使营运资本出现一个较大的正异动值，企业流动性也未必充分；当营运资本小于 0 时，企业流动性也未必出现危机。

在流动资产与流动负债的时间期限与金额基本匹配的前提下，营运资本作为衡量短期债务偿还能力的计量标准，营运资本大于 0 时，它实际上充当了一种"缓冲器"。当营运资本越大，企业偿还债务的缓冲能力越强，流动负债"穿透"流动资产的能力越弱，企业偿还债务能力越强。

营运资本大于 0 之所以具有"缓冲器"的功能，是因为企业借用了部分长期资本配置临时性流动资产，而这些长期资本不需要在一年内或者一个营业周期内偿还，于是企业出现了资金闲置，也给企业带来了充足的流动性。当营运资本大于0时，也意味着企业资产期限出现了错配，因此营运资本的不同数值可以在一定程度上反映企业的投融资策略。

营运资本和长期资本的关系的推导过程如下：

$$营运资本 = 流动资产 - 流动负债$$
$$= (资产 - 非流动资产) - (资产 - 所有者权益 - 非流动负债)$$
$$= (所有者权益 + 非流动负债) - 非流动资产$$
$$= 长期资本 - 长期资产$$

由此可见，营运资本大于0相当于长期资金满足长期资产构建之后的剩余，将剩余的长期资金配置给了流动资产。由于流动资产变现早于长期资金的偿付，如果是股权融资，企业更无还本压力。因此，当营运资本大于0时，企业短期债务偿还能力比较强。

同时，如果流动资产与流动负债时间期限与金额完全匹配，当营运资本等于0时，假定企业资产负债率处于正常区间，基本可以界定企业为中庸投融资策略；当营运资本大于0时，基本可以判定企业是保守投融资策略，这就意味着企业将一部分长期资金用于购买部分临时性流动资产，企业流动性提升而盈利能力受到影响；当营运资本小于0时，基本可以判定企业是激进投融资策略，企业流动性下降而盈利能力得到提升。

2. 营运资本的重要性

营运资本犹如血液，时刻流淌于企业体内，是企业资金周转的润滑剂。在营运资本周转的过程中，企业实现了价值的补偿和增值。一旦营运资本出现短缺，企业就会产生即时不良反应，短期偶尔为之尚可，但若长期严重短缺，足以致命。企业现金流量预测的不确定性以及现金流入与流出的非同步性，更进一步提升了营运资本的重要性。并且，当下信息更为对称，企业之间的竞争日益激烈，经营模式更加多样化，企业生存更为艰辛，企业营运资本管理显得更为重要。

营运资本对不同利益相关者的重要性也是不言而喻的。股东要长期实现财富最大化，但必须确保企业能够实现持续经营，而营运资本可以为股东提供企业风险方面的信息。债权人在贷款协议和债务契约中经常包括维持最低营运资本水平的条款，利用营运资本的大小判断其借款的安全程度。财务分析师根据营运资本规模进行投资决策与建议。政府机关通过营运资本规模实施对企业的监管与政策的推行等。

3. 营运资本指标的缺陷

营运资本是一个绝对量指标，无法反映企业债务的相对保障程度和安全程度，不能用于企业之间的比较分析，用于企业自身的比较分析也会受限。例如，A公司流动负债为1 000万元，B公司流动负债是10 000万元，两家公司营运资本都是100万元，但是两家公司的流动性有可能是不同的，其债务的安全程度也有可能是不相同的。A公司的100万元营运资本等于其流动负债的10%，而B公司虽然同样剩余资金100万元，它仅等于其流动负债的1%。同样，公司自身与营运资本相关的因素有可能发生变化，例如公司销售收入为10 000万元与5 000万元时，公司营运资本都是400万元，它传递的信息也不一样。所以，当公司不同年度营运资本相同时，它对公司偿还债务的安全保障也不尽相同。

4. 评估营运资本的注意事项

为了更好地评估营运资本，分析者需要注意营运资本项目内部的具体分类。例如，当管理当局有可能影响资产的类别划分时，如有价证券，将其从非流动资产划分为流动资产，或者一些待处理的经营性资产等。在这种情况下，当管理当局试图扩大流动资产的定义时，财务报表使用者在分析时就不能过度依赖财务报表，在运用财务指标进行个人判断时，要谨慎从事。管理当局试图美化企业资产流动性时，这种行为将导致企业风险增加。同样，一些特殊类行业，例如租赁业，由于这些企业特殊的融资和经营环境，要注意它的流动资产与流动负债的划分是否合理，是否存在美化财务报表的行为。

同时，在分析营运资本时，应尽量将营运资本与某些重要的财务变量（如销售额或者总资产）联系起来。

二、短期债务偿还能力的存量比率

流动比率同样被广泛地用于计量流动性，流动比率表示单位流动负债受单位流动资产的保护程度，它可以有效弥补营运资本的缺陷。

（一）流动比率

1. 指标原理分析

流动比率的计算公式如下：

$$流动比率 = 流动资产 \div 流动负债$$

该比率越大，表明企业短期债务偿还能力越强，企业财务风险越小，债权人权益越有保证。

一般认为，流动比率的经验均值等于 2，这是美国 20 世纪 70 年代的经验统计数据。随着时代变化，这一经验值仍具有使用价值。

这一合理均值隐含着三个显性前提条件：①以工业企业为背景；②存货占流动资产的比重大约为 50%；③存货的变现能力比较差，存在贬值、毁损等可能。除此之外，流动比率的经验值还包括两个隐形前提条件：①剔除存货以外的流动资产与流动负债的期限和金额是基本匹配的。②从广义上讲，企业真正用于偿还债务的基本都是现金类资产，这意味着流动比率是以企业破产清算为前提的。

由此可见，流动比率运用时隐含着五个假设条件，制约着流动比率的评价效果。当五个条件同时具备时，流动比率以 2 为合理均值比较合理。

在现实生活中，企业几乎不可能同时具备以上五个条件，尤其是第四个前提条件，更不希望第五个条件发生，因此，流动比率是否以 2 为合理均值并没有确切答案。

在现实生活中，不同企业相同的流动比率，其流动性很可能不同，而同一企业在不同时点相同的流动比率也可能传递不同的流动性，因此，企业之间的流动比率不太具有可比性，同一企业的流动比率进行自身比较时也有一定的局限性。

【例 6-1】 假定 A、B 和 C 为三家汽车制造业的上市公司，各公司资产、销售收入、资本结构、股本数量、公司股权市值等都完全一样，管理人员素质、组织结构也相同，公司净利基数与盈利增速也是如此。或者说，除了流动比率外，三家公司的其他因素皆同。

假定这三家公司某年年初股票价格完全相同，盈利增速均为 60%，但是各公司股票价格在全年中的表现却截然不同。其中，A 公司股票价格大幅上涨 80%，B 公司股票价格稳中略升，C 公司股票价格却出现了 20% 的下跌。

假定 A 公司、B 公司和 C 公司的流动比率都等于 2，而且各公司的存货变现能力极差，评述这三家公司的股票价格表现迥异的原因。

第六章 流动性能力分析

【分析过程】

除流动比率外,三家公司的其他信息例如盈利基数和增速等均相同,而公司股票价格截然不同,这意味着虽然三家公司的流动比率相同,但是其流动性必定不同,预示着公司有不同的财务风险,影响股权成本的高低,进而影响公司股票定价。

需要说明的是以下分析均剔除存货因素。若公司流动资产的变现期限结构和金额与流动负债的偿还期限结构和金额完全一致,当流动比率等于2时,三家公司偿还债务能力相同,从理论上讲,剔除变现能力比较差的存货,公司变现能力强的流动资产刚好用于偿还流动负债,偿还债务处于安全临界点,偿还债务相当安全,公司不会陷入流动性危机,公司资本成本也必定相同。在这种情况下,流动性不是影响公司股价走势的重要因素,又因为其他条件皆同,各公司股价表现应该趋同。这意味着,三家公司不符合这种情况,也就是说三家公司流动资产的变现期限结构和金额与流动负债的偿还期限结构和金额应该不完全一致,这就会出现不同公司流动比率都等于2时,公司的流动性能力却不相同。

当流动资产与流动负债的期限与金额不完全一致时,其内涵具体分析如下:

1)当流动比率等于2时,假定公司流动资产全部于年初变现,而公司流动负债全部于年末偿还,这种条件下,公司出现大量现金闲置,偿还债务能力超强,根本没有陷入流动性危机的可能。

2)当流动比率等于2时,假定公司流动资产全部于年末变现,而公司流动负债全部于年初偿还,这种条件下,公司流动性极差,将陷入巨大的短期偿还债务压力之中,极有可能陷入流动性危机,公司需要借助非常规手段弥补流动性不足。

3)当流动比率等于2时,假定公司流动资产的变现时点与流动负债的偿还期限不匹配程度介于两者之间,流动资产各时点变现金额与流动负债各时点偿还金额相同,那么如果流动资产的各变现时点总早于流动负债的各偿还时点,公司偿还债务能力比较强;如果流动资产的变现时点总迟于流动负债的偿还时点,公司偿还债务能力比较差,但短期公司还有生还机会;如果流动资产的变现时点与流动负债的偿还时点是完全不规则的,可以将公司各流动资产按照其变现天数及其在流动资产中的权重进行加权平均,然后与各流动负债按照偿还时间及其在流动负债中的权重进行加权平均,取二者之商,即流动性指数率,综合评估公司的流动性。

根据以上分析,当三家公司流动比率都等于2时,不同公司股票价格却表现不同,显然A公司的流动性最强,B公司次之,C公司的流动性最差。与之对应,A公司的资本成本应该最低,B公司次之,C公司最高,因此,A公司股价在全年中表现最优,B次之,C最差。如果比较A公司与B公司的流动性,A公司占优,但是无法确定A公司与B公司的流动性的具体情况,例如有可能是A公司流动资产与流动负债的期限错配,且A公司流动性惊人,而B公司也有可能错配,只是其流动性不及前者,也有可能是A公司流动资产与流动负债的期限错配,而B公司流动资产与流动负债的期限完全匹配,也有可能是其他情况。有一点可以肯定的是,C公司流动性必定一般。

需要说明的是,本例只是帮助分析者理解流动比率的内涵,在现实生活中,基本不太可能出现公司之间只有流动性差异而其他条件完全相同的情况。

流动比率用于企业之间或者企业自身比较时需要注意与企业流动性相关的假定条件是否发生了变化。当下信息日益对称,实力强大的企业具备了监控公司各类资产与各类负债动态变化能力，更容易提升资产与负债的期限匹配度，从而提升其风险控制能力，更有利于减少资金闲置，进而提升企业盈利能力。然而，在现实生活中，绝大多数企业的流动资产与流动负债只是笼统匹配，而不是精准匹配，会计准则及监管机构并不强制要求企业披露流动资产与流动负债明细的时间期限，只有像银行、保险等金融类企业才会十分重视资产与权益的时间匹配，非金融类企业并不太重视这一问题。

为了更好地了解企业流动性，可以进一步计算流动性指数或者流动性指数率，更为全面地评估企业的流动性。流动性指数的计算公式如下：

流动性指数 = $\sum$ 第 i 项流动资产的变现天数 × 第 i 项流动资产占总流动资产的权重

对流动性指数的解释必须谨慎对待，因为流动性指数数字本身并没有直接意义。只有运用到企业比较时才有意义。

【例 6-2】 假定企业流动资产由货币资金、交易性金融资产、应收账款和存货构成，第 1 年各项流动资产分别是 100 000 元、100 000 元、500 000 元和 300 000 元。由于货币资金的变现时间是 0 天，不需估计，所以运用财务报告中的相关数据，通过分析预估交易性金融资产、应收账款和存货的变现天数分别为 5 天、30 天和 60 天。基于以上资料，计算企业的流动性指数。

【计算过程】

流动性指数的计算过程如下：

流动性指数 = $\sum$ 第 i 项流动资产的变现天数 × 第 i 项流动资产占总流动资产的权重
= 0.1×0 + 0.1×5 + 0.5×30 + 0.3×60
= 33.5（天）

如果企业第 2 年流动资产各项目与其金额发生变化，与之对应的变现天数也发生变化，通过再次计算流动性指数就会发现公司流动性是上升还是下降了，例如企业第 2 年流动性指数是 40 天，这说明企业流动性下降了。

由于流动性指数只考察了流动资产不同项目的综合流动性，没有考察与流动负债不同项目的偿还匹配程度，无法全面衡量公司流动性，因此流动负债的流动性也应该被考虑。与流动资产的流动性指数一样，流动负债也可以计算流动性指数，其计算原理与前者相同。

流动负债的流动性指数的计算公式如下：

流动负债的流动性指数 = $\sum$ 第 i 项流动负债的偿还天数 × 第 i 项流动负债占总流动负债的权重

然后，将流动资产与流动负债的流动性指数做比较，即流动性指数率，其计算公式如下：

流动性指数率 = 流动资产的流动性指数 ÷ 流动负债的流动性指数

流动性指数率可以更好地反映企业的流动性，如果流动性指数率上升或者下降，就意味着企业相对流动性下降或者上升。

2. 流动比率过高的原因

流动比率过高的原因有三个：①流动负债正常而流动资产过高；②流动资产正常而流动负债过低；③流动资产与流动负债都发生变化，但是总体导致流动比率过高。具体分析如下：

（1）流动资产大增，流动负债不变　此时分析者需评估流动资产增加过多的具体原因，例如货币资金增加过多、应收账款增加过多、存货增加过多等。第一种情况下，如果企业货币资金过多导致流动比率过高，流动资产的机会成本变大，但是需甄别引起货币资金过于充足的具体原因以及是否存在优化货币资金的可能;第二种情况下,如果应收账款过多,尤其是与收入之比上升时,通常说明企业应收账款管理能力下降,这对公司来说并不是好消息;第三种情况下,企业存货过多,势必导致存货管理成本上升,这时需要具体分析增加存货的具体类别及其原因。例如企业预计该存货将升值,提前储备,这是一种利好消息。又如公司接到大额订单,需要大幅增加购买原材料等物品,在这种情况下,流动比率的上升也是一种利好消息。但是如果是企业产品销售不畅导致库存商品积压过多,这是一大利空。

(2) 流动资产不变,流动负债大降 这种情况对公司未必一定是利好,分析者需要甄别其中具体原因。例如,假定企业原来流动负债中大多是经营性负债,即企业的无息负债,免费享用他人的资源,这类资源减少是利空消息,这通常代表着企业的议价能力下降,在这种情况下,虽然企业流动比率上升,从表象看是企业流动性增强,但是实际却完全相反。如果企业有息负债如短期借款大降,并且是由于现金流充足导致偿还债务所致,这说明企业债务偿还能力增强。

(3) 流动资产与流动负债双向变动 其一是流动资产与流动负债都上升,其中流动资产的上升幅度远高于流动负债的上升幅度;其二是流动资产与流动负债都下降,其中流动资产下降幅度远小于流动负债下降幅度;其三是流动资产上升而流动负债下降,这又包括多种情况:流动资产上升幅度远高于流动负债下降幅度、流动资产大幅上升而流动负债微幅下降、流动资产微幅上升而流动资产大幅下降;其四是流动资产不变而流动负债大幅下降;其五是流动资产大幅上升而流动负债不变。针对以上每一种情况都需要综合分析流动资产与流动负债的变动数量与原因。

3. 不同利益相关者的态度

基于企业持续经营的前提,债权人希望企业的流动性越高越好,流动比率越高,债权人权益越有保障。注册会计师也希望企业保持流动性充沛,这样企业粉饰财务报表的动机就会下降。管理者并不希望企业流动比率过高,流动比率过高有可能损害企业盈利能力,股东也是如此。

4. 指标运用

【例 6-3】 苏宁电器(简称苏宁)于 2004 年 7 月 21 日在深圳证券交易所上市,2013 年更名为"苏宁云商",2018 年又更名为"苏宁易购"。苏宁从 2004 年到 2007 年间处于快速扩张阶段,每年苏宁连锁门店数量均大幅增加,公司每年利润几乎都以 100% 的速度增长。公司自 2004 年 7 月 21 日到 2008 年 1 月 3 日,股价以上市第一天收盘价 32.70 元计算,涨到后复权价 1 347.22 元,涨幅高达 40.20 倍。换言之,如果投资者在苏宁上市第一天按当日收盘价买入 25 万元股票,一直持有至 2008 年 1 月 3 日,股票市值将超过 1 000 万元。

2004 年—2007 年苏宁的流动比率、行业均值和市场均值见表 6-1。

表 6-1 2004 年—2007 年苏宁的流动比率、行业均值和市场均值

指 标	2004 年	2005 年	2006 年	2007 年
苏宁的流动比率	1.53	1.25	1.45	1.19
行业均值	1.21	1.01	1.02	1.05
市场均值	1.61	1.46	1.45	1.48

(资料来源:公司年度报告和广发证券金融终端。)

根据以上数据，评估公司的流动性。

【分析思路】

总体上讲，苏宁的流动比率逐步下降，由1.53下降到1.19，均高于行业均值，而零售业行业均值均明显低于市场均值，除2006年与市场均值持平外，苏宁的流动比率均低于市场均值。

由此我们思考：①公司的流动比率与行业的流动比率都不符合经验值2的假定，它是否意味着零售业会陷入流动性危机？②苏宁流动比率逐步降低，这是否意味着公司的投融资策略发生了变化？③苏宁作为零售业的领导者，公司盈利能力在领跑行业之时，流动性却总体上优于行业均值，这是否意味着行业领导者皆如此？以我国不同行业的领导者为例说明。④我国上市公司平均流动比率都远低于2，并且总体逐步下降，这是否意味着我国上市公司投融资都具有激进倾向？

5. 指标运用注意事项

（1）强假设的合理性　流动比率隐含着一个强假设是企业以破产清算为前提，而现实是假设公司是持续经营的。基于持续经营的前提，几乎没有流动性强的企业运用现金类以外的流动资产偿还流动负债，以及企业的流动负债有可能获得适度展期，这都会影响流动比率的效用。

但是这并不意味着流动比率一无是处。因为企业配置资产与筹资策略都具有惯性，即使公司资产与负债出现期限结构错配，除非出现企业管理者、财务总监更换、企业处于发展的拐点、公司转型等原因，否则这种错配的惯例一般都可以延续，所以，当企业流动比率持续变大或者持续变小，基本可以判断企业的偿还债务能力变强或者变弱。

（2）企业偶尔动用特殊手段也不为过　企业偿还短期债务运用非现金类资产也有一定的合理之处，例如当企业短期遭遇资金周转不畅时，如果企业管理者认为这只是暂时的，这时企业将部分非现金类资产或者固定资产等进行处置也并非不可。又如，基于移动互联网、大数据库时代，企业竞争十分激烈，企业的促销活动尤其盛行，如京东6·18全国年中购物节、阿里巴巴双11全球购物节等，如果企业管理层认为通过产品组合在购物节进行大规模促销，将引起企业销售量大增，则企业需要提前大量备货，这有可能导致企业货币类资产下降，这时如果企业临时决定变现一些低价值资产或者运用一些特殊手段（如短期拆借资金），也并无不妥。由此可见，流动比率的强假设具有一定的合理之处。

（3）需要注意企业长期债务与短期债务之间的转化　如果企业当前流动性充足，但是到年底企业将有一笔巨额长期借款在一年内到期，即转化为一年内到期的非流动负债，这时就会出现企业在年中计量流动性时流动比率显示企业流动性充足，但是到年底很可能流动性不足的情况，或者今年流动性十分充沛，一年后企业流动性明显不足的情况，甚至有可能陷入财务困境。

（4）企业流动比率与宏观经济周期、行业属性、企业经营方式、企业的发展阶段都密切相关　流动比率因宏观经济周期、行业属性、企业发展阶段等不同而异，具体分析原理参阅第四章　财务报表与持续盈利能力，这一点也适用于其他流动性指标。这就要求分析者进行流动比率分析时必须谨慎。有时流动比率的明显变动未必反映企业偿还债务能力和经营业绩的变化。例如当宏观经济处于衰退期时，大多数企业的生存处境艰难，而企业的应收账款和存货越积越多，企业管理费用逐步增加，企业利润逐步下降，这时企业流动比率上升不一定是好事。相反，当经济处于扩张期时，企业产品开始畅销，存货购置逐步增加，如果经营性负债明显增加，并总体引起流动比率下降，却是好消息。同样，在正常宏观经济周期中，如果企业因为扩张需要而增加负债，且企业扩张具有良好的盈利前景，则企业流动比率下降是一大利好。企业行业属性的不同、企业发展阶段的不同也会影响公司流动性，同样需要慎重分析才能得出正确判断。

6. 指标缺陷

（1）局限性　虽然流动比率的诸多假设具有一定的合理性，但是这些假设在一定程度上限制了流动比率的解释能力。当期的现金存量和未来的现金流入并没有很强的逻辑上的因果关系，而未来的现金流入确实是流动性最好的指示器。但是，预测现金流入是一个大难题，它取决于企业销售、现金支出、利润和商业环境的变化。

一般认为，现金类资产是一种几乎没有回报的资产。现金余额与企业现有的经营水平几乎无关，也不会提供预测未来现金流入的信息。同样，应收账款和销售的关系受企业信用政策的制约。如果企业应收账款管理能力一般，应收账款水平便不能很好地反映未来现金流入量。存货的水平取决于销售和预期销售，而不取决于流动负债水平。流动比率并不能揭示销售水平或者毛利水平，但它们是未来现金流入的重要决定因素。预付账款是为了获得未来利益而支出的现金。这些利益通常会在一年或者一个营业周期内实现。企业预付账款的对象一般都是实力强大、产品供不应求的企业，这使得其预付账款在理论上变现能力强，但在实际上很难变现。

流动负债主要取决于销售水平，营运资本是计量公司债务偿还能力的一个指标。因为赊欠的购货是销售的函数。应付账款随销售数量的变化而变化。只要销售保持增长或者稳定，流动负债的支付就是一个再融资的问题。在这种情况下，流动比率的各个构成部分几乎没有提供多少这方面的信息，其对未来现金流也难以产生真正的影响。

由此知，负债的安全程度在很大程度上依赖企业预期的现金流量，而较小程度取决于现金及现金等价物水平；营运资本规模与未来现金流之间没有直接关联；应收账款和存货管理政策的主要目的是盈利性资产的有效利用，它们的流动性是次要的。

（2）合理均值的局限性　流动比率以 2 为合理均值，这种行为反映了贷款方特别是银行的稳健性要求。到底流动比率多少为合理值，没有一个确切答案。这属于经验规则的行为，在运用经验法则解释能力时需要甄别具体情况。不同行业的样本均值大小，以及它是否具有比较好的解释能力，需要注意以下三个原因：其一，若这个行业样本过小，或者样本不符合正态分布，则这个行业均值就不具有代表性，经验规则的价值也就无从谈起。其二，流动资产中存货的变现能力通常较差，如一些存货可能已经贬值、报废、毁损、抵押等，将此类存货用于变现，其价值将大打折扣。但是，不同企业的不同类型存货盈利能力并不一样，不同企业的不同类型存货的变现能力也不一样。因此，不同的企业存货的流动性需要谨慎评估，不同企业的存货也应该区别对待。存货可以分为三个类型：正常需要的存货、畅销的存货、安全储备的存货等，安全储备的存货应该不属于流动性存货的范畴，应该属于非流动资产，类似保险储备，一般都不使用，只为应急所需。其三是行业特征不同，经验均值也应不同，尤其是当前企业的经营方式和金融环境发生了很大变化，不少行业的流动比率通常都低于2。

（二）速动比率

流动比率的诸多事项的分析基本都适用于速动比率的分析，两者的计算差异只有是否计算存货。因此，速动比率只做与流动比率差异方面的分析。

1. 指标原理分析

由于流动资产中各项资产的变现能力不同，变现能力较强的流动资产用于偿还流动负债更能反映企业的偿还债务能力。考虑到流动资产中存货的变现能力通常较弱，将其剔除，重新计量企业流动性，这就是速动比率。其计算公式如下：

$$速动比率=（流动资产-存货）÷流动负债$$

速动资产是指企业可以在较短时间内变现的资产，如货币资金、交易性金融资产、应收票据、应收账款、预付账款等。因此，除货币类资产外，速动资产的不同项目的变现时间和数量具有较大的确定性，从这一角度上讲，可以将其定义为可偿债资产。

速动资产的分析思路与流动资产相同，只是计算公式中少了一项存货，且速动资产的变现能力更强一些而已。

如果流动比率以2为合理经验值，则速动比率的合理均值就是1。这仅是一个经验解释，不可将其曲解化。当企业的速动比率小于1也并不都意味着公司债务偿还能力一定比较差，当然，企业速动比率大于1也并不能说明企业的短期债务偿还能力一定没有问题，需要根据宏观经济周期、企业行业特征、经营运作方式、生存环境等各方面做出综合权衡。

2. 指标运用

【例6-4】 表6-2是苏宁易购2004年—2007年的速动比率、行业均值和市场均值，请评估公司的流动性。

表6-2 苏宁2004年—2007年的速动比率、行业均值和市场均值

指标	2004年	2005年	2006年	2007年
苏宁的速动比率	0.88	0.60	0.83	0.79
行业均值	0.89	0.71	0.70	0.76
市场均值	1.21	1.06	1.04	1.09

（资料来源：公司财务报告和广发证券金融终端。）

【分析思路】

沿用【例6-3】的分析思路，做如下分析：①与流动比率对比，考察存货对零售业是否符合存货占流动资产50%的一般假定。②对比苏宁易购的流动比率与速动比率，正确评估公司存货管理能力。③根据公司的速动比率，分析公司投融资策略是否激进。④观察零售业平均流动比率与速动比率、市场平均流动比率与速动比率，你发现了什么？

3. 指标进一步透视

与流动比率相比，速动比率能够更加真实地反映企业的短期债务偿还能力。然而，由于流动资产中预付账款等变现能力并不太强，应收账款变现也具有不确定性等，速动比率反映的企业真实偿还债务能力也有较大局限。有鉴于此，可以仅将变现能力更强的一部分列入债务偿还能力范畴，这样，将这一部分资产用于偿还流动负债显然更优。由此，将资产的流动性进一步限定，以流动性更强的流动资产为标准，可以衍生出多个财务指标，具体如下：

改进方案Ⅰ：速动比率$_1$=(货币资金+交易性金融资产+应收票据+应收账款)÷流动负债
改进方案Ⅱ：速动比率$_2$=(货币资金+交易性金融资产+应收票据)÷流动负债
改进方案Ⅲ：现金比率$_1$=(货币资金+交易性金融资产)÷流动负债
改进方案Ⅳ：现金比率$_2$=货币资金÷流动负债
改进方案Ⅴ：现金比率$_3$=剔除定期存款的货币资金÷流动负债
⋮

需要说明的是，速动比率中速动资产有多种界定，现金比率中现金也有多种界定，本处只是列举了其中几个而已。上述几个方案反映的企业偿还债务能力逐次增强，尤其改进方案Ⅲ、改进方案Ⅳ和改进方案Ⅴ更真实地反映了企业短期债务偿还能力。若这三个财务指标越高，企业的债务能力偿还越强，但是企业不能一味地强调安全，过度安全意味着企业持有这些资产的机会成本高，所以，企业要综合权衡资产流动性能力和盈利能力，确定在流动性基本充足的前提下，实现股东财富最大化。

三、短期债务偿还能力的流量比率

企业债务偿还能力更直观地体现在企业的现金流是否充分，而不是静态存量流动资产是否充分。如果企业现金流充沛，尤其是经营现金流充沛，特别是自由经营现金流充沛，企业债务偿还能力必定强劲。基于此，我们有必要运用现金流量指标进一步考察企业债务偿还能力。

（一）现金到期债务比

1. 指标分析

现金到期债务比是现金与到期债务的比率，它计量了部分长期债务和部分短期债务。其计算公式为

$$现金到期债务比=经营活动现金净流量÷本期到期债务$$

本期到期债务是指本期到期的无法展期的债务，一般是指本期到期的长期债务和本期应付票据。其中本期到期的长期债务在财务报表中就是一年内到期的非流动负债。由于这些债务到期一般都无法展期，必须用稳定现金流偿还，而且经营活动现金流量与到期债务的偿还能力之间存在着高度的正相关。因此，这一计量指标比较激进，它只保证了部分刚性债务的偿还，而短期借款并不在考虑之列。稳健起见，可以将短期借款考虑在内。

现金到期债务比多大为优，没有一个统一的界定标准。在正常情况下，现金到期债务比应该大于1。一般认为现金到期债务比的经验标准值是1.5。

当现金到期债务比越正向偏离1时，企业偿还硬性债务能力越强，管理当局的风险规避意识越强。但是，若这一指标过高，意味着企业持有现金过多，需要考虑持有现金的总成本是否处于优化区间。当现金到期债务比等于1，企业经营活动现金净流量刚好用于偿还无法展期的本期债务，企业偿还债务能力得到基本保证，企业管理当局比较具有冒险意识。当现金到期债务比小于1时，企业经营活动现金流量无法满足本期必须偿还的到期债务，企业存在一定的偿还债务压力，至少是企业在这个短期时点偿还债务能力并不那么强，应引起管理层和其他利益相关者，尤其是债权人的重点关注。

2. 指标运用注意事项

1）现金到期债务比需要注意经营活动现金流入的时点与到期债务的时点匹配。如果企

业经营活动现金流量在各个时点的金额与本期在各个时点到期债务金额严格匹配,当然,最好是企业自由经营现金流量与到期债务匹配,则现金到期债务比等于1,企业到期债务得到流量安全保障,加上企业短期还有可以动用的流动资产,企业偿还债务比较安全。基于这个前提,如果现金到期债务比大于1,企业经营活动现金流量比较充分,即只用企业经营活动现金流量就可以轻松支付到期债务,则企业的债务偿还能力比较强;如果该指标小于1,企业需要借助货币资金等其他流动资产支付到期债务,这时需要借助其他财务指标对其债务偿还能力进行综合判断。

2) 运用现金到期债务比尽量和其他财务指标联系起来,也需要注意异动值的处理。这一计量指标没有考虑短期借款及其他需要偿还的流动负债,单独依靠现金到期债务比有可能出现错判,借助其他流动性指标是必要的。当现金到期债务比出现异动时,需要甄别其中原因。例如,现金到期债务比远大于1主要系企业到期债务过小所致,这不一定说明企业债务偿还能力强。

(二) 现金流动负债比

1. 指标分析

现金流动负债比又称为现金比率,是经营活动现金净流量与流动负债的比值,它更直观地计量了企业资产的流动性。其计算公式如下:

$$现金流动负债比 = 经营活动现金净流量 \div 流动负债$$

与现金到期债务比相比,该比率更为保守一些。现金流动负债比越高,表明企业经营活动现金流量偿还流动负债的能力越强。同样,该指标也并不是越高越好,现金流动负债比越高,说明企业持有现金过多,可能影响到企业的获利能力。一般认为,现金比率达到20%以上就可以认为企业的短期债务偿还能力较强。

2. 指标运用注意事项

1) 宏观经济周期、行业、企业发展阶段、管理者偏好等都会影响现金流动负债比,应针对不同情况综合判定该比率是否合理。

2) 现金流动负债比同样要注意经营活动现金流量与流动负债的匹配度。剔除金融类企业,假定企业的流动负债处于正常水平,基于企业经营活动现金流量与流动负债期限匹配的前提下,如果现金流动负债比大于1,企业短期债务偿还能力强,同时也意味着企业存在资金过度闲置的可能性;现金流动负债比等于1,表明企业的经营现金流足以支付流动负债,正常情况下,企业的偿还债务能力也十分强劲;现金流动负债比小于1,这只能说明企业经营活动现金流量不足以支付流动负债,无法断定企业偿还债务的风险,需要根据该比率的大小以及其他流动性计量指标综合判断。

3) 现金流动负债比一个统一的标准,难以估计这一指标的上限和下限。当现金流动负债比远高于1,意味着企业现金流量充沛;长期如此,意味着企业战略极度保守或者公司是一流企业。当现金流动负债比过低时,例如经营活动现金流量不足以支付工人薪酬,这是企业财务危机的前兆。

4) 现金流动负债比需要解析流动负债的结构,计算刚性债务与非刚性债务比例。企业短期债务不仅包括本期必须偿还的刚性债务,而且还包括一些可展期债务,企业的一些特殊事项也会产生偶发性现金流,这都会影响到现金流动负债比。

第四节　长期债务偿还能力分析

一、长期债务偿还能力概述

长期债务是指企业偿还在一年或者超过一个营业周期以上的债务，主要包括长期有息负债。

与短期债务偿还能力一样，长期债务偿还能力也受到了不同利益相关者的高度关注。长期债权人根据企业长期债务偿还能力判断其债权安全状况，并决定是否继续对企业提供贷款；管理者通过长期债务与股东权益的比例调整，不断优化企业资本结构，降低资本成本；如果企业长期债务偿还能力较强，投资者需要评估企业是否可以适度调整资本筹资策略，适度运用短期资本解决部分长期投资，运用低成本博高收益。监管部门根据企业长期债务偿还能力决定相关法律、法规的制定与修订。

评估企业的长期债务偿还能力要比评估其短期债务偿还能力复杂得多，需要考虑更多因素，与短期债务偿还能力不同，企业长期债务偿还能力来自于企业的持续盈利能力。如果企业持续盈利能力较强，它的盈利现金含量必定较高，由此形成企业持续现金流。因此，盈利才是企业支付长期债务最可靠、最理想的资金来源。分析者评估企业长期债务偿还能力时，一方面通过计量企业长期债务偿还能力比率指标，做出企业债务偿还能力的趋势判断：长期债务偿还能力是增强、恶化还是不变，另一方面需要考虑企业盈利能力评估，尤其要留意一些企业的非财务信息如企业产品竞争力、企业信誉等因素。

二、长期债务偿还能力存量比率

长期债务偿还能力存量比率有利于进一步揭示企业的融资策略，评价企业偿还债务的风险，更好地评价企业资本结构决策的优化程度。

（一）资产负债率

1. 指标原理分析

资产负债率是反映企业资本结构的一个重要财务比率，它从总体上权衡企业债务偿还能力的风险。其计算公式如下：

$$资产负债率 = 负债总额 \div 平均资产总额 \times 100\%$$

计算公式分母一般选取总资产的平均值，也可以选取期末资产或者期初资产，视具体情况而定。

资产负债率反映了企业总资产中负债的占比，直观衡量了在企业破产清算时债权人利益受保护的程度。债权人不仅受到了企业的抵押资产担保，还受到了所有者权益的保障。一般来说，企业资产负债率越低，债权人受到资产的保护程度越高；资产负债率越高，债权人受到资产的保护程度越低。除金融类企业外，如果资产负债率过高，一旦遇到重大危机，企业当年的严重亏损有可能直接击穿净资产，面临破产清算的险境。

实际上，不仅企业的债权人（尤其是企业长期借款的债权人）关注这一指标，其他利益相关者也同样关注资产负债率。

以所有者和管理者为例，他们关注资产负债率的原因如下：①所有者是企业的真正拥有者，和企业生死与共，他们会关注企业所有方面的信息，包括长期债务偿还能力，评估企业是否通过适度负债实现财务杠杆的正效用，从而提升了企业价值。②管理者是企业的实际经营者，通过不断努力经营，达到薪酬合同的要求，实现自身利益最大化。管理者实现契约要求的同时力争实现企业与自身利益最大化。负债是一把双刃剑，负债效应主要取决于企业平衡税盾效应、正负财务杠杆效应与财务困境成本的能力。如果企业具有强劲的盈利能力，高负债有利于提升企业价值；当企业经营前景堪忧，盈利能力下降时，高负债很可能使企业陷入财务困境，加速企业死亡。因此，经营者应审时度势、权衡利弊，根据企业实际情况，优化资产负债率，降低资本成本，实现企业价值最大化。

2. 指标运用

我国上市公司和零售业上市公司 2014 年—2019 年的资产负债率见表 6-3。其中，资产负债率平均数等于样本公司的总负债率除以样本总数，且以证监会 2012 版《上市公司行业分类指引》为依据选取零售业样本计算。

表 6-3 我国上市公司和零售业上市公司 2014 年—2019 年的资产负债率 （%）

企业类型	2014 年	2015 年	2016 年	2017 年	2018 年	2019 年
平均数						
零售业上市公司	60.06	54.69	52.54	51.87	52.72	54.18
上市公司	47.67	43.90	42.46	42.25	46.17	45.75
中位数						
零售业上市公司	54.37	54.08	52.73	52.61	52.72	55.88
上市公司	44.08	42.31	40.50	40.36	42.29	42.02

（资料来源：CSMAR 官方网站。）

由表 6-3 知，全部上市公司和零售业资产负债率均呈现正态分布，两者的平均数与中位数基本趋同。同时，我国上市公司总体资产负债率并不太高，处于稳健范围。对这组数据，我们可以思考一个问题，为何零售业上市公司的资产负债率远高于上市公司的平均数。

3. 资产负债率的安全临界值为 50% 或者安全临界区间为 50% 左右的逻辑推定（金融类公司除外）*

既然资产负债率是衡量企业负债风险的重要标志，则企业资产负债率安全范围的确定就是一个重要课题。企业资产负债率的优化是资本结构的优化，不同学者提出了多种资本结构理论，而现实与理论不同，实践中的资产负债率没有一个标准值，它更多地依赖于企业财务总监的职业素养。与其追求企业最佳资本结构，不如说求解资本结构的优化区间，而资本结构的优化区间也没有统一结论。从逻辑上推定资产负债率的安全临界值或者是安全临界值区间的过程如下：

命题的正解：

剔除金融类企业后，我们认为大多数企业的资产负债率以 50% 为安全临界点，或者以 50% 左右为安全临界区间。50% 不是一个精确值，也可以是 45%、55% 等其他数值，并不是说企业的资产负债率高于这一数值或者数值区间，企业必然陷入流动性危机，而是指当企业资产负债率符合我们的要求时，从概率上讲，至少在短期内，企业在短期内偿还债务是相当安全的，或者说债权人的权益能够得到高度保障，几乎没有被损害的可能性，企业陷入破产的概率是极小的。

简单起见,假定企业资产负债率以50%为安全临界点能够成立,那么以50%左右为安全临界区间的推理过程与之相同。这意味着,剔除金融类企业后,当资产负债率≤50%时,企业控制风险能力强,在短期之内很难陷入流动性危机;当资产负债率>50%时,企业控制风险的难度加大,存在风险失控的可能,尤其是当资产负债率趋于90%及以上时,企业处于风险失控边缘,随时面临破产的可能。

命题证明思路:

命题有两个证明方法:一个方法是顺序证明,即直接证明当企业资产负债率≤50%时,企业偿还债务是安全的;另一个方法是逆序证明,即当企业资产负债率≤50%时,企业陷入财务困境的概率几乎是0或者小于10%,即90%及以上概率是安全的,这代表企业几乎不可能陷入财务困境,从而间接证明了命题。

为了使论证更有说服力,我们将企业置于极端不利的情况,它包括两个层面:一个层面是企业战略定位选择,企业是经营资产为主导战略还是投资资产战略为主导战略,抑或是二者兼备;另一个层面是企业投资品种选择,企业是金融资产投资还是项目投资,抑或是二者兼备。前一种层面最不利的情况是假定企业只进行股权投资而不从事实业经营,即将经营决策权交于或者委托于被投资企业,也可以说专门从事投资的企业,其风险远高于从事实业经营的企业,它对风险控制的要求更高。基于此,企业投资品种最不利的选择:其一是只投资单一类别资产,不构建多类别投资组合,其二是由单一类别投资品中选择风险大的且可行的资产。于是,命题在极端情形下的表达是企业只从事股权投资,并且只投资单一类别风险高的资产。如果极端不利条件下命题是成立的,则其他情况下命题也会成立,从而证明了命题。

命题证明过程:

现实生活中,风险极大且可行的单一类别投资资产包括实业项目和金融项目。实业项目中的房地产投资和金融项目中的股票投资是各自的典型项目投资。其中,从事实业项目的房地产投资不是指从事房地产开发经营的投资,而是选择以股权入资的方式取得分红的投资,如果投入股份占比达到控制,企业也不干涉被投资企业或者项目运营。因此,命题的极端情况可以进一步表达为,企业只从事股权投资,并且只投资单一类别资产,单一资产的类别有两种:房地产和股票,企业要么全投资房地产,要么全投资股票。我们将企业只投资于房地产或股票的情况界定为情景Ⅰ和情景Ⅱ。由此,只要证明仅从事股权投资的企业资产负债率在50%时,在情景Ⅰ和情景Ⅱ中几乎不可能遭遇流动性危机,即证明了命题。

情景Ⅰ和情景Ⅱ的具体描述及其理由的分析如下:

情景Ⅰ:假设企业仅投资实业项目:房地产。

情景Ⅱ:假设企业仅投资金融项目:股票。

在情景Ⅰ中,企业只选择投资房地产,是因为房地产行业受政府调控影响大,经营风险比较高,经营周期过长。以我国房地产行业为例,大多数企业现金周转期一般高达1 000天,是典型的投资金额大、经营周期长的行业,流动性风险大。情景Ⅱ是指企业只从事股票投资,股票属于高风险金融资产。正常情况下,如果企业从事金融资产投资,绝不会只投资股票,会通过构建多类别资产组合,从而有效地分散风险。企业不可能全部投资金融衍生品,股票变成了单一可行的金融资产。

上述两种情景将企业置于最不利的境地。若在这两种情况下，企业资产负债率仍然≤50%，那么企业几乎没有可能陷入财务困境，就证明了命题。

基于上述两种情景，假定企业是理性利己主义者，且信息占优，其投资收益率在大概率条件下至少应该与市场收益持平，即应该属于"28原则"中的"2"的强势群体。

为了让大家感受企业资产负债率为50%时给大众传递的直观印象，我们通过会计恒等式来表达这一诉求。

假定下列是非金融类企业在六种不同场景下会计恒等式。

场景Ⅰ：资产$_1$(100亿元) = 负债$_1$(10亿元) + 所有者权益$_1$(90亿元)
场景Ⅱ：资产$_2$(100亿元) = 负债$_2$(30亿元) + 所有者权益$_2$(70亿元)
场景Ⅲ：资产$_3$(100亿元) = 负债$_3$(50亿元) + 所有者权益$_3$(50亿元)
场景Ⅳ：资产$_4$(100亿元) = 负债$_4$(80亿元) + 所有者权益$_4$(20亿元)
场景Ⅴ：资产$_5$(100亿元) = 负债$_5$(90亿元) + 所有者权益$_5$(10亿元)
场景Ⅵ：资产$_6$(100亿元) = 负债$_6$(100亿元) + 所有者权益$_6$(0亿元)

这组数据可以描述为一家企业在不同时点资本结构的动态变化过程，也可以描述为六家不同企业在同一时点的资本结构。

假定这组数据是同一企业在不同时点的资本结构，通过观察本组系列数据，读者的直观感受大至如下：

下列三种场景下读者对企业的流动性的评估是基本无争议的。其中，企业在场景Ⅰ下的资产状况十分安全，短期内几乎没有流动性危机；企业在场景Ⅵ下处于破产清算状态；企业在场景Ⅴ下处于破产边缘，属于高危情况。下列两种场景下企业的流动性也是比较明确的。其中企业在场景Ⅱ下，资产状况相当安全；在场景Ⅳ下处于比较危险境地，企业容易陷入财务困境。企业只有在场景Ⅲ下比较难判断其流动性处境，处于模糊边界。而命题刚好与第Ⅲ种场景相同，需要判断在第Ⅲ种场景下企业陷入流动性危机的可能性大小，如果在第Ⅲ种场景下企业陷入财务困境的概率极小，就证明了命题。

当企业会计恒等式是资产（100亿元）= 负债（50亿元）+ 所有者权益（50亿元）时，意味着只有当企业当年净损失超过总资产50%时，才有可能损害债权人利益，企业才有可能陷入偿还债务的困境，发生流动性危机。我们需要评估企业发生流动性危机的可能性大小，若可能性极小，就证明了命题。

命题证明过程：

当企业处于情景Ⅰ时，我们需要估计全球各主要经济体或者一个国家全国各地房地产平均价格跌幅高达50%的可能性。根据全球各主要经济体房地产价格统计数据，全球各主要经济体房地产同时下跌50%的可能性是0，甚至一个国家发生这种现象的概率也是极低的。

日本房地产市场集中度高，主要集中于三大都市圈（东京圈、大阪圈、名古屋圈），是一个极端个例。20世纪80年代，日本科技创新领先全球，全国经济强劲增长并且持续周期很长，日元兑美元呈单边升值态势并且持续周期也比较长，全球游资涌入日本，炒作日本房地产和股市，导致房地产价格和股市快速上涨，最终股市与房市崩盘，给投资者带来了巨大灾难。日本20世纪90年代房地产崩盘，耗时多年后房价跌幅超过50%，2005年为最低水平，平均跌幅约为65%，之后进入房价复苏期。与房价长期不断下跌不同的是，在很短时间内三大都市圈房地产成交量快速增加，这在一定程度上缓冲了房价下跌风险。同期，全球各国房地产市场保持稳健发展。近100年来，全球房地产危机主要包括：1923年—1926年美国佛罗里达州房地产泡沫与大萧条，1986年—1991年日本房地产泡沫与失去的二十年，1991年—1997年东南亚房地产泡沫与亚洲金融风暴，2001年—2008年美国房地产泡沫与次贷危机。这再次验证了全球从来没有同时爆发过房地产危机。

作为一个理性投资者，企业不可能只投资一个国家或者地区的房地产，势必分散投资于全球各主要国家或者某一个国家不同地区比较具有投资价值的房产，而全球各主要国家具有投资价值的房地产总体跌幅达到50%几乎是不可能的。因此，当情景Ⅰ发生，资产负债率≤50%时，企业在短期之内几乎没有可能陷入财务困境。

当情景Ⅱ发生时，企业重视投资对象基本面研究，不太可能只投资一个国家或者地区的股票，更不太可能只投资于一个经济不发达的国家或者地区的股票。这时我们需要评估全球主要国家股票价格指数跌幅高达50%以上的概率。全球股票投资组合要实现如此跌幅，需要爆发全球金融（经济）危机，如果是地区金融（经济）危机，全球股票组合跌幅很难高达50%。到目前为止，全球金融（经济）危机爆发的概率是1%，20世纪初期即1929年—1933年爆发了一次全球金融（经济）危机，21世纪初期即2008年爆发了一次全球金融（经济）危机。即使人类社会在100年内爆发若干次全球金融（经济）危机，比如5次，5%也是极小概率。以地区金融（经济）危机为例，从20世纪60年代开始，基本是每10年爆发一次，这种概率也仅10%。假定企业是理性人，其不太可能输给市场收益，而股票市场跌幅高达50%的情形，在两种极端情况下发生的概率都小于10%。如果企业发生风险失控的概率小于10%，则可以认定企业陷入财务困境的概率极低。并且企业通过分散投资，更不太可能只投资某一国家或者地区的股票市场，因此投资组合的系统风险应计算全球金融市场的风险，以全球金融（经济）危机爆发的概率计算更为合理，而这种概率远低于10%，几乎是无风险的。

到此为止，我们通过两种最不利的投资情景分析发现，如果企业资产负债率在50%以内，在短期之内风险总体可控，很难陷入流动性危机。在现实生活中，作为理性人的企业不太可能只集中投资某一类投资品，而是分散投资于实业资产和金融资产，当两类投资品兼而有之时，两类风险同时爆发的概率更低，其概率几乎归0，这意味着企业的风险更低，几乎没有可能陷入流动性危机。因此，剔除金融类企业，这一命题从逻辑推理上讲是成立的。

需要注意的是，从静态时点上讲，当企业资产负债率为50%或者50%左右时，企业债权人利益受到高度保障，企业陷入流动性危机的可能性极低。但是资产负债率只是评价企业债务安全的一个财务指标而已，不能过分夸大其功能，更不能认定只要企业资产负债率符合我们认定的标准，那么企业的债务偿还能力就是安全的。从根源上讲，企业需要通过其基本面不断改善，提升它的持续盈利能力、优化资本结构，促使企业始终处于风险控制界内。

4. 需要注意的问题

资产负债率从总体上反映了企业债务偿还能力，不仅可以反映企业长期债务偿还能力，而且还可以反映其短期债务偿还能力。为了更好评估企业债务偿还能力，需要将资产负债率与短期债务偿还能力的计量指标相结合。

宏观经济周期不同、行业的不同、企业发展阶段的不同、商业模式的不同、经营特征的不同，不同企业和同一企业的资产负债率都会体现明显的差异。但是，剔除金融类企业，一般企业的资产负债率以50%为安全警戒值，或者说资产负债率为50%左右是大多数企业的安全负债区间。虽然没有统一破产警戒线，但是一般企业的资产负债率尽量不要远高于50%，例如资产负债率高达80%，否则企业很容易处于风险失控的边缘。

然而，资产负债率有时会误导财务报表分析者，即使是非金融类企业的资产负债率过高时，例如85%以上，此时企业债务偿还能力并不一定较差。这是因为，企业资产负债率高有可能是企业经营性负债在总负债占比过高所致，即企业市场议价能力强。这时，我们需要使用资产有息负债率评估企业长期债务偿还风险。虽然在大多数情况下，资产负债率与资产有息负债率是高度正相关的，但还是有必要比较资产负债率与资产有息负债率的差异，从而更为准确地评估企业债务偿还能力。

（二）资产有息负债率

1. 指标原理分析

当企业经营性负债过多或者经营性负债发生明显变化时，资产负债率的原本内涵将有可能产生误导性信息，而资产有息负债率可以有效地规避这一缺陷。

资产有息负债率是指有息债务占总资产的比率，又称有息资产负债率。其计算公式为

$$资产有息负债率 = 有息负债 \div 总资产 \times 100\%$$

其中，有息负债包括：短期借款、1年内到期的非流动负债、长期借款、应付债券和长期应付款。

资产有息负债率反映了从银行等金融机构借入的有息债务占企业总资产的比重，揭示了有息债权人向企业提供信贷资金的风险程度，也揭示了企业举债经营的潜力。

从企业经营分析角度观察，当企业资产有息负债率发生明显的趋势性变动时，通常折射出企业经营方式的转变，而且一旦配合同业比较，可以揭示企业议价能力的变动，从而有利于预测企业市场竞争地位的变化，乃至企业持续盈利能力的变化，因此成为投资分析的导向性指标。同样，企业在降低负债率方面，应当重点减少有息负债，而不是无息负债，这对于利润增长或扭亏为盈具有重大意义。

2. 指标运用

泰禾集团是一家拥有地产、金融、健康、文化四大产业多元发展的大型上市公司，主要从事住宅地产和商业地产的开发，该业务收入占总业务收入90%左右。

2018年—2019年泰禾集团、万科地产、保利发展和绿地控股的有关负债率见表6-4。

表6-4 2018年—2019年我国部分房地产上市公司的有关负债率

上市公司	资产负债率		资产有息负债率		经营负债/总负债	
	2018年	2019年	2018年	2019年	2018年	2019年
泰禾集团	86.88%	84.95%	68.36%	59.17%	21.32%	30.35%
万科地产（A股）	84.59%	84.36%	36.93%	35.45%	56.81%	57.97%
保利发展	77.97%	77.79%	36.56%	35.02%	53.10%	54.87%
绿地控股	89.49%	88.53%	40.07%	36.87%	55.23%	58.36%
行业平均数	63.55%	62.93%	43.64%	42.90%	30.81%	31.06%
行业中位数	65.05%	67.78%	43.41%	43.57%	26.78%	28.81%

（资料来源：各上市公司年度报告；行业均值和中位数计算所需的相关数据来自CSMAR官方网站；行业分类以证监会公布的《上市公司行业分类指引》2012版为准。）

由表6-4观察泰禾集团和万科地产、保利发展、绿地控股的负债率，评估这些上市公司债务偿还能力的差异，进而评估泰禾集团与其他上市公司持续盈利能力的不同。

3. 注意的问题

资产负债率中"注意的问题"同样适用于资产有息负债率。资产负债率的安全推定同样适用于资产有息负债率，但是后者可视为更激进的判定标准。剔除金融类企业，一般企业的资产有息负债率以50%为安全警戒值，或者说资产有息负债率为50%左右，这是更为激进的判定标准。虽然没有统一破产警戒线，但是一般企业的资产有息负债率尽量不要高于50%，否则企业很容易处于风险失控的边缘。

基于上述理论推定，又考虑到当下社会信息更为充分、企业之间的竞争更为激烈的现状，我们认为，无论是非金融类企业的资产负债率还是非金融类企业的资产有息负债率，企业都应该尽量降低其资产有息负债率，例如使企业资产有息负债率低于30%，从而在更大程度上规避流动性危机。

（三）产权比率和权益乘数

产权比率和权益乘数实际上是资产负债率的变形，与资产负债率一样，产权比率和权益乘数也是可以反映企业资本结构的财务比率。它们的计算公式如下：

$$产权比率 = 负债 \div 所有者权益 \times 100\%$$

$$权益乘数 = 资产 \div 所有者权益 \times 100\%$$

按照财务比率的通常命名习惯，产权比率应该为净资产负债率，权益乘数为所有者权益资产率。产权比率直观地反映了债权人利益受所有者权益的保障程度，比率越高，债权人利益越得不到有效保障。权益乘数直观反映了所有者利用负债的杠杆倍数效应，乘数越高，财务杠杆越高。

产权比率与权益乘数的关系式为

$$权益乘数 = 1 + 产权比率$$

具体推导过程如下：

$$产权比率 = 负债 \div (资产 - 负债)$$
$$= 1 \div [(资产 - 负债) \div 负债]$$
$$= 1 \div (1 \div 资产负债率 - 1)$$
$$= 资产负债率 \div (1 - 资产负债率)$$

$$权益乘数 = 资产 \div (资产 - 负债)$$
$$= 1 \div [(资产 - 负债) \div 资产]$$
$$= 1 \div (1 - 资产负债率)$$

将权益乘数分解式与产权比率分解式相减可得权益乘数 - 产权比率 = 1，即权益乘数 = 1 + 产权比率。

产权比率和权益乘数仅是资产负债率的两种变形的表达形式，其本质是一样的，产权比率和权益乘数并不能给利益相关者增加信息含量，只是关注的侧重点不同。资产负债率侧重于分析债务偿付安全性的物质，直接描述了企业负债率的事实；产权比率侧重于揭示企业财务结构的稳健程度，直观地体现了债权人受股东的保护程度；权益乘数侧重于揭示自有资金对偿债风险的承受能力，也更为直观地体现了股东利用的财务杠杆倍数。例如企业资产负债率为75%，则产权比率是3，而权益乘数是4，三个财务指标传递信息的侧重点分别是企业负债率比较高的事实、债权人受股东的保护程度不太高和企业 4 倍的高财务杠杆,而其本质是一样的。

资产负债率、产权比率和权益乘数本质上是企业融资策略的体现,是三种常用的财务杠杆计量尺度。财务杠杆表示债务的多少,与债务偿还能力有关,并且可以表明股东权益净利率的风险,也与盈利能力有关。财务杠杆计量可以反映特定情况下资产净利率(总资产报酬率)和权益净利率(股东权益报酬率、所有者权益净利率)之间的倍数关系,其推导过程如下:

$$权益乘数=(净利润÷所有者权益)÷(净利润÷资产总额)=权益净利率÷资产净利率$$

与无负债企业相比,举债企业才有杠杆效应。对无负债企业来说,它的资产报酬率等于股东权益报酬率。但是对举债企业而言,它的资产报酬率不一定等于股东权益报酬率。由上述计算公式可知,当权益净利率大于资产净利率时表明有利的杠杆效用,可以界定为企业成功举债经营,这是因为风险型企业的资产报酬率大于负债成本,例如资产报酬率是 12%,税后债务成本 8%,产生了正杠杆效应。如果负债经营企业的权益净利率等于资产净利率,其财务杠杆效应是中性的,企业分配给股东和债权人的总收益虽然比无负债经营企业增多,但是对股东而言意义不大,因为增多的部分就是企业实际支付给债权人的金额。如果举债经营企业权益净利率小于资产报酬率,则称企业举债经营失败,这是因为风险型企业的资产报酬率小于负债成本,例如资产报酬率 12%,税后负债成本 15%,此时企业负债增加将减少股东权益,财务杠杆负效应显现。因此,权益净利率与资产净利率的变化从本质上反映了财务杠杆效应,反映了负债对企业经营产生的正负效应。企业是否应该提高负债比率,需要评估权益净利率与资产报酬率,而权益乘数的推导公式给我们提供了一种利用负债效应的分析思路。

(四) 有形资产净值债务比率

为了更加真实地反映债权人利益受所有者权益的保障程度,将难以准确计量的无形资产、递延资产从净资产中扣除,即仅计算所有者具有所有权的有形资产,计量有形资产对债务的保障程度。有形资产净值债务比率的计算公式如下:

$$有形资产净值债务比率=负债总额÷(所有者权益-无形资产-递延资产)×100\%$$

这一指标计量了债权人可获得的财产抵押情况。有形资产净值债务比率实质上是产权比率的延伸,这是一种更为保守的计量——它将可实现价值有不确定性的资产排除在外,更为谨慎、保守地反映在企业破产清算时债权人投入的资本受到所有者权益的保障程度。其中,无形资产的价值变动较大,缺乏可靠的计量基础,不可能作为确定性偿还债务的来源。递延资产本身就是企业费用的资本化,它们往往也不能用于偿还债务,因而也将其从所有者权益中扣除。

(五) 长期资本负债率

为了从融资角度反映企业长期债务偿还能力,用长期资本负债率计量债务的安全程度,其计算公式如下:

$$长期资本负债率=非流动负债÷(非流动负债+股东权益)$$
$$=长期负债÷长期资本$$

长期资本负债率反映了企业狭义上的资本结构,反映了长期债权人受自身及股东权益的保障程度。

上述财务指标统称为杠杆比率。这些杠杆比率一般都是利用账面价值进行比较分析。账面价值以历史成本计量为主。这些杠杆比率也可以用市价计量,前提是股票市场与债券市场比较成熟,市场效率比较高,市场波动比较小,市场不确定性较低。而我国金融市场虽然经历多年发展,但是市场治理机制仍不健全,股票投机氛围过重,市场波动比较大,股票市场效率仍然不高,债券市场体量过小,计量财务杠杆指标时不宜采用市场价值计量,应该以账面价值为主。

为了更进一步了解企业偿还债务风险,还可以采用资本结构组成分析法。构成分析一般是通过资产负债表中负债与股东权益运用结构百分比报表进行分析。它直接解释了企业的财务风险。例如分析某企业权益结构是流动负债、非流动负债、优先股和普通股占比分别为45%、15%、15%和25%。这四个数据反映了企业融资风险的直观结果,通过深入分析了解企业融资风险。另一种结构百分比法是分析长期融资渠道,不考虑流动负债,或者是只考虑有息负债和股东权益融资。

三、长期债务偿还能力流量比率

长期债务偿还能力流量比率主要是指利息保障倍数。

1. 指标原理分析

利息保障倍数从收益偿付能力角度分析企业的长期债务偿还能力,它也提醒我们注意盈利能力才是企业真正的还本付息的基本来源,企业持续盈利能力才是长期债务偿还能力的根本保障。

利息保障倍数又称已获利息倍数,是指息税前利润(EBIT)与利息费用之比。其计算公式如下:

$$利息保障倍数 = 息税前利润 \div 利息费用$$

该比率计量分子还可以采用息税前利润加折旧或者息税前利润加折旧加利息费用。息税前利润是企业理财中一个重要的指标,它既包括利息又包括所得税,可以反映资金来源各方索取利益的分布情况,也在杠杆指标计算中有着广泛应用。其中,利息费用是指本息发生的全部应付利息,不仅包括利润表中财务费用项目列示的费用化利息,而且还包括资产负债表中计入固定资产、存货、投资性房地产等资本化利息。一般情况下,外部人无法区分费用化利息和资本化利息,同样无法区分财务费用中利息费用的占比,在实践分析时,一般用财务费用替代利息费用。在正常情况下,这种替代具有一定的合理性,因为大多数企业利息费用通常占财务费用的比例较高,并且一般企业的资本化利息占总利息的比例较低。但是,当企业资本化利息占比过高时,例如房地产企业、大型飞机、船舶制造企业等,这时采用财务费用作为替代值,将会使这一指标的作用大打折扣。对于这类企业,分析者需要根据企业可能进行资本化利息的资产的类别,对其成本项目进行分解,估计资本化利息的占比,进而推断企业的资本化利息,将其计入利息费用(财务费用)。

利息保障倍数很难界定统一标准,利息保障倍数的安全临界值也难以确定。假定利息保障倍数的安全临界值是5,但是当利息保障倍数低于5时,也不能说明企业偿还债务存在问题。从长期来看,假定企业资产负债率处于正常区间,大多数企业的利息保障倍数应该远大于1。当利息保障倍数持续低于1时,需甄别其中具体原因。

2. 不同利益相关者的分析侧重点

与其他流动性财务指标一样，利息保障倍数也受到了不同利益相关者关注。具体分析如下：

（1）债权人　利息保障倍数越高，说明企业支付利息的能力越强，企业拥有还本的缓冲资金越多，企业到期偿还本金的能力越强。债权人，尤其是长期债权人，希望企业利息保障倍数越高越好，其索取本息权益越有保障。

（2）所有者　基于企业正常的资产负债率并且本息保障程度较高的前提下，所有者并不希望该指标越高越好，而是希望企业适度提高杠杆，实现股东财富最大化。若利息保障倍数持续小于1，说明企业盈利能力比较差，企业偿还债务能力没有保障，需要甄别其中具体原因。

（3）经营者　若息税前利润比较高，企业能以更低的成本借入资金，假定其他条件不变，经营者希望企业可以充分利用利息的税盾优势，进一步降低资本成本，实现企业价值最大化，同时实现个人利益最大化。

当然，还有税务机关、监管层等利益相关者也会关注利息保障倍数的变化。

3. 指标运用注意事项*

1）由于外部利益相关者无法掌握利息费用的准确数值，通常使用财务费用替代利息费用，但这种替代的前提条件是财务费用和利息费用均为正值，以及利息费用在财务费用中占比极高。

2）利息保障倍数运用的前提条件是企业资产负债率处于正常区间。假如企业资产负债率出现明显异动，例如资产负债率由50%大幅度降低至10%，即使企业EBIT不变，也会导致利息保障倍数陡增，这并不能说明企业偿还债务能力的变化，利息保障倍数无法很好地反映企业债务偿还能力的变化，需要借助其他财务指标综合权衡其流动性变化。

3）当利息保障倍数为负数时，需要具体甄别具体原因。如果该指标为负是因为财务费用为负，并且EBIT是正数且EBIT不趋于0，则通常意味着企业偿还债务能力极强。当财务费用为正数而EBIT是负数时，表明企业偿还债务能力极差。

4）利息保障倍数的计算错误。例如EBIT是负数，财务费用是负数，利息保障倍数是正数。正常情况下，财务费用为负数表示净利息收入，通常说明企业处于市场主导地位，EBIT应该是正数，两者不太可能皆为负。但是，有一种情况是企业资产负债率处于正常区间时，主营业务利润是负数，企业营业利润也是负数，营业外利润也是负数或者营业外利润小于营业利润的亏损额，而由于企业今年有一笔汇兑收益导致财务费用为负，但是这笔汇兑收益不足以扭转企业亏损的局面。

5）资本化利息费用的处理。由于利息费用包括费用化利息和资本化利息，而资本化利息计入资产价值，计量利息费用时予以扣除，但其本质仍是利息费用，因此，计量利息保障倍数时，利息费用是利润表中的利息费用加上资本化利息，或者财务费用加上资本化利息。

6）利息保障倍数的评价期限效应。在正常情况下，利息保障倍数的短期评价效果的确比较有限，其高低很难判断企业偿还债务能力，也难以评估企业流动性，但是其长期趋势变化更具有代表意义。例如一家企业其他因素基本没有变化，企业利息保障倍数逐步上升，它还是可以传递企业债务偿还能力逐步增强的信息。

4. 指标扩展

假定企业将利息保障倍数作为评价其长期债务偿还能力重要指标,并且如果管理者认为只要企业的利息保障倍数大于等于 1 即可,则基本可以判断这类管理者是风险偏好者。因为利益相关者在短期内难以根据利息保障倍数判定企业债务偿还能力的变化。利息保障倍数作为判定债务偿还能力的指标首先要求企业的资产负债率处于正常区间,至少不能过低,否则需要结合其他信息综合判定。如果资产负债率过低,利息保障倍数将丧失解释能力,并且企业除了要偿还利息费用外,还有许多固定性支出。这些固定性支出如本金偿付要求、固定支出偿付、连带担保等,也都会影响企业债务偿还能力。因此,可以采取更为保守的计量指标,例如保守利息保障倍数。

保守利息保障倍数的计算公式为

$$保守利息保障倍数 = 息税前利润 \div [利息费用 + 本金 \div (1 - 所得税税率)]$$

保守利息保障倍数的分母考虑了偿还本金要求,可以在一定程度上规避偿还债务本金风险。计算公式中本金做了特殊处理。由于息税前利润是一种特殊的税前利润,利息费用也是企业支付的具有抵税效应的项目,而本金没有抵税效应,但是为使计算公式匹配,所以,将本金调整为本金 $\div (1 - 所得税税率)$。

保守利息保障倍数计算公式中的分子也可考虑折旧费用,这是因为从现金流计量角度看,当考虑企业所得税时,固定资产折旧作为当期的现金流入增量,也可以作为还本付息的来源之一。当然,该比率也可以进一步考虑其他固定性支付,使之更为全面地反映企业长期债务偿还能力。

四、长期债务偿还能力现金流量比率

现金债务比是通用的衡量长期债务偿还能力的现金流指标,它可以更好地反映企业债务偿还能力。其计算公式为

$$现金债务比 = 经营活动现金净流量 \div 债务总额$$

现金债务比更为保守,它考虑了企业所有债务。该指标越高,企业债务偿还能力越强;反之,企业债务偿还能力越弱。至于现金债务比多少合理,同样也没有定论。有一点可以肯定的是,如果企业资产负债率处于正常区间,大多数企业的现金债务比很可能低于 1。

计算企业现金债务比时,需要适度考虑企业的负债构成比例与偿还时间,并且也要考虑一些特殊事项引起现金债务比的异动,例如债务展期、债务减免、债转股等,需要评估这些特殊事件对企业债务偿还能力的影响。以企业债权人债转股为例,分析者需要判断是企业债权人主动转股还是被动转股,需要判定债转股成功的可能性,并全面评估债转股是否增强了企业债务偿还能力以及提升了企业盈利能力。

第五节 短期债务偿还能力与长期债务偿还能力的关系

一、短期债务偿还能力与长期债务偿还能力的联系

企业的各种长期负债与短期负债在一定程度上只是一种静态时点的划分,随着时间推移,长期债务会变成短期债务,部分短期债务也有可能具有长期属性,例如永久性经营负

债，还有一些短期债务有可能成为企业的长期债务，甚至转为股东权益，变成永久性资金。当这种情况发生时，需要综合权衡这些因素变化对企业债务偿还能力的影响。因此，企业对长期债务和短期债务的统筹规划十分重要，需要对各种债务偿还的时间、金额、资金来源进行总体安排，才能使企业债务偿还能力达到一种理想状态，有效避免企业陷入财务困境。

短期债务偿还能力与长期债务偿还能力都是从特定资产与特定负债的相对关系角度揭示企业财务风险的，只是时间长短不同而已。两者在指标值方面存在相互影响、相互转化的关系，长期是由多个短期构成的，短期的质量决定了长期的水平；从长远看，长期与短期债务偿还能力是一致的，两者都受制于企业的经营能力、资本结构、盈利能力等。

二、短期债务偿还能力与长期债务偿还能力的区别

（1）两者缓冲时间不同　一个是短期债务偿还能力而另一个是长期债务偿还能力，给企业偿还债务的缓冲时间是不同的。

（2）两者稳定程度不同　短期偿还债务流动性较大，其判定标准更为多样化，必要时可采用特殊手段，而长期偿还债务则相对稳定，其还款来源基本来自企业持续盈利能力背景下的充足现金流。

（3）两者的物质承担者不同　从短期看，短期债务偿还能力的物质承担者是流动资产，而长期债务偿还能力的物质承担者是企业的资本结构和企业的盈利能力等。资本结构的合理性、企业资产管理能力、盈利能力等因素是企业长期债务偿还能力的决定因素。

（4）两者偶然动用因素不同　短期债务偿还能力拥有更多的、偶然性可动用的因素，如应收票据贴现、债务延缓支付、非流动资产变现等；而长期债务偿还能力虽然也有偶然动用事项，但是无法持续使用例外事项。短期内企业遭遇生死存亡时可以将部分长期资产变现，或者以资抵债，甚至使用一次企业信誉延期支付债务助其渡过难关，但是这些手段都是偶尔为之，最好不用，更不能长期使用，企业也没有能够长期使用的特殊手段应付债务危机。

总而言之，企业短期债务偿还能力与长期债务偿还能力是共通的，两者总体是一致的，不是此消彼长的关系，而是高度正相关的关系。当然，也可能出现意外，两者也有可能出现不一致的情况，例如企业某个时点的短期债务偿还能力出现困难，甚至是间断几个时点或者连续几个时点都出现短期债务偿还能力困难，但是企业的长期债务偿还能力保持良好。虽然有可能如此，但是好的企业很少出现这种情况。

当企业发展到跨国经营时，战略要更有前瞻性，运营系统更为复杂，经营失败概率更高，由于决策错误导致企业面临偿还债务困境的概率大幅增加，而在当下的移动互联网、大数据时代，企业竞争更为激烈，这种情况更有可能频繁发生，企业需要提升风险意识，做好短期与长期债务偿还规划，密切关注企业流动性，提升自身应对风险的能力。

思　考　题

1. 简述各类财务能力的关系。
2. 简述动态循环财务能力评估体系。
3. 营运资本与企业筹资策略之间的关系是什么？

4. 流动比率以2为合理均值的假设前提是什么？这是否意味着正常情况下流动比率没有使用价值？

5. 为何流动比率比较难于用于企业之间的比较分析？

6. 当两家公司流动比率相同时，为何两家公司的短期债务偿还能力有可能完全不同？

7. 企业将本应借记"应付账款"科目，错误借记"应收账款"科目。请比较这种记账错误产生的速动比率与企业实际的速动比率的大小。

8. 剔除金融类企业，从逻辑上推定企业资产负债率的安全临界值或者安全临界区间。

9. 为何资产有息负债率对评价房地产企业的流动性更为重要？

10. 如何处理利息保障倍数的极端情况？

11. 简述企业短期债务偿还能力与长期债务偿还能力的关系。

判 断 题

1. 各类财务能力是相互独立的，不需要根据某一类财务能力的分析结果修正另一类财务能力的分析结果。（ ）

2. 流动性有以下两个标准：一年和一个营业周期，其中营业周期要求年限必须超过一年。（ ）

3. 营运资本大于0之所以为公司偿还债务提供了安全保障，是因为企业长期资本为其提供了安全保障。（ ）

4. 当企业在不同时点的流动比率相同时，其反映的流动能力有可能不同。（ ）

5. 流动比率很难用于企业间的比较分析。（ ）

6. 流动比率等于1说明企业偿还短期债务能力必定一般。（ ）

7. 速动资产是包括存货在内的流动资产。（ ）

8. 从理论上讲预付账款具有比较强的流动性。（ ）

9. 一旦企业资产负债率高达90%以上，企业随时面临着陷入财务困境的可能性。（ ）

10. 企业利息保障倍数突然上升，意味着企业长期债务偿还能力必定明显上升。（ ）

11. 当一家企业短期遭遇现金流缺口时，假定企业信誉良好，企业可动用特殊手段应急，帮助企业度过危机，但是不能经常使用特殊手段。（ ）

第七章

资产管理能力与财务弹性

■ **回顾**

第六章描述了流动性原理,探讨了计量短期债务偿还能力与长期债务偿还能力指标的原理、运用和注意事项等,重点分析了流动比率,界定了资产负债率的合理区间,强调了资产有息负债率的重要性,讨论了短期债务偿还能力与长期债务偿还能力的关系。

■ **本章提要**

本章通过 OPM 战略系统评价企业资产管理能力,重点描述了 OPM 战略的内涵及其衡量工具与财务弹性,其中,现金周转期是 OPM 战略的最佳计量工具,而财务弹性是实施 OPM 战略的必要条件;重点分析了 OPM 战略涉及的重要财务指标:存货周转率、应收账款周转率及应付账款周转率的内涵、理论分析及其运用;财务弹性着重探讨了现金流量充裕率、现金满足投资率和现金比率的运用;也探讨了其他资产周转率的内涵及注意事项。

■ **展望**

第八章主要介绍盈利能力与公司估值,其中,盈利能力是财务能力评价的核心,并且在公司估值中占据重要地位。

◆ **章首案例**

长期以来,京东集团给外界的印象总是亏损,其实不只是京东,电商鼻祖亚马逊也是经历了多年亏损之后才开始盈利的,随后进入了漫长的利润收割期。这是电商企业的一个典型特征,也是电商企业在盈利之前长期烧钱的动力。

2016 年 8 月 10 日,京东集团发布 2016 年第二季度业绩报告。在消费品市场增速放缓的大背景下,京东却实现了逆增长。第二季度京东的净利润在非美国通用会计准则(Non-GAAP)下净利润为 3.91 亿元,去年同期为亏损为 1 570 万元。2016 年全年实现年度扭亏为盈,非美国通用会计准则（Non-GAAP）下年度净利润达10亿元。而京东从2012年—2015年均处于亏损中。

需要提及的是,第二季度京东6·18大促销活动,公司利润率理应下降,但是京东集团经营利润率持续走高,京东的规模效应开始显现。京东集团2016年第二季度存货周转期为38.5天,应付账款周转期为49.8天,两个指标均处于行业领先水平。并且,截至2016年6月30日,京东自由现金流达到110亿元,创历史新高。从表面来看,这得益于京东高效有序的运营体系,从深层次来看,这得益于自身高科技、精细化的供应链体系,以及一流的存货管理能力和物流配送能力。需要注意的是,京东自建物流,将物流配送掌控在自己手中,并且形成了对整个供应链的控制,使京东将物流从成本控制中心转变成未来盈利中心。这正是京东集团的差异化战略。当然,自建物流存在初期投入太高、系统管理跟不上等弊端,而这些弊端在京东并没有显现。一旦实现规模效应,京东很有可能将这一良好趋势延续下去。

一般在大型促销节期间,库存的飞涨很可能导致存货周转天数短期内的急剧攀升。苏宁4·18大促销节直接导致了企业库存上升,对企业经营现金流产生了不利影响。反观京东在6·18促销节期间,虽然顾客订单暴增,但是企业库存始终保持在合理区间,保证了存货周转顺畅,极大降低了对自身资金的占用,并且经营现金流持续为正。可以预期的是,当前企业竞争更为激烈,企业之间的节日营销大战几乎成为一种常态,京东的仓储物流优势将更加凸显。

一路走来,京东从3C到家电,从图书到日化,从一个搅局者变成了综合零售业巨头,从宣布零毛利到今天的规模效应显现,虽然盈利拐点仍有待时间验证,京东始终都在不断降低成本,提升营运效率。

根据京东集团随后5年的财务报告,2016年的盈利拐点基本得以确认。京东集团2017年—2021年总体维持了高盈利增长态势。这一期间京东集团在非美国通用会计准则（Non-GAAP）下的持续经营业务净利润依次为50亿元、35亿元、107亿元、168亿元和172亿元。

（资料来源：改编自王长胜,《说出来你可能不信,京东终于盈利了,如亚马逊一样迎来利润收割期》,2016年8月11日,节选并根据企业年度财务报告整理。）

根据以上信息,讨论下列问题：
1. 为什么存货管理是京东集团的生命线?
2. 京东如何做到在大促销时存货仍处于合理区间?
3. 在未来,存货管理仍然重要吗?

第一节　资产管理能力分析概述

从资金运动过程看,企业筹资完成进入资产配置环节,接着对资产进行有效管理,实现企业价值最大化。企业筹资的事后评价可理解为企业短期和长期债务偿还能力的评价。资产配置的事中和事后管理就是资产管理能力评价。资产管理可分为广义与狭义两类。广义的资产管理是指企业所有要素综合运营的能力，具体表现为人力资源、物力资源、财务资源、技术能力、管理能力等，通过优化资源配置，使各种资源形成一种有机整体，推动企业有效运营，提升企业价值。狭义的资产管理可界定为资产的效率与效益。本章资产管理能力是指狭义的资产管理能力，又因为通常资产管理能力类财务指标都是周转率指标，所以，本章的资产管理能力着重评估资产管理的效率。资产管理效益是资产管理能力的另一个评价维度，属于企业盈利能力范畴。资产管理效率与资产管理效益是辩证统一的。一般而言，企业资产周转速度越快，资产管理效率越高，企业效益越好，但是效率与效益并非总一致。

企业资产管理能力由其经营管理水平决定，企业经营管理水平直接决定了经营过程的效率。资产管理能力指标不仅能够反映企业管理水平、竞争战略、经营模式、营销策略等信息，而且也能验证企业财务数据的真实性。因此，资产管理能力分析在财务能力评价链中，充分体现了财务数据的过程信息，更容易影响其他类别财务能力，具有更强的马太效应，是供应链财务能力管理中搭建各个节点的桥梁。

第二节　OPM 战略与财务弹性

OPM（Other People's Money）战略是资产管理能力的最佳表达工具，它直接衡量了企业资金周转过程中几项重要经营资产和经营负债的管理水平。

一、OPM 战略与财务弹性概述

OPM 战略是指企业充分利用做大规模的优势，增强与供应商讨价还价的能力，将占用在存货和应收账款——更为严谨的说法是应收款项，至少应该包括应收账款、应收票据、预付账款等——的资金及其资金成本转嫁给供应商的运营资本管理战略。OPM 战略是一种创新的盈利模式，是"做大做强"的生动实践。

衡量公司 OPM 战略实施效果的最佳计量工具是现金周转期。现金周转期可分为狭义现金周转期与广义现金周转期。狭义现金周转期只包括存货周转期、应收账款周转期和应付账款周转期，而广义现金周转期包括存货周转期、应收款项周转期和应付款项周转期，可以更为全面地衡量企业 OPM 战略的执行能力。一般而言，广义现金周转期用于衡量企业 OPM 战略的实施效果。

一旦成功实施 OPM 战略，企业现金周转期大多为负数，或者趋于 0，又或者为较小正数，即企业大多数情况下净占用他人资金，也意味着企业在经营过程中处于净支付状态。这便要求企业具有充足的现金流，企业财务弹性越强，运用 OPM 战略成功的概率就越高。戴尔和沃尔玛堪称运用 OPM 战略的典范。我国的苏宁易购和国美零售也是在 21 世纪初成功运用 OPM 战略的优秀代表。然而，相比一枝独秀的戴尔和树大招风的沃尔玛，我国本土家用电器零售业龙头企业苏宁易购和国美零售在运用 OPM 战略时，企业财务弹性能力稍弱于戴尔和沃尔玛。近年随着世界竞争格局的巨变，一些后起之秀（如京东集团）成为运用 OPM 战略的佼佼者，戴尔 OPM 战略优势不再那么明显，沃尔玛也遭受巨大挑战。苏宁易购早已不是单纯的家电零售企业，也不再是单纯的线下运营，开始转变为线上与线下的双线融合，国美零售的战略也出现了明显变化，不同企业之间的 OPM 战略能力的评估变得更加复杂。

需要特别说明的是，若企业现金周转期远大于 0，财务弹性极强，根据上述描述，则无法判断企业 OPM 战略能力。这种情况下企业 OPM 战略执行能力大概率很强。例如，贵州茅台，无论是其狭义现金周转期还是广义现金周转期都远大于 0，财务弹性极强，这与企业酿酒制作工艺过程极其漫长有关。还有一种情况，企业应收款项稍大于或者明显大于应付款项，财务弹性能力强，并且现金周转期可能为正数。这时需要评估企业的客户和产品市场。例如，顺络电子主营片式电感器和片式压敏电阻器等新型电子元器件的研发、生产和销售，它是一个子细分市场的龙头，行业内全球前五，企业主要客户包括通信领域、消费领域、汽车电子、工业及新兴等业务领域的行业龙头企业或全球一流的大客户，与这些大型知名企业相比，它的议价能力明显处于弱势，但是，这从一个侧面恰恰说明该企业是一个好企业。

二、OPM 战略中重要计量指标

（一）存货周转率

1. 指标原理分析

存货周转率又称库存周转率，是评价企业购入存货、投入生产、销售收回等各环节管理状况的综合性指标。通过存货周转率的计算与分析，可以测定企业一定时期内存货资产的周转速度，也是反映企业购、产、销平衡效率的尺度。

存货周转率通常有两种计算公式，分别采用销售成本和销售收入计量存货周转率。其计算公式如下：

$$存货周转率 = 销售成本 \div 存货平均余额 \tag{7-1}$$

$$存货周转率 = 销售收入 \div 存货平均余额 \tag{7-2}$$

存货周转率一般立足于年度周期内考察企业存货周转次数。与之对应，存货周转期（天数）的计算公式为

$$存货周转期 = 年度公历天数 \div 存货周转率$$

公式中年度公历天数可按 365 天或者 360 天计算，本书采用 360 天进行计算。

从中文字面含义来看，存货周转率就是存货周转速度的快慢，衡量在一年内企业存货周转次数。

首先我们研究式（7-1）和式（7-2）是否都可以表达这个诉求，然后探讨两个计算公式的本质，最后探究计算存货周转率时需要处理的若干事项。

（1）式（7-1）和式（7-2）的内涵

1）式（7-1）是用销售成本作为计量存货周转率分子的公式，名如其义，它准确计量了存货周转率，即计量了存货周转速度快慢。

为便于更清晰地理解式（7-1），此处做以下两个假定：

假定 1：企业存货平均余额在年度内稳定保持在 100 万元。

假定 2：企业存货周转率等于 3 次。

需要说明一下，假定 2 是已知企业存货周转率，这一点十分重要，我们分别运用式（7-1）和式（7-2）计算存货周转率，检验其是否与已知结果一致。

因为已知企业存货周转率是 3 次，即平均存货在年度周期内被出售 3 次，这意味着，这批价值相等的存货在一年内共出售了 3 次，每次出售时存货结转为销售成本，则企业全年总共结转销售成本为 300（100×3）万元。于是，根据式（7-1）可知，存货周转率 = 300（销售成本）÷100（平均存货）= 3（次）。

由此可见，式（7-1）求得存货周转率与已知存货周转率相等，所以式（7-1）可表达存货周转次数的诉求。

2）式（7-2）无法计算存货周转速度，而是别有他意。如果100万元货物在5种不同销售价格的情况下分别被企业销售了3次，运用式（7-1）计算结果仍是3次，而运用式（7-2）计量存货周转率的结果如下：

假定1：每次100万元存货的售价为200万元，则存货周转率=200×3÷100=6（次）。

假定2：每次100万元存货的售价为150万元，则存货周转率=150×3÷100=4.5（次）。

假定3：每次100万元存货的售价为100万元，则存货周转率=100×3÷100=3（次）。

假定4：每次100万元存货的售价为80万元，则存货周转率=80×3÷100=2.4（次）。

假定5：100万货物在全年中3个存货周期中的销售价格分别为100万元、200万元和300万元，则根据式（7-2）知，存货周转率=（100+200+300）÷100=6（次）。

其中，假定4属于强假设，企业只有在遭遇特殊情况时才可能发生，它意味着企业每次亏损还在不断销售货物。

实际上，无论假定1、假定2、假定3、假定4和假定5，企业存货周转次数都是3次，但是，运用式（7-2）计量的存货周转率却分别是6次、4.5次、3次、2.4次和6次。仅根据上述假定，只有假定3发生时，式（7-2）与式（7-1）计量结果相同，此纯属巧合而已。

由此可见，如果仅根据存货周转速度的字面意义或者原本内涵判断，则式（7-2）无法反映存货周转速度。

进一步观察假定1、假定2、假定3、假定4和假定5发现，当企业存货周转率"越快"时，尽管它不传递存货周转快慢的信息，但是可以说明存货周转率"越快"对企业越有利，即越快是越好的，这说明式（7-2）间接表达了企业在不同年度（时期）内存货周转"速度"的效果，即式（7-2）计量的存货周转率提升意味着企业存货管理能力变强或者市场销售紧俏，式（7-2）计量的存货周转率下降意味着企业存货管理变弱或者市场销售疲软。例如，企业不同年度（时期）内的存货周转6次优于存货周转率4.5次，存货周转率4.5次优于3次存货周转，存货周转率3次优于存货周转率2.4次。

（2）通常认知下存货周转率的理解与我们的观点 通常认为，如果为了反映存货管理水平，采用式（7-1）计量存货周转率；如果为了反映存货变现能力，采用式（7-2）计量存货周转率。我们认为，式（7-1）反映存货管理水平的高低是合理的，但是式（7-2）反映存货的变现能力有些不妥。

如果仅从存货周转率的字面来看，它只是一个反映存货周转速度的指标，是一个效率指标而不是一个效益指标。当然，存货周转效率与企业效益高度正相关，即存货周转率越大，企业效益越好，企业盈利能力越强。但也有可能出现例外情况，例如企业在持续经营过程中某一个或者某几个特殊时点流动性偏弱，通过资产高周转实现薄利多销，但是企业效益不一定好。

姑且不论存货周转率原本内涵，如果认为采用销售收入计量是为了反映存货的变现能力，即用收入反映变现能力，这是不太合理的。我们认为，式（7-2）反映存货管理效益更合理一些。当然，式（7-2）并非完全不能反映企业资产的变现能力，假定企业销售全部为现金销售时，或者企业现金销售占绝对主导时，则式（7-2）可以反映企业存货的变现能力。或者说式（7-2）运用的前提条件是企业必须采用现金销售或者现金销售占绝对主导。如果剔除这一前提，式（7-2）不能有效地反映企业存货的变现能力。当然，现实生活中，大多数企业不太可能以赊销为主，这说明式（7-2）反映资产变现能力具有合理性。然而企业之间相互赊销又是不可避免的，所以采用式（7-2）计量存货周转率时，需要关注企业信用政策的变化。

（3）平均存货的理解* 为了规避企业存货波动性，计算存货周转率时分母一般采用平均存货，即期初存货与期末存货的简单平均。如果年度内存货波动不大，也可采用存货期初余额或者存货期末余额。然而平均存货并非如此简单，有必要进一步探讨平均存货的使用。

1）存货周转率的再认识。基于以下两个假定和三种场景，运用简单算例仅以式（7-1）为例分析存货周转率。

假定1：已知企业在不同时点的存货，又因为全年时间跨度过长，人工计算过于繁杂，方便起见，全年以5天为例计算。

假定2：每件存货成本1元，企业每天剩余存货分别是5件、4件、3件、2件和1件，这样平均占用存货量为3件，即平均占用成本为3元。

场景1：企业全年5天内总计销售存货3件，即销售成本为3元。
场景2：企业全年5天内总计销售存货30件，即销售成本为30元。
场景3：企业全年5天内总计销售存货60件，即销售成本为60元。

基于假定1、假定2和场景1，根据存货周转率的式（7-1）可知，此时企业存货周转率是1次，以全年360天计算，存货周转期为360天，即企业平均占用存货在360天内实现了一次周转。这意味着企业平均占用3元存货，企业存货360天实现一次周转，存货周转期为360天，即360天总共出售了3件货物。

基于假定1、假定2和场景2，根据存货周转率的式（7-1）可知，企业存货周转率是10次，以全年360天计算，存货周转期为36天，即企业平均占用存货在36天内实现一次周转。这意味着同样是平均占用3元存货，此时的企业存货36天就周转一次，存货周转效率进一步提高。以场景1为例，如果企业在场景2要实现全年销售3元货物（注意不是售价，是指成本），它并不需要占用企业3元存货，只需要平均占用企业0.3元存货就可以实现场景1的总销量。

基于假定1、假定2和场景3，根据存货周转率的式（7-1）可知，企业存货周转率是20次，以全年360天计算，存货周转期为18天，即企业平均占用3元存货18天实现一次周转，存货周转效率进一步提高。这说明企业在达到既定销售存货数量的情况下，平均占用存货进一步减少。仍以场景1为例，如果企业在场景3要实现全年销售3元存货，它并不需要占用3元存货，只需要平均占用企业0.15元存货即可实现场景1的效果。

显然，在场景1中企业存货周转能力最差，它全年仅实现一次周转。接下来比较场景2与场景3，场景3中企业存货周转率较场景2中企业存货周转效率增加一倍，资产管理能力更强。换言之，同样是3元货物，企业在场景2中全年通过10次周转，总计实现销售30件的效果，相当于在全年平均占用3件存货的条件下，达到了全年单独一次销售30件的效果。而企业在场景3中，同样是3件存货，企业通过20次周转，总计实现销售60件的效果。更简单地说，一年中平均占用企业3件存货或者占用3元成本，存货周转率越高，企业的存货管理能力越强，存货管理效率越高，也意味着在达到同样销售数量的情况下，企业占用存货越少。

为了进一步理解存货周转率的内涵，做假定3、场景4和场景5进一步说明。

假定3：企业每日平均存货为1件，每件成本是1元。

场景4：企业每日销售1件存货，然后及时补货。

场景5：企业每2天销售2件存货，然后及时补货。

由场景4知，企业1件存货1天周转1次，即存货周转期为1天，1件货物全年被企业销售了360次，这意味着企业每天平均存货占用成本是1元，它在全年实现累计销售量是360件，销售成本是360元。由场景5可知，企业平均2件存货2天销售完毕，即存货周转期是2天，这意味着平均2件存货在全年被销售了180次，共计360件，销售成本也是360元。由此可见，假定场景5和场景4实现的总销售数量相同，但是平均占用存货却高了一倍，即场景5的效率仅是场景4效率的一半。

2）平均存货的再处理*。计算存货周转率时一般是将企业在不同时点的存货差异化做简化处理，将企业期初存货和期末存货做简单平均化，但是这并不是意味着在任何条件下使用平均存货，如果存货周转率是某个综合财务指标的分解因子时，通常采用某个时点的存货作为计量分母。

现实生活中，企业会致力于提升存货管理能力，使每天存货数量趋于稳定，处于存货优化区间，所以存货做简单平均化处理具有一定的合理性。但是，大多数企业存货很有可能是不规则的，存货波动性比较大，这时存货周转率偏离真实的可能性较大，而存货管理能力比较强的企业，存货周转率偏离真实的可能性较小。

下面我们进一步通过不同场景评估平均存货对存货周转率的影响。

假定1：全年以5天计。

假定2：企业销售成本相同。

场景1：企业每日存货是不规则的，每天剩余存货分别是5件、6件、3件、4件和3件，每件成本1元。

场景2：企业每日剩余存货是5件、4件、6件、1件和3件，每件成本1元。

根据假定1和场景1，企业简化处理（头尾平均）的平均存货是4件，成本4元，而准确（5天简单平均）的平均存货是4.2件，成本4.2元。但是如果我们调换这组存货序列，企业准确的平均存货仍是4.2件，但是简化处理的平均存货却并不一定相同。

根据假定1和场景2知，企业简化处理的平均存货是4元，与场景1的简化处理的平均存货成本相同，但是场景2准确的平均存货是3.8件，成本3.8元。同样，如果将这组存货序列随意调换顺序，企业准确的平均存货仍是3.8件，而简化处理的平均存货却并不一定相同。

比较场景1和场景2，场景2存货波动比场景1要大，但是两种场景的简化处理的平均存货是相同的，因此在两种场景中企业简化处理的平均存货下存货周转率是相同的，实则不同。又因为场景1简化处理的平均存货与准确处理的平均存货的偏差比较小，而场景2中两种处理方法下的平均存货偏差比较大，场景2下简单处理平均存货的存货周转率比较失真。因此，在简化处理的平均存货方法下，要想精准反映企业平均存货，必须保持存货稳定。

现实生活中，信息使用者无法观察企业每日存货波动，可通过观察企业多期财务报表的季报、半年报和年报判断企业存货的波动性。如果企业多个季度末存货数量差异不大，采取简化平均处理是可行的，但是如果通过多期观察发现，企业存货变化过大，这时以季报存货金额为基础做加权平均更为合适。

因此，在计算存货周转率时，存货采用期初与期末存货的简单平均，是一种简化处理。财务报告使用者需要注意平均存货的正确处理，并结合企业更多财务与非财务信息一起判定企业存货管理水平。

接下来，通过分析存货在每一个存货周转期内是如何被出售的多种情形，进一步理解平均存货的内涵。

从广义上讲，只要企业平均存货在存货周期中被企业出售一次，就实现了一次存货周转，姑且不考虑每个存货周期中不同时点的平均存货。例如存货周转期为 30 天，平均存货是 100 万元，只要企业在 30 天的存货周期中完成销售 100 万元的存货即可，比较极端的情况是企业前 29 天都没有销售产品，第 30 天销售 100 万元，此时企业的平均存货仍是 100 万元。在年度周期中，企业存货每 30 天周转 1 次，全年周转 12 次，即销售 12 次的 100 万元的货物，销售成本为 1 200 万元。

下面假设 3 种比较具有代表性的平均存货在存货周期内被出售的情形对企业存货进行分析。

第 1 种情况：假定企业平均存货是 100 万元，企业期初存货金额是 200 万元，在存货周转期内匀速销售，最终到期末销售完毕，期末存货归零。然后企业及时补货 200 万元，如此不断循环。因此，在存货周期中，企业期初与期末存货的平均数为 100[（200+0）/2]万元。第 1 种情况更为一般的表达是，企业平均存货 100 万元，期初存货 200 万元，在存货周期内不是均匀销售，是不规则销售，到期末销售完毕。然后企业及时补货 200 万元，如此不断循环。

第 2 种情况：假定企业平均存货是 100 万元，企业期初存货 100 万元，假定企业第 1 天销售存货成本 1 万元，然后企业补货 1 万元，补货后保持 100 万元，第 2 天企业销售存货成本 5 万元，然后企业补货 5 万元，补货后保持 100 万元，以此类推，企业在存货周转期中每一天始终保持 100 万元货物。

第 3 种情况：在现实生活中，每个企业都追求最佳存货持有量或者最佳存货持有量区间，进一步假定最优存货持有量或者最优存货持有区间就是企业的平均存货。

第 2 种情况可视为第 3 种情况的特例。如果企业始终动态保持最佳持有量，当企业存货低于这个存货量时，企业及时补货；当企业存货高于这个存货量时，企业延迟补货，加快销售，最终在每个周期中企业都销售了这个最佳持有量，那么这个最佳持有量就是企业存货的平均占用成本。换言之，只要在每一个存货周转期（例如 120 天）以内，企业总计补充了 100 万元货物，这 100 万元货物就实现了一次销售，总销售成本是 100 万元。当然，企业也有可能围绕最佳存货持有量或者最佳存货持有量区间波动，而在每一个存货周期中总计销售另一个数量的存货。

在这 3 种情况下，企业平均占用存货皆为 100 万元，假定存货周转期 120 天，在第 1 种情况平均存货的描述中，企业实际上销售了 200 万元货物，结转成本是 200 万元，这意味着企业在一个存货周转期内，第 1 种情况下平均存货应该为 200 万元，它实现了通常所说的两个存货周期的销售量，但是从数字计算上讲，平均存货的确是 100 万元。而在第 2 种情况下，企业在每一个存货周转期内，匀速销售了总计 100 万元货物，结转成本 100 万元，这是一种比较典型的平均存货的表达。第 3 种情况是一般的平均存货，更接近现实。

假定第 2 种和第 3 种情况下的平均存货属于企业存货最佳持有量或者最佳持有量区间，则存货管理能力比较强的企业，其存货管理与第 3 种情况下描述的平均存货状态更为接近，力争将平均存货降至最低点或者最低量区间，这种情况也是大多数企业追求的经营状态。

3）存货周转率计算的失效点*。现实生活中企业存货在每一个周期中销售速度可能都不一样。假定企业存货在每一个存货周转期内匀速销售，期末归零，然后企业能及时补足存货，这种情况下使用期初与期末存货的平均值运用式（7-1）计算存货周转率，但是，它并不是我们通常所指的存货周转效率，此时企业销售的存货为计算平均存货的两倍。我们将其界定为存货周转率失效点。

进一步放宽假定，如果企业存货极端不规则，尤其是期初存货与期末存货过于悬殊，则存货周转率很可能无法反映存货周转实情，从而存货周转率计量失效。同样，如果在存货周转期内，企业销售存货数量总数不等于平均存货，这也是一种存货周转率计量失效的情况。

4）不同利益相关者的关注点。不同利益相关者动机不同，注定了其关注存货管理水平的侧重点不相同。中小股东通过分析存货周转可以判断企业资产管理水平，评判企业管理水平的高低；债权人通过分析企业存货管理状况，评价企业资产管理水平，决定是进一步为企业提供信贷还是提前收回贷款；供应商通过分析企业的存货周转速度，可以决定企业存货的大致需求量，评估企业市场销售紧俏程度，以便更好地安排自身生产以及决定是否为企业进一步提供宽松信用政策；央行、银保监会等管理部门通过分析企业的存货管理水平，判断上市公司资产管理水平，决定是否调整货币政策等。

2. 指标注意事项

（1）正确处理存货最佳持有量或者最佳持有量区间　如果人类处在完美世界，优秀企业存货有可能归零，即可规避存货管理的苦恼。现实是企业一直都在致力于提高自身的存货管理水平，力求达到零存货，然而，事实却总不如愿。现实世界中所有企业都有存货，差别只是量的多少而已，企业只能尽最大努力追求最佳存货持有量或者存货的动态优化区间。

（2）正确评估存货周转率的高低　一般情况下，存货周转率越高越好，企业存货周转率越高对企业越有利，企业存货周转率越低对企业越不利。企业存货周转率越高，在存货总量水平既定的条件下，企业占用的平均存货越少，正常情况下企业盈利能力越强、现金流越充足。如果企业存货周转率突降不一定对企业不利，存货周转率陡增不一定对企业有利。以存货周转率骤降为例，假定企业接到一个巨额订单，此时企业需要增加采购材料等，从而引起存货明显增加，随后引起企业销售增加，收入上升，应收账款也可能随之增加。由于存货增加在前，收入实现在后，这种情况下存货周转率下降并不是坏事。再假定企业在未来几年产品销售顺畅，并确认当下存货周转率只是暂时下降，那么订单引起存货周转率骤降可确定是一个好消息。若订单增加引起了存货周转率长期持续下降，又因为企业无力接下该订单，导致企业固定资产配置增加，存货管理水平下降，这就属于坏消息。

进一步分析，企业订单剧增，企业存货流程管理能力一流，但是这也并不意味着它对企业一定利好，其还取决于企业订单转化盈利的能力。不同行业的订单转化盈利能力不同，零售业订单剧增一般都可以转化为企业的盈利，而强周期行业具有较大的不确定性，需要谨慎评估大额订单转化盈利的能力。

以航海运输业为例，2008 年之前，航海运输业处于景气周期，航海运输业与船舶制造业的持续盈利能力都比较强，航海运输船舶制造业中不少企业手中持有大量订单。虽然这些企业手中持有巨额订单，但是这些订单是否能如期转化为企业盈利却具有很大的不确定性，这是因为一旦航运市场基本面发生改变，例如行业基本面总体下滑，则船价（造价和租价）立刻就会下滑。而定船是分期付款，假定签订合同时付船价的 15%，上龙骨时付 15%，下水时付 10%，交船时付剩下 60%。而新船一般建造周期是 18~22 个月，甚至有的长达 36 个月以上。如果在这期间船市大跌，买家很可能弃船，这会导致造船厂遭受重大损失。因此，如果对航运市场走势和已签订订单是否已超过未来市场需求判断错误，而仅根据当前订单判断企业盈利，很可能对航海运输造船企业的未来盈利能力做出错误预测。同样，船舶制造企业如果对其产品市场需求判断错误，原来手中大量订单几乎化为泡影，企业持续盈利能力将会遭遇巨大挑战。

（3）关注存货构成各项目之间逻辑关系　　工商企业的存货品种较多，如原材料、在产品、半成品、产成品、周转材料等。在正常情况下，这些存货之间存在某种比例关系。如原材料库存大量减少，半产品和产成品相应增加，但增加幅度远不及原材料减少幅度，说明企业产品畅销，加快了生产节奏；再如，产成品大量增加，其他项目减少，可能是销路不畅或者是企业人为地囤积产成品。若为前者，总存货金额可能不会发生显著变化，与之对应，存货周转率也无明显变化，但企业实际的存货管理水平却下降了；若为后者，如果企业预期未来市场需求旺盛，产品价格大有上升之势，企业在不违背相关法律法规的情况下，即使存货周转率不变或者微幅下降，并不意味着企业存货管理水平下降，反而对企业是好消息。因此，在分析时首先关注重大变化的项目，也不能完全忽视变化不大的项目，其内部有可能隐藏着潜在问题，这种潜在问题反而更容易反映企业真实的管理水平。

（4）对存货进行分类计价　　为了更加准确地了解企业的存货管理水平，按照存货重要性，将其划分成 A、B、C 三类，然后比较账面与可变现净值的高低，关注各类存货周转情况以及存货计提跌价准备的状况，分析存货未来增值潜力。

（二）应收账款周转率

1. 指标内涵分析

对大多数企业来说，应收账款在流动资产中具有举足轻重的地位。若企业应收账款及时收回，其资金使用效率就会大幅提高。应收账款管理水平对企业流动性至关重要，对企业流动资产的总体变现能力也有着重要影响。

应收账款周转率是衡量企业应收账款管理水平的重要计量指标，其计算公式为

$$应收账款周转率 = 赊销净额 \div 应收账款平均余额$$

与之对应，应收账款周转期（天数）的计算公式为

$$应收账款周转期 = 年度公历天数 \div 应收账款周转率$$

公式中的年度公历天数可以选择 360 天或者 365 天，本书采用 360 天进行计算。

应收账款周转率反映了应收账款在一定时期内的回款次数，或者说应收账款转变为现金的次数。一般以一个年度周期考察应收账款的周转次数为准。

由计算公式可知，应收账款周转率是指企业平均被占用的应收账款在全年实现的赊销收入，并非现金收入。同等条件下，应收账款周转率越高，企业在全年实现的赊销额越高。例如，如果平均应收账款是 1 000 万元，赊销收入也是 1 000 万元，则应收账款周转率为 1 次，

应收账款周转期为 360 天；如果平均应收账款是 1 000 万元，赊销收入是 4 000 万元，则应收账款周转率为 4 次，应收账款周转期为 90 天。显然，后一种情况下企业应收账款管理能力更高，只需要 90 天，就能实现前一种情况 360 天的赊销额。

2. 应收账款周转率公式分析*

（1）公式分子的选择 分母一般采用平均应收账款，即期初应收账款和期末应收账款的简单平均，具体处理参见平均存货。

因为外部利益相关者一般无法从报表中直接读取企业年度内赊销净额，所以计算应收账款周转率一般采用销售收入。两者能否进行替代需要关注企业信用政策。销售收入不仅包括赊销的部分，而且包括现销的部分。如果现销部分占比过低，例如现销仅占 10% 及以内，那么赊销与销售收入近似，两者替代比较合理。如果现销部分占比较高，例如高达 50% 及以上，用销售收入替代赊销净额则不太妥当，会严重高估企业的应收账款管理能力。

假定 1：企业 2022 年度实现销售收入 4 000 万元，现销收入 400 万元，赊销收入 3 600 万元，应收账款平均余额为 400 万元，则采用销售收入与赊销收入分别计量的应收账款周转率为

$$应收账款周转率_{收入} = 4\ 000 \div 400 = 10(次)$$
$$应收账款周转率_{赊销} = 3\ 600 \div 400 = 9(次)$$

与之对应，应收账款周转期分别为 36 天和 40 天。

由假定 1 的计算结果可知，这时采用销售收入与赊销收入计量应收账款周转率，两者差别不大，此时进行替代比较合理。

假定 2：企业 2022 年度企业销售收入 4 000 万元，现销收入 3 200 万元，赊销收入 800 万元，应收账款平均余额 400 万元，则采用销售收入与赊销收入分别计算的应收账款周转率为

$$应收账款周转率_{收入} = 4\ 000 \div 400 = 10(次)$$
$$应收账款周转率_{赊销} = 800 \div 400 = 2(次)$$

由假定 2 可知，同一交易事项，采用销售收入与赊销收入计算的应收账款周转率迥异，正确答案是 2 次，而不是 10 次，即企业应收账款回收周期是 180 天，而不是 36 天。这时，如果企业采用销售收入计算应收账款周转率，应收账款的收回速度被提高了 4 倍，分析者可能认为企业应收账款周转一次只需 36 天，而不是 180 天，从而高估企业的应收账款管理能力。

因此，赊销收入比例占销售收入的比例越大，运用销售收入计算的应收账款周转期更加符合实际，能够比较真实地反映应收账款质量；如果现销收入比例占比过高，采用销售收入计量的应收账款周转期会失真，从而掩盖这部分应收账款周转期过长的事实。

然而，如果赊销比例极低，例如仅为 1%，采用销售收入替代赊销收入计算应收账款周转率并不会引起分析者误读数据，或者说即使分析者做出错误信息评估，也不会产生严重影响。这是因为赊销收入占比过低，可忽略不计，应收账款必然过小，而用销售收入计算的应收账款周转率必然过高，说明企业应收账款管理能力很"强"，不必担心应收账款的情况，而这种提示是正确的。这时，如果根据赊销收入计算应收账款周转率，必定发现应收账款周转率过低，应收账款回收周期过长，分析者反而担心企业应收账款，此时需要通过查阅应收账款金额消除顾虑。

由此知，财务报表使用者应根据企业信用政策，估计赊销收入比例，当赊销收入占销售收入的比例较高时，使用销售收入计算的应收账款周转率可以反映企业应收账款管理水平的变化；当现销收入占绝对主导时，例如现销收入占比达到98%及以上，运用销售收入计算的应收账款周转率却从另一个侧面告诉了我们真相；当赊销收入占比介于二者之间时，需要谨慎评估采用销售收入计量的应收账款周转率。

进一步分析，即使销售收入均是赊销，上述推理逻辑也未必严谨。应收账款确实因赊销产生，但是赊销不仅可能产生应收账款，也可能产生应收票据，尤其当企业销售收入主要采用商业汇票结算时，采用销售收入计量的应收账款周转率将严重失真。此外，预收账款也是产生营业收入的重要来源。所以，公式应采用应收账款产生的营业收入（赊销收入）进行计量，才能准确反映应收账款周转率。

又因为通常营业收入不含增值税销项税额，但是企业在收取销售货款时，卖方被赊欠的应收账款包括增值税销项税额。例如企业营业收入10万元，企业增值税税率为13%，企业允许买方赊欠11.3万元，而不太可能是10万元，当企业收到11.3万元时，企业应收账款实现了一次周转。因此，公式分子应该采取应收账款产生的含税的赊销收入更加准确。假定计算应收账款周转率时始终不考虑增值税，则增值税因素并不太影响应收账款周转率的使用价值，如果考虑增值税时，根据报表收入将其折算为含税额即可，并关注增值税税率变化对应收账款周转率的影响。

（2）应收账款周转率分母的选择　应收账款周转率公式的分母有三种选择：财务报表中的应收账款、应收账款总账余额、应收账款原值（报表中的应收账款加上应收账款计提的坏账准备）。从理论上和逻辑上均可得出以下结论：应收账款原值较为合理地反映了应收账款周转率的本质。

1）理论分析。坏账准备的本质是应收账款，它是基于谨慎性会计信息质量要求所确认的一种可能损失，这种损失是否转变为现实损失，以及转变为现实损失的程度取决于债务方偿还债务能力和企业应收账款管理能力，计提坏账的应收账款并不排除在收款责任之外。

2）逻辑推理。假定采用财务报表中的应收账款，即剔除坏账准备的应收账款，将得出推论：当企业应收账款原值既定时，企业计提坏账准备越多，企业财务报表中的应收账款越小，此时应收账款周转率越快，这意味着应收账款回收周期越短，应收账款管理能力越强。再做一个极端假设，假设企业对应收账款全额计提坏账准备，则企业应收账款周转率是无穷大量，意味着应收账款回收期为0，显然这是荒谬的。

同样，也不能采用应收账款总账金额，因为应收账款总账有可能包含预收账款，而预收账款总账也有可能包括应收账款。

因此应收账款周转率的准确计算公式为

应收账款周转率＝应收账款产生的营业收入×(1+增值税税率)÷平均应收账款原值

准确起见，公式中的应收账款产生的营业收入是指应收账款产生的赊销收入。

因此，企业的结算方式是适应市场安排所致的选择。所有的结算方式不是为了显示资产周转速度，而是为了把存货卖掉。存货得以销售，企业才有可能产生利润。因此，需要把应收账款周转与存货周转结合起来一起分析，脱离存货周转分析分结算方式的周转没有意义，同样，如果采用销售收入计算存货周转率时，也需要与结算方式结合起来分析才更加准确。

如果企业执行信用政策、商业汇票的使用惯例不变和增值税税率基本不变，使用原计算公式与新计算公式长期存在稳定偏差，这使得原公式具有一定的合理性。如果这些惯例不具有持续性或者是发生明显变化时，分析者需要重点关注。

即使分析者完全忽略上述因素，沿用原计算公式即分母使用报表中的应收账款，只要企业坏账率保持在较小的稳定范围内，它在很大程度上也可以反映企业的应收账款管理能力。

（3）坏账率对应收账款周转率的影响　正常情况下，计算应收账款周转率应考虑坏账准备。但是，当企业坏账率过高并且销售收入无明显变化时，使用应收账款原值计算的应收账款周转率应无明显变化，通常不会引起分析者的关注，而实际上企业应收账款管理能力是明显下降的。这是一种不好的信号。这时采用应收账款原值计算的周转率无法有效反映应收账款管理能力和变现能力的变化。此时，采用报表中的应收账款计算周转率将出现明显的异动值，更易引起分析者关注且容易得出错误结论。若分析者甄别异动值是因为坏账率变化引起，这需要分析这次大额计提坏账对企业利润和现金流的影响，以及对企业流动性的影响。

（4）赊销比例对应收账款周转率的影响　承前，假定3：企业2022年度销售收入为4 000万元，现销收入为3 500万元，赊销收入为500万元，应收账款平均余额为400万元，则采用销售收入与赊销收入分别计算的应收账款周转率为

$$应收账款周转率_{收入} = 4\,000 \div 400 = 10(次)$$

$$应收账款周转率_{赊销} = 500 \div 400 = 1.25(次)$$

仅由应收账款周转率计算结果看，由于企业应收账款实际周转率仅为1.25次，即需要288天才能变现，而采用收入计算的结果是10次，即36天就可以变现，于是得出结论：企业应收款管理能力被严重高估。实际上企业应收账款回收周期极长，这部分应收账款管理能力极差。

（5）应收账款周转率大于1、等于1和小于1的内涵

1）当应收账款周转率大于1时，这意味着它在全年周转了1次以上，如果在第1个周期内应收账款没有变现，企业无法实现下一次周转，所以分析者在一年内比较清楚地看到了应收账款变现的真实性。

2）当应收账款等于1时，也能确定应收账款收现成功。在年度周期内，赊销收入变现的时点刚好是年度最后一天，年末也可以观测赊销收入是否变现。

3）当应收账款周转率小于1时，无法从逻辑上推定企业平均应收账款总体在一年内的变现能力，这时我们只能确认企业在本年度内实现了相应比例应收账款的回收，但是在本年年末无法确定这些在其他年度中才能变现的应收账款是否如期变现。因此，当应收账款周转率小于1时，说明企业应收账款回收周期超过一年，立足年度周期考察，这就产生了应收账款周转率计量的可能失效点。

当然，从理论上讲，应收账款周转率应该大于1。当应收账款周转率小于1时，即企业收款周转超过360天，这与应收账款原本内涵是背离的，说明企业有不少逾期未收回的应收账款。

如假定3中所示，企业2022年度销售收入为4 000万元，现销收入为3 500万元，赊销收入为500万元，应收账款平均余额为400万元，无论是采用销售收入还是赊销收入计算应收账款周转率都大于1。但是，若假定赊销收入为100万元时，采用赊销收入计算的应收账款周转率为0.25，换言之，应收账款周转期为1 440天。如果企业真的发生这种情况，这意

味着企业当年 400 万元应收账款中有 300 万元都是以前年度的，即账龄至少超过 1 年，应收账款质量较差。

(6) 应收账款周转速度的理解　通常应收账款周转率越高越好，这意味着应收账款的回收期越短，变现能力越强。但是，这是以诸多合理前提为基础的。例如至少要考虑赊销比例，也要考虑销售收入是应收账款引起的销售收入、增值税，还有平均应收账款的合理性等。

计算应收账款周转率时，企业的信用政策必须处于优化区间。如果企业信用政策处于优化区间，应收账款周转率越高越好，此时企业的应收账款回收期越短，资金占用周期越短，企业资产效率越高。如果应收账款周转速度加快，但是企业信用政策不合理，将给企业带来比较大的利润损失等，这时应收账款周转率就不能简单运用速度来测评，还需要综合权衡其他因素。

与存货周转率一样，应收账款周转率高不一定对企业有利，而应收账款周转率低也不一定对企业不利。并且，分析者需要正确评估应收账款周转率发生异动引起企业应收账款变现能力的变化。

3. 指标分析注意事项

(1) 应收账款的质量和流动性　应收账款的质量是指应收账款无法回收的可能性。应收账款的流动性是指应收账款转变为现金的速度。当今社会是建立在信用基础之上的，企业之间存在着大量的赊销行为，企业产生应收账款时有发生。企业为了减少坏账损失，需权衡信用政策，有专人管理应收账款，密切注意坏账准备与应收账款总额的比例关系，力争应收账款管理最优化。

(2) 应收账款年内发生额的稳定情况　如果企业运行比较稳健，季节性不强，信用政策一致，应收账款发生比较有规律，应收账款余额比较稳定，这时应收账款不需做特殊处理，采用应收账款简单平均数或者期初余额、期末余额差异不大。如果企业的季节性比较强，如房地产企业或工程机械类企业，应收账款发生具有比较大的波动性，则需要对应收账款做适当处理。

(3) 注意应收账款与销售收入、现金之间的关系　应收账款是连接销售与现金的桥梁，起点是销售，终点是现金。一般情况下，三者高度正相关，即销售收入增加，应收账款增加，现金也随之增加。这种关系链条在企业进入成熟期之前更容易发生。三者也会出现不一致的情况，例如销售收入增加，应收账款减少，现金大量增加，这可能是因为企业信用政策的改变而产生的，也可能是企业市场议价能力提升所致。当三者之间的关系出现严重背离时，应引起分析者的高度关注，探究其中原因，正确评价应收账款的流动性质量水平。

(4) 应收账款周转率、收现期与行业平均水平以及企业提供的信用期的比较　通过企业实际收现期与企业原定的销售信用期的比较分析，从中可以评价顾客付款的及时性及其信用水平。例如，如果企业给客户的销售信用期是 30 天，那么 50 天平均收款期或多或少在一定程度反映如下情况：企业的收款力度较差、客户的拖欠货款、客户发生财务困难等。针对每一种情况，财务报表使用者需要谨慎分析才能下定论。

第一种情况企业需要相应的应收账款的管理措施，而后两种情况反映了应收账款的质量水平，需要采取明智的管理措施，对企业销售对象信用政策进行再调整。首先要分析企业应收账款是否代表了企业的销售活动。有一种情况是企业的应收账款有可能隐蔽在财务活动受到限制的子公司中。在这种情况下，企业的坏账准备也可能与企业账簿上的应收账款无关。其次，要注意分析企业平均应收账款收款期是否具有代表性。例如企业应收账款平均收款期为 50 天并不意味着一定是顾客总体上的拖延，有可能是因为个别大客户的严重逾期造成的。此时要运用应收账款账龄分析法对应收账款进行具体分析。应收账款账龄分析表描述了付款拖延是个普遍现象还是个别现象。如果是个别现象，这种个别现象在应收账款中的占比及应收账款占流动资产的比重，它是否影响到企业资产的流动性。如果这个极端现象影响到了企业全局，管理者需要及时采取补救措施。正常来讲，企业需要根据客户资信评估给予对方不同的信用政策，对顾客进行分类，应收账款应该给予优质客户，而不应该给那些基本不给企业带来利润的客户，不可以为了销售而不惜一切代价，如牺牲企业应收账款的回收期和企业利润等，最终会给企业带来巨大损失。

（5）当企业销售净利率过低时，即使赊销收入占收入比例过低，也需要密切关注其应收账款管理能力　假定企业销售收入为 4 000 万元，应收账款平均余额为 400 万元，赊销收入比例为 10%，销售净利率为 15%，企业净利润为 600 万元。若计提 10% 的坏账准备，即 40 万元，它对企业净利润的影响不太大，仅为 6.67%，所以综合评估 400 万元赊销收入不是太重要。但若企业销售净利率仅为 3%，销售收入 4 000 万元时净利润仅为 120 万元，则当企业坏账准备高达 10%，即 40 万元时，将影响企业净利润高达 33.33%。这时需要特别注意应收账款的管理能力，也需关注计算应收账款周转率公式的合理性。

三、OPM 战略计量与运用

（一）现金周转期

当下企业立足于信用社会，与供应商和客户打交道，就会存在着彼此之间的赊欠。存货和应收账款是企业被免费占用的资金，这是企业不愿意看到的，企业当然希望被他人占用资金的金额与时间越少越好。同时，企业与供应商之间的赊欠行为，形成企业应付账款等，这是企业愿意看到的，是企业免费占用他人资金。从两个方面综合分析的指标就是现金周转期，该指标可以更好地反映企业营运资本的管理能力。

现金周转期是指从购买存货支付现金到收回现金这一期间的长度。具体来讲，由企业购买原材料、商品等开始，企业有可能赊欠卖方货款，无息占用他人资金，然后企业使用储备资金进行生产，在生产过程中，必然涉及企业存货占用资金，当企业生产完成后，实现销售，回收现金，企业有可能允许买方赊欠货款，资金被占用，直到最后企业收回应收款项，实现了资金的一次周转过程。

现金周转期比较好地衡量了企业作为买卖双方的议价能力，是衡量企业实施 OPM 战略的最佳计量表达式。

1. 现金周转期理论分析

如果现金周转期只考虑应收账款周转期、存货周转期和应付账款周转期，称之为狭义现金周转期；如果现金周转期不仅考虑上述事项，还考虑应收票据、预付账款与应付票据、预收账款、合同负债等的周转期，称为广义现金周转期。

（1）狭义现金周转期

1）狭义现金周转期的理论分析。狭义现金周转周期的计算公式如下：

$$狭义现金周转期 = 存货周转期 + 应收账款周转期 - 应付账款周转期$$

现金周转期是衡量企业经营过程中几种重要的营运资本项目的周转期，而存货周转期采用销售收入作为分子的内涵比较复杂，比较难以反映存货周转期的本质内涵，所以存货周转期应该采用销售成本作为分子计算存货周转率。但是现金周转期的字面意思是现金周转一次的周期，隐含着变现的意思，而以销售成本为分子计算的存货周转期并不反映存货变现能力，与现金周转期的名称产生矛盾。实际上不必太过担心，因为假定运用销售成本为分子计算出的存货周转率非常高，即存货周转期非常短，一般隐含着消费者需求旺盛，企业存货变现能力理应比较强的含义，尤其是以周转快而著称的企业例如零售业等更是如此。

应付账款周转期（天数）的计算公式为

$$应付账款周转期=年度公历天数÷应付账款周转率$$

应付账款周转率的计算公式为

$$应付账款周转率=赊购成本÷应付账款平均余额$$

财务报告一般不会单独列示企业赊购成本的明细，分析者需要借助购货支付惯例、报表附注及其他有关说明预估赊购成本。一般而言，购货成本可以用"销货成本+期末存货−期初存货"进行估算。如果销售成本中包括了大量的现金支出，以近似的购货成本为基础的计算结果的可靠性就会降低。若近似数据仍无法求解，可以用主营业务成本或营业成本替代计算。

分析应付账款周转率时，要考虑同行业平均水平和企业历史平均水平。如果企业应付账款周转率低于行业平均水平，说明企业比同行可以占用更多的供应商货款，即占用了他人更多的无息资金，说明企业处于市场主导地位，但同时企业也要承担更多的还款压力，需要保持充足的现金流；反之，则说明企业处于弱势地位，无法有效地利用他人资金；当应付账款周转率出现异动时，需要甄别其中原因。

应付账款周转率需要正确处理赊购成本。但赊购成本不一定会引起应付账款，也可以引起应付票据。这意味着，即使能够准确计算赊购成本，还需要确认赊销成本引起的应付账款。

2）现金周转期的本质。现金周转期可以透视企业的市场议价能力，也可以评估企业免费占用他人资金的能力。如果现金周转期为正数，说明企业被他人免费占用资金，一般意味着企业市场话语权比较弱；如果现金周转期为负数，说明企业可以免费净占用他人资金，一般意味着企业市场话语权比较强。从这个角度上讲，现金周转期是企业话语权的直观表达，也是企业 OPM 战略实施效果的直接表达。

（2）广义现金周转期　在经营过程中，企业被占资金不仅体现在应收账款，而且体现在应收票据、预付账款等方面。企业占用他人资金不仅体现在应付账款，而且体现在应付票据、预收账款等方面。将这些因素考虑在内的现金周转期被称为广义现金周转期，也就是通常所说的现金周转期。

广义现金周转期可以更恰当地反映企业 OPM 战略的运用效果。广义现金周转期的计算公式如下：

$$广义现金周转期=存货周转期+应收款项周转期−应付款项周转期$$

公式中的应收款项一般包括应收账款、应收票据和预付账款，而应付款项一般包括应付账款、应付票据、预收账款和合同负债。

如果从衡量 OPM 战略效果上讲，需要注意商业汇票的分类，是带息商业汇票还是不带息商业汇票，计算现金周转期时严格来讲应该只需考虑无息商业汇票，参阅报表附注将商业汇票进行区分，否则计算时会存在一些偏差，尤其是企业商业汇票均为带息商业汇票时偏差最大。以我国实践惯例来说，无论是商业承兑汇票还是银行承兑汇票，除非双方有单独约定，否则商业汇票基本都是无息的。

企业在无息占用他人资金之时，尤其无息经营负债与流动负债之比过高时，需要评估企业现金流是否充足，以及企业偿还债务风险是否可控，而财务弹性指标是衡量现金流充足程度的重要工具。

为了更好地了解企业 OPM 战略运用的效果，读者可以进一步分析企业流动资产与流动负债的内部结构，尤其是货币资金、应收票据、应收账款、预付账款以及短期借款、应付票据、应付账款、预收账款和合同负债等内部结构的趋势变化。

2. 现金周转期的运用

根据我国不同行业的 OPM 战略的统计发现，在我国上市公司的不同行业中，只有零售业和采掘服务业两个行业运用 OPM 战略的能力比较强，其中，零售业的财务弹性指标具有良好保障，而采掘服务业的财务弹性指标没有那么充沛。从逻辑上讲，零售业上市公司实施 OPM 战略比较具有先天优势，这是因为该行业中大多数企业一般事先约定只有货物销售完成后才结算货款，即企业事先赊欠供应商货款，而其销售对象大都是没有话语权的普通消费者，企业几乎都是现销，因此企业在供与销两端均明显占优，进一步增强了企业实施 OPM 战略的能力。例如苏宁易购（曾用名为苏宁电器、苏宁云商，简称苏宁）、国美零售、京东集团、永辉超市等企业在很长时间内基本保持着很强的 OPM 战略执行能力，通过进一步查阅财务报表附注，读者可察觉这些企业 OPM 战略执行能力的些许差异及其变化趋势。

苏宁 2004 年—2019 年的狭义现金周转期和广义现金周转期分别见表 7-1 与表 7-2。

表 7-1　苏宁 2004 年—2019 年的狭义现金周转期　　　　　　　单位：天

财务指标	2004 年	2005 年	2006 年	2007 年	2008 年	2009 年	2010 年	2011 年
存货周转期	24	35	44	42	41	42	46	54
加：应收账款周转期	2	3	2	1	1	1	3	6
减：应付账款周转期	22	31	30	26	30	32	34	36
狭义现金周转期	4	7	16	17	12	11	15	24
财务指标	2012 年	2013 年	2014 年	2015 年	2016 年	2017 年	2018 年	2019 年
存货周转期	68	72	67	47	40	37	30	33
加：应收账款周转期	6	3	2	2	2	3	7	8
减：应付账款周转期	42	42	37	27	30	29	76	50
狭义现金周转期	32	33	32	22	12	11	−39	−9

表 7-2　苏宁 2004 年—2019 年的广义现金周转期　　　　　　　单位：天

财务指标	2004 年	2005 年	2006 年	2007 年	2008 年	2009 年	2010 年	2011 年
存货周转期	24	35	44	42	41	42	46	54
加：应收款项周转期	13	16	14	10	8	8	12	18

(续)

财务指标	2004年	2005年	2006年	2007年	2008年	2009年	2010年	2011年
减：应付款项周转期	36	58	83	98	93	139	119	136
广义现金周转期	1	−7	−25	−46	−44	−89	−61	−64

财务指标	2012年	2013年	2014年	2015年	2016年	2017年	2018年	2019年
存货周转期	68	72	67	47	40	37	30	33
加：应收款项周转期	18	16	15	16	22	21	26	42
减：应付款项周转期	152	146	128	105	107	93	79	99
广义现金周转期	−66	−58	−46	−42	−45	−35	−23	−24

分析者可通过表7-1和表7-2苏宁狭义与广义现金周转期的变化，进一步评估苏宁OPM战略的运用能力。由表7-2可知，分析者能够观察到苏宁在这一期间内企业市场话语权的变化，也可洞察苏宁可能遭遇的全新挑战。

(二) 财务弹性

财务弹性是指企业适应经济环境变化和利用投资机会的能力。这种适应能力来源于企业现金流量的充足程度。财务弹性是通过一系列以现金流量为中心的财务指标来显现。企业现金流量越充足，财务弹性越强；反之亦然。

企业财务弹性是其实施OPM战略的前提条件。企业运用OPM战略时，假定现金周转期是很小的负数，这意味着它无息净占用他人资金时间较长，也意味着企业处在时刻需要偿还应付款项的境地，一方面说明企业市场议价能力强，但是另一方面也说明一旦企业现金流不足，可能会陷入财务困境，甚至陷入破产边缘。因此，如果企业OPM战略运用得当，一般都隐含着企业的财务弹性比较强；如果企业财务弹性一般，企业运用OPM战略时，很容易陷入财务困境。

财务弹性指标主要包括现金流量充裕率、现金满足投资率、现金比率。其计算公式分别如下：

现金流量充裕率＝经营活动现金净流量÷(固定资产现金支出＋还款现金支出＋现金股利)

现金满足投资率＝经营活动现金净流量÷(资本支出＋现金股利)

现金比率＝经营活动现金净流量÷流动负债

一般认为，财务弹性指标越高，表明企业的财务弹性越强，企业应对财务困境的能力越强。需要提及的是，现金流量充裕率和现金满足投资率的公式有多种表达方式，不同书中的界定略有差异。

一般认为，现金流量充裕率指标大于或接近1时，说明该企业的收益质量比较高，持续经营能力比较强；如果该指标低于1，说明企业的收益质量较低。但是该指标并非越高越好。如果该指标显著大于1，说明企业有大量的闲置资金，有可能找不到合适的投资方向，影响企业未来的获利能力。如果当重资产工业企业在扩张阶段，现金流量充裕率会明显偏低，这时需要借助其他财务指标辅助判断。如果企业属于高负债类企业，并且在扩张阶段，现金流量充裕率有可能偏低，这时更需要综合其他财务指标与非财务信息谨慎判断。

在计算现金满足投资率时，为了剔除企业经营周期性和随机性的影响，有时需要选择5

年的现金净流入和5年的资本支出与现金股利之和的简单平均数。

运用现金满足投资率时,要注意以下情况:当现金满足投资率大于1时,说明企业不需要外部融资,仅利用经营活动中形成的现金流量就可以满足企业日常增量现金需求,而且还有剩余,企业现金流的充裕程度是不言而喻的。在这种情况下,企业需要考虑是否充分利用了负债的税盾优势,使其资本成本进一步得到优化。当现金满足投资率等于1时,说明企业经营活动中形成的现金净流量刚好满足日常增量投资现金的需要,企业现金流量比较充足。即使企业现金流量不足,也比较容易进行外部融资。当现金满足投资率小于1时,说明企业经营活动中形成的现金净流量不足以满足日常增量投资现金需要,企业现金流量的不足部分,可以通过以前年度现金余额或外部融资弥补。在这种情况下,应引起投资者高度关注,需要结合其他信息综合判断企业现金流情况。总体来讲,如果企业的现金满足投资率大于1,一般认为企业的现金流量比较充沛,但是如果企业的现金满足充裕率小于1,也并不意味着企业现金流不足,需借助其他信息谨慎判断。

现金比率详见**第六章　流动性能力分析**,一般认为现金比率达到20%以上时,企业偿还短期债务能力比较强。

由于很难界定这三个指标的合理均值,不同企业也很难与行业均值做合理性比较,只能从逻辑上做一般推定。但是,如果三个财务弹性指标过低,分析者需要特别关注企业应对财务困境的能力。

为了进一步了解企业OPM战略的风险,分析者最好将企业流动资产与流动负债内部结构进一步分解,详细了解每一项流动资产的具体变现能力和流动负债的偿还时间及偿还债务的硬性要求。

承前,苏宁2004年—2019年的财务弹性指标见表7-3。根据这些数据和公开信息评估其OPM战略运用的风险。

表7-3　苏宁2004年—2019年的财务弹性指标

财务指标	2004年	2005年	2006年	2007年	2008年	2009年	2010年	2011年
现金流量充裕率	1.44	0.27	0.19	1.80	1.32	4.11	0.81	0.96
现金满足投资率	0.91	0.46	0.35	2.57	1.56	4.65	0.83	0.97
现金比率	0.10	0.04	0.03	0.31	0.31	0.27	0.16	0.05
财务指标	2012年	2013年	2014年	2015年	2016年	2017年	2018年	2019年
现金流量充裕率	0.58	0.35	-0.22	0.18	0.26	-0.35	-0.41	-0.29
现金满足投资率	0.74	0.42	-0.32	0.24	1.09	-0.48	-1.87	-1.95
现金比率	0.09	0.05	-0.03	0.04	0.06	-0.10	-0.15	-0.15

分析者根据表7-3可以观察到苏宁财务弹性能力的趋势变化,尤其是2017年及以后,企业财务弹性指标明显下降,结合苏宁现金周转期分析的变化趋势,综合评价企业OPM战略运用的变化趋势不太乐观。随后,苏宁在2021年遭遇了流动性困境,2022年挑战仍在继续,这在一定程度上是企业多年前OPM战略执行能力变化预示的一个结果。

第三节　其他计量资产管理能力的指标

一、流动资产周转率

（一）指标原理分析

流动资产周转率是衡量流动资产管理效率的一个指标。流动资产周转率的公式如下：

$$流动资产周转率 = 销售收入 \div 平均流动资产$$

与之对应，流动资产周转期（天数）的公式为

$$流动资产周转期 = 年度公历天数 \div 流动资产周转率$$

流动资产周转率从流动资产总体上衡量它与销售收入的关系，反映流动资产的变现能力。

通常情况下，流动资产周转率越高越好，但实际上流动资产周转率高不一定就好，流动资产周转率低也不一定不好。一般来讲，流动资产周转率越高，意味着企业流动资产效益越高，正常情况下，流动资产的管理能力越强，企业可以运用更少的流动资产达到同样的效益，在一定程度上提升了企业的盈利能力，企业的短期偿还债务能力增强。因此，如果企业短期偿还债务能力越强，企业的流动资产周转率通常越快。而当流动资产周转率出现异动时，比如突然上升或者突然下降，需要评估具体原因，并诊断该因素的持续性。

需要补充的是，由于流动资产的综合性远高于存货、应收账款，所以评估流动资产周转率时需要更谨慎，需要评估企业流动资产的一些项目的优化持有区间，例如现金、应收账款、存货等，只有流动资产的各个部分都处于优化状态，并且总体处于最优状态时，流动资产周转率才越高越好。

（二）流动资产周转率的理解

流动资产周转率是反映流动资产管理效益的，而不是反映流动资产管理效率的。一般认为流动资产周转率反映流动资产的变现力，如前所述，这种观点有一定的合理性。流动资产周转率从本质上反映流动资产周转的效益。假定成本不变，流动资产周转率越高，意味着流动资产产生的收入越多、效益越好。假定企业都是现销或者现销收入在总收入中占绝对主导地位，流动资产周转率可以反映企业流动资产的变现能力强弱。如果进一步做假设，基于现金销售假设，当同等条件下，现金销售金额越多，它反映企业销售效益质量越高，即现金含量越高。这可以引导出一个结论：市场话语权越强的企业，其流动资产周转率反映流动资产的变现能力越强，而市场话语权越弱的企业，其流动资产周转率反映流动资产的变现能力越弱。

（三）指标运用要注意的问题

在计算流动资产总体周转率时，应该注意各个不同项目流动资产的利用水平，不能忽略流动资产内部的个体差异，它可以反映企业的融资倾向、信用政策等。或者将流动资产周转率按照因素分析法进行分解，将其分解为以乘积方式或者混合运算方式存在的几个子因素，进一步分析各子因素对流动资产周转率的贡献，为提升流动资产周转率提供解决对策。

二、营运资本周转率

营运资本是计量资产流动性的一个重要指标。营运资本是流动资产与流动负债之差，是

企业流动资产变现能力的实力体现，其变现能力的强弱可以用营运资本周转率来表达。其计算公式为

$$营运资本周转率 = 销售收入 \div 平均营运资本$$

与之对应，营运资本周转期（天数）的计算公式为

$$营运资本周转期 = 年度公历天数 \div 营运资本周转率$$

营运资本周转率是营运资本的深化，它从资金周转速度的角度分析了营运资本的风险与收益。

在正常情况下，营运资本周转率越高，反映出企业营运资本的利用效益较高，说明企业每单位销售收入使用的营运资本越少。若营运资本总额不变，营运资本周转率越高则相同的营运资本可以支撑更多的销售收入。

营运资本对企业是一把双刃剑。如果企业营运资本过高，资源有可能闲置，将削弱企业的盈利能力；反之，营运资本过低，企业流动性不足，则会增加企业经营失败的风险。从这一角度上看，营运资本存在一个如何优化控制的问题，营运资本周转率也不是越高越好。如果营运资本周转率一味求高，在销售收入不变的情况下，营运资本占用过少，则需要评估企业盈利能力的变化，或企业投融资策略可能发生改变，如果是后者，则需要关注企业风险控制能力的变化。

同样，行业属性、商业模式、竞争战略、经济周期都会影响到企业营运资本周转水平，尤其是当企业发生技术变革时，营运资本周转水平将出现明显变化。

三、非流动资产周转率

与流动资产相比，非流动资产最为典型的特征是期限长，变现力差，其价值是通过多年逐步转移实现的。理解这一点尤其重要，对以配置非流动资产为主的企业来讲，非流动资产管理能力可为利益相关者传递更多有关企业可持续性发展方面的信息，而可持续性信息有助于预测企业未来的盈利能力。

这只是一般性结论，在移动互联网时代，这一结论需要适度修正。当下无论哪一种类型的企业都尽可能做到轻资产化。以重资产企业为例，它的典型特征就是经营风险过高，回收周期过长，而当下企业之间的竞争如此激烈，信息更为对称，消费者个性更为鲜明，消费者忠诚度更低，消费者转移成本也比较低，这都进一步加大了重资产企业的风险，同时也为企业提供了轻资产化的动力。这就意味着，即使重工业企业，也需要逐步调整资产配置比例，尽可能轻资产化，即减少非流动资产配置，降低企业经营风险。这并不意味着非流动资产是不重要的，而是在同等盈利条件下，要尽量降低非流动资产的比例，不断优化企业资产配置。当然，不同类型企业、不同的经营模式、不同经济周期等也会影响企业资产配置。

非流动资产价值实现或转移速度的快慢是通过非流动资产周转率来衡量的。非流动资产周转率的计算公式为

$$非流动资产周转率 = 销售收入 \div 平均非流动资产$$

非流动资产周转期（天数）计算公式为

$$非流动资产周转期 = 年度公历天数 \div 非流动资产周转率$$

非流动资产周转率计量了企业使用非流动资产的强度。非流动资产周转速度越快，说明非流动资产的利用效益越高，正常情况下非流动资产的效益越高，越有利于企业扩大再生

产。由于非流动资产周转率一般较低，非流动资产周转期比较长，收益较高，风险比较大，可以在比较长的时间内发挥作用，因此，企业应该在非流动资产的收益与风险之间做出抉择，将资产的利用效能发挥到极致。

在正常情况下，大型重工业企业大都拥有较高比例的非流动资产，但是在移动互联网、大数据、人工智能时代，非流动资产在总资产中所占比例至少应该是有所下降的。在非流动资产既定的条件下，非流动资产周转速度越快，企业资产的利用程度越高，企业生产效益越好。但是，这种观点在当下未必正确，它取决于企业流动资产与非流动资产的配置比例，以及企业两类资产贡献单位利润的能力，以及企业技术变革的能力等多种因素之间的均衡。

运用非流动资产周转率分析时，除了考察资产周转速度外，还要分析企业投资规模是否合理，投资是否有效，与企业竞争战略是否一致，企业并购和资产剥离政策是否合理等。

非流动资产包括长期股权投资、固定资产、无形资产等，分析者可以根据需要计算各类非流动资产项目的周转率。例如计算固定资产周转速度时，将公式的分母由非流动资产改为固定资产即可，一般采用固定资产原值平均余额，而不采用固定资产净值平均余额。这是因为固定资产净值受到固定资产的折旧政策和减值准备的影响。尤其是在进行趋势分析时要注意这些问题。随着时间的推移，固定资产净值因折旧和减值准备的计提而减少，固定资产平均余额也随之减少，即营业收入不变，固定资产周转率上升，显然这是不合理的。管理者完全可以利用这一点操纵固定资产周转率。因此，采用"固定资产原值平均余额"替代"固定资产净值平均余额"更为合理。由于各行业固定资产配置具有显著差异，这就意味着固定资产周转率具有明显的行业特征。

四、总资产周转率

总资产由流动资产和非流动资产组成，总资产周转率是流动资产和非流动资产周转状况的总评价，可以通过各单项资产周转状况预测总资产周转状况，但是，总资产周转率并不等于各单项资产周转率的加总。

总资产周转率计量了企业使用所有资产利用的强度。正常情况下，总资产周转率越高，资产的利用强度越高；总资产周转率越低，资产利用强度越低。其计算公式如下：

$$总资产周转率 = 销售收入 \div 平均总资产$$

与之对应，总资产周转期（天数）的计算公式为

$$总资产周转期 = 年度公历天数 \div 总资产周转率$$

虽然总资产周转率不能分解为各单项资产周转率，但是，总资产周转率的倒数却等于各单项资产周转率倒数之和，将其与年度公历天数相乘，其表达式如下：

$$360 \div 总资产周转率 = \sum 360 \div 各单项资产周转率$$

总资产周转天数应该等于各单项资产周转天数之和。分析者可以通过本式粗略地估算一下在总资产周转天数既定的条件下，其内部资产周转是否得以优化，也可以找到实现总资产周转天数时，其内部资产周转实现的路径，并与前面各项资产周转率分析相互比对分析，为改进资产管理水平提供方向。

由于资产内部一些资产，如货币资金、存货、应收账款等都存在最优控制存量，这就注定了总资产周转率并不是越高就一定越好，需视具体情况综合权衡而定。

第四节　资产管理能力与其他类别财务能力的关系

管理的职能主要包括计划、组织、领导、控制和创新。其中，组织是指确定所要完成的任务以使他们为实现组织目标做贡献。管理者必须具备领导其工作小组成员朝着组织目标努力的能力。在各类财务能力评价中，资产管理能力充当了管理职能中的组织职能，企业债务偿还能力、盈利能力、现金流量能力以及成长能力都建立在企业资产管理能力的基础之上，脱离了这一基石，企业其他几个方面财务能力都是空中楼阁。

同样，一个机构的能力体现在其流程和价值观中，而且正是构成当前业务模式核心能力的流程和价值观，决定了它们无力应对市场的破坏性变化。而资产管理能力正是企业核心流程管理能力，其重要性不言而喻。

总体来讲，资产管理能力评价属于投资事中评价和投资事后评价，它更像是一个桥梁，把筹资结果与投资效果有机地连接起来。而这个桥梁质量的高低，直接决定了企业配置资产的效率和效益的高低，也决定了企业财务目标的实现。因此，资产管理能力是企业事中的过程管理，其重要性不言而喻。

资产管理能力与企业其他类别财务能力密切相关。流动资产管理能力与短期偿还债务能力密切相关，假定在其他条件不变的条件下，存货周转率上升，尤其是原本那些变现能力较差的存货的周转效率也开始上升，则企业资产管理能力明显上升，存货转变为效益的时间缩短，企业现金流能力随之提升，企业短期债务偿还能力必然提高。资产管理能力的高低也与企业未来盈利能力和现金流能力息息相关，过程决定了结果：效率与效益更多时候是统一的。同样，资产管理能力也在很大程度上决定了企业成长能力。

思 考 题

1. 存货周转率计算公式中两个分子分别是什么？如何评价两个计算公式下存货周转率的内涵？
2. 如何处理存货周转率异动？它有可能传递什么信息？
3. 计算应收账款周转率时如何处理坏账准备？
4. 如何评估企业信用期与平均收款期出现不一致的情况？
5. 如何理解存货周转率与应收账款周转率的高低？
6. 存货周转率和应收账款周转率在何种情况下将失效？
7. 现金周转期的基本内涵是什么？狭义现金周转期与广义现金周转期的区别是什么？需要注意什么问题？
8. 企业 OPM 战略与财务弹性的内涵是什么？二者的关系是什么？
9. 以中国证监会 2012 年修订的《上市公司行业分类指引》为标准，行业分为 19 大类。你认为我国哪些行业运用 OPM 战略比较强，这些行业应具有哪些特征？
10. 资产管理能力与债务偿还能力、盈利能力、现金流能力的关系如何？

第七章 资产管理能力与财务弹性

判 断 题

1. 资产管理能力评估通常是资产管理效率的评价，并不侧重资产管理效益的评价。（　）

2. 资产管理效率与资产管理效益完全相同。（　）

3. 存货周转率公式的分子通常有两种选择：销售收入和销售成本，其中，销售收入反映企业存货管理的效率。（　）

4. 存货周转率计算时一般假定企业存货是比较稳定，不会出现大幅度波动。（　）

5. 从存货周转率本质上讲，存货周转率的计量分子只能选择销售成本。（　）

6. 假定企业期初购置存货100万元，在存货周转期内，企业均匀使用存货时，期末存货归零，然后再次购置存货100万元，存货即刻送达，在存货周转期内，企业均速使用存货，期末再次存货归零，以此类推。在这种情况下，存货周转率计量失效。（　）

7. 存货周转率骤升不一定对企业必定是一大利好，而存货周转率骤降也不一定必然对企业是一大利空。（　）

8. 当企业接到大额订单时，通常引起企业存货周转率大降，这对企业一定是重大利好。（　）

9. 现实生活中企业无法做到零存货，在存货最佳持有区间内，通常企业存货周转率越高越好。（　）

10. 计量应收账款周转率时，其分母是报表中的"应收账款"项目的金额。（　）

11. 严格上讲应收账款周转率应该考虑增值税销项税额，但是一般它并不太影响应收账款周转率的使用价值。（　）

12. 准确起见，应收账款周转率的计算公式分子最好采用赊销收入，并且最好是由应收账款产生的赊销收入。（　）

13. 当应收账款周转率采用公式：销售收入（赊销收入）÷平均应收账款时，这一公式存在诸多缺陷，导致应收账款周转率完全无法反映企业应收账款管理能力。（　）

14. 当应收账款周转率小于1时，应收账款周转率可能无法反映企业应收账款总体的变现能力。（　）

15. OPM战略可以衡量企业净占用他人资金的能力。（　）

16. 狭义现金周转期通常是衡量OPM战略的标准。（　）

17. 实施OPM战略需要企业具有较强的财务弹性。（　）

第八章

盈利能力与公司估值

■ 回顾

第七章首先探究了与 OPM 战略和财务弹性有关的财务指标的计量、原理、指标缺陷及其运用注意事项,并以苏宁为例探讨了 OPM 战略运用与财务弹性的关系,其次介绍了非流动资产周转率的计量、运用及注意事项。

■ 本章提要

本章是财务能力评价的核心,分析了公司盈利能力的常用计量指标以及财务指标所反映的持续盈利能力,统计了这些计量指标在不同行业之间的差异性;描述了盈利能力现金类指标,现金类指标是保障公司持续盈利的必要条件;探讨了以盈利为基础的指标,重点分析了每股收益和每股净资产的内涵与运用;系统论述了 PE 和 PB 的估值原理及其在股票市场中的运用,统计了我国沪深两地 PE 和 PB 的估值及其与全球主流市场估值的比较;描述了不同使用者对财务指标认知上的差异。

■ 展望

第九章讲述了财务报表综合分析方法,是各类财务能力评价的有机延伸,将各类财务能力指标有机组合起来,构成综合财务评价指标体系。

◆ 章首案例

随着社会经济发展、企业规模扩大及人民财富增加,财务报表分析由银行对借款企业的信用分析以观察其债务偿还能力的手段发展到投资单位或者个人在股票投资时作为确认其是否做出正确决策的手段。于是,财务报表分析由早期的信用分析阶段进入投资分析阶段,其主要变化是由企业经营稳定性分析转变为收益性分析。与之对应,企业由被动地接受银行的分析结果到主动地进行自我分析,促使财务报表分析成为一门新兴的

第八章　盈利能力与公司估值

学科。债务偿还能力和盈利能力分析是财务报表分析初始的主要内容，现在依然如此。

盈利能力信息是最早被股票市场检验到的财务信息，今天它仍然在公司估值中占据重要位置。如第一章所述，学术界有大量文献证明会计信息具有价值相关性。市盈率和市净率在公司估值中有着广泛的应用，其核心就是通过评估公司持续盈利增长能力来实现的。大多数投资者热衷于通过公司市盈率、市净率的变化来评估投资标的的收益与风险的变化，从而做出有利于自己的投资决策。并且这一方法在很长时间内简单而有效。

时光回到当下，企业竞争更为激烈而充分，盈利拐点出现的时点有可能比以前耗时更长，电子商务和互联网企业就是如此，其他类型的企业也有此迹象，PE 和 PB 在一些企业估值的运用中遭遇到全新挑战。当然，电子商务和互联网企业一旦进入盈利拐点，将有可能实现更长时间的持续增长盈利。一方面这些类型的企业给了投资者无限的想象空间，促使其估值动辄数千亿元，乃至万亿元，如 2020 年电动汽车行业在大多数上市公司巨亏之时，市场给予了极高的估值，但是如何评估这类企业是否存在或者何时出现盈利拐点给投资者带来了巨大挑战，PE 和 PB 在很长时间内对这类企业看似无用。但我们不禁发问：这些估值指标真的无用吗？

第一节　盈利能力与公司估值概述

盈利能力是指公司在可预期的未来能够保持的预期盈利水平。盈利能力分析是财务能力评价的核心，更是投资者关注的中心。

持续盈利能力是盈利能力分析的核心，预测公司持续盈利能力是个难题。持续盈利能力有多种描述与界定，公司当前盈利能力和未来盈利能力是否具有持续性，需要甄别与持续盈利相关的关键因素，这些盈利相关项目发生频率的高低又是其趋势性的简单描述。具体参见**第四章　财务报表与持续盈利能力**。

盈利能力通常被认为是公司价值评估的最重要因素，公司持续盈利能力在很大程度上决定了公司估值的高低。公司持续盈利能力越强，公司估值通常越高；反之亦然。一旦公司持续盈利能力出现明显变化，公司估值也将出现巨大变化。

公司持续盈利能力出现变化通常是持续盈利能力的关键因素出现变化所致。盈利增速是公司持续盈利能力中最直观的关键变量。一旦公司盈利增速出现变化时，公司估值随之调整。最受投资者青睐的是那些高盈利增长的公司，而寻求高盈利增速的投资标的对投资者来说是一个巨大挑战。投资者需要密切关注投资对象盈利增速的变化，尤其当公司出现对盈利能力不利的因素时，更需谨慎评估。

公司持续盈利能力通常在公司环境评估中更容易被提前发现，但正确的公司环境评估对绝大多数投资者来说都非易事。而财务数据也是甄别公司持续盈利能力的重要工具，并且是所有投资者都可以免费、随时获取的资料，通过挖掘财务数据甄别公司持续盈利能力变得更为可行。

第二节　应计制下盈利能力指标分析

盈利能力指标的分子都是各种利润类指标。一般而言，利润类指标的综合性与其所反映的持续盈利能力成反比，即利润类指标越单一，其反映的持续盈利能力越强，利润类指标越综合，其反映的持续盈利能力越弱。

一、以利润表项目为基础的盈利能力指标分析

（一）常用盈利能力指标

我国会计准则要求企业利润表按分步法编制，分步法下利润表被划分为不同层次的利润。应计制下盈利能力指标是以利润表各个不同层次的利润为中心构建的。最常用的盈利能力指标是销售毛利率、营业利润率和销售净利率，主营业务利润率、其他业务利润率、销售利润率也是常用的盈利能力指标。

1. 销售毛利率

销售毛利率的计算公式如下：

$$销售毛利率=(销售收入-销售成本)\div 销售收入\times 100\%$$

计算销售毛利率时，简化计算方法是不考虑税金及附加，但是从严谨角度上讲，应该考虑税金及附加。一般情况下，销售毛利率采取简化计算方法，主营业务利润率和其他业务利润率也是如此。如不特别交代，本书这些财务指标均采用简化计算方法。

销售毛利是企业盈利的基础，是企业净利润的最主要来源。如果企业持续保持高销售毛利率，并且明显高于行业均值，则企业越有可能具有持续盈利能力。

一般来说，营业周期与销售毛利率成正比。营业周期短、固定成本低的行业，销售毛利率水平比较低；营业周期长、固定成本比较高的行业，销售毛利率相对较高。这是一种经验描述，也符合财务学原理。现实生活中营业周期与销售毛利率之间的关系也有可能出现例外，例如营业周期短而销售毛利率高，营业周期长而销售毛利率低。

企业的销售毛利率与其所处的行业生命周期、企业发展阶段、企业的竞争战略密切相关。行业发展阶段、企业所处的生命周期和竞争战略的不同在很大程度上决定了企业销售毛利率的变化趋势。假定一个行业处于初期而且比较具有发展前景，企业之间竞争不太激烈，企业生存状况良好，无论是领导者还是追随者都有可能保持高销售毛利率。随即行业吸引大量资本流入，加剧企业之间的竞争，使行业平均销售毛利率逐步下降。当行业处于成熟期时，企业之间的竞争达到白热化，行业的销售毛利率处于稳定水平，形成行业长期均衡点，行业内资金供求基本处于均衡状态。当行业处于衰退期时，行业销售毛利率进一步下降，整个行业中大部分企业面临生存危机，不少企业破产、清算，资本大量退出，最终行业毛利率逐步回升，形成新的市场均衡。

企业竞争战略的选择与行业属性密切相关，同一行业企业之间的竞争战略通常高度相似，不同行业企业之间的竞争战略可能存在明显差异。根据迈克尔·波特对竞争战略的划分，他提供了三种卓有成效的竞争战略：成本领先战略、差异化战略（又称差别化战略、别具一格战略）和专一化战略（又称聚焦战略）。而每一种竞争战略都具有不同的适用条件。如果企业决定实施成本领先战略，一般要求企业具有规模经济优势、产品富有弹性和产

品趋于同质化等条件,这意味着企业以低成本制胜,企业的销售毛利率比较低,这就要求企业提升资产周转率,在低销售毛利率和高资产周转率之间博取均衡,实现企业利润最大化。"薄利多销"战略就是成本领先战略的典型运用。若企业实施差异化战略,要求企业产品或者服务具有差异化,可以是品质差异也可以是外观差异,企业通常实施撇脂定价策略,与之对应,企业销售毛利率比较高,企业力争在高销售毛利率和低资产周转率之间博取均衡,实现企业价值最大化。而专一化战略下,企业的销售毛利率和资产周转率既有可能呈现成本领先战略下的特征,也有可能呈现差异化战略下的特征。

通常只要企业成功实施一种竞争战略,无论是成本领先战略、差异化战略还是专一化战略,就可能成为行业领导者或者是行业细分领域中的佼佼者。如果企业能够兼顾多种竞争战略优势,例如兼顾成本领先战略与差异化战略双重优势,即成本低而价格高,企业就会呈现高销售毛利率和高资产周转态势,则企业可成为标杆企业,乃至一个时代的伟大企业。

企业竞争战略的不同,其利润率指标可能存在比较大的差异。而行业属性注定了行业内企业竞争战略大部分趋同,其利润率指标也具有趋同性。以销售毛利率为例,该指标的行业差异性应该不会太大,而行业之间的销售毛利率可能存在比较大的差异。当然,行业内异动个体有可能影响到行业销售毛利率,导致不同行业的平均销售毛利率的差异性并不明显。

2017 年度我国部分行业销售毛利率见表 8-1。

表 8-1 2017 年度我国部分行业的销售毛利率

行　　业	公司数量（家）	销售毛利率（%）	
		简单平均数	中　位　数
饮料制造业	43	50.49	47.73
电子元器件制造业	162	25.58	24.00
医药制造业	164	54.71	56.12
计算机及相关设备制造业	32	32.00	31.23
零售业	89	26.07	21.60
银行业①	26	—	—
房地产开发与经营业	121	30.53	34.68

注：行业分类以证监会颁布的《上市公司行业分类指引》（〔2012〕31 号）为依据；统计数据截至 2018 年 5 月 24 日；数据来源于广发证券金融终端数据库。

① 由于银行业的营业成本和管理成本经常混杂在一起,无法精确计算营业成本,以—列示。

表 8-1 体现了三个特点：①销售毛利率具有鲜明的行业特性,不同行业的销售毛利率体现出明显的差异。②各行业销售毛利率的平均数与中位数趋同,基本无差异。③各行业上市公司的数量不同没有影响各行业样本分布的均衡性。

2. 营业利润率

营业利润率的计算公式如下：

$$营业利润率 = 营业利润 \div 销售收入 \times 100\%$$

营业利润率与销售毛利率比较,其综合性进一步加强,反映的持续盈利能力进一步下降,远不及主营业务利润率和销售毛利率所反映的持续性。营业利润的构成中包含了一些持续性不及主营业务利润的项目,这些项目更加难以清晰界定,也更难控制,例如销售费用、管理费用、研发费用、资产减值损失、信用减值损失、其他收益、投资收益、净敞口套期收益、公允价值变动收益和资产处置收益等项目。

2017年度我国部分行业营业利润率见表8-2。

表8-2　2017年度我国部分行业的营业利润率

行　　业	公司数量（家）	营业利润率（%）	
		简单平均数	中　位　数
饮料制造业	43	8.02	12.39
电子元器件制造业	162	8.47	9.05
医药制造业	164	16.59	14.62
计算机及相关设备制造业	32	0.54	8.33
零售业	89	7.85	4.98
银行业	26	41.05	41.93
房地产开发与经营业	121	-15.63	10.15

由表8-2可知，与销售毛利率相比，营业利润率呈现以下四个特点：

1）以中位数统计为参照，营业利润率的行业排序与销售毛利率的行业排序基本相同。

2）各行业的营业利润率开始趋同，趋于10%的高达五个行业，零售行业最低为4.98%，银行业最高为41.93%。

3）营业利润率与销售毛利率相比，下滑迹象十分明显，并且各行业两者占比基本一致。

4）与销售毛利率明显不同的是，各行业营业利润率的中位数与平均数出现明显分化，其中有四个行业出现了明显偏离，分别是房地产开发与经营业、计算机及相关设备制造业、饮料制造业和零售业，而银行业、电子元器件制造业和医药制造业仍然比较接近。

3. 销售净利率

销售净利率具有更大的综合性，反映企业经营的最终成果。其计算公式如下：

$$销售净利率 = 净利润 \div 销售收入 \times 100\%$$

对上市公司而言，净利润是指合并报表中归属于母公司股东的净利润，而不是合并报表中的净利润，也不是合并报表中的综合收益。当然，销售毛利率和营业利润率也是合并报表中的数据。此外，如果公司有发行优先股，则归属于母公司股东的净利润需扣除优先股股利。

销售净利率是营业利润率的进一步延伸，综合性更强，其所反映的持续盈利能力进一步下降。企业销售净利率越高，反映企业的综合盈利能力越强；销售净利率越低，反映企业的综合盈利能力越弱。

2017年度我国部分行业销售净利率见表8-3。

表8-3　2017年度我国部分行业的销售净利率

行　　业	公司数量（家）	销售净利率（%）	
		简单平均数	中　位　数
饮料制造业	43	2.03	10.0
电子元器件制造业	162	7.10	7.82

（续）

行　业	公司数量（家）	销售净利率（%）	
		简单平均数	中　位　数
医药制造业	164	14.84	13.00
计算机及相关设备制造业	32	−0.49	7.10
零售业	89	5.84	3.49
银行业	26	43.04	35.28
房地产开发与经营业	121	−23.24	6.80

由表 8-3 可知，各行业的销售净利率呈现以下三个特点：

1）与营业利润率的中位数排序相比，各行业销售净利率排序进一步发生改变，但基本维持着原有排序。

2）与营业利润率相比，销售净利率进一步下滑，各行业的销售净利率均低于营业利润率。

3）与营业利润率相比，各行业销售净利率的中位数与其简单平均数呈现进一步分化态势，房地产开发与经营业、饮料制造业、计算机及相关设备制造业、零售业和银行业都呈现了明显差异，只有医药制造业和电子元器件制造业比较趋同。

通过我国各行业销售毛利率、营业利润率和销售净利率的综合比较分析，我们发现其具备以下特点：

1）利润率指标越单一，行业的中位数与平均数越趋同，而利润率指标越复杂，行业的中位数与平均数越分化。

2）以行业中位数计算，我们统计的各行业销售毛利率、营业利润率和销售净利率的关系比较确定，并且其数值比较具有规律。各利润率指标的关系基本为销售毛利率>营业利润率>销售净利率，营业利润率占销售毛利率的30%左右，销售净利率是销售毛利率的20%左右，并且各行业销售净利率基本低于10%。

（二）其他重要的盈利能力指标

销售毛利率、营业利润率和销售净利率是衡量盈利能力的最常用指标，但是它们并不代表全部盈利能力指标，还有一些重要的财务指标：主营业务利润率、其他业务利润率和销售利润率。以财务指标所反映的持续盈利能力作为划分标准时，销售毛利率并不是持续性最强的指标，主营业务利润率是反映企业持续盈利能力最强的指标。在实践分析中，由于主营业务利润与其他业务利润都是反映企业持续盈利能力比较强的指标，两者综合是销售毛利，销售毛利更为综合地反映了企业狭义上经营利润的持续性，所以，销售毛利率是投资者最关心的，也是持续性强且更为综合的财务指标。销售利润率一般不单独提及，有一些教材将销售利润率与销售净利率等同，都采用净利润作为计量分子。

1. 主营业务利润率

顾名思义，主营业务利润率是衡量主营业务创造利润率的指标，其计算公式如下：

$$主营业务利润率 = (主营业务收入 - 主营业务成本) \div 主营业务收入 \times 100\%$$

计量主营业务利润率时，如果简化起见，不考虑主营业务税金及附加，如果严谨起见，则需要考虑主营业务税金及附加。如果考虑主营业务税金及附加，由于报表附注没有披露主营业务税金及附加和其他业务税金及附加，可以根据主营业务收入和其他业务收入的比例近似估算主营业务税金及附加与其他业务税金及附加。

对于一个健康的企业而言，主营业务利润是企业最重要的、最核心的利润来源，持续性最强，有利于利益相关者预测企业未来盈利能力。在很大程度上讲，主营业务利润的持续性决定了企业未来盈利能力的持续性。如果一个企业主营业务利润占净利润比重偏低，则其利润质量水平比较低，企业未来盈利能力将大打折扣，企业持续盈利能力不会太强。

主营业务利润率与行业垄断程度、行业竞争结构密切相关，也与企业竞争战略、生产流程、营销策略、管理层的执行能力等密切相关。企业竞争战略决定了企业定价策略，生产流程决定了企业产品、劳务成本，营销策略和管理层的执行能力则主观直接影响了企业主营利润质量。

当企业主营业务利润出现异动时，它会极大地影响企业估值水平，需要密切关注其中原因，并判断其对企业持续盈利能力的影响。

2. 其他业务利润率

其他业务利润率是衡量其他业务创造利润率的指标，其计算公式如下：

$$其他业务利润率=(其他业务收入-其他业务成本)\div其他业务收入\times100\%$$

计量其他业务利润率时，如果简化起见，不考虑其他业务税金及附加，如果严谨起见，则需要考虑其他业务税金及附加。

虽然其他业务不及主营业务重要，但是与主营业务一样，它也是企业经营过程中发生的业务，具有日常属性，持续性也比较强，有利于利益相关者预测企业持续盈利能力。当企业其他业务利润率出现异动时，需要重点关注，甄别其中原因，并判断其是否具有持续性。如果企业其他业务收入高于主营业务收入，需要判断这种现象是否具有持续性和企业营业性质是否有可能变更，其他业务是否有可能转为主营业务，以及这种转变对企业未来前景的影响。

3. 销售利润率

有些学者将销售利润率与销售净利率等同，均采用净利润作为计量分子，这可能是考虑净利润与利润总额相比并无增量信息，二者之差为所得税费用，是资本市场已知的确定性信息。我们将二者加以区分，可以从更多层级上探究利润率指标的差异。

销售利润率的计算公式为

$$销售利润率=利润总额\div销售收入\times100\%$$

营业利润和营业外利润构成利润总额，利润总额比营业利润更具有综合性，持续性进一步降低。营业外利润是偶发性因素，营业外利润占利润总额的比例通常应该比较低，一般不应该超过20%。与营业利润相比，利润总额并没有包含重要的增量信息。

二、以资产负债表项目为基础的盈利能力指标分析

实证会计表明，股票价格能够比较充分地反映利润表信息，而资产负债表信息在资本市场中还无法得到充分有效的检验，或者是当前学术界还没有找到有效挖掘资产负债表的方法。如何挖掘资产负债表成为一大难题，有待学术界同仁共同努力。

在现实世界中，我们无法洞察资产负债表的全部内涵，看不透其中更多隐藏信息的价值。正因为此，尽力挖掘资产负债表中那些与持续盈利能力相关的信息显得更重要。这意味

着，投资者通过不断挖掘资产负债表信息，不断调整投资组合，从而增加获取超额收益的机会。

（一）资产报酬率

1. 资产报酬率的内涵

资产报酬率，又称资产净利率，它反映了企业在一定时期内创造的净利润所占用的平均资产总额。其计算公式如下：

$$资产报酬率 = 净利润 \div 平均资产总额 \times 100\%$$

资产报酬率的计量分子一般采用净利润，也可以采用息税前利润，还可以是净利润加利息。该指标的计量分母一般采取期初资产与期末资产的简单平均数。如果企业在不同时点资产波动过大，例如企业首次公开募股、重大资产重组，可以考虑按照时间权重进行加权平均。

资产报酬率是评估企业盈利能力的关键所在，它说明了企业在一定会计期间内形成的净利润平均需要多少资产给予支撑。虽然总资产中有一部分由无法分享净利润的债权人提供，但是，通过资产报酬率与债务融资成本比较，企业就可获悉财务杠杆是否为正效应，外部利益相关者也可据此做出正确决策。

2. 资产报酬率的因素分解式

为了更好地理解资产报酬率的驱动因素，有必要对资产报酬率进行分解，将资产报酬率分解为销售净利率和资产周转率。资产报酬率的分解过程如下：

$$\begin{aligned}资产报酬率 &= 净利润 \div 总资产 \\ &= (净利润 \div 销售收入) \times (销售收入 \div 总资产) \\ &= 销售净利率 \times 总资产周转率\end{aligned}$$

资产周转率反映了单位资产创造的销售收入，销售净利率反映了单位销售收入创造的净利润，二者共同决定了资产报酬率。

通过资产报酬率的分解过程，找出资产报酬率变化的驱动因素：销售净利率与资产周转率，两者的组合关系比较充分地体现了企业的竞争战略，从而有利于找出问题与差距，提升资产报酬率。为了进一步分析资产报酬率的驱动因素，可以对资产报酬率进一步分解，例如分析收入、成本项目的具体构成、资产的分类及其具体构成。

资产报酬率的分解式实质是因素分析法的运用，与杜邦财务分析法的原理相同。关于资产报酬率分解式的计算原理，将在杜邦财务分析体系一节详细分析。

3. 资产报酬率的缺陷理解

一般认为，资产报酬率公式中净利润与总资产是不匹配的，净利润的所有权属于股东，而总资产资金提供者却包括股东和债权人。若仅从匹配角度上讲，将净利润加上利息费用即可达到资产报酬率计算公式的完全匹配。资产报酬率这一形式上的"缺陷"却从本质上道出了企业净利润的资金来源，它并非仅仅由所有者提供资金，还包括债权人的资金支持。所以，资产净利率的这一缺陷并不是它真正缺陷，从某种程度上讲恰好是资产报酬率的优势所在。

4. 运用资产报酬率的注意事项

具体分析资产报酬率时，要与资产管理能力联系起来，例如需要注意收入与现金比率、收入与应收账款比率、收入与存货比率、收入与负债比率。还要考虑到特殊事件对资产报酬率的影响与评估。

通过对资产报酬率的因素分析，通常可以解释企业报酬的各种来源及其贡献。销售净利率和资产周转率都不可能无限增长下去，总会趋于行业长期均衡点，企业也会形成自身的长期均衡点。企业通过融资不断优化资本结构，动态调整资产配置，当行业达到长期均衡时，使企业利润率远高于行业均值。

资产报酬率与行业属性密切相关。不同行业的资产规模配置要求有所不同，有的行业是重资产行业，例如汽车行业，有的行业是轻资产行业，例如高科技企业，这些行业的资产报酬率通常具有一定的差异性。

（二）股东权益报酬率

股东权益报酬率也称净资产报酬率，又称所有者权益报酬率。其计算公式为

$$股东权益报酬率=(净利润-优先股股利)\div 平均股东权益\times 100\%$$

净资产报酬率反映了资本的增值能力和所有者投资报酬的实现程度，通常被认为是最具有综合性的财务指标。

股东权益报酬率只衡量了股东获取报酬率的高低，从而解决了资产报酬率的"形式缺陷"。

股东权益报酬率也可以分解为多个因素，从而探究股东权益报酬率变化的具体原因，找出问题，寻求对策。股东权益报酬率的分解过程参阅**第九章　财务报表综合分析方法**。

股东权益报酬率受到了股东高度关注，它与企业股价密切相关。除所有者外，其他利益相关者也高度关注净资产报酬率。例如，净资产报酬率越高，债权人的利益受保障程度越高，管理者越有可能实现自身利益最大化。

（三）资本金净利率

资本金净利率进一步缩小净资产范围，其计算公式如下：

$$资本金净利率=净利润\div 平均资本\times 100\%$$

计算公式中，所有者投入的资本金不仅是由所有者投入的资本形成，而是由两部分构成：一部分是所有者投入的资本金，另一部分是由公积金转增的资本。由于公积金转增资本也是由企业以后年度留存收益增加和不断扩大再生产的结果，公积金转增资本后，投资者所占股权比例并不会发生改变，所以，可以将公积金转增资本的部分理解为所有者投入资本在股本中的自发增值。这样，资本净利率就可以理解为是所有者投入企业资本金的盈利能力。

资本金净利率直观地反映了所有者投入企业资本金的盈利能力，也反映了所有者投入资本金的保值和增值能力。该指标越大，说明所有者投入资本金的获利能力越强，对投资者越具有吸引力。

第三节　现金制下盈利现金流量指标分析

基于当下更为激烈竞争的社会，顾客忠诚度不高，顾客黏性更差，顾客转移成本更低，产品更新换代更快，企业生命周期更短，企业生存变得更加艰难，现金流的重要性更加凸显。

一、每股经营现金流量

每股收益与上市公司业绩高度相关,受到投资者的高度关注。每股经营现金流量更直观地反映了每股收益的现金含量的高低,其计算公式如下:

$$每股经营现金流量 = 经营现金净流量 \div 流通在外的普通股股数$$

该指标越大,说明每股收益的现金含量越高,企业进行资本支出和支付股利的能力越强。同时,每股经营现金流量也说明了企业最大的分派现金股利的能力,超过此限度企业就要透支分红。

21世纪10年代我国权威媒体经常采用每股收益和每股经营现金流对我国上市公司进行价值排行,前者反映的是谁创造了财富,后者是谁创造了可靠的财富。

二、销售现金比率

若企业销售收入如期转为现金流,企业资金周转流畅,企业才具备持续盈利能力的可能。衡量这一转换过程可以通过销售现金比率进行计量,其计算公式如下:

$$销售现金比率 = 经营现金净流量 \div 销售收入$$

该指标反映企业每元销售收入获取单位经营现金流的能力。一般来说,销售现金比率越高,说明企业收入转换为现金的能力越强;销售现金比率越低,说明这种转换能力越低。需要注意销售现金比率的单期与多期的区别。如果销售现金比率是单期指标,则很难判定企业现金流的充裕程度。如果多期销售现金比越高,则企业收入转换现金的持续能力越强,企业持续盈利能力越强。

销售现金比率的合理值没有统一标准,不同企业需要综合权衡各种因素评判其合理性。销售现金比率过高是否影响企业持续盈利能力也需要综合判定。对优秀企业而言,销售现金比率必定很高,完全有可能大于1,甚至远高于1,但是这类企业的持续盈利能力很强,并不能得出企业流动性过于充分、企业资金闲置和需要优化资本结构的定论,这种结论对一般企业却是成立的。

运用这一指标时,分析者需要谨慎分析企业的信用政策。如果企业信用政策发生改变,例如信用期收缩,这时企业本期经营活动现金流大都是以前年度销售本期回收的,本期销售收入大幅度降低,此时,销售现金比率还是有可能远大于1,但是这并不说明企业当期销售收入现金含量较高。同样,如果这一比率较低,也并不能说明当期企业销售收入一定存在问题。还有,如果企业以前年度应收账款管理能力较差,本年度企业开始重视应收账款管理,以前年度应收账款将大量收回,企业销售现金比率将出现明显上升,但这并不意味着当期销售能力明显改善。如果企业改变信用政策,例如企业原来只有赊销政策,现在增加现金折扣政策,这时发现企业销售现金比率几乎不变,但这并不能得出企业信用政策改变是无效的,而是需要通过多期数据评估企业现金折扣政策是否正确。

三、盈利现金保障倍数

盈利现金保障倍数是企业在某一会计期间的经营现金净流量与净利润之比。其计算公式如下:

盈利现金保障倍数＝经营现金净流量÷净利润

该指标分子采用经营活动现金净流量，这是因为经营活动现金净流量更具有持续性，更有利于衡量利润质量，也有利于利益相关者预测企业未来盈利能力的持续性。

盈利现金保障倍数从现金收付制的角度反映了企业当期净利润的可靠程度，反映当期净利润有多少是具有现金保障的。同样，这并不是说盈利现金保障倍数越高越好，该指标越高说明企业现金持有量越多，若超过最佳现金持有量或者最佳现金持有优化区间，持有现金总成本过高，有可能影响企业未来盈利能力。

第四节 以盈利为基础的公司估值指标分析

公司估值对财务报告使用者来说，尤其对投资者来说，是一项重要任务。正确的公司价值评估有助于投资者选择好的投资标的，有助于资金提供者在信贷决策中确定信贷价格，有助于收购方估计被收购公司的价格。

一般来说，公司价值评估以现金流贴现法为主。在现金流估值模型中，公司权益的价值评估是以公司现金流量预测为基础，然后使用公司权益资本成本对预测现金流量计算折现值。这种模型最大的优点是它给投资者提供了一种公司估值思路或者一种估值思维模式，但是实用性并不强，不太适合中小投资者，更适合机构投资者。

本节我们讨论以会计为基础的权益估值模型，如果运用得当，以盈利为基础的方法与现金流贴现模型将得到相同的评估结果，并且会计估值模型更直观，实用性更强。并且以盈利为基础的估值指标不仅可以评估上市公司估值，而且也可以为非上市公司估值提供若干方法与思路。

一、市盈率（Price Earnings Ratio，PE）

（一）每股收益（Earnings Per Share，EPS）
1. 基本每股收益的计算原理

每股收益又称每股净利润，是企业本年净利润与流通在外的普通股股数的比值，其计算公式如下：

每股收益＝净利润÷流通在外的加权平均普通股股数　　　　　　　　　　(8-1)

其中，流通在外的加权平均普通股股数的计算公式如下：

流通在外的加权平均普通股股数＝期初流通在外的普通股股数＋

当期新发行的普通股股数×已发行时间÷报告期时间－

当期回购的普通股股数×已回购时间÷报告期时间

式（8-1）称为基本每股收益，它是在不考虑稀释因素前提下的普通股股东的每股收益。基本每股收益计算时需要注意以下问题：

1）式（8-1）中的净利润是指合并报表中归属于母公司普通股股东的净利润。

2）已发行时间、报告期时间和已回购时间一般按照天数计算，在不影响计算结果合理性的前提下，也可以采用按月计算的简化计算方法。

3）新发行普通股股数，应当根据发行合同的具体条款，从应收对价之日（一般为股票发行日）起计算确定。通常包括下列情况：

① 为收取现金而发行的普通股股数,从应收现金之日起计算。

② 因债务转资本而发行的普通股股数,从停计债务利息之日或结算日起计算。

③ 非同一控制下的企业合并,作为对价发行的普通股股数,从购买日起计算;同一控制下的企业合并,作为对价发行的普通股股数,应当计入各列报期间普通股的加权平均数。

④ 为收购非现金资产而发行的普通股股数,从确认收购之日起计算。

4) 如果企业发行优先股,无论是可转换优先股还是不可转换优先股,都需要在净利润中扣除优先股股利。这时基本每股收益计算公式为

基本每股收益=(净利润-优先股股利)÷流通在外的加权平均普通股股数

如果企业优先股进一步划分为累计优先股和非累计优先股,则在优先股是非累积优先股的情况下,应从企业当期净利润中扣除当期已支付或宣告的优先股股利;在优先股是累积优先股的情况下,企业净利润中应扣除截至本期应支付的股利。

需要强调的是,在计算基本每股收益时,无论是不可转换优先股股利还是可转换优先股股利,都需要在当期归属于母公司普通股股东的净利润中扣除。前者扣除是因为不可转换优先股没有稀释性,而后者之所以应该扣除,是因为基本每股收益是不考虑稀释因素条件下的普通股股东的每股收益,即分母是不存在稀释因素的流通在外加权平均普通股股数,分子也应该是归属于母公司普通股股东的净利润。

2. 稀释每股收益的计算原理

现实生活中,企业可能存在一些稀释股权的因素,例如认股权证、股票期权、可转换债券、可转换优先股等,根据这些稀释性因素计算的每股收益称为稀释每股收益。

稀释每股收益以基本每股收益为基础,假设企业所有发行在外的稀释性潜在普通股均已转换为普通股,从而分别调整归属于普通股股东的当期净利润以及发行在外普通股的加权平均数计算而求得的每股收益。其中,潜在普通股,是指赋予其持有者在报告期或以后期间享有取得普通股权利的一种金融工具或其他合同,包括可转换公司债券、认股权证、股份期权等。

当期被转换或行权的稀释性潜在普通股,应当从当期期初至转换日计入稀释每股收益中,从转换日(或行权日)起所转换的普通股则计入基本每股收益中。假定稀释性潜在普通股转换为已发行普通股而增加的普通股股数,应当根据潜在普通股的条件确定。当存在不止一种转换基础时,应当假定会采取从潜在普通股持有者角度看最有利的转换率或执行价格。稀释每股收益的计算公式如下:

稀释每股收益=(净利润+转为普通股的净利)÷(流通在外的加权平均普通股股数+
转换为普通股加权平均股数)

(8-2)

其中,转换为普通股的净利是指假定当期可转换债券、可转换优先股等稀释性因素发生而导致净利的增加额。例如可转换债券发生转换将引起企业支付利息费用的减少而导致净利的增加,可转换优先股因转换将导致股利支付的减少而增加净利。当期流通在外普通股的加权平均数应当为计算基本每股收益时普通股的加权平均数与假定稀释性潜在普通股转换为已发行普通股而增加的普通股股数的加权平均数之和。

正确理解这些稀释因素是有必要的。首先这些稀释因素的计算原理并不完全相同。其次仅从理论上讲,这些稀释因素并非必定降低每股收益。只要稀释性因素的潜在普通股每股收

益大于基本每股收益，稀释因素将提高每股收益，即稀释每股收益大于基本每股收益，达到反稀释作用；只要稀释性因素的潜在普通股每股收益小于基本每股收益，稀释因素会降低每股收益，即稀释每股收益小于基本每股收益，达到稀释效果。

【例8-1】 假定W公司第1年年末流通在外的普通股12 000股，第2年度无变动。该公司另发行利率为10%的可转换债券200 000元，可转换普通股2 000股；股息率为12%可转换优先股500 000元，可转换5 000股普通股。第2年净利润为80 000元，所得税税率为25%。请计算W公司基本每股收益与稀释每股收益。

【计算过程】

基本每股收益不需要考虑稀释股权因素，但需要扣除优先股股利，因此，基本每股收益计算如下：

基本每股收益＝（80 000−500 000×12%）÷12 000＝1.67（元）

稀释每股收益计算时需要确定：净利润和普通股股数。净利润是在公司净利润80 000元的基础上加上可转换债券的净利息费用。而普通股股数除了原来流通在外的普通股股数外，还应该包括可转换债券和可转换优先股可以转换的普通股股数。其计算过程如下：

本期净利润＝80 000＋500 000×12%＋200 000×10%（1−25%）＝155 000（元）

普通股股数＝12 000＋2 000＋5 000＝19 000（股）

稀释每股收益＝155 000÷19 000＝8.16（元）

由此可见，本例中的稀释因素大幅提高了每股收益，导致稀释每股收益远高于基本每股收益。

根据我国《企业会计准则第34号——每股收益》中第三章的内容，稀释性潜在普通股是指假设当期转换为普通股会减少每股收益的潜在普通股。这意味着如果这些稀释性因素起到了反稀释效果，即提高了每股收益，则它们不属于稀释性每股收益的计算范畴，本例正是一个典型的错误范例。

我们认为，企业会计准则之所以如此要求，是因为这些稀释性因素假定发生时起到了反稀释效果，从逻辑上讲是不合理的。以可转换债券为例，假定企业原来转换价格比较高，现在企业股价下降，例如低于转换价，并假定债券持有人认为企业目前困境只是暂时的，企业股价将逐步回升，于是债券持有人决定实施债转股，这时可转换债券很可能达到反稀释效果，但是债券持有人完全没有必要如此行事，他通过二级市场不断购入企业股票更为划算。其他稀释因素起到反稀释的情况的原理也与此大体类似。

认股权证和股份期权产生的稀释性计算原理与可转换债券略有差异，这两种稀释性因素在计算每股收益时无须调整净利润，只需要按照以下步骤对普通股加权平均数进行调整即可，其调整的计算过程如下：

1）假设这些认股权证、股份期权在当期期初已经行权，计算按行权价格发行普通股将取得的股款金额。

2）假设按当期普通股平均市价发行股票，计算需发行多少普通股能带来上述相同的股款金额。

3）比较上述二者股数差额，相当于无对价发行的普通股，作为发行在外普通股股数的净增加额。

【例8-2】 已知某年Angel Corporate的净利润为15 000 000元，普通股股数3 000 000

股,该年每股普通股的平均市场价格20.00元/股,该年股票期权500 000股,股票期权行权价格为15.00元/股。试计算公司该年的基本每股收益和稀释每股收益。

【计算过程】

根据基本每股收益计算公式可知,公司基本每股收益=15 000 000÷3 000 000=5(元)。

当认股权证和股票期权等的行权价格低于当期普通股平均市场价格时,假定投资者行权,公司就会出现无对价的流通股,导致总股数增加,这样就会对每股收益产生稀释性。

根据行权时可能增加的普通股股数的计算公式可知:

行权时可能增加的普通股股数=拟行权时转换的普通股股数-行权价格×拟行权时转换的普通股股数÷当期普通股平均市场价格

则增加的股数=500 000-15×500 000÷20=125 000(股)

因此,根据每股收益的计算公式可知,稀释每股收益=15 000 000÷3 125 000=4.8(元)。

当企业稀释因素为可转换债券和可转换优先股时,其计算原理与认股权证等是不同的。例8-1中可转换债权与可转换优先股的稀释性因素的计算原理是正确的。这是因为当可转换债券转为普通股时,企业不需要再支付利息费用,考虑到利息费用的抵税效应,则税后利息费用为本年净利润增加额。同理,凡是被视为潜在稀释的可转换优先股,其股利不得从当期净利润中扣除,即在原来净利润中扣除后需要在计算稀释每股收益时将其再加回。

3. EPS的作用

每股收益是评价上市公司盈利能力最基本、最核心和最直观的指标,具有很强的综合性,它受到了投资者的高度关注。每股收益反映了企业的盈利能力,决定了股东投资每股的收益水平。如果每股投资成本不变,每股收益越高,说明企业盈利能力越强,投资者收益水平越高。即使每股投资成本发生变化,若每股收益的增长速度高于每股投资成本的增长速度,这意味着投资者仍将具有良好的投资回报。因此,每股收益是确定公司股票价格的主要参考指标,并且实证会计也表明每股收益与公司股票价格高度正相关。

为了更好地反映每股收益的驱动因素,可以将其进行分解,找出关键影响因子。每股收益的分解式为

每股收益=(年末股东权益÷年末普通股股数)×(净利润÷年末股东权益)
=每股净资产×股东权益报酬率

通过每股收益的分解式更有利于分析每股收益的具体变化原因,找出公司问题所在以及应对不利因素的对策。每股收益的分解过程参阅**第九章 财务报表综合分析方法**。

4. EPS运用注意事项

分析者运用EPS应该注意以下问题:

(1) EPS在衡量时间价值和风险价值能力方面欠缺 一般认为,每股收益并不反映股票所含有的风险,它是一个利润类指标,无法很好地反映货币的时间价值与风险价值。从估值上讲,虽然每股收益是利润类指标,无法体现货币时间价值与风险价值,但是一般情况下每股收益越高,公司股价越高,从这个角度上讲,每股收益可在一定程度上反映公司股票价格的风险。

(2) EPS的可比性差 每股收益不仅不能用于公司之间的比较分析,而且也不太能用于公司自身的比较分析。股票是一个份额概念,不同股票的每一股在经济上不等量,它们含有的净资产和市价不同,即换取每股收益的投入量不相同,这就限制了每股收益在公司之间

的比较分析。而公司股利分配政策在不同时期有可能不同,这就限制了每股收益在公司自身的比较分析。如果将每股收益用于公司自身的比较分析,需要做出若干限定,例如公司股本不变,或者将不同年度的每股收益运用适当的方法将其折算为具有可比性的每股收益。

现实生活中,上市公司增发股份、送股、转股等情况时有发生,这将会导致公司股本发生变化。而上市公司年度财务报告披露比较利润表时只会根据本年度每股收益调整上年度每股收益,并不会同步调整公司历年每股收益,从而导致公司以前各年度的每股收益并不太具有可比性。

由此可见,每股收益无法用于公司之间的比较,所以,每股收益的行业平均值没有参考价值。同样,为了让公司不同年度的每股收益具有可比性,需要对公司每年流通在外的普通股股份数做出特殊处理。

【例8-3】 假设Z公司只有普通股,没有优先股、可转换债券、认股权证等因素,公司第1年到第3年归属于上市公司股东的净利润分别为800万元、1 200万元和1 500万元,该公司第1年至第3年普通股变动情况见表8-4。立足于第3年,请计算Z公司每年度的每股收益。

表8-4　Z公司普通股变动情况　　　　　　　　　　　　　　　　单位:万股

股份变动情况	第1年	第2年	第3年
期初流通在外的普通股	400		
7月1日现金增资发行新股	200		
4月1日现金增资发行新股		80	
6月1日将股票1股分割为2股		680	
5月15日发放股票股利10%			136
期末流通在外股数	600	1 360	1 496

【计算过程】

根据上述资料,Z公司第1年、第2年和第3年流通在外加权平均股数计算如下:

第1年流通在外的加权平均股数=期初流通在外股数(400)+7月1日现金增资发行新股(200×6÷12)+第2年1对2股票分割(600×100%)+第3年发行股票股利10%(1 200×10%)=1 220(万股)。

第2年流通在外加权平均股数=期初流通在外股数(600)+4月1日现金增资发行新股(80×9÷12)+6月1日将股票1分割2股票(660×100%)+第3年发行股票股利10%(1 320×10%)=1 452(万股)。

第3年流通在外加权平均股数=期初流通在外股数(1 360)+5月15日发行股票股利10%(1 360×10%)=1 496(万股)。

则公司第1年到第3年每股收益分别为

第1年度每股收益=800÷1 220=0.66(元)。

第2年度每股收益=1 200÷1 452=0.83(元)。

第3年度每股收益=1 500÷1 496=1.00(元)。

由此知,经由处理增资发行、拆股和发放股票股利等因素后,Z公司各年度的每股收益具有了可比性。本例中公司每股收益每年仍然保持了适度上涨,股东财富在不断增加。

(3) EPS 与公司分红关联度不高　每股收益多不一定意味着公司分红多，公司分红多少视公司股利分配政策而定。公司股利分配政策与公司发展阶段、现金充裕度等密切相关。当公司处于导入期和成长期时，即使公司每股收益比较高，一般也很少进行现金分红，更多地采用发放股票股利的方式。当公司进入成熟期之后，假定公司每股收益高，公司现金分红通常比较高，此时公司较少采用发放股票股利的方式。

（二）市盈率分析

1. 市盈率（PE）理论分析

市盈率是反映上市公司估值的一个重要的相对估值指标，这一指标受到了投资者的高度追捧。

市盈率计算公式如下：

$$市盈率 = 市值 \div 净利润 = 每股市价 \div 每股收益 = P/E$$

市盈率是反映公司盈利能力的重要指标，它代表了投资者对每股收益愿意支付的市场价格。

市盈率的一般判定规则是这样的：一般认为，市盈率越高，其隐含条件是公司的未来成长潜力比较大，该股票的投资风险比较高，取得同样的盈利额所需投资额越大，相对来说其投资价值更难判定，一旦公司盈利高增速破灭，公司的投资风险会陡增；市盈率越低，意味着公司的成长性不高，该股票的投资风险比较小，取得同样的盈利额所需投资额比较小，相对来说投资比较稳健。但也不可一概而论，也不能绝对化，特别是当股票市场本身不健全、交易失常或有操纵市场的情况下，股票市场价格可能与它的每股收益严重脱节，在这种情况下不可盲目根据市盈率判断股票风险，投资者需要根据股票市场、公司自身等综合判断市盈率估值的合理性。

2. PE 的特征

总体上讲，PE 具有以下一些特征：

(1) 易为投资者使用　由于 PE 所需数据比较容易获取，计算简单，易为投资者使用。但是，如果净利润极低或公司发生亏损时，市盈率将失去意义，无法评价公司风险大小。

(2) PE 可以直观地反映投资者投入与产出的关系　基于公司盈利不变的前提下，市盈率实际是投资回收期，市盈率的倒数是投资者的市场回报率。例如，某公司 2017 年年底每股市价为 10 元，期末每股收益为 1 元，则该公司的静态市盈率为 10 倍，这意味着如果投资者购买公司股票，假如公司的盈利保持不变，投资者将需要用 10 年才能回本，投资回报率为 10%。同样，假定某公司 2017 年年底每股市价为 25 元，期末每股收益为 1 元，则该公司的静态市盈率为 25 倍，这意味着如果投资者购买公司股票，假如公司的盈利保持不变，投资者将需要用 25 年才能回本，投资回报率为 4%。正因为此，一般来说，PE 的值越低，表明该股票的投资风险越小，取得同样的盈利额所需投资额越小，相对来说投资价值也越大。在成熟的股票市场中，大多数公司不太可能享有高估值，即使以 PE 为 25 倍为例，现实生活中很少投资者愿意投资一个耗时 25 年才能回本的项目。因此，高 PE 通常隐含着公司具有持续高增长盈利能力，而不是盈利保持不变。

(3) 具有很高的综合性*　PE 涵盖了风险补偿率、股利增长率、股利支付率等影响因素，具有很高的综合性。这一特征通过市盈率的推导过程即知。

根据现金流折现模型，分析 PE 的核心决定因素。根据股利折现模型，假定公司股利是

按照固定增速 g 发放,则静态 PE 的计算过程如下:

$$\text{静态 PE} = P_0/\text{EPS}_0 = [D_0(1+g)/(K_s-g)]/\text{EPS}_0$$
$$= (D_0/\text{EPS}_0)(1+g)/(K_s-g)$$
$$= \text{DPR} \times (1+g)/(K_s-g)$$

式中,P_0 表示企业当前股价;EPS_0 表示基期每股收益;D_0 表示公司的基期股利;DPR(Dividend Payout Ratio)表示股利支付率;K_s 表示股权成本。

股利支付率与股票支付率不同,股票支付率又称股息率,或者股利收益率,其计算公式如下:

$$\text{股票支付率} = \text{股利} \div \text{总市值} = \text{每股股利} \div \text{每股股价} \times 100\%$$

股票支付率是投资者选择收益型股票的重要参考标准,如果股票支付率持续多年高于 1 年期银行定期存款利率,则这只股票是收益型股票,股票收益率越高,对稳健型投资者越具有吸引力。例如,美国标准普尔 500 指数成分股大多数公司就是收益型股票,其平均股票支付率在 3% 左右;我国银行业上市公司也属于收益型股票,其股票支付率一般处于 3%~5% 之间。

股票支付率、股利支付率(又称股利发放率)和市盈率存在如下关系:

$$\text{股利支付率} = \text{股利} \div \text{净收益} = \text{每股股利} \div \text{每股收益} \times 100\%$$
$$= (\text{每股股利} \div \text{每股股价}) \times (\text{每股股价} \div \text{每股收益}) \times 100\%$$
$$= \text{股票支付率} \times \text{市盈率}$$

由此可知,股票支付率的决定因素包括股利、股利支付率和股价。假定 A 公司股价为 100 元/股,而 B 公司股价为 25 元/股,两家公司均实施每 10 股派 10 元,则 A 公司的股票支付率仅 1%,而 B 公司的股票支付率高达 4%,对稳健型投资者而言,B 公司的诱惑力远高于 A 公司。

承接静态 PE 计量分解公式。假定公司股利支付率不变,预期 PE 或者动态 PE 的计算过程如下:

$$\text{动态 PE} = P_0/\text{EPS}_1 = [D_0(1+g)/(K_s-g)]/\text{EPS}_1$$
$$= (D_1/\text{EPS}_1)/(K_s-g)$$
$$= \text{DPR}/(K_s-g)$$

式中,D_1 表示下一期预期股利;EPS_1 表示与 D_1 相同年度的每股收益;$\text{DPR} = D_0/\text{EPS}_0 = D_1/\text{EPS}_1$,假定 DPR 保持不变。

由静态 PE 和动态 PE 的推导过程可知,PE 的决定因素是 K_s、g 和 DPR。其中,K_s 与 PE 成反比,而 g、DPR 与 PE 成正比。一般来说,股利增速从根源上取决于公司盈利增速,即盈利增速在 PE 定价模型中处于决定性地位。在静态 PE 的决定因素中,g 处于决定性地位;在动态 PE 的决定因素中,g 也处于决定性地位,这是因为如果公司盈利增速长期比较快,公司现金流必然是充沛的,公司 K_s 呈下降趋势,DPR 有可能逐步提高,这将有利于提高公司估值。

投资者通过考察 K_s、g 和 DPR 三个因素的不同,有利于理解不同公司在资本市场中估值的差异。

阅读材料 8-1

为何贵州茅台总比华夏银行贵？

长期以来，华夏银行公司估值远低于贵州茅台，2016 年也不例外。2016 年两家公司分别盈利 196 亿元和 167 亿元，EPS 分别为 1.84 元和 13.31 元，以两家上市公司财务报告披露日为基准，华夏银行于 2017 年 4 月 29 日披露年报，5 月 2 日公司股价报收于 10.36 元，而贵州茅台于 2017 年 4 月 15 日披露财务报告，4 月 17 日股价报收 395.79 元，两家公司静态 PE 分别为 5.63 倍和 29.74 倍，两家公司股票市值分别为 1 107 亿元和 4 986 亿元。由此可见，两家公司盈利相差无几，并且华夏银行净利更高，但是华夏银行的公司估值却远低于贵州茅台的公司估值。

从长期来看，在 PE 模型的 K_s、g 和 DPR 三个因素中，贵州茅台明显占优的是只有股权成本 K_s，DPR 两者相差无几，g 在很长时间内两者也比较接近。

由于在酿酒行业处于绝对垄断地位，拥有定价权，贵州茅台的股权成本明显低于华夏银行的股权成本，市场给贵州茅台的估值几乎是按照无风险利率进行的，而银行业由于竞争加剧、利率市场化、互联网金融等诸多不利因素，加上银行本来就是高杠杆、高风险企业，所以银行业的股权成本远高于贵州茅台。在股利支付率方面，贵州茅台的股利支付率与华夏银行相差不大，每年基本将净利的 30%~40% 进行分配。两家公司的 g（如前所述，g 实际上可以转化为盈利增速）在长期内相差也不大，2011 年之前银行业处于中高增速态势，酿酒行业也是如此，但总体上银行业更胜一筹，尤其是 2012 年塑化剂风波之后，酿酒行业开始了深幅调整，这一阶段华夏银行更为占优。只是到了 2016 年，酿酒行业处于复苏阶段，贵州茅台再次进入快增速轨道，盈利增速明显高于华夏银行。从中长期来看，银行业与酿酒行业仍然难言乐观，都充满了挑战，当前银行业遭遇挑战更大，银行业"躺着赚钱"的时代一去不复返了，金融创新手段不断增多进一步加剧了银行业的竞争，银行业自身的创新能力有待提升。

步入 2017 年，两家公司估值进一步拉大，贵州茅台创出历史新高，而华夏银行在低位徘徊。两家公司 2017 年静态 PE 估值悬殊的主要原因是 2017 年度贵州茅台在盈利增速 g 和股权成本 K_s 上处于明显优势，尤其是 g 出现了明显增加，而股利支付率仍然与华夏银行相差无几。2018 年—2020 年，贵州茅台在这些方面仍保持优势，使得两家公司估值持续扩大，前者市值突破 2.5 万亿元，而后者市值已不及 1 000 亿元。

酿酒行业与银行业的未来都充满了挑战。一方面，随着生活水平提高，人们的健康意识逐步提升；另一方面，贵州茅台作为高端白酒行业的代表，产品品质一流，人们大都有追求高端品质的本性，因此，酿酒行业未来充满了不确定性。同样，基于大数据库、移动互联网时代，以及人工智能在金融业的广泛运用，银行业息差收入贡献 80% 以上利润的时代可能正在远去，金融业变革必将更为猛烈，银行业未来也充满了挑战与不确定性。

由 PE 推导过程可知，只有公司增长潜力、股利支付率和股权成本这三个因素比较类似的公司，才具有类似的市盈率，它们也是导致同一类型公司或者不同类型公司估值出现明显差异的重要原因。PE 计算公式中的增长率不仅是指具有相同的增长率，还包括增长模式的类似性，例如同为永续增长，还是同为由高增长转为永续低增长。这在一定程度上说明，在实践过程中，投资者很难找到几乎完全一致的比较对象，只能找到类似或者比较相似的对象，因此，公司之间进行比较分析时一定要慎之又慎，不经意间选错比较对象是常有之事，即使同行业公司之间也不一定都具有相似性，所以在进行公司估值时，更要谨慎评估，并需要根据公司之间的差异对公司估值进行调整。

3. 盈利增速在公司估值 PE 中的运用

盈利增速在公司价值评估中十分重要，其重要性如何高估都不为过。

我们分析四个阶段公司估值的动态调整过程，假定第一阶段是超高盈利增速，第二阶段是中高盈利增速，第三阶段为中低盈利增速，第四阶段盈利增速趋于 0。

第一阶段公司估值演变过程如下：

假定 1：一家公司持续 4 年盈利增速 100%，即盈利 4 年，增至 16 倍，而后盈利增速降至 50%，持续 4 年。

假定 2：公司市值以上市第一天收盘价小于 100 亿元。

有关假定 2 的说明：虽然公司股价最终的决定因素是公司业绩，尤其是盈利增速，但是公司市值、业绩、股票价格等的不同，公司股价表现会有细微差别。假定 A、B、C 和 D 是同一行业的不同细分子领域的领导者，且当前公司估值处于合理范围，此时，以 A 公司市值 1 500 亿元为起点，在未来若干年公司保持相同盈利增速的条件下，A 公司股票价格表现很可能逊于市值 800 亿元的 B 公司股票价格的涨幅，更有可能逊于市值 300 亿元的 C 公司股票价格涨幅，更劣于市值 100 亿元 D 公司股票价格涨幅。假定 2 的主要目的是当公司市值小于 100 亿元时，公司给市场留下更大想象空间，在同等条件下公司股票价格表现更优。

假定公司 IPO 上市第一天的收盘价对应的 PE 估值比较合理，且公司基本面比较好。基于此，公司前 4 年净利润每年以 100% 速度增长，即业绩增至 16 倍，公司股票价格在这 4 年间总涨幅一般会高于 16 倍。在这一期间，由于公司盈利增速过高，公司 PE 有可能维持在 50 倍甚至 100 倍以上，不过，公司动态 PE 大概率是逐步下降的。

为了更好地分析公司动态 PE 的调整过程，我们首先以第一个盈利增速阶段为例说明，并将假定 1 和假定 2 进一步细化为

假定 3：公司第 0 年盈利总额 2 000 万元，第 1 年到第 4 年公司净利润分别为 4 000 万元、8 000 万元、16 000 万元和 32 000 万元。

假定 4：公司年初上市，第 1 天收盘价为 1 元，市值 10 亿元。

假定 5：公司股本数量不变并且公司没有实施股利分配政策。

基于假定 3、假定 4 和假定 5，公司动态 PE 估值变化过程大概如下：

根据上市第 1 天收盘价计算，公司静态 PE 为 50 倍。如果分析动态 PE 调整过程，需要将每年净利润改为预期净利润，假定真实业绩与预期相同，则年初动态 PE 为 25 倍，如果真实业绩与预期业绩不同，公司年报披露日公司股价做出相应调整，公司静态 PE 和动态 PE 随之调整。总体上讲，静态 PE 与动态 PE 分析原理相同，各自演变趋势总体也相同。简单起见，我们分析公司静态 PE 的变化过程。

假定第 1 年年末、第 2 年年初公司股票收盘价 6 元/股，公司盈利是 4 000 万元，因此公司 PE 为 150 倍。假定第 2 年年末、第 3 年年初公司股票收盘价为 9 元/股，公司盈利 8 000 万元，因此公司 PE 为 113 倍。假定第 3 年年末、第 4 年年初公司股票收盘价为 14 元/股，

公司盈利是 16 000 万元，因此公司 PE 为 88 倍。假定第 4 年年末、第 5 年年初公司股价收盘价为 20 元/股，公司盈利是 32 000 万元，因此公司 PE 为 63 倍，公司市值是 200 亿元。在这一阶段，总体上讲公司期初估值 PE 有可能更高或者更低，高达 100 倍，或者低至 20 倍，但是公司估值必将开始动态调整，并且动态 PE 很可能是逐步下降的。

第二阶段公司估值演变过程如下：

当公司经历了前 4 年持续盈利 100% 增速之后，盈利增速下滑至 50%，此时公司估值需要按照新的增速重新估价。承前第 4 年年末公司股价为 20 元/股，市值为 200 亿元。假定第 5 年盈利增速为 50%，公司净利增至 48 000 万元，则到第 5 年年末公司股价很有可能跌到 20 元/股以下，假定为 18 元/股，这时公司估值 180 亿元，公司 PE 进一步下降到 38 倍。然后，假定公司盈利增速持续 3 年为 50%，公司 PE 经过重新调整后，公司股票价格将重拾升势，股票市值随之上升，但是公司股价在这一阶段的上涨幅度将远不及第 1 阶段的上涨幅度，很有可能出现公司股价涨幅低于公司盈利增速，从而促使公司 PE 进一步下降。

第三阶段公司估值演变过程如下：

假定公司盈利增速为 20%，公司 PE 总体估值介于 20～30 倍。公司 PE 调整过程与第二阶段基本相同。

第四阶段公司估值演变过程如下：

当公司盈利增速趋于 0 时，公司 PE 估值总体趋于 10 倍左右。PE 调整过程与第二阶段基本类似。

当然，不同行业的公司在成熟期，其 PE 未必一定是 10 倍左右。例如，公司垄断实力强，在其步入成熟期时，即使公司盈利增速趋于 0，公司 PE 也有可能高达 20 倍，甚至高达 30 多倍。

虽然我国上市公司股票首日收盘价与西方发达国家可能存在差异，但是上市公司 PE 的动态演绎过程基本是一致的。

4. 公司 PE 估值时 EPS 的正态化处理

每年初始，投资分析师都会对一些知名公司进行估值，形成市场对公司的基本预期。公司也受到市场预期的影响，公司有强烈的动机夸大其预期盈利，并与市场预期相一致，促使公司市盈率的估值不断提高。因此投资者应该对市盈率的估值保持合理的怀疑。除了因质疑盈利质量而提高折现率外，分析者还应该在每股收益的可持续性受到质疑时将其趋势进行正态化处理。

【例 8-4】 假设某公司过去 5 年的每股收益（EPS）见表 8-5。通常情况下，该公司 PE 理应与市场整体保持一致，即目前 PE=12 倍。基于这个估值，该公司股票价格大概为 32 元/股，这一公司估价似乎比较合理。

表 8-5 某公司过去 5 年的每股收益（EPS） 单位：元/股

年　度	每股收益（EPS）
2015	1.52
2016	1.63
2017	1.86
2018	2.04
2019	2.67（预计）

根据以上资料分析公司 2019 年 EPS 的预计值和公司股价 32 元/股估值是否合理。

【分析过程】

该公司历史每股收益如图 8-1 所示。

通过观察图 8-1 发现，该公司 EPS 本年预计值在历史趋势线之上，使得当前 EPS 水平的可持续性受到质疑。这就需要评估 2019 年的 EPS 是否能够持续，否则就需要修正公司估值。

假定公司 2019 年预计每股收益受到了特殊事件的影响，而且该事项近期内不会再发生。例如，公司预期全行业将会发生罢工，刺激了消费者增加了对该公司主要产品的购买。该公司产品出现短期缺货，并由此带来了产品价格的提高。随着公司全速运转及价格上涨，公司获得了前所未来有高利润率，并且可以确认未来很难再次出现这种事件。

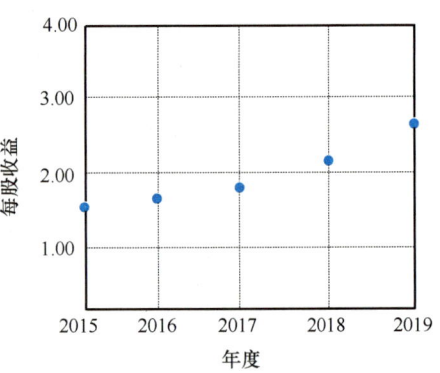

图 8-1　该公司历史每股收益

这样，每股收益本年估计值未反映公司长期持续盈利能力，仅是暂时性上涨，公司股价便从 24.56 元/股升至 32 元/股，即大涨 30%，是不合理的。因此，分析者应该通过建立以前年度的趋势线将该公司的 EPS 进行正态化处理。我们利用最小二乘法进行拟合，具体推导过程略，最终拟合的线性方程如下：

$$y = 1.7625 + 0.179(x - 1.5)$$

当 $x = 4$ 时，趋势线上本年度的 EPS 拟合值为 2.21 元。利用 PE = 12 倍，求得公司股票价格为 26.52 元/股。从该点适度向上调整是允许的，因为如果公司没有其他好的投资机会，也可以将这笔意外之财再投资到其现有业务，以获得小额增长的盈利。适度的偏离是可以接受的。但是，无论如何，公司也不能基于不可持续的盈利水平来进行价值评估。

5. PE 估值分析与经营杠杆效应和财务杠杆效应*

企业经济活动中存在经营杠杆（Degree of Operating Leverage，DOL）与财务杠杆（Degree of Financial Leverage，DFL），经营杠杆体现了经营风险，财务杠杆体现了财务风险，企业一般同时存在经营风险与财务风险。由于经营杠杆衡量销售量（额）的变动率引起的税前利润的变动率，而财务杠杆衡量税前利润的变动率引起的税后利润的变动率，两者的综合效应称为综合杠杆，即销售量（额）的变动率引起税后利润的变动率。企业经营杠杆与财务杠杆组合如图 8-2 所示。

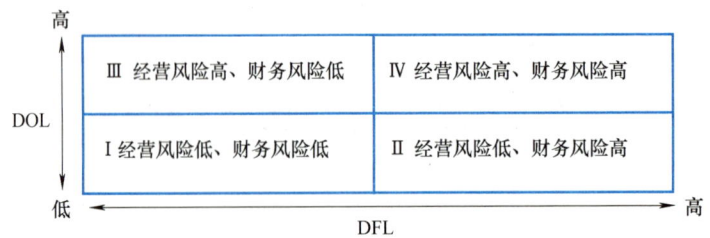

图 8-2　经营杠杆与财务杠杆组合

由图 8-2 可知，Ⅰ部分属于双低组合，即经营杠杆低、财务杠杆低。这一组合的企业每股收益波动性最小，一般轻资产型、低负债企业属于这种组合。例如日常生活必需品行业就属于该Ⅰ部分，餐饮业是其典型代表。Ⅳ部分属于双高组合，即经营杠杆高、财务杠杆高。这一组合的企业每股收益波动性最大，一般重资产型、高负债企业属于这种组合。例如房地产行业就是如此，我国房地产行业属于资本密集型行业，经营风险大，财务风险更大，极容易受到国家货币政策和国家有关房地产政策调整的影响，并且我国房地产业的资产负债率一般远高于 50%，不少房地产上市公司的资产负债率高达 70% 以上，甚至高达 80%。Ⅱ和Ⅲ部分属于两种杠杆的高低组合。如果从逻辑上推定，这两个象限组合都比较符合理财学的观点，通常来讲，经营杠杆低的企业比较具有条件实施高负债率，而经营杠杆高的企业不太适合实施高负债率。Ⅰ和Ⅳ部分与财务学原理不太相符。尤其是Ⅳ部分的双高组合，正常来讲，如果企业经营风险高，管理者一般应该会有意识地降低财务风险。而Ⅰ部分的企业属于双低组合，如果企业经营风险低，它可以适度提升财务杠杆。当然，到底企业如何在两种风险中博取均衡与企业发展阶段、垄断能力等密切相关。例如，如果企业经营风险比较高，并且企业处于发展初期，企业应该尽量减少负债，降低财务风险，使企业平稳度过初始期、成长期，到成熟期后企业可以适度提升财务杠杆，进一步提升企业每股收益。

6. 公司 PE、市场平均 PE、行业平均 PE 和投资回收期

（1）公司 PE、市场平均 PE、行业平均 PE 和风险　一家公司的 PE 是该公司自身特性的定价，是特有风险的体现，而行业平均 PE 是行业特性的定价，更多地体现了行业的特有风险，而行业平均特有风险通常低于同行业某一家公司的特有风险高。市场平均 PE 只含有系统风险，并不包括特有风险。

（2）公司 PE、行业平均 PE、市场平均 PE 和投资回收期　无论是一家公司的 PE、某个行业的 PE 还是市场平均 PE，PE 要代表投资回收期，是前提是盈利增速趋于零且处于正常状态。从概率上讲，市场平均 PE 最有可能是市场的平均投资回收期。

一家公司的 PE 取决于 P 和 EPS 两个因素。正常情况下 P 远大于 0，不可能小于等于 0，也不太可能长期趋于 0。

如果一家公司 PE 介于 10 到 20 倍之间，尤其是经常在 10 倍左右，它通常基于这一前提：公司盈利增速接近个位数或者趋于 0，此时，公司 PE 是其投资回收期。如果公司 PE 过高或者过低，此时 PE 自然不是投资回收期，这大多是特殊因素所致，如公司 EPS 趋于 0，或者公司盈利持续负增长。如果一家公司 PE 高达几百倍，公司 EPS 不趋于 0，如 EPS = 1 元，公司股票价格 P 为 200 元，公司 PE 等于 200 倍，这种情况下通常预示着：公司前景被市场看好，公司孕育着高成长机会，该公司静态 PE 比较高，但是随着时间流逝，公司的高 PE 将被公司高盈利增速稀释。

行业平均 PE 是否能代表其投资回收期，与公司 PE 分析的原理相同。只有当行业内各公司趋同性高，并且群体平均盈利增速均趋于 0 时，行业平均 PE 才代表其投资回收期。然而，现实生活中行业内公司的差异性比较明显，如代表新经济的电子信息行业的平均 PE 高，大多公司的 PE 都高达 40 倍以上，个别公司高达 100 倍，甚至几百倍，这些参差不齐的公司使其平均 PE 很难代表行业的投资回收期。

再论市场平均 PE 的内涵。市场平均 PE 只包含系统风险，投资组合中的特有风险被完全剔除。

一般来说，市场平均 PE 介于 10 倍到 20 倍之间，并且经常低于 15 倍，甚至有时低于 10 倍，这意味着正常条件下市场平均盈利增速趋于个位数，这与现实也是比较符合的，因此市场平均 PE 通常可以代表投资该股票市场的平均回收期。

因此，无论是发达国家股票市场还是发展中国家股票市场，市场平均 PE 都不可能长期过高。在极端情况下，一个国家股票市场估值在某一时期内有可能高达 30~50 倍，长期如此绝无可能。一般成熟国家或地区股票市场上市公司的平均 PE 一般都介于 10~20 倍之间。一般认为，如果市场平均 PE 超过 20 倍，市场基本处于牛市；如果市场平均 PE 处于 10 倍左右，尤其是小于 10 倍时，市场基本处于熊市。

7. 我国上市公司 PE 平均统计

我国资本市场从 20 世纪 90 年代发展至今，中间历经坎坷，资本市场治理政策不断改革与改进，形成了场内市场和场外市场两部分。其中，场内市场的主板、科创板、创业板（俗称二板），场外市场的全国中小企业股份转让系统（俗称新三板），区域性股权交易市场，证券公司主导的柜台市场共同组成了我国多层次资本市场体系。本书重点讲述场内市场即上交所和深交所上市公司 PE 的变化趋势，从中观察我国沪深上市公司 PE 自身变化、上市公司 PE 分布差异度以及其中投资机会的变化。

（1）PE 计算公式说明　市盈率（PE）一般分为静态市盈率和动态市盈率，而本处使用的滚动市盈率可认为是动态市盈率的一种。

静态（Last Year Ratio，LYR）市盈率的计算公式如下：

$$静态市盈率 = 股价 \div 每股收益_{LYR} = 总市值 \div 总净利润_{LYR}$$

滚动（Trailing Twelve Months，TTM）市盈率的计算公式如下：

$$滚动市盈率 = 股价 \div 每股收益_{TTM} = 总市值 \div 总净利润_{TTM}$$

式中，静态市盈率是以上一年净利润为基数，时隔跨度最长有可能近两年，此时误差被扩大。滚动市盈率是以前四个季度的净利润为基数，是一个滚动数据，而且根据季度变化计算，更加客观地反映了上市公司的真实情况。总体而言，静态 PE 平均数和滚动 PE 平均数的差异基本在 10% 以内。

计算市场或者行业平均 PE 时，有整体法和算术平均法两种。其中，整体法将上市公司总体视为一家上市公司，剔除个体差异，从而评估市场平均估值，即投资者投资于该市场，整体法给投资者描述了市场总体平均回报与风险。整体法可以剔除亏损公司，也可以不剔除亏损公司。这里，为了更全面地衡量市场全貌，不予剔除亏损公司。算数平均法是所有上市公司 PE 的简单平均，其需要剔除盈利为 0 和亏损公司。

本处采用不剔除亏损公司的整体法计算滚动市盈率对沪深两地上市公司平均 PE 进行分析。

（2）我国沪深两地 1996 年—2019 年 24 年间 PE 平均数与中位数统计

1）上海证券交易所（上交所）1996 年—2019 年 24 年间 PE 平均数与中位数统计。我国上交所上市公司 1996 年—2019 年间的 PE 平均数如图 8-3 所示。在此期间，我国上交所所有上市公司 PE 平均数的均值为 24.16 倍。2009 年之前，上市公司 PE 平均数波动区间明显大于 2009 年之后 PE 平均数波动区间，2009 年之后 PE 平均数波动区间明显收窄。总体上看，这一期间 PE 平均数稳步下降，尤其是 2010 年之后，上交所上市公司 PE 平均数基本与国际主流市场上市公司 PE 平均数趋同。我国上交所上市公司 1996 年—2001 年 PE 平均数处于上升通道，PE 平均数基本在 40 倍以上，这一期间我国股票市场中上市公司的限售股导致上市公司只有一部分或者是小部分股票处于流通领域，即流通中供给不足是那时股票市场一大特征，当时市场大都处于牛市，PE 平均数于 2000 年升至这一期间的最大值（54.75 倍）。

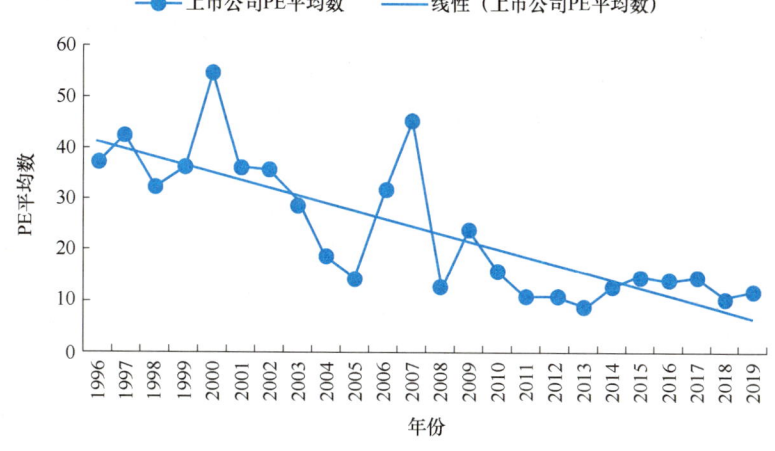

图 8-3　上交所上市公司 24 年间 PE 平均数

（资料来源：WIND 数据库。）

而后，上市公司 PE 平均数处于下跌趋势，这一态势持续到 2005 年，同期上证明指数由 2001 年 6 月 14 日的 2 245 点持续跌至 2005 年 6 月 6 日的 998 点。2005 年 4 月 29 日我国股权分置改革拉开序幕，长达 4 年的熊市随之结束，当年上市公司 PE 平均数为 14.48 倍，处于历史最低位区域。接着，我国股票市场迎来了长达两年半的史上第二大牛市，上证指数由 998 点涨至 2007 年 10 月 16 日的 6 124 点。这一期间我国宏观经济向好，国民经济增速较快，上市公司盈利增速明显提升，限售股尚未大规模流通、内外资企业所得税两税合一等因素为股票市场提供了利好因素，在此期间，上市公司 PE 平均数快速上升，并于 2007 年急速上升至次高值 45.54 倍。然后，2008 年全球金融危机爆发，上证指数由 6 124 点跌至 2008 年 10 月 28 日的 1 664 点。当年底我国上交所上市公司 PE 平均数快速跌至 13.04 倍，这是我国股票市场实现全流通之前的最小值。2008 年 10 月至 2009 年 8 月 4 日，上证指数由 1 664 点快速涨至 3 478 点，这一时期全球各主要经济体出台了刺激经济的政策，美国实施系列量化宽松货币政策，欧洲同步跟上，我国推出了 4 万亿元经济刺激计划，并提供了货币政策支撑，全球股市出现了快速反弹，我国当年也出现了短暂小牛市，PE 平均数上升至 24.67 倍。21 世纪 10 年代，我国股票市场基本实现了全流通，这一时期我国股票市场的波动幅度明显收窄，上市公司 PE 平均数在 2011 年—2013 年间处于 10 倍左右，2013 年更低至 8.95 倍。这一期间，我国 2010 年—2011 年间多次上调存贷基准利率和存款准备金率，2012 年 6 月和 7 月两次下调利率，一直到 2014 年年底，货币政策基本保持不变。这一期间上证明指数以 2 500 点为中心窄幅波动，最低跌破 2 000 点，最高升至 3 000 点以上。2014 年 11 月 22 日我国下调存贷款基准利率，为我国股市迎来久违的短期小牛做了政策铺垫，这次牛市周期基本由 2014 年中旬开启到 2015 年 6 月结束。这一时期我国实施了多次降息和降准，国企混合制改革、房地产信托刚性兑付被打破等为股市提供了有力支持。接着上证指数开始了 2 个月的深幅调整，如此使上证指数在 2014 年和 2015 年上证指数的变动幅度并不大。2016 年之后，上证指数继续处于窄幅调整中，与之前不同的是，其基本位于 2 500 点之上，2019 年 1 月跌破 2 500 点，最低触及 2 440.91 点，年底收于 3 050 点。这一期间上市公司 PE 平均数基本处于 12 倍左右。

上交所上市公司 24 年间 PE 中位数如图 8-4 所示。这一期间 PE 中位数的平均数为 49.82 倍，为这一期间每年 PE 平均数均值的 2.06 倍。与图 8-3 比较发现，两者这一统计时间区间内的差异都比较大，同期上交所上市公司 PE 中位数并未如 PE 平均数的趋势线明显向右下方倾斜，只是微幅向右下方倾斜，接近一条水平线，这说明同期两个估值数字之间的差异比较大。

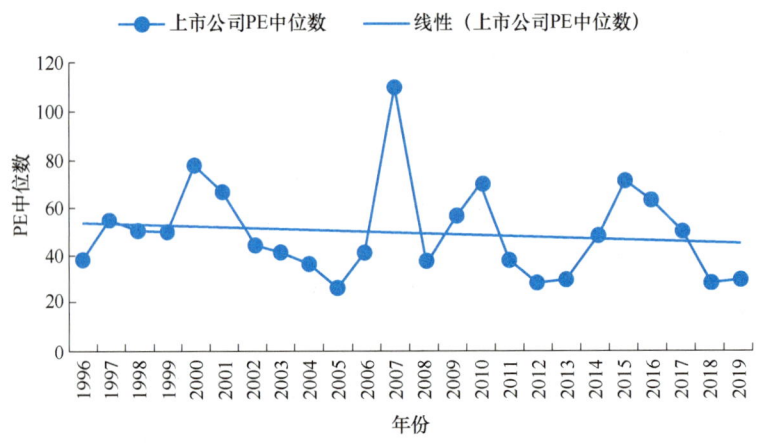

图 8-4　上交所上市公司 24 年间 PE 中位数

（资料来源：WIND 数据库。）

上交所上市公司 24 年间 PE 平均数和 PE 中位数之比如图 8-5 所示。在此期间，两者之比明显向右下方倾斜。两者之比并未围绕 1 微幅波动，均明显小于 1，2006 年之前两者之比

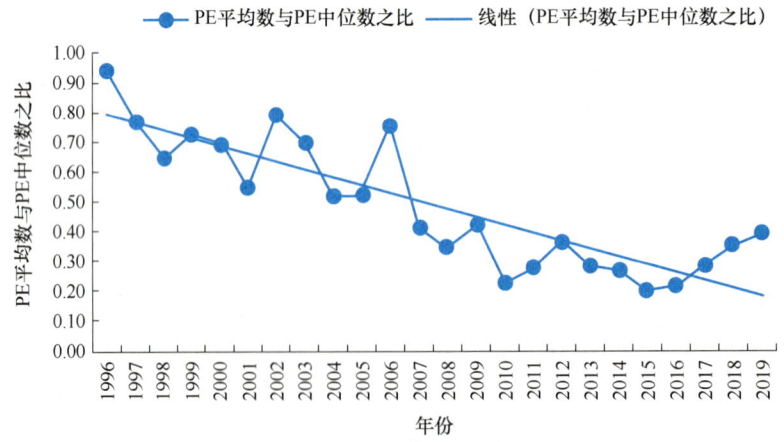

图 8-5　上交所上市公司 24 年间 PE 平均数与 PE 中位数之比

（资料来源：WIND 数据库。）

明显大于2006年之后两者之比，这说明了2006年之后我国上交所不同上市公司的估值差异比2006年之前更大，即市场分化更为明显。根据事后统计股价表现较优的群体发现，业绩越优质的企业，其股价给予更为充分的反应，而不是如以前行业（板块）效应凸显，即一个行业表现较优时，这个行业中的大多企业的股价表现均优，这在一定程度上说明市场有效性得到了进一步提升。当然，从总体上讲，这也印证了上交所上市公司PE平均数分布不符合正态分布，呈正偏态分布。

尽管PE平均数与PE中位数存在较大差异，但是PE平均数和中位数均能为投资者提示好的投资机会，也能揭示投资风险。当两者均处于低位区域时，投资机会最佳；若一方处于最低位区域时，投资机会也较优。当然，PE中位数更易为投资者提示投资机会。这两个指标处于低位区域时基本都对应着熊市底部区域，而两者处于高位区域时，此时对应着牛市顶部区域。所以，若投资者践行这一规则，其大概率可以获得好的投资回报。即样本估值是否符合正态分布并不是投资者判断指数运行趋势即判断牛市的顶部和熊市的底部的一大障碍。

我们可进一步用上交所上市公司2008年—2014年的PE分布明细（见表8-6）验证上交所上市公司总体呈正偏态分布。

表8-6 上交所上市公司2008年—2014年的PE分布明细

年度	公司数量与占比	PE（倍）					
		[0,10)	[10,30)	[30,50)	[50,100)	[100,+∞)	亏损
2008	公司数量（家）	68	160	393	146	104	96
	占比（%）	8.18	19.25	47.29	17.57	12.52	11.55
2009	公司数量（家）	136	7	115	192	201	254
	占比（%）	15.03	0.77	12.71	21.22	22.21	28.07
2010	公司数量（家）	118	4	186	191	195	232
	占比（%）	12.74	0.43	20.09	20.63	21.06	25.05
2011	公司数量（家）	57	68	395	166	143	140
	占比（%）	5.88	7.02	40.76	17.13	14.76	14.45
2012	公司数量（家）	74	434	134	132	141	79
	占比（%）	7.44	43.66	13.48	13.28	14.19	7.95
2013	公司数量（家）	78	315	162	148	175	117
	占比（%）	7.84	31.66	16.28	14.87	17.59	11.76
2014	公司数量（家）	92	26	296	185	183	256
	占比（%）	8.86	2.5	28.52	17.82	17.63	24.66

（资料来源：上海证券交易所2008年—2014年间的统计年鉴。）

表8-6统计了2008年—2014年间上交所上市公司PE各个区间的公司数量比例分布。同时，有资料表明，这一期间上市公司PE小于20倍的公司数量占比有5个年度小于20%，另外三个年度分别为30%、40%和50%左右，其中2008年为27.43%，2013年为39.5%，2012年最高，其公司数量占比高达51.1%。

由此可见，2008年—2014年间，2012年上海证券交易所上市公司PE分布最接近正态分布，2013年次之，2008年也基本接近正态分布，其他年度均呈正偏态分布。巧合的是，

2008 年、2012 年和 2013 年上市公司 PE 平均数基本处于历史底部区域；从投资机会看，2008 年、2012 年、2013 年也是很好的长期布局买入股票的好时机，2014 年中旬到 2015 年 6 月牛市就是投资回报逐步兑现时期。其中，2008 年年底为 2005 年之后的最优投资时点（时期），虽然其当年 PE 平均值并不是最小值。

2）深圳证券交易所（深交所）1996 年—2019 年 24 年间 PE 平均数与中位数统计。深交所上市公司 24 年间的 PE 平均数如图 8-6 所示。

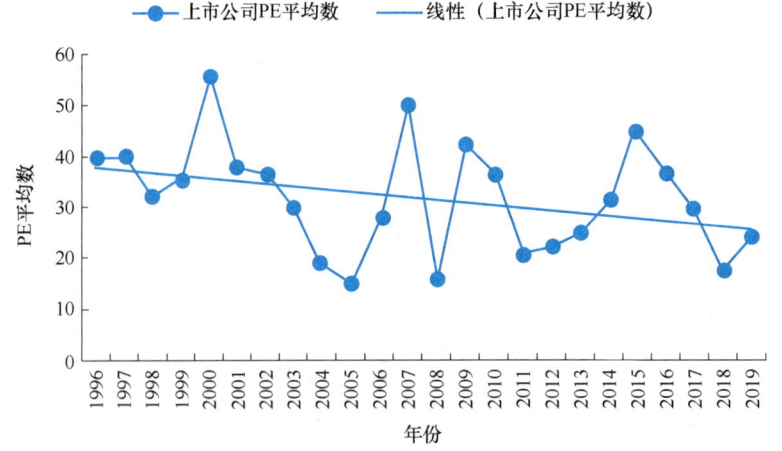

图 8-6　深交所上市公司 24 年间 PE 平均数

（资料来源：WIND 数据库。）

在此期间，每年 PE 平均数的均值为 31.97 倍。深交所 PE 平均数趋势线向右下方倾斜，但斜度比较平缓，其波动区间没有明显时间划分，PE 平均数变动差异不大。

与上交所上市公司的 PE 平均数相比，深交所上市公司 PE 平均数在 2009 年之前相差无几，此后，后者明显高于前者。

深交所上市公司 24 年间 PE 中位数如图 8-7 所示，其平均数为 56.98 倍，为每年 PE 平均数的均值的 1.78 倍，小于上交所上市公司这两组数据的差异。在此期间，上市公司 PE

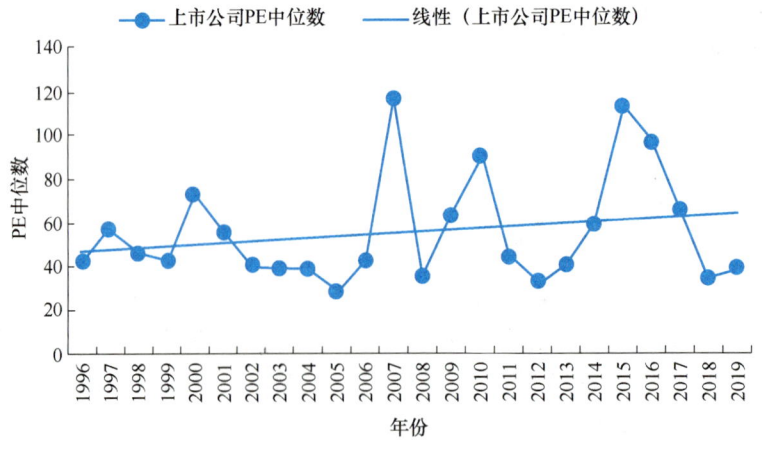

图 8-7　深交所上市公司 24 年间 PE 中位数

（资料来源：WIND 数据库。）

中位数在 2005 年之前波动区间较小，此后波动区间变大，同期 PE 中位数的趋势线与上交所上市公司截然不同，其微幅向右上方倾斜。这可能与两地上市公司类型、市场对这些企业预期以及企业平均盈利增速等因素有关。

深交所上市公司 24 年间 PE 平均数与 PE 中位数之比如图 8-8 所示，它描绘的深交所上市公司 PE 平均数与 PE 中位数比的趋势线与上交所类似，但不及后者向右倾斜陡峭，这说明深交所两组数据之比的差异分布不如上交所的差异大。深交所的 PE 平均数与 PE 中位数之比也没有围绕 1 波动，且在这一统计时期内均小于 1，其 PE 估值分布也呈正偏态。

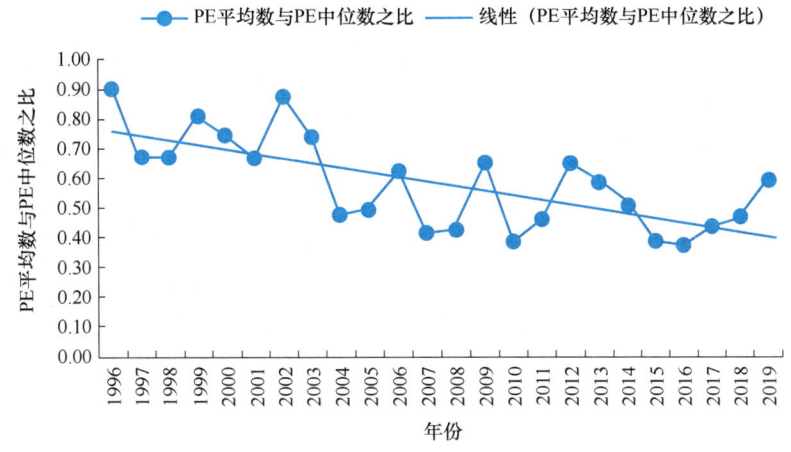

图 8-8　深交所上市公司 24 年间 PE 平均数与 PE 中位数之比

（资料来源：WIND 数据库。）

3）深沪 1996 年—2019 年 24 年间 PE 平均数与 PE 中位数的比较。深沪两地上市公司 24 年间 PE 平均数与中位数之比分别如图 8-9 和图 8-10 所示。由图可知，两地 PE 平均数比、PE 中位数比的趋势线都向右上方倾斜，前者更为陡峭一些，这进一步验证了上交所上市公司估值分布差异更大一些的结论。

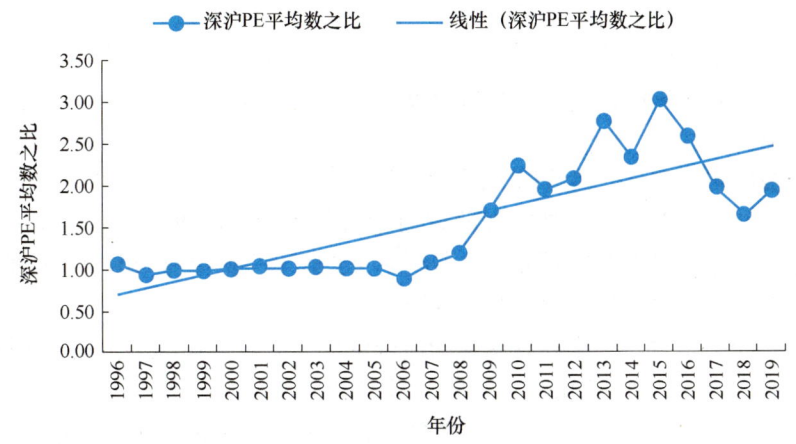

图 8-9　深沪两地上市公司 24 年间 PE 平均数之比

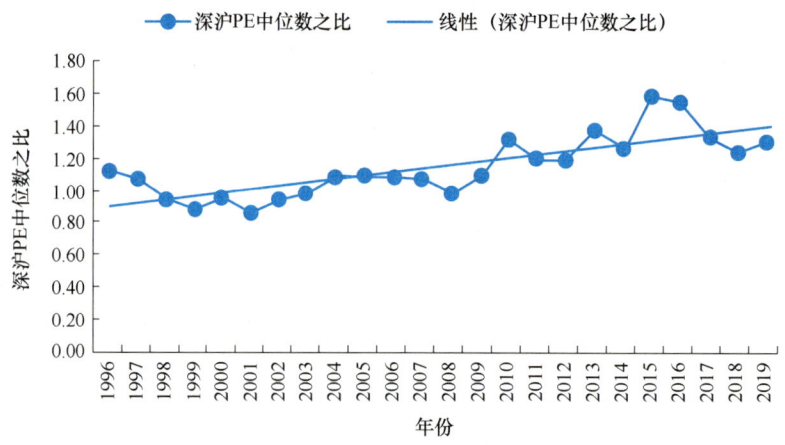

图 8-10 深沪两地上市公司 24 年间 PE 中位数之比

进一步讲，2008 年之前，深沪两地上市公司 PE 平均数比和 PE 中位数比相差不大，两地数值之比基本围绕 1 左右波动，平均数之比的数据更为平稳，几乎与 1 处于一条水平线。2008 年之后，这两组数据都在 1 以上，并且深沪两地上市公司 PE 平均数比的波动性远大于 PE 中位数的波动性，PE 中位数在整个统计区间的波动性相对平稳得多。这进一步验证了前面单独分析的结果。

投资者可以进一步比较上交所和深交所上市公司估值历年变化趋势、两地估值差异，由此发现两地在这一期间显现投资机会的不同重要时间期间或者时间点。

二、市净率分析

（一）每股净资产

1. 理论分析

每股净资产（Booking Value Per Share，BVPS）也称每股账面价值，其计算公式如下：

$$每股净资产 = 年度末股东权益 \div 年度末普通股总数$$

每股净资产是公司净资产的历史成本计量，每股市价是公司股权的市价计量。从静态计量结果来看，每股净资产是公司股价的理论底限价格。当公司每股股价低于每股净资产时，这意味着公司重置成本更低，有利于鼓励公司扩大投资。

2. 注意事项

在分析每股净资产时，应注意以下问题：

（1）每股净资产反映发行在外的每股普通股所代表的账面价值　在投资分析时，只能有限地使用这个指标，因为它是用历史成本计量的，既不反映净资产的变现价值，也不反映净资产的产出能力，不利于预测公司未来股价。

（2）每股净资产提供了股票在理论上的最低价值　假定公司股票价格低于每股净资产，并且每股净资产又接近其变现价值，从理论上讲公司已无在股票市场的存在价值，清算是股东的最好选择。但是，在现实生活中，如果公司股价不是长期低于每股净资产，公司决策层不太可能做出清算决策；如果公司股价长期低于每股净资产，则其每股净资产不太可能接近其变现价值，若公司被迫清算，这是股东的无奈选择。如果公司股价长期低于每股净资产，且公司仍具有持续盈利能力，此时公司每股净资产有可能接近其变现价值，公司决策者可实施私有化，退市则是股东上策之选。

（3）每股净资产的价值　每股净资产到底有多大价值，取决于它在多大程度上反映了企业的内在价值或市场价值。从一定程度上讲，每股净资产可以作为评价公司估值是否合理的一个指示器。

（二）市净率分析

1. PB 理论分析

市净率（Price to Book Value，PB）是股票市场价格与股权账面净值的比例关系。其计算公式如下：

$$PB = 股权的市场价值 \div 股权的账面价值 = P/B$$

式中，P 和 B 一般是指每股的 P 和 B，也可以是总股数的 P 和 B。

由于每股净资产是公司股价的理论下限，PB 通常大于 1。通过评估公司 PB 的高低，有利于投资者判断公司估值是否合理，但是要注意一些特殊事项的正确处理，尤其是那些不利于运用 PB 进行估值的事项。

PB 的优势主要体现在以下方面。

首先，净利为负值时的企业不能用 PE 进行估价，而净资产极少为负数，PB 可适用于绝大多数企业。其次，净资产账面价值比净利稳定，容易获取，更容易理解。最后，如果会计政策、会计估计合理并且各企业会计政策一致，PB 变化可以反映企业价值变化。

PB 的缺陷主要体现在以下方面。

首先，账面价值容易受会计政策选择的影响。其次，固定资产很少的服务性企业和高科技企业，这些企业 PB 通常比较高，但这并不意味着公司估值过高。换言之，不同行业之间的 PB 相差甚远，例如重工业企业，它的净资产较大，而高科技企业，它的净资产较小，两类企业的 PB 相差比较大。PB 更适合那些经营风险较大，净值较高的企业，而不太适合轻资产企业。最后，当少数企业的净资产为负时，PB 没有意义。

2. PB 决定因素分析

（1）根据现金流折现模型分析 PB 的决定因素　根据股利折现模型，假定公司股利按照固定增速 g 发放，则静态 PB 分解式的计算过程如下：

$$静态\ PB = P_0/BVPS_0 = [D_0(1+g)/(K_s-g)]/BVPS_0$$
$$= (D_0/EPS_0)(EPS_0/BVPS_0)(1+g)/(K_s-g)$$
$$= DPR \times ROE_0(1+g)/(K_s-g)$$

式中，$BVPS_0$ 表示公司基期每股净资产；ROE_0 代表股东权益报酬率。

假定公司股利支付率不变，预期 PB 或者动态 PB 分解式的计算过程如下：

$$动态\ PB = P_0/BVPS_1 = [D_0(1+g)/(K_s-g)]/BVPS_1$$
$$= (D_1/EPS_1)(EPS_1/BVPS_1)/(K_s-g)$$
$$= DPR \times ROE_1/(K_s-g)$$

式中，$BVPS_1$ 表示下一期预期每股净资产；ROE_1 表示与 $BVPS_1$ 同期的股东权益报酬率。

由此可见，除了股东权益报酬率外，PB 的决定因素与 PE 的决定因素相同，盈利增速（股利增速）也是对 PB 起决定性影响的因素。

通过 PB 因素分解式，投资者可以洞察不同公司 PB 估值之间差异的原因，有利于寻找更优的投资组合。

（2）根据会计收益估值模型分析 PB 的决定因素* 将会计收益估值模型代入市净率模型，市净率表示如下：

$$V_t/BV_t = 1+(ROE_{t+1}-k)/(1+k)+[(ROE_{t+2}-k)\times(BV_{t+1}/BV_t)]/(1+k)^2+[(ROE_{t+3}-k)\times(BV_{t+2}/BV_t)]/(1+k)^3+\cdots$$

通过会计收益估值模型，将 PB 进行分解，有利于进一步理解 PB 的内涵及其决定性因素。当公司未来股东权益报酬率和账面价值的增长率提高时，PB 将增加；当权益资本成本提高时，PB 将降低。当市场预期未来有非正常收益时，PB 将偏离。如果未来非正常收益的现值为正时，PB 将大于 1；如果未来非正常收益的现值为负时，PB 将小于 1。

3. PB 投资价值的逻辑推定*

一般而言，PB 作为衡量一家公司估值的重要指标，运用 PB 时有两个标准供分析者参考。

（1）PB=1 不是判断一家公司是否具有投资价值的绝对标准

1）如果公司 P<B 并不意味着一定是好的投资机会，需要甄别具体原因。如果公司长期 P<B 通常预示着公司前景堪忧，公司基本面不断恶化，公司估值越来越低。一般来说，公司 P 远大于 B 时，通常意味着市场预期公司具有良好前景，公司获得高估值。

假定公司股票价格长期低于每股净资产，则其内在逻辑演变过程如下：

假定某公司 2011 年财务报告日公司股价为 8 元/股，公司每股净资产为 10 元/股；2012 年财务报告公布日，当年每股收益为 -2 元/股，公司每股净资产为 8 元/股，当日公司股价以 7 元/股报收；2013 年财务报告公布日，当年每股收益为 -1.5 元/股，公司每股净资产为 6.5 元/股，当日公司股价为 5.2 元/股。以此类推，如果持续如此，这家公司最终以退市收场。由此可见，从每个时点静态来看，公司股价都低于净值，看似安全，实则并非如此。由于这类公司前景堪忧，并且未来基本没有逆转的机会，所以，尽管这类公司 P 长期小于 B，但是基本不具有投资价值。

2）如果公司短期 P<B，假定短期是 2 年或者 3 年以内，并且公司至少在未来几年内都可以维持持续盈利，甚至盈利还略有增长，则这家公司具有比较好的投资机会。

以我国银行股为例，2012 年开始，银行股 PB 基本围绕 1 波动，PE 基本介于 5~10 倍，并且银行股的股票分红率基本都高于同年期银行定期存款利率，与三年期大额存单利率相当，位于各行业榜首，更为重要的是银行类上市公司不仅每年盈利都可持续而且还有微幅增长。基于这些条件，银行股是具有投资价值的。截至 2015 年 5 月，大多数银行股股价基本收复了 2008 年全球金融危机前的最高价或者收复了最高价的 90% 以上，行业回报远远超过了市场指数回报，银行业回报轻松战胜了市场。

（2）当上市公司总体平均 PB 越趋近 1 时，市场的投资机会越多 当市场总体平均 PB<1 时，投资绝佳机会出现，但是这几乎是不可能的，我国股票市场更不可能出现这种投资机会。

这一规律在现实生活中更多的可能是某一个或者几个行业平均 PB 小于 1，并且与之对应的时点大都是金融危机接近谷底之时。我国上海证券交易所的上市公司以大盘蓝筹股为主，PB 通常比较低，并且大多数上市公司的 PB 都大于 1，上交所市场平均 PB 更高一些，市场平均 PB 从总体上讲很难出现趋于 1 的机会。深交所上市公司平均 PB 更高一些，总体上也很难出现趋于1的机会。在实践中，市场平均PB几乎没有可能小于1，这从一个侧面说明，无论哪一个国家股票市场的平均PB接近1时，几乎都可以认定是好的投资机会。

4. PE 与 PB 的组合分析*

同时研究以会计为基础权益估值模型对PE和PB计量模型的分解因素，有利于洞察市场对公司未来盈利能力的预期。PB是公司未来盈利能力相对于账面价值及其增长率的函数，而PE则是未来盈利能力相对于当期盈利水平函数。PE和PB投资组合如图8-11所示。

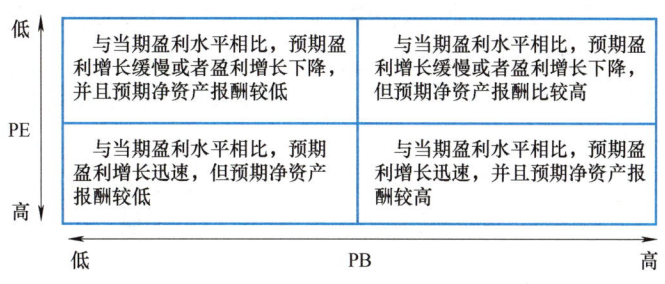

图 8-11　PE 和 PB 投资组合图

图8-11给出了正常状态下PE与PB的四种组合，比较清晰地解释了公司PE与PB估值水平差异的原因。

这个投资组合图给投资者一个提示：如果按照理论分析，公司PE与PB估值的象限与实际相背离，这有可能是投资机会也可能是投机陷阱。例如，一家公司同当期盈利水平相比，预期盈利增长快速，并且预期净资产报酬比较高时，公司的PE与PB却比较低，尤其还低于行业均值，这很可能是投资机会，也可能是投资陷阱，因为市场还没有反映公司其他的一些风险信息。例如2010年—2012年，银行业各项数据都比较符合PE低和PB高的情形，但是这一期间银行业上市公司的股价表现并不好，导致PE和PB双低，这是因为银行业还有诸多其他不利风险因素，例如利率市场化的预期、地方债务危机等。这些风险因素对银行业的影响，以及银行业PE和PB的低估值有多少反映了这些风险因素，到底这一期间是投资机遇还是投资陷阱，有赖于投资者的判断。

5. PB、PE 和 ROE 的关系*

PB 是 PE 和 ROE 的函数，其表达式如下：

$$PB = PE \times ROE$$

PB取决于PE和ROE两个变量，ROE是决定公司估值水平的重要变量之一。根据PB、PE和ROE的关系可以勾稽一个九宫格图形。x轴为PE，y轴为PB，按照数值高、中和低进行组合，形成九宫格图形，然后九宫格图形的不同颜色通过ROE高、中和低界定，分别为绿色、黄色和红色。

具体数值界定如下：

ROE的高、中和低的标准难以界定，因为ROE=PB/PE，通过PE和PB两个因素界定比较可行。一般而言，股票市场的PE估值中等界限区间为10～20倍，PB估值中等界限区间为1.5～3倍，各取PE和PB是中等界限的中间值，即15和2.25倍，则ROE中等值的中间值为15%，这个数值与我国股票市场ROE平均水平相当。将ROE的中等值区间界定为10%～20%。高于各个指标中等值的上限，即是高等区间；低于各个指标中等值的下限，即为低等区间。

以五粮液为例，它属于高 PB、中 PE 和高 ROE。公司拥有比较多无形资产，垄断实力较强，行业具有良好的前景，有较宽的"护城河"，有利于形成超额收益。因为 ROE 比较高，基于公司支付较低股票支付率的前提，如果未来股票价格不涨，PB 和 PE 必然下降，公司风险逐步释放。但是超高的 ROE 必然吸引资本进入，在酿酒行业黄金时期，我国一些非酿酒行业的龙头，开始布局酒类行业。另外，宏观政策、人们的消费偏好等也会有可能导致酿酒行业利润下滑。它有可能演化为高 PB、高 PE 和中 ROE，公司风险上升。

6. 我国 1996 年—2019 年间的沪深两地上市公司 PB 统计[*]

下面通过我国 1996 年—2016 年间股票市场的平均 PB 相关数据统计，进一步了解我国股票市场的估值变化趋势。

（1）PB 计算公式说明 如前所述，一般市净率也可分为静态市净率和动态市净率，滚动市净率是动态市净率的一种。本处以滚动市盈率为例进行说明。

静态（Last Year Ratio，LYR）市净率的计算公式如下：

$$静态市净率 = 股价 \div 每股收益_{LYR} = 总市值 \div 股东权益_{LYR}$$

滚动（Trailing Twelve Months，TTM）市净率计算公式如下：

$$滚动市净率 = 股价 \div 每股净资产_{TTM} = 总市值 \div 股东权益_{TTM}$$

PB 的计算原理分析如 PE，同样，我们采用滚动市净率进行分析。

（2）我国沪深两地 1996 年—2019 年 24 年间 PB 中位数统计 通过沪深两地 PE 平均数与中位数的比较，我们发现两地上市公司估值分布不符合正态分布，呈正偏态分布。沪深两地 PB 估值分布与 PE 分布趋同，限于篇幅，沪深两地 PB 将不做平均数分析，只做中位数分析。

1）上交所上市公司 24 年间 PB 中位数如图 8-12 所示，历年 PB 中位数的平均值为 4.33 倍。在此期间，上交所上市公司历年 PB 中位数的详细变化情况不再赘述，其与指数运行吻合。总体上看，上交所上市公司 PB 中位数的趋势线明显向右下方倾斜，其中，2005 年之后 PB 中位数变动区间收窄，其低值区间位于 2.5 倍左右。

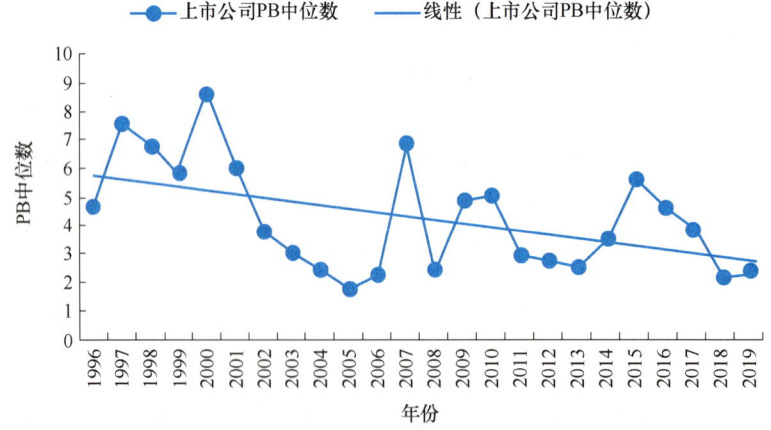

图 8-12 上交所上市公司 24 年间 PB 中位数

（资料来源：WIND 数据库。）

2）深交所上市公司 24 年间 PB 中位数如图 8-13 所示，历年 PB 中位数的平均值为 5.18 倍，为上交所的 1.2 倍。总体上看，深交所上市公司 PB 中位数的趋势线亦向右下方倾斜，但倾斜程度不及上交所明显。其中，2005 年 PB 中位数触及最小值 1.73 倍，此后，PB 中位数变动区间位于 3~9 倍，大于 1996 年—2001 年的 PB 中位数变动区间。

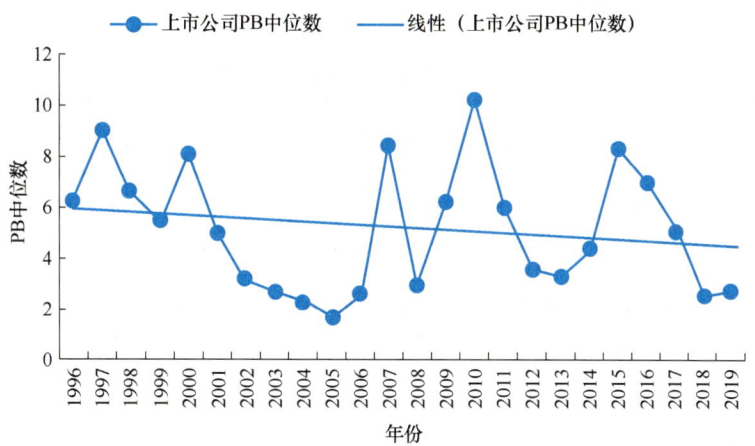

图 8-13　深交所上市公司 24 年间 PB 中位数

（资料来源：WIND 数据库。）

3）深沪上市公司 24 年间中位数的比较。深沪两地上市公司 24 年间 PB 中位数之比如图 8-14 所示。2005 年之前，两地 PB 中位数相差不大，此后深交所上市公司该数据明显占优，尤其是 2010 年和 2011 年升至上交所的 2 倍左右，之后，保持在 1~1.5 倍。此外，与两地上市公司 PE 数据对比发现，这一期间深沪两地 PB 中位数的差异远不及 PE 的差异大。

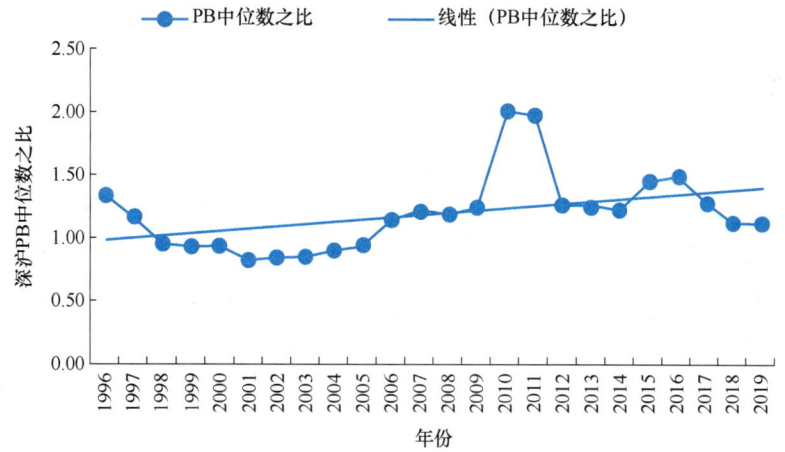

图 8-14　深沪两地上市公司 24 年间 PB 中位数之比

（资料来源：WIND 数据库。）

为了进一步了解世界各地上市公司 PE 和 PB 的情况，本书统计了 2007 年—2016 年港交所和美国纽交所上市公司的估值情况。

港交所和美国纽交所 2007 年—2016 年上市公司的 PE 平均数和 PB 平均数分别见表 8-7 和表 8-8。

表 8-7　港交所 2007 年—2016 年上市公司的 PE 平均数与 PB 平均数　　单位：倍

指　　数	2007 年	2008 年	2009 年	2010 年	2011 年	2012 年	2013 年	2014 年	2015 年	2016 年
PE 平均数	22.56	7.27	18.19	16.72	9.71	10.52	11.28	10.94	9.90	10.53
PB 平均数	2.81	1.17	1.91	2.00	1.41	1.50	1.45	1.38	1.24	1.20

（资料来源：锐思金融数据库。）

表 8-8　美国纽交所 2007 年—2016 年上市公司的 PE 平均数与 PB 平均数　　单位：倍

指　　数	2007 年	2008 年	2009 年	2010 年	2011 年	2012 年	2013 年	2014 年	2015 年	2016 年
PE 平均数	17.36	21.46	70.91	20.70	16.30	14.87	17.03	18.15	20.02	22.18
PB 平均数	2.77	2.00	2.17	2.17	2.05	2.14	2.58	2.83	2.76	2.75

（资料来源：锐思金融数据库。）

投资者可通过比较我国沪深两地上市公司与港交所、美国纽交所一些上市公司的估值差异，从而评估在同一时期世界各地的投资机会，做出更好的投资决策。

第五节　不同视角下财务指标重要性的比较分析

不同利益相关者的信息诉求迥异，评估财务报告的重点不同，其关注的财务指标必然有差异。

借鉴吉布森（Gibson）的方法，2021 年我们进行了一项对财务指标重要性的认知调查，调查对象分别为我国的商业信贷机构、公司财务总监、注册会计师和特许财务分析师。本次调查共发出 2 000 份问卷，有效收回 1 600 份问卷。

表 8-9 到表 8-13 分别统计了不同财务报告使用者对各种财务指标的重要性的认知差异的调查数据。

有关财务指标调查说明如下：本书将财务能力的类别划分为流动性能力、资产管理能力和盈利能力三大类，而本调查中财务能力分类界定的流动性范畴更广，包括了资产管理能力。

商业银行在信贷决策中常用的财务指标见表 8-9。

表 8-9　商业银行在信贷决策中常用的财务指标

指　　标	重要性等级	衡量的主要方面
产权比率	9.65	长期安全性
流动比率	9.35	流动性
现金流量比率	9.18	长期安全性
速动比率	8.56	流动性
销售净利率	8.51	盈利能力
利息保障倍数	8.34	长期安全性
营业利润率	8.25	盈利能力
财务杠杆系数	8.12	长期安全性
存货周转期	7.85	流动性
应收账款周转期	7.48	流动性

注：重要性等级最高为 10 分，最低为 0 分；表中列出的 10 个比率，是被调查人群认为 65 个财务指标中最重要的 10 个。

第八章　盈利能力与公司估值

公司财务总监认为最重要的财务指标见表8-10。

表8-10　公司财务总监认为最重要的财务指标

指　　标	重要性等级	衡量的主要方面
每股收益	9.29	盈利能力
净资产报酬率	8.85	盈利能力
销售净利率	8.41	盈利能力
产权比率	8.34	长期安全性
营业利润率	7.81	盈利能力
投入资本收益率	7.60	盈利能力
总资产报酬率	7.45	盈利能力
股利支付率	7.23	其他
PE	6.85	其他
流动比率	6.72	流动性

公司财务总监认为公司目标中常用的主要财务指标见表8-11。

表8-11　公司财务总监认为公司目标中常用的主要财务指标

指　　标	重要性等级	衡量的主要方面
每股收益	8.56	盈利能力
产权比率	7.55	长期安全性
净资产报酬率	6.85	盈利能力
流动比率	6.52	流动性
销售净利率	6.49	盈利能力
股利支付率	5.82	其他
投入资本收益率	5.73	盈利能力
营业利润率	5.52	盈利能力
应收账款周转期	4.93	流动性
总资产报酬率	4.81	盈利能力

注册会计师认为最重要的财务指标见表8-12。

表8-12　注册会计师认为最重要的财务指标

指　　标	重要性等级	衡量的主要方面
流动比率	8.50	流动性
应收账款周转期	7.96	流动性
净资产报酬率	7.85	盈利能力
产权比率	7.68	长期安全性
速动比率	7.54	流动性
销售净利率	7.32	盈利能力

(续)

指　　标	重要性等级	衡量的主要方面
营业利润率	6.93	盈利能力
总资产报酬率	6.79	盈利能力
投入资本收益率	6.71	盈利能力
存货周转期	6.49	流动性

特许金融分析师认为最重要的财务指标见表8-13。

表8-13　特许金融分析师认为最重要的财务指标

指　　标	重要性等级	衡量的主要方面
净资产报酬率	8.95	盈利能力
PE	8.75	其他
每股收益	8.59	盈利能力
销售净利率	7.95	盈利能力
营业利润率	7.82	盈利能力
固定费用偿付率	7.75	长期安全性
速动比率	7.58	流动性
总资产报酬率	7.46	盈利能力
利息保障倍数	7.26	长期安全性

纵观表8-10、表8-11和表8-13，这三张表的统计共性是衡量盈利能力的指标占绝对主导，偿还债务能力指标居次要地位。而表8-9和表8-12的统计共性是流动性占据主导地位，兼顾盈利性。这主要是因为公司财务总监和特许金融分析师的分析视角具有共同性，他们都希望公司能够经营良好，因此重视盈利能力指标。而商业银行的信贷管理人员和注册会计师最重视公司流动性，而适度兼顾盈利能力，这是因为商业银行要确保借款安全，而注册会计师深知流动性与公司重大错报风险之间的关系。

思　考　题

1. 如何理解利润与现金流的关系？
2. 销售毛利率、营业利润率和销售净利率是否有确定性关系？
3. 资产报酬率和权益报酬率的关键驱动因素有哪些？
4. 如何理解财务杠杆效应？公司在什么条件下更容易产生财务杠杆正效应？
5. 我国不同行业利润率可能存在明显差异，不同行业形成其利润差异的重要原因是什么？
6. 为什么每股收益不能用于公司之间的比较？
7. 加权平均普通股股数计算公式为

流通在外的加权平均普通股股数=期初流通在外的普通股股数+当期新发行的普通股股数×已发行时间÷报告期时间−当期回购的普通股股数×已回购时间÷报告期时间

请评述加权平均普通股股数的计算公式中有关时间权重的合理性。

8. A 公司某年度净利润为 750 000 元。A 公司发行在外普通股的加权平均数为 690 000 股，此外，A 公司该年年初发行可转换债券，面值总额为 50 000 元，年利率为 6%，可以转换成普通股 10 000 股。假定公司所得税税率为 25%，计算 A 公司该年期末的基本每股收益和稀释每股收益，并解释公司每股收益被稀释的原因（计算结果保留两位小数）。

9. 每股净资产与公司股价的关系是什么？

10. 市盈率的内涵是什么？一般公司 PE 合理的估值区间是多少？

11. 一家公司的 PE 与一个国家股票市场的 PE 平均数有何区别？

12. 当 PB 小于 1 时，它是否意味着投资机会显现？什么条件下，PB 小于 1 时，公司的投资机会比较好？

13. PE 与 PB 估值的关键驱动因素是什么？

14. PE 和 PB 投资组合的结果是什么？各种不同组合能给投资者什么启示？

15. 我国上市公司 PE 和 PB 估值水平如何？为何我国上市公司 PE 和 PB 平均估值水平远高于它们的中位数？

16. 根据 PB、PE 和 ROE 的关系，以我国上市公司为例，分析上述原理的实战运用。

17. 为何流动性能力指标与盈利能力指标在各利益相关者眼中是最重要的？

18. B 公司是一家国有工业企业上市公司。B 公司 2009 年—2011 年的比较资产负债表见表 8-14。

表 8-14　B 公司 2009 年—2011 年的比较资产负债表　　　　单位：千元

2009 年 12 月 31 日		2010 年 12 月 31 日		2011 年 12 月 31 日	
资产		资产		资产	
货币资金	25 000	货币资金	20 000	货币资金	25 000
应收账款	10 000	应收账款	7 000	应收账款	3 000
存货	35 000	存货	20 000	存货	10 000
固定资产	50 000	固定资产	78 000	固定资产	110 000
合计	120 000	合计	125 000	合计	148 000
负债及所有者权益		负债及所有者权益		负债及所有者权益	
短期借款	20 000	短期借款	32 000	短期借款	63 000
应付账款	25 000	应付账款	15 000	应付账款	5 000
长期借款	30 000	长期借款	30 000	长期借款	30 000
股本	40 000	股本	40 000	股本	40 000
未分配利润	5 000	未分配利润	8 000	未分配利润	10 000
合计	120 000	合计	125 000	合计	148 000

公司其他部分有关财务数据如下：

(1) 近三年公司的销售毛利率由 30% 提升至 35%，营业利润率由 10% 下降至 6%。

公司毛利率高于行业,但营业利润率6%低于行业均值。

(2) 近三年销售费用占销售收入的比值由5%逐步下降至4.5%,而管理费用占比却逐步由10%上升至15%。

(3) 公司近三年经营活动现金流量下降,且经营活动产生的现金流量占收入的比值下降;投资活动产生的现金流量都是负数,并且绝对值逐步增大。

(4) 公司存货周转率呈逐步上升态势,由1.33上升至2.89;应收账款周转率逐步上升,由6.67上升至14.81;总资产周转率逐步下降,由0.56下降至0.30,以上数据均在行业均值以上。

(5) 假设2009年净利润为5 000 000元,应付减少6 000 000元,存货减少12 000 000元,应收减少5 000 000元,营业外收入与营业外支出相等。

假定我国股票市场是有效的,2012年初期有一些投资者考虑购买B公司股票,但是限于专业知识有限,无法判断B公司基本面,于是向特许金融分析师求教。

请问,如果你作为特许金融分析师,根据以上信息是否能够评估这家公司的基本面,并给予投资者中肯的投资建议。如果上述信息不足,还需要借助哪些公开信息才能对B公司基本面做出比较全面的评估。

判 断 题

1. 销售毛利率、营业利润率和销售净利率具有确定性关系。( )
2. 一般条件下营业利润率与资产周转率成正比。( )
3. 公司资产配置效率在很大程度上决定了利润率高低。( )
4. 主营业务利润率与公司竞争战略、生产流程、营销策略、管理层的执行能力等密切相关。( )
5. 成本领先竞争战略与差异化竞争战略之间存在着本质冲突。( )
6. 从表面看成本领先战略和差异化战略截然不同,实则不然,两种战略只是强调的侧重点不同而已,各自战略中均包含另一方。( )
7. 公司竞争战略的选择与行业属性密切相关,不同行业的公司竞争战略有明显差异,而行业内不同公司的竞争战略也有可能不同。( )
8. 每股经营现金流可以用于公司之间的比较分析。( )
9. 每股收益可以无条件地用于公司自身分析。( )
10. 公司每股收益越高,现金分红必定越高。( )
11. 公司每股经营现金流量越高,现金分红有可能越高。( )
12. 基于有效资本市场假定,股东财富最大化等同于股票价格最大化,而股价与每股收益高度相关。( )
13. 公司年初普通股股本为10亿股,6月1日发行普通股2亿股,10月1日回购1亿普通股,年底计算基本每股收益时的普通股股本是11.2亿股。假定下一年度无股本变化,则下一年期末普通股股本是11亿股。( )
14. 某年Angel Corporate的净利润为1 500 000元,股数300 000股,该年每股普通股的平均市场价格20.00元,股票期权50 000股,股票期权行权价格15.00元。则该公

司该年稀释每股收益等于 4.29 元。( )

15. 公司股价一般不会跌破每股净资产，一旦击穿净资产，投资机会就会显现。( )

16. 如果公司股票低于每股净资产的成本，成本又接近变现价值，从短期讲公司已无存在价值，清算是股东的最好选择。( )

17. 如果公司股价持续低于净资产，则投资机会越大。( )

18. PE 就是投资回收期。( )

19. 当公司盈利处于高增速态势时，公司 PE 就是投资者投资这家公司的投资回收期。( )

20. 市场 PE 平均数不仅包含系统风险，还包含特有风险。( )

21. 正常情况下一家公司 PE 有可能持续几年高达 50 倍以上，但是市场 PE 平均数通常不可能如此。( )

22. 股权成本、股利支付率和盈利增速是决定 PE 的关键因素。( )

23. 股票支付率与股利支付率是同一个概念。( )

24. 我国上市公司平均股票支付率过低主要是因为我国上市公司现金分红意愿不强。( )

25. 公司股价等于 PB 与资产报酬率的乘积。( )

26. PB 等于 PE 与 ROE 的乘积。( )

27. PE 与经济的景气度、行业的基本面无关。( )

28. 公司每股收益与经营杠杆、财务杠杆有关。( )

29. 如果公司短期 $P<B$，假定公司至少在未来几年内维持持续盈利，甚至盈利还略有增长，则这家公司通常具有较好的投资机会。( )

30. 注册会计师最关注公司盈利能力，然后是公司流动性能力。( )

31. 特许金融分析师最在乎公司流动性能力，然后是公司盈利能力。( )

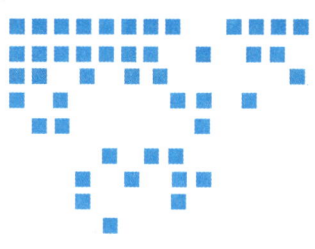

第九章

财务报表综合分析方法

■ **回顾**

第八章讲述了盈利能力与公司估值，描述了各种盈利能力指标内涵和运用，重点分析了 PE 和 PB 在公司估值中的运用。至此，各类财务能力评价讲述完毕，基本涵盖了财务分析所需的通用财务指标。

■ **本章提要**

本章重点分析了两类财务报表综合分析方法：一类是综合评分法，以沃尔评分法为代表；另一类是因素分析法，以杜邦财务分析法为代表。本章首先简要概述了沃尔评分法的基本原理与运用及注意事项，然后系统分析了传统杜邦财务分析法的原理、运用、缺陷及改进，提出了因素排序的判定标准，并探讨了杜邦财务分析法的两种拓展模型及其优势。

■ **展望**

第十章开启第四篇 财务预测篇。第十章描述了财务报表数据的一些特征，有利于分析者进一步理解财务数据的内涵，并帮助其做出财务预测。

◆ **章首案例**

1995 年，我国财政部曾公布一套企业经济效益评价体系，主要是借鉴了沃尔评分法的思想。该体系包括 10 项评价指标，从投资者、债权人和社会贡献三方面对企业进行了评价。

国家统计局、国家计委、国家经贸委 1997 年颁布的《关于改进工业经济效益评价考核指标体系的内容及实施方案》，提出了工业经济效益综合指数。该指数是指衡量工业经济效益各个方面在数量上总体水平的一种特殊相对数，是反映工业经济运行质量的综合指标。该体系重点从企业盈利能力、发展能力、营运能力、偿债能力等方面评价考虑工业经济的整体运行状况。

1999年6月，为了适应社会主义市场经济体制下政府职能转变的需要，以及加强国有企业监管和国有资本金管理，财政部、国家经贸委、人事部、国家计委联合公布了《国有资本金绩效评价规则》和《国有资本金绩效评价操作细则》，不仅要考察企业的经济效益，还要考察经营者的业绩，主要为了完善国有资金监管制度，科学解析和真实地反映企业的资产运营效果和财务效益状况。该体系分为工商企业和金融企业两类。工商企业又分为竞争性企业与非竞争性企业。具体的评价指标分为定量指标和定性指标两大类，其中定量指标又分为基本指标和修正指标两类。竞争性工业企业经济效益定量评价指标体系见表9-1。

表 9-1 竞争性工业企业经济效益定量评价指标体系

评价内容	权数	基本指标	权数	修正指标（±）	权数
一、财务效益状况	42	净资产收益率 总资产报酬率	30 12	资产保值增长率 销售利润率 成本费用利润率	16 14 12
二、资产营运状况	18	总资产周转率 流动资产周转率	9 9	存货周转率 应收账款比率 不良资产比率 资产损失比率	4 4 6 4
三、偿债能力状况	22	资产负债率 已获利息倍数	12 10	流动比率 速动比率 现金流动负债比率 长期资产适合率 经营亏损挂账率	6 4 4 5 3
四、发展能力状况	18	销售增长率 资本积累率	9 9	总资产增长率 固定资产成新率 三年利润平均增长率 三年资本平均增长率	7 5 3 3
合计	100	—	100	—	100

根据上述资料，思考以下问题：

1. 为什么评定企业绩效时需要将各类财务指标进行有机组合？
2. 综合分析方法与单独评定各类财务能力方法的区别是什么？

第一节 财务报表综合分析方法概述

本书比较系统地介绍了各类财务能力评价，而单一财务能力指标只反映企业某一方面的信息，无法全面反映企业全貌，所以人们设计并使用较为复杂的评价方法，运用财务报表综合分析方法，最大限度地综合使用财务报表信息，更为直观、有效地评价企业业绩。

财务报表综合分析方法与**第六章　流动性能力分析**中提出的动态循环财务能力评估不同，它是指运用财务综合分析方法实现企业财务能力的综合评价，而动态循环财务能力评估是指将离散的各类财务能力通过不断彼此修正达到各自的最终评价时，自然也形成了分析者对企业的综合财务能力评价。二者最明显的区别是各自实现财务能力评价目的的路径不同，后者虽然方法更为简单，但是缺乏综合评价方法支撑，对分析者的要求更高。

国内外有多种综合财务评价方法，比较有代表性的方法主要有综合评分法和因素分析法，它们是由国外专家、学者首先提出并加以运用的方法。20世纪末期的平衡计分卡及其改进模型也属于综合评分法。国外综合评分法主要有沃尔评分法、综合指数法、功能系数法、层次分析法、模糊层次分析法等；国内综合评价方法主要有财政部颁布的企业绩效综合评价法、《中国证券报》的中诚信证券业绩评价体系、上海新兰德业绩综合评价方法等。上述方法中，除了因素分析法外，其他方法从本质上讲都是加权平均法。其中，功能系数法是用标准权重对各指标的功能值加权平均，层次分析法是通过判断矩阵所确定的权重对各指标进行加权平均，模糊层次分析法通过主观权重对模糊评价中各种评价结果的概率加权平均。此外，因子分析法和主成分分析法也属于财务报表综合分析方法的范畴。

本章只重点介绍沃尔评分法和因素分析法。其中，因素分析法主要分为连环替代法和差额分析法，前者以杜邦财务分析方法为典型代表。

综合评分法是最简单且最通用的一种财务报表综合分析方法。它通过评分来反映对评价对象的判断，并且各种因素的评价通过某种形式的结合，最后用一个量化的结果来表达综合评价的结论。其中，对各种因素的评价以一定的分值的形式出现，称之为效应值。

综合评分法通常可以利用函数 $P=f(X_1, X_2, X_3, \cdots, X_n)$ 表达其评价结论。其中 P 为综合得分，X_1、X_2、X_3、$\cdots$、X_n 为单因素的效用值。

综合评分法的表达形式主要有以下三种形式：相加评分法、加权平均评分法、相乘评分法。在实践中运用比较广泛的是加权评分法和相乘评分法。具体来讲，相加评分法是将测度的单因素的效用值相加得出总评估得分。它实质上假定效用值是线性的。相加评分法的优点是简单、直观，局限是相加评分法对每一个评价因素都是平等的，综合评价结果不能反映各因素对总目标贡献的差异。加权评分法是相加评分法的一种变形，在综合评价中，引入权重，对效用值的运算事先进行加权处理，赋予权重后，再进行相加运算。显然，加权评分法中权重值的确定是一个重点也是难点，它直接决定了评分值的有效性。相乘评分法是将单因素的效用值进行相乘运算而得出综合评价的结果。

因素分析法是指将财务比率之间的关系，采用目标管理的方式对各种财务指标加以连接，运用目标管理的思想对各财务指标进行管理，使之更综合地反映企业绩效。

因素分析方法的函数表达式取决于各因素之间的关系，各因素之间的关系主要以乘积的方式存在，也可以非乘积方式，即以混合运算的方式存在。其中，各因素之间的关系以乘积方式最为常见。

因素分析法的优点是将财务指标体系作为一套目标管理体系，将第一级指标：母指标层层细化为不同级别的指标：各级子指标、各级孙指标……使之形成一套有机体系，并运用目标管理方法管理各级指标，从而达到全面评价企业绩效，并找出问题，提出解决对策。

因素分析法的局限在于该方法假设各评价因素相互独立，而财务指标之间通常具有一定的相关性，因此至少要确保这些因素指标之间不能是强相关，否则会影响因素分解的有效性。并且，因素分析方法中有一个重要难题是如何界定各因素之间的排序，其排序的不同将直接影响各因素的贡献值及其评价的合理性。

第二节 财务报表综合分析方法介绍

一、沃尔评分法

（一）沃尔评分法概述

沃尔评分法是一种加权平均的综合财务评价方法。沃尔评分法是财务状况综合评价方法的先驱者亚历山大·沃尔提出来的。他在1928年出版的《信用晴雨表研究》和《财务报表比率分析》中提出了信用能力指数的概念，把若干个财务比率用线性关系结合起来，并分别给定各自在总评价中占的比重，总和为100分。然后确定标准比率，并与实际比率比较，计算各项指标的得分，求得总评分，从而对企业的信用能力水平做出评价。根据采用财务指标的不同，沃尔评分法也可以评价企业财务状况和经营业绩水平。沃尔评分体系的指标与权重见表9-2。

表9-2 沃尔评分体系的指标与权重

序号	财务比率（R_i）	标准比率（Z_i）	相关权重系数（W_i）
1	流动比率（流动资产/流动负债）	2.00	0.25
2	净资产/负债	1.50	0.25
3	资产/固定资产（资产/固定资产）	2.50	0.15
4	应收账款周转率（销售收入/应收账款）	8	0.10
5	存货周转率（销售成本/存货）	6	0.10
6	固定资产周转率（销售收入/固定资产）	4	0.10
7	净资产周转率（销售收入/净资产）	3	0.05
	合计		1.00

如果以100分计权重，将表中相关权重系数（W_i）乘以100即可。

关于沃尔评分法的计算公式，国内教材中沃尔评分法的计算公式并不统一。受能力所限，无法通过查阅《信用晴雨表研究》和《财务报表比率分析》原著得出有效信息，但经梳理国内教材与公开资料，我们发现沃尔评分法有以下两种计算公式：

一种比较普遍的计算公式为

$$I = \sum W_i \times R_i / Z_i \tag{9-1}$$

式中，W_i为财务比率i的权重系数；R_i为某企业的财务比率i的值；Z_i为财务比率i的行业标准或者基准比率。

另一种计算公式为

$$I = \sum W_i \times [1+(1-R_i/Z_i)] \tag{9-2}$$

从表面上看，式（9-1）更为直观，而式（9-2）无法运用实例直接说明其如何评价企业信用水平及其他方面情况。如果仅根据式（9-2）运用实例计算，它只能得出一种结论：就是企业实际值偏离标准值的相对准确程度，并无法评价企业信用程度、财务状况及经营业绩。例如，假定该体系只有一个指标：流动比率，其标准值为2，该指标权重是100分。当该企业实际流动比率为2时，则运用沃尔评分法计算其得分为100分。但是，如果该企业实际流动比率为1，低于标准值，则运用沃尔评分法计算其得分为150分，远高于企业流动比率为2时的100分。同样，当企业实际流动比率为3时，则该企业沃尔评分值仅为50分。因此，如果根据沃尔评分值越高，企业流动性越高的标准，这时无法评价企业在三种不同流动比率值下的流动能力，并且如果认为沃尔评分越高，企业流动性越强，则这些评分评价企业流动性显然是错误的，这时沃尔评分法的计算值只是显示了企业偏离标准值的相对程度而已。

通过梳理国内相关教材中关于沃尔评分法的计算原理及其实例说明，我们发现式（9-2）并不表示如上描述的内涵，否则就是国内教材描述的沃尔评分法的计算式（9-2）是对沃尔评分法的错误描述。当然我们假设沃尔评分法的确有描述式（9-2）。

基于式（9-2）正确的前提下，通过比较式（9-1）和式（9-2），我们认为沃尔评分法计算时应根据不同情况选择不同的计算公式。这是因为沃尔评分法中各指标的变动方向与评价目标之间的关系并非完全趋于一致。例如企业流动性与流动比率呈正比，而与资产负债率却成反比，因此，运用式（9-1）衡量流动比率的得分时就是企业实际流动比率越高，它的得分越高，而计算资产负债率的得分时则需要运用式（9-2），这时企业实际资产负债率越高，它的得分越低。

当然，假定所有财务指标与评价目标之间是单向关系，采用式（9-1）进行计算即可。以流动性评价为例，当各种财务指标越高时，则运用式（9-1）计量的企业总分越高，代表其自身的流动性越强。

（二）沃尔评分法的评价与步骤

1. 沃尔评分法的评价

沃尔评分法的价值在于它相对于原来的单项评估方法而言提出了一种全新的评估企业业绩的思路，它将财务指标综合起来，构成有机体系，更好地评估企业信用能力以及其业绩。

沃尔评分法最开始使用的是七个财务指标，包括狭义上的流动性能力指标和资产管理能力指标，而这些资产管理能力指标也可以包括在广义的流动性指标中，因此，沃尔评分法侧重于企业信用能力评价。

沃尔评分法不能证明为什么要选择这七个财务指标而不是更多一些或更少一些，或者选择别的财务比率。并且它也不能够说明每一个指标权重的重要性及其赋予的权重的合理性。同时，各个指标的标准比率如何界定有待考证。还有，当某一个财务指标发生严重异常时会对整个指标产生不合逻辑的重大影响。这是由于比重与相对比率相乘引起的。财务比率提高一倍其评分增加一倍，缩小一半则其评分却降低一半。这个缺陷通过一定方法进行修正，可以提升其价值。

这里提供一种修正方法，具体说来，在确定每个指标权重的同时，规定取值的上限与下限，以减少个别财务指标的异常变动对综合财务指数造成的不合理影响。

这时，沃尔评分综合指数计算修正公式 I_m 的计算公式如下：

$$I_m = \sum W_i + (R_{实i} - Z_{标i}) \div 财务指标i每分比率$$

式中，$R_{实i}$ 为财务比率 i 的实际值；$Z_{标i}$ 为财务比率 i 的行业标准或者基准比率；财务指标 i

每分比率表示综合财务指数每增加1分该指标应提高的比率。

具体的计算公式如下：

财务指标i每分比率＝(该指标行业最高值－该指标行业标准值)÷[(该指标允许权重最高值－该指标允许权重最低值)÷2]

由此可见，$(R_{实i}-Z_{标i})$÷财务指标i每分比率就是对沃尔评分法中指标权重的调整。

尽管沃尔评分法的确没有很好地将各项财务指标组成一个有机整体，但是沃尔评分法为综合评价企业的财务状况提供了一种非常重要的思路，即把分散的财务指标通过一个加权体系综合起来，使得一个多维度的评价体系变成一个综合得分，这样就可以用综合得分对企业做出评价。这一方法的优点是简单易用，易于操作。虽然存在诸多缺点，但在实践中，它仍被广泛运用并得到不断发展和改进。基于社会经济的发展，沃尔评分法所选择的财务比率也在不断地发生变化，各个比率的权重也不断地被修正，各个比率的标准值也需要不断地调整，但是无论如何变化，沃尔评分法的核心思想始终没有改变，它的应用步骤基本也没发生变化。

2. 沃尔评分法的步骤

总体来讲，沃尔评分法的综合指数计算过程大体如下：

(1) 选择财务比率　不同的财务报表使用者，其进行财务报表分析的目的不尽相同，所选择的财务比率也不一样。在选择财务比率时应该注意以下几点：①财务比率尽量全面，避免一股独大；②财务比率具有代表性；③尽量避免同类指标重复；④财务比率变化方向尽可能一致，即当财务比率增大时表示财务状况改善，反之，财务状况恶化。例如，选择长期偿还债务能力时，最好选择股权比率（股东权益÷负债）而不是资产负债率，因为通常在一定范围内，股权比率与企业偿还债务能力成正比，而资产负债率与企业偿还债务能力成反比。

(2) 确定各项财务比率的权重　如何将100分总体合理地分配给所选择的各个财务比率，是沃尔评分法中一个非常重要的环节。分配标准的高低与财务比率的重要程度成正比。对各个财务比率的判断，应视企业的经营状况、管理要求、发展趋势以及分析的目的等具体情况而定。

(3) 确定各项财务比率的标准值　财务比率的标准值是判断财务比率高低的比较标准。比较标准有多个，如预算标准、历史标准、行业标准、经验标准。到底选择哪一个标准，视企业具体情况而定。一般而言，最常见的是选择行业标准。当然，要注意行业均值的处理，具体参见**第二章　财务报表分析基础**。

(4) 计算各个财务比率的实际值　利用财务报表计算企业各个财务比率的实际值，要注意各个财务比率计算时要特别处理的问题。

(5) 计算各个财务比率的得分　通过各个财务比率实际值与标准值的比较，判断各个财务比率，再结合各个比率的权重即所分配的分数，计算各个财务比率的得分。计算得分的方法有多种，其中比较常见的是用比率的实际值除以标准值得到一个相对值，再用这个相对值乘以比率的权重得到该财务比率的得分。这种计算得分的前提是各财务指标与评价目标之间均呈单向变动关系。

为了避免个别财务比率异常对总评分造成不合理的影响，可以对每个比率的得分确定一个上限与下限，也就是说每个比率的得分最高不能超过其上限，最低也不能低于其下限。例如，某个财务比率的上限得分不能超过的权重分数的 2 倍，下限得分为不能低于其权重分数的 0.5 倍。

这是因为财务比率大多都有各自的合理区间。例如流动比率不是越高越好，流动比率越高意味着企业资金闲置越多的可能性越高，同样，存货周转率太高或者太低也可能意味着企业存货管理存在一些问题，股权比率也不能过高等。对于这类比率的计分方法应当进行一定的修正。例如，某行业股权比率的平均值是 65%，且通常认为企业超过 80% 就太高了，假定某企业的股权比率超过 85%，则就不再采用实际值除以标准值再乘以权重分数的计算其得分，而应该改用 80% 或者 60% 的数值进行计算。

（6）计算综合得分　将各个财务比率的实际得分加总，就是企业的综合得分。假定以沃尔评分越高越好为标准，根据财务指标与评价目标的关系，如果两者是正向关系，则该指标得分越高越好，运用式（9-1）计算得分；如果两者是负向关系，运用式（9-2）计算该指标得分，最终汇总两类指标总得分。当然，如果所有财务指标与评价目标是单向关系，运用式（9-1）求解即可，评价时根据这些财务指标与评价目标之间的关系决定其评分值代表的评价结果。

以上步骤中最为关键同时最难的是各项财务比率的权重和标准值的确定。要给各个财务比率分配合理的权重，并且为每个财务比率确定合理的标准值，需要综合考虑多方面的因素，并在长期实践中不断修正与完善。

二、传统杜邦财务分析方法

杜邦财务分析方法是由美国杜邦公司于 20 世纪 20 年代首创的，根据目标管理思想而构建的一种综合财务分析方法。它以净资产报酬率（又称权益净利率）为起点，将财务指标从综合到具体进行层层分解，直到财务报表的原始构成要素。

杜邦财务分析体系如图 9-1 所示。

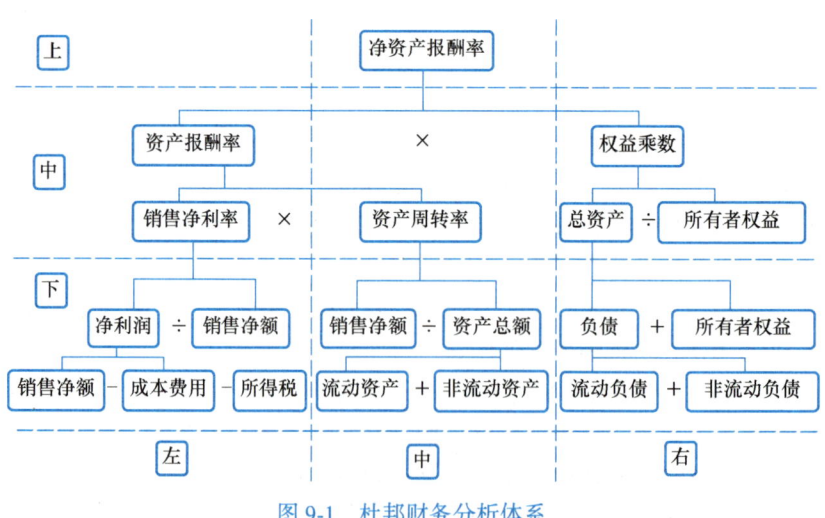

图 9-1　杜邦财务分析体系

杜邦财务分析体系有关计算公式简单推理过程如下：

$$\begin{aligned}
净资产报酬率 &= 净利润 \div 净资产 \\
&= (净利润 \div 总资产) \times (总资产 \div 净资产) \\
&= 资产报酬率 \times 权益乘数 \\
&= (净利润 \div 销售收入) \times (销售收入 \div 总资产) \times 权益乘数 \\
&= 销售净利率 \times 资产周转率 \times 权益乘数
\end{aligned}$$

如果有优先股股利，在净利润中扣除即可。

（一）传统杜邦财务分析体系的评价

1. 核心指标体系的优越性

首先，净资产报酬率具有很好的可比性，可以用于不同企业之间的比较，它在不同行业的业绩评价体系中都有着举足轻重的地位。其次，净资产报酬率具有特别强的综合性，体现了对所有者权益保值和增值的关注，与股东权益最大化的理财目标相一致。

2. 因素指标体系的整体性、协调性和层次性

首先，杜邦体系是一个有机整体。整体性是系统的本质特征，每一个系统都是作为整体而存在的。企业经营活动是以系统方式存在的，每一个环节的变动都会影响企业整体的运作。杜邦财务分析体系利用反映经营管理各方面的基础指标的有机联系，对企业的财务状况和经营成果进行综合分析，也使分析者对单个指标的分析更具科学性。

销售净利率反映企业的盈利能力，资产周转率反映企业的资产管理能力，而权益乘数反映企业的资本结构。这三个指标将企业的盈利能力、资产管理能力和流动性能力有机地结合起来，可以更好地观察企业的经营战略与财务战略，进而做出是否需要调整战略的决策。销售净利率和资产周转率反映企业的经营战略。企业经营战略不同，这两个财务指标的高低就不同。假定企业实施低成本战略，通常其销售净利率比较低而资产周转率比较高；企业实施差异化战略，企业产品具有较强的差异性，可以实施高价定位，通常销售净利率比较高而资产周转率比较低。权益乘数反映了企业财务战略，不同性质的行业，其财务战略不尽相同，需要综合判断其是否合理。

其次，杜邦财务分析体系各指标之间具有高度的协调性。系统具有内部结构优化趋势的特征，即系统的子系统之间的结合也要朝着协调和优化的方向调整。杜邦财务分析体系在综合分析企业财务状况和经营成果时，突出了对基础财务指标之间协调性的分析。一方面是分析各种基础财务指标之间的静态协调。杜邦财务分析方法将净资产报酬率分解为资产报酬率和权益乘数的乘积，再把资产报酬率看作销售净利率和资产周转率之积，这些都是指标之间协调的表现。另一方面是在静态基础上，通过前后各期之间的对比找出净资产报酬变动的深层次原因，进一步透视资产报酬率与权益乘数、销售净利率与资产周转率之间的关系。推而广之，可以对杜邦财务分析体系指标做前后期对比，以分析指标结构的优化状况。

最后，杜邦财务分析体系的又一个显著特征是层次性。杜邦财务分析体系由下至上、局部到整体的评价，是一种归纳过程。通过这个过程的计算和分析，直接体现了财务比率分析的过程，指标之间的关系一目了然，有利于加深财务报表分析者对指标之间关系理解，也提高了财务综合评价的科学性。杜邦财务分析体系自上而下、整体到局部的分析，是一种演绎过程。杜邦财务分析体系通过这种演绎过程，找寻指标体系中的异常点，发现经营管理活动中存在问题的地方，并寻求解决方案。由此可见，这三个子指标不仅在权益净利率一级指标的统领下构成了一个有机整体，而且协调性与层次性又十分明显，使财务分析的逻辑过程更加完整，也使财务报表分析工作更具科学性，使分析结果更具有说服力。

（二）杜邦财务分析方法的思想精髓[*]

杜邦财务分析体系不仅仅是一种财务报表分析方法，更是一种综合业绩评价方法。自诞生之日起，杜邦财务分析体系在业绩评价方法中占据重要地位，时至今日，它仍然指引着其他业绩评价方法创新。杜邦财务分析体系具有如此强之生命力，关键之处在于它的目标管理思想。通过母子指标的协调配合，在实现各级目标之时，也实现了最终目的。

杜邦财务分析体系自身的哲学理论依据也是其生命力之源。具体分析如下：

（1）哲学理论依据之一：对立统一规律　杜邦财务分析体系中体现的效益与效率正是这一规律的印证。资产周转率是反映资金周转速度的效率指标，到底效率能否转化为效益，取决于销售净利率，即效益指标。双方共同作用达到效率与效益的统一。

（2）哲学理论依据之二：量变与质变规律　量变与质变是共同依存而相互转化的。一般地说，这三个指标中，权益乘数是最为次要的指标，它仅仅反映企业融资行为，没有涉及企业生产效率和效益；资产周转率反映企业资产管理水平，是已将资金投入生产过程中，开始运作，然而这些运作是否能够实现高效益，还取决于销售净利率。销售净利率是三个指标中最为综合性的指标，反映企业资金运动的最终效益，经过最后一个量变阶段，即可达到最终质变。这仅是第一个循环，然后又开始一次新的量变到质变过程，周而复始。

（3）哲学理论依据之三：整体与局部规律　整体与局部有机结合才能实现共赢。整体可以理解为净资产报酬率，而局部分为两个层级：一个层级是权益乘数和资产报酬率，另一个层级是权益乘数、资产周转率和销售净利率。局部之间相互作用、相互影响，它们相互作用的结果直接决定了企业盈利的整体质量。各个指标有机配合，同时服从整体指标统领，唯如此，才能达到多赢的最终目的。

（三）杜邦财务分析体系的计算原理

根据杜邦财务分析体系，假定净资产报酬率用 A 表示，销售净利率为 B，资产周转率为 C，权益乘数为 D，则 $A=B \times C \times D$。基期这一组数据组合为 $A_0=B_0 \times C_0 \times D_0$，报告期的数据组合为 $A_1=B_1 \times C_1 \times D_1$。杜邦财务分析体系的计算原理是这样的：通过报告期与基期数据的比较分析，识别权益净利率变动的具体原因，计算三个因素指标中各自导致净资产报酬率变化的程度，找出关键因素，为提高净资产报酬率找出解决问题的方法。

1. 因素替代原理

杜邦财务分析体系的计算原理实质上是因素分析法中的连环替代法，其中至关重要的是确定各因素指标的替代顺序。

以杜邦财务分析体系为例，经济指标是指净资产报酬率，各因素指标是指销售净利率、资产周转率和权益乘数。根据杜邦财务分析体系，假定 $A=B \times C \times D$，其中，A、B、C 和 D 分别代表净资产报酬率、销售净利率、资产周转率和权益乘数，而 B、C 和 D 的变化就是 A_1 与 A_0 产生差异的具体原因。而 $A_1-A_0=B_1 \times C_1 \times D_1-B_0 \times C_0 \times D_0$，我们需要运用因素分析法计算 B、C 和 D 导致 A 出现差异的各自贡献值。而计算三个财务指标对权益净利率发生变动的各自贡献值，首先需要确定三者之间的替代顺序，然后基于既定替代顺序的基础上求解各自贡献值。也就是说，因素分析法要求各因素指标之间有特定的排列顺序。

纵览各种财务管理或者财务报表分析教材，一般没有对各因素指标的替代顺序做出详尽分析，而是默认以下替代顺序：销售净利率、资产周转率和权益乘数。我们认为并非如此简单,各因素指标之间的替代顺序有多种选择,基于不同的标准,各因素指标替代顺序的选择是不同的,而其中哪一种或者哪几种排序是合理的值得商榷。

研究各因素指标替代顺序之前,首先要掌握各因素指标替代的计算原理。以 $A=B\times C\times D$ 为例,现 A 发生变动,由 A_0 变化为 A_1,假定求解(A_1-A_0)变动差异中 B、C 和 D 的贡献值,根据 B、C 和 D 的替代顺序计算,则计算原理如下:

1)销售净利率导致权益净利率的变动程度=$(B_1-B_0)\times C_0\times D_0$。
2)资产周转率导致权益净利率的变动程度=$B_1\times (C_1-C_0)\times D_0$。
3)权益乘数导致权益净利率的变动程度=$B_1\times C_1\times (D_1-D_0)$。

由上述计算原理知,根据 B、C 和 D 的替代顺序,当 B 首先发生变动时,即(B_1-B_0),C 和 D 不变,保持基期数据,然后 C 发生变动,C 的变动是建立在 B 已发生变动基础之上,最后 D 发生变化,D 的变动是在 B 和 C 都已变动之后而发生变动的,也就是说,分析 C 对 A 变动的贡献度时,B 已经由 B_0 变为 B_1,分析 D 对 A 变动的贡献度时,B 和 C 已经分别由 B_0 变为 B_1,C_0 变为 C_1。

同理,假定按照 D、C 和 B 的替代顺序计算 B、C 和 D 各自的贡献值,其结果如下:

1)销售净利率(B)导致权益净利率(A)的变动程度=$(B_1-B_0)\times C_1\times D_1$。
2)资产周转率(C)导致权益净利率(A)的变动程度=$B_0\times (C_1-C_0)\times D_1$。
3)权益乘数(D)导致权益净利率(A)的变动程度=$B_0\times C_0\times (D_1-D_0)$。

由此可见,当各因素指标替代顺序不同时,同一因素指标的贡献值在各种替代顺序中很有可能是不同的。

2. 因素指标替代顺序的选择*

根据排列组合知识,三个因素指标 B、C 和 D 共有三大类、六种排序方法:$B\rightarrow C\rightarrow D$、$B\rightarrow D\rightarrow C$、$C\rightarrow B\rightarrow D$、$C\rightarrow D\rightarrow B$、$D\rightarrow B\rightarrow C$、$D\rightarrow C\rightarrow B$。

通过六种替代顺序分别计算各因素指标的贡献,基于各种不同的因素替代顺序,可求得同一因素指标在不同替代顺序中的贡献值。如前所述,各因素指标替代顺序的不同,各因素指标的贡献值有可能不同。实际上,在这六种排序划分的三大类排序中,只有每一大类开始的因素指标在这两种排序中的贡献值是相同的。例如 $B\rightarrow C\rightarrow D$ 和 $B\rightarrow D\rightarrow C$ 这一大类排序中,在这两种排序方法下 B 的贡献值是相同的,而这一类 $C\rightarrow B\rightarrow D$ 和 $C\rightarrow D\rightarrow B$ 中 C 的贡献值是相同的,同理 $D\rightarrow B\rightarrow C$ 和 $D\rightarrow C\rightarrow B$ 的两种排序下 D 的贡献值是相同的。

探究连环替代法的因素指标的替代顺序时,以杜邦财务分析体系中三个因素指标为例,我们需要考虑以下问题:

1)一般因素指标替代顺序的标准有几种?
2)三个因素指标的各种替代顺序都合理吗?
3)当前教科书中各因素指标的替代顺序是什么?
4)当前教科书中的替代顺序合理吗?
5)如果当前教材通用的替代顺序不合理,哪一种或者哪几种更合乎逻辑?

连环替代法的指标排序通常有两种标准:一种是传统方法,其依据数量指标在前、质量指标在后的原则进行排列;另一种可以称之为现代方法,它主要是根据重要性原则排列,即主要的影响因素排在前面,次要因素排在后面,即质量因素指标在前,数量因素在后。这两种标准从逻辑上讲也是成立的。

排序之前首先要了解各分解指标的经济含义。权益乘数是反映所有者权益与总资产之间的关系，并不直接反映资产利润率的高低。但是在总资产既定的前提下，企业进行适度的负债经营，减少所有者权益的份额以提高权益乘数，可以给企业带来较大的财务杠杆效应。这种财务杠杆效应给企业带来的是收益还是损失，取决于企业资产周转率和销售净利率的高低。显然，权益乘数影响企业的盈利能力，但不是根本因素。资产周转率反映了企业在资产管理方面的效率。资产周转速度越快，相同的资产实现的销售收入越多，它能够进一步揭示企业盈利能力的高低。销售净利率反映了企业净利与销售收入之间的关系，它直接体现了企业综合盈利能力的大小，是影响净资产收益率的最直接因素。因此，权益乘数是数量指标，资产周转率和销售净利率为质量指标，其中销售净利率是更为重要的质量指标，资产周转率也可以理解为更为重要的数量指标，或者与销售净利率相比是次要的质量指标。

基于指标内涵分析的基础上，根据各因素指标排序的两种标准，这意味着在六种因素指标的替代顺序中只有两种替代顺序是合理的，而剩下的四种替代顺序是不合理的。以杜邦财务分析体系为例，只有"权益乘数→资产周转率→销售净利率"和"销售净利率→资产周转率→权益乘数"的替代顺序是合理的。

当前几乎所有理财学教科书中都采用现代方法对因素指标进行替代。但是，我们认为，这种方法缺乏科学性，按传统方法对因素指标进行替代更容易找到理论依据。

首先，资金运动理论为传统因素指标替代法提供了理论支撑。权益乘数形成于企业生产阶段之前，为生产做准备而筹备资金，而资产周转率是企业资金运转过程的直接显示，终结于产品的完工阶段，销售净利率是利润形成阶段的结果。由此可见，权益乘数、资产周转率和销售净利率在资金运动过程中是依次发生的，它们是企业资金运动过程中每一个时点（时期）必定产生的财务指标，也就是说从企业经营过程来讲，这些财务指标必定是依次出现的。

其次，根据唯物辩证法，事物的发展总是由量变到质变再到新的量变和质变，由此不断前进。量变是质变的必要准备，质变是量变的必然结果。假定将量变的过程划分为若干阶段，前一阶段量变为后一阶段量变的发生做准备，后一阶段的量变是前一阶段量变的结果，整个过程的量变都是为最终质变的发生做准备，发生质变后又形成一个新的量变到质变过程，由此不断前进。假定将净资产收益率的各分解指标视为由量变到质变的三个过程。权益乘数作为量变的第一阶段，资产周转率是第二个量变阶段，销售净利率是第三个量变阶段，权益乘数是第二阶段量变资产周转率的基础，而资产周转率是第三阶段量变为销售净利率发生的必要前提。在整个过程中，三个因素对净资产报酬率质变做出各自的贡献，当第三个阶段完成后也就形成了质变，之后再形成新的量变到质变的过程。第一个量变到质变过程作为基期，第二个量变到质变的过程视为报告期，之后又形成新的循环。量变到质变过程可以较恰当地说明各分解指标的变动顺序。

实际上，关于因素分析法的替代顺序标准争论的焦点是重要的因素与次要的因素到底谁先动的问题。如量变与质变原理一样，我们认为次要的因素先动比较合适。日常生活的一些例子也可以解释这一问题，例如两军对垒时，一般都是士卒率先，将帅押后，这些士卒犹如次要因素率先行动，将帅作为重要因素，后而动之。当然有人会提出质疑，认为两军对垒时，一般重要人物先对垒，例如大将对垒，而不是小兵先打，但要注意这并没有违背我们所论述的命题，大将对垒没错，但是一般不太可能是指挥统帅先打，如果一对一单打，统帅一般也应该是最后一个出场的人物,即最重要的在最后。

由此知,传统指标排序不仅可以根据各因素指标在企业资金运动过程中生成的先后顺序来说明,而且还有哲学依据,所以,按权益乘数、资产周转率和销售净利率的变动顺序进行替代更科学,更具有说服力,能够更真实、客观地揭示各因素指标对净资产收益率的影响程度。

为了更好地理解因素排序标准,我们通过一个例子来说明两种因素指标替代方法的差异。

【例9-1】 假定M公司2016年的销售净利率、资产周转率和权益乘数分别为23%、0.75、1.8,2017年的销售净利率、资产周转率和权益乘数分别为27%、0.8和1.9。请分别通过"权益乘数→资产周转率→销售净利率"(Ⅰ)和"销售净利率→资产周转率→权益乘数"(Ⅱ)两种替代顺序分别计算各因素对净资产报酬率的贡献程度。

【计算过程】

第Ⅰ种替代顺序各因素的贡献计算过程见表9-3。

表9-3 第Ⅰ种替代顺序各因素的贡献

因 素	变动幅度	对ROCE的影响值	对ROCE的影响率
权益乘数	1.9~1.8	(1.9−1.8)×0.75×23% = 1.73%	1.73/31.05 = 5.56%
资产周转率	0.8~0.75	1.9×(0.8−0.75)×23% = 2.19%	2.19/31.05 = 7.05%
销售净利率	27%~23%	1.9×0.8×(27%−23%) = 6.08%	6.08/31.05 = 19.58%

根据第Ⅱ种替代顺序,同理可求得各因素的贡献(见表9-4)。

表9-4 第Ⅱ种替代顺序各因素的贡献

因 素	变动幅度	对ROCE的影响值	对ROCE的影响率
销售净利率	27%~23%	1.8×0.75×(27%−23%) = 5.4%	5.4/31.05 = 17.39%
资产周转率	0.8~0.75	1.8×(0.8−0.75)×27% = 2.43%	2.43/31.05 = 7.83%
权益乘数	1.9~1.8	(1.9−1.8)×0.8×27% = 2.16%	2.16/31.05 = 6.96%

由表9-3和表9-4可知,两种替代顺序下各分解指标对权益净利率的影响程度产生了较大影响,无论是各因素对净资产报酬率的影响值还是影响率,按第Ⅱ种指标替代顺序夸大了权益乘数和资产周转率对净资产报酬率的影响,而掩盖了销售净利率这一实质因素对净资产报酬率的影响程度。

3. 因素分析法下既定替代顺序下的缺陷与修正*

因素分析法要求各因素指标在既定的排序下进行因素替代,后一个替代因素是在前一个替代因素已发生变动的基础上进行,这样越靠后的因素指标的贡献值越复杂,越靠后的替代因素的贡献值中包括自身因素贡献以及与其他因素共同的贡献值。以 $B→C→D$ 替代顺序为例,B 的贡献 $=(B_1-B_0)×C_0×D_0$,C 的贡献 $=B_1×(C_1-C_0)×D_0$,D 的贡献 $=B_1×C_1×(D_1-D_0)$,由此看来,B 的贡献是最单纯,C 和 D 都没有发生变化,只有自身贡献。但是 C 的贡献是在 B 发生变化的基础上的贡献,此时 C 的贡献不仅包括 C 自身贡献,而且还包括 B 与 C 的共同贡献。同样 D 的贡献更为复杂,它包括 D 自身贡献,还有 B、D 联合贡献,C、D 联合贡献,以及 B、C 和 D 联合贡献。因此,因素分析法各因素指标要求既定的替代顺序是它的一个优点,同时也是它的一个软肋。

如果要解决这一缺陷,积分求解法可以剔除各因素指标之间的协同贡献,求解各自单纯的贡献值。积分求解法的计算原理如下:

积分求解法主要目的是剔除各因素指标之间的相互影响,以求出因素指标对母指标的贡献度。假定函数 $f=(x,y,z)$,其主要思想如下:

将经济指标 f 视为多变量函数,而将因素指标视为自变量。为便于理解,首先分析两个因素之间的替代关系,将经济指标 f 与因素指标之间的关系视为其与因素 x、y 两指标之间的关系。即 $f(x,y)=xy$,对其进行全微分可得

$$\Delta f' = f'_x \Delta x + f'_y \Delta y + \varepsilon$$

式中,$f'_x \Delta x$ 为 x 对 f 的单独贡献,$f'_y \Delta y$ 是 y 对 f 的单独贡献,ε 是 x 和 y 共同变动作用的结果。

为了提高分析结果的准确性,需要对 ε 做进一步分解。通过对其分解,可求得 x 对 f 的贡献程度为

$$A_x = \Delta x y_0 + \Delta x \Delta y / 2$$

y 对 f 的贡献程度为

$$A_y = x_0 \Delta y + \Delta x \Delta y / 2$$

A_x、A_y 表明各因素的基本影响额由各因素自己负担:A_x 中包含 $\Delta x y_0$,A_y 中包含 $x_0 \Delta y$;而共同影响额根据参与的因素平均分摊,$\Delta x \Delta y$ 是由 x、y 共同变动形成的,各因素分别承担一半。也可以通俗地理解为 $A_x = \Delta x(y_0+y_1)/2$,$A_y = \Delta y(x_0+x_1)/2$。同理可知,三个因素指标对母指标的贡献程度分别是 $A_x = \Delta x(y_0 z_1 + z_0 y_1)/2 + \Delta x \Delta y \Delta z / 3$,$A_y = \Delta y(x_0 z_1 + z_0 x_1)/2 + \Delta x \Delta y \Delta z / 3$,$A_z = \Delta z(x_0 y_1 + y_0 x_1)/2 + \Delta x \Delta y \Delta z / 3$。

如果以三个因素指标为例,例如将杜邦财务分析体系的三个因素指标,按照六种不同的替代顺序,分别计算六种替代顺序下各个因素指标的贡献值,即每一个因素指标都有六个贡献值,如果将每一个因素指标的六个贡献值作简单平均,我们就会发现它的计算结果与积分求解法下的每个因素指标的计算结果是相同的。

以例 9-1 为例,根据这种方法计算的结果为权益乘数、资产周转率、销售净利率对净资产报酬率的影响依次是 1.94%、2.31%、5.74%,而不是上述两种情况下的计算结果,无论是哪一种因素排序,其计算结果都与这组精确数据存在差异。

到此为止,这意味着我们之前讨论的主题:连环替代法下各因素指标的不同替代顺序的优化选择只不过是在既定假设前提下的优化选择,即根据因素分析法的内在假定下的优化选择,但是它会导致各因素贡献值不单纯,这一缺陷可以通过积分求解方法得以解决。

4. 杜邦财务分析体系在公司之间的比较分析的运用

杜邦财务分析体系除了分析公司自身净资产报酬率变化的具体原因外,也可以用于比较公司之间权益报酬率形成差异的影响因素分析。

[例 9-2] 某公司 A 是一家汽车销售公司,2017 年度相关资料如下:①资产负债表项目如下:货币资金 1 050 万元,应收账款 1 750 万元,预付账款 300 万元,存货 1 200 万元,固定资产 3 700 万元,流动负债 3 500 万元,非流动负债 500 万元,股东权益 4 000 万元。②利润类项目如下:营业收入 10 000 万元,营业成本 6 500 万元,税金及附加 300 万元,销售费

用1 400万元，管理费用160万元，财务费用40万元，所得税费用400万元。假定资产负债表年末与全年平均水平相当。另一家同行业公司B相关财务比率如下：销售净利率24%，总资产周转率0.6，权益乘数1.5。

要求如下：

运用因素分析法，按照"销售净利率→资产周转率→权益乘数"和"权益乘数→资产周转率→销售净利率"两种替代顺序，分别计算对A公司相对B公司ROE差异进行定量分析。并说明三个因素指标各自的经济内涵并指出两家公司经营战略与财务战略的差别。

【计算过程】

1) 按照"销售净利率→资产周转率→权益乘数"的因素替代顺序计算两家公司ROE之间的差异计算过程如下：

2017年A公司销售净利率=12%，总资产周转率=1.25次，权益乘数=2，则A公司净资产报酬率=12%×1.25×2=30%，而B公司权益净利率=24%×0.6×1.5=21.6%，那么A公司相对B公司ROE变化额=30%-21.6%=8.4%，则三个因素各自贡献差异度计算如下：

销售净利率变动对ROE的影响=(12%-24%)×0.6×1.5=-10.8%

总资产周转率变动对ROE的影响=12%×(1.25-0.6)×1.5=11.7%

权益乘数变动对ROE的影响=12%×1.25×(2-1.5)=7.5%

虽然A公司的销售净利率比B公司低，但是A公司的资产周转率高，导致A公司的经营效益总体上高于B公司（A公司总资产报酬率15%高于B公司总资产报酬率14.4%）；从财务政策来看A公司权益乘数明显高于B公司，说明A公司利用了较高的财务杠杆，并且产生了正财务杠杆效应。

通过A公司与B公司比较发现，A公司属于高资产周转、高财务杠杆，而低收益率的公司，并且从总体上讲，A公司净资产报酬率远高于B公司净资产报酬率，这说明A公司的竞争战略与财务战略运用比较成功，通过高周转弥补了销售毛利率的缺陷，并且公司报酬率高于其融资成本，产生了正财务杠杆效应。

2) 按照"权益乘数→资产周转率→销售净利率"进行因素替代顺序，三个因素各自贡献差异度计算如下：

权益乘数变动对ROE的影响=(2-1.5)×0.6×24%=7.2%

总资产周转率变动对ROE的影响=2×(1.25-0.6)×24%=31.2%

销售净利率变动对ROE的影响=2×1.25×(12%-24%)=-30%

"销售净利率→资产周转率→权益乘数"替代顺序与"权益乘数→资产周转率→销售净利率"替代顺序相比，各因素指标产生的贡献度产生了巨大差异，尤其是总资产周转率与销售净利率的贡献度，第一种替代顺序中总资产周转率对ROE贡献是11.7%，而后一种替代顺序竟然是正31.2%，第一种替代顺序中销售净利率对ROE的贡献是-10.8%，而后一种替代顺序竟然是-30%。由此可见，替代顺序的不同，因素指标的贡献出现了十分明显的差异，影响到分析结果。基于前面的分析，我们认为"权益乘数→资产周转率→销售净利率"替代顺序更为合理。

从分析结果看，第二种替代顺序与第一种替代顺序的分析结论是基本一致的，但是各因素的贡献出现了明显差异。A公司属于典型的高资产周转、低毛利和高杠杆类公司，A公司成功地执行了公司的竞争战略和财务战略，尤其是双高策略即高资产周转和高杠杆运用得十分得当，使 A 公司与 B 公司相比而言，比较轻易地弥补了相对低净利率带来的损失。

三、传统杜邦财务分析体系的扩展*

由于净资产报酬率不能直观反映上市公司的核心指标——每股收益，所以，我们以每股收益为核心重新构建杜邦财务分析体系，使杜邦财务分析体系在评估上市公司业绩时更具有实用价值。

（一）传统杜邦财务分析体系的缺陷

1) 对上市公司而言，现有杜邦财务分析体系，不能反映上市公司的评估指标，如每股收益、每股净资产等。

2) 现有杜邦财务分析体系中，以净资产收益率为核心指标存在一些问题，它不利于直接评价公司股价的合理性。基于有效资本市场假定，股东财富最大化等同于股票价格最大化，而股票价格与每股收益高度正相关。

3) 现有杜邦财务分析体系所采用的数据都来自资产负债表和利润表，完全没有反映公司的现金流量。利润指标在财务分析体系中至关重要，但前提是公司现金流充足，尤其是经营现金流充足，否则公司有可能陷入财务困境。

4) 现有杜邦财务分析体系主要是一种面向外部，以提供综合信息为主的有效的财务报表综合分析方法。但是它并不能满足公司加强内部管理的需要，有必要将管理会计信息融入杜邦财务分析体系。虽然管理会计信息不对外界披露，但是利益相关者也可以根据财务报告大体估算管理会计信息，进一步提升其决策的有效性。

（二）基于上市公司的杜邦财务分析体系

1. 构建思路

根据以上缺陷，杜邦财务分析体系以每股收益为核心指标，将每股收益分解为股东权益报酬率和每股净资产，并对股东权益报酬率的影响因素指标：销售净利率，从管理会计角度进一步分解；资产周转率则从公司获取现金能力的角度进一步分解，而在每股净资产下引入现金流量指标，从而将资产负债表、利润表和现金流量表以及管理会计的信息融入体系之中，为不同利益相关者提供更加完善的分析方法，以有利于其做出更为准确的判断。

2. 基于上市公司的杜邦财务分析体系的内容

基于上市公司的杜邦财务分析体系的内容如图 9-2 所示。

基于上市公司的杜邦财务分析体系有关财务指标的计算公式说明如下：

销售净利率的分解因素涉及成本性态分析，即根据成本与产量的关系将成本按照性态划分为固定成本与变动成本。凡是与产量是正比例关系的成本称为变动成本，凡是与产量完全无关的成本称为固定成本。还有一类是介于固定成本与变动成本之间的混合成本，可以将混合成本运用专业的方法进一步近似分解为固定成本和变动成本。

其中，贡献毛益率又称边际贡献率，它等于边际贡献与销售收入之比或者单位边际贡献与单价之比，而边际贡献等于销售收入与总变动成本之差，单位边际贡献等于单价与单位变动成本之差；安全边际率有两种计算方法，一个是采用安全边际量，一个是采取安全边际额计算。安全边际率等于安全边际量/额，除以实际或者预计销售量/额。

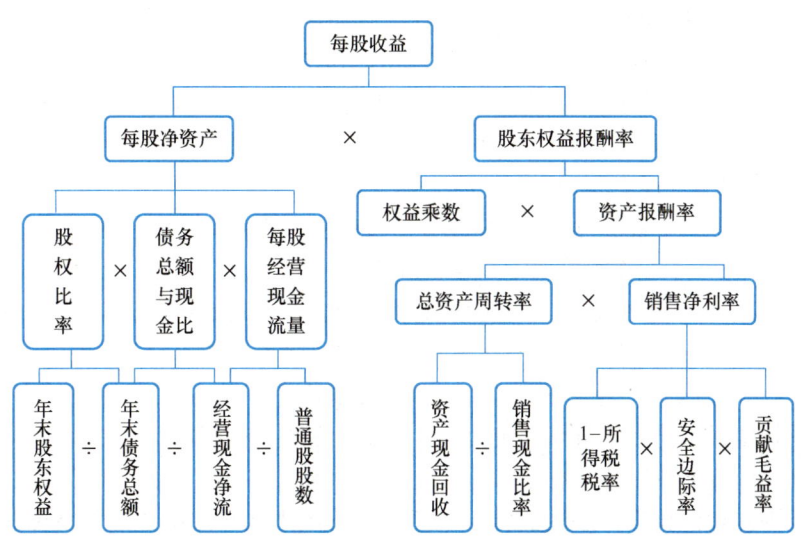

图 9-2 基于上市公司的杜邦财务分析体系的内容

下面将销售净利率的分解过程列示如下：

销售净利率＝净利润÷销售收入
　　　　　＝［边际贡献（毛益）÷销售收入］×［（实际销售量/额－盈亏平衡点销售量/额）÷实际销售量/额］×（1－所得税税率）

其中，盈亏平衡点销售量＝固定成本÷（单价－单位变动成本），盈亏平衡点销售额＝［固定成本÷（单价－单位变动成本）］×单价。

3. 基于上市公司的杜邦财务分析体系的评价

1）该体系不仅保持了原来杜邦财务分析体系的优点与核心思想，而且使其核心指标每股收益具有了现金流量保障，有利于衡量利润的风险。同时，每股净资产反映了上市公司每股股票的最低理论价格，更加充分地体现了上市公司的特色，并对每股净资产从财务杠杆与现金流量角度进一步分解。

2）将管理会计信息融入杜邦财务分析体系，将财务会计信息与管理会计信息有机地联系起来，有利于为利益相关者，尤其是对内部利益相关者，提供更为全面的信息，更有利于内部利益相关者评估公司业绩，也为外部利益相关者提供了新的评估视角。

四、管理用杜邦财务分析体系

除了以每股收益为核心构建杜邦财务分析体系外，为了更好地反映公司创造价值活动，有必要利用管理用报表列报重建杜邦财务分析体系，我们称之为管理用报表下杜邦财务分析体系，简称管理用杜邦体系。

（一）管理用杜邦体系的内容

基于股东与管理者视角，将企业活动分为经营活动与金融活动，与之对应，将企业损益分为经营活动损益与金融活动损益，编制管理用会计报表，即管理用资产负债表、管理用利润表和管理用现金流量表。

管理用报表下对权益净利率重新进行分解，通过净经营资产回报率和净金融资产回报率分别计量企业的经营活动与金融活动的回报率，衡量两类活动的盈利能力。

假定企业金融活动是净金融负债，则管理用杜邦体系分解过程如下：

股东权益报酬率＝经营利润÷股东权益－净利息÷股东权益

＝（经营净利润÷净经营资产）×（净经营资产÷股东权益）－（净利息÷净金融负债）×（净金融负债÷股东权益）

＝（经营净利润÷净经营资产）×（1+净金融负债÷股东权益）－（净利息÷净金融负债）×（净金融负债÷股东权益）

＝净经营资产利润率+（净经营资产利润率－净利息率）×净财务杠杆

＝净经营资产利润率+经营差异率×净财务杠杆

＝净经营资产利润率+杠杆贡献率

管理用杜邦体系也是因素分析法的运用，其各因素的组合形式与传统杜邦体系的各因素组合形式不同，前者的各因素指标是以混合运算方式存在，而后者的各因素指标是以乘积方式存在。基于因素指标替代排序的假定，我们认为管理用杜邦体系各因素指标的排序遵照既定数量指标在前、质量指标在后的原则更为合理，原因如前所述，而大多数教材采用质量指标在前、数量指标在后原则。

为了寻求净资产报酬率的驱动因素，可以对净经营资产利润率进一步分解。它可以被分解为销售经营利润率与经营资产周转率的乘积。其中，销售经营利润率＝经营净利润/销售收入，净经营资产周转率＝销售收入/净经营资产。因此，本体系可以进一步分解为

权益净利率＝销售经营净利率×经营资产周转率+经营差异率×净财务杠杆

＝销售经营净利率×净经营资产周转率+杠杆贡献率

（二）管理用报表下的有关会计等式

1. 与资产负债表的有关概念

资产＝经营资产+金融资产

＝（经营性流动资产+经营性非流动资产）+（短期金融资产+长期金融资产）

负债＝经营负债+金融负债

＝（经营性流动负债+经营性非流动负债）+（短期金融负债+长期金融负债）

净经营资产＝经营资产－经营负债

＝（经营性流动资产－经营性流动负债）+（经营性长期资产－经营性长期负债）

＝经营营运资本+净经营性长期资产

净金融负债＝金融负债－金融资产＝净负债

净经营资产＝净金融负债+股东权益＝净投资资本

其中，有一些金融资产、金融负债与经营资产、经营负债的界限不太明显，可以通过它们是否含息判定，如果两者划分结果并不太影响财务报告列示及财务报表分析，将其划为一类也是可以的，这时通常是将经营资产、经营负债列入金融资产和金融负债，例如货币资金中一部分是经营资产一部分是金融资产，但是如果很难将其细分，将货币资金全部列入金融资产即可。

2. 与利润表的有关概念

与资产负债表划分经营资产和金融资产相对应，管理用利润表的净利润可划分为经营损益和金融损益。其中经营损益是指经营过程中产生的损益；金融损益是指金融负债利息与金

融资产收益之差，即扣除利息收入、金融资产公允价值变动收益等利息费用。考虑到所得税因素，它应该是税后利息费用，称为净金融损益。假定净金融活动是净金融资产，则净金融损益代表净利息收入。

$$净利润=经营损益+金融损益$$
$$=经营净利润-净利息费用$$
$$=税前经营利润\times(1-所得税税率)-利息费用\times(1-所得税税率)$$

（三）管理用杜邦体系的解析

1. 财务杠杆效应

通过管理用报表下杜邦体系的分解式可知，最终净资产报酬率被分解为三个驱动因素：净经营资产报酬率、经营差异率和净财务杠杆。当公司没有负债时，股东权益报酬率等于净经营资产报酬率。如果公司有负债，两者差额取决于财务杠杆效应。当公司净经营资产回报率大于借款成本时，则净资产报酬率大于净经营资产回报率。换言之，当净经营资产报酬率大于债务成本时，通过净债务融资购买净经营资产，它产生了财务杠杆正效应，提升了股东权益报酬率。因此，财务杠杆是一把双刃剑，它既是公司盈利的驱动因素，也是增加公司股东权益风险的因素。

当然，如果公司是净金融资产而非净金融负债，即金融收益大于金融费用，于是公司就会产生净金融回报而非净借款成本。上述计算公式可以重新列示，也可以不重新列示，只是净金融费用是负数，表示净金融资产回报率。当净金融资产回报率低于净经营资产回报率时，净资产回报率就会低于净经营资产回报率。

2. 经营负债杠杆效应*

实际上公司除了金融负债产生财务杠杆效应外，公司的经营负债也会产生杠杆效应。公司的经营负债主要依赖于公司市场话语权。我们用经营负债杠杆表示净经营资产在多大程度上由经营负债构成。经营负债杠杆也称为净经营资产负债率，其计算公式如下：

$$经营负债杠杆=经营负债\div净经营资产$$

经营负债通过减少净经营资产投资来提高公司的净经营资产回报率。一个公司在多大程度上获得无息资本用于经营活动，它就能在多大程度上减少在净经营资产上的投资，从而提高净经营资产回报率。当公司经营负债不断增加并且经营负债杠杆不断提高时，公司支付经营负债的压力就会不断增加，一旦无法按时支付这些无息资金，势必给公司带来一些负面效应，甚至有可能会导致公司陷入流动性危机。因此经营负债也是一把"双刃剑"，同时具有正效应与负效应。

评估经营负债杠杆，需要利用公司短期融资借款利息估计经营负债的隐性利息。其计算公式如下：

$$经营负债的隐性利息=短期借款利率(税后)\times经营负债$$

进而计算经营资产回报率，假定它是在没有经营负债的情况下公司所能取得的回报率。于是：

$$经营资产回报率=(经营净利润+税后隐性利息)\div经营资产$$

所以净经营资产回报率可以表示为

$$净经营资产回报率=经营资产回报率+净经营资产负债率\times(经营资产回报率-税后短期借款利率)$$
$$=经营资产回报率+经营负债杠杆\times经营负债杠杆差异率$$

这一形式与净资产报酬率的表达式类似。这里（经营资产回报率-税后短期借款利率）是经营负债杠杆差异率。如果无经营负债杠杆，公司净资产回报率与经营资产回报率相等；如果存在经营负债杠杆，净资产回报率等于经营资产回报率加上经营负债杠杆效应。当经营资产回报率大于短期借款利率时，产生一个正经营负债杠杆效应；反之，产生一个负经营负债杠杆效应。

（四）管理用杜邦体系的评价

管理用杜邦体系将经营活动与金融活动的功用直观地体现出来，这种划分有以下优点：

1）能够更直观地体现价值创造。经营活动的净收益更具有持续性，更有利于财务报表分析者更加准确地预测公司未来盈利能力。

2）能够更加清晰地反映财务杠杆的效用。只有净经营资产利润率大于净利息率时，财务杠杆才为正效应，否则，增加负债将加剧公司陷入财务困境的可能性。

五、管理用杜邦体系的扩展*

为了更好地评估上市公司绩效，有必要重构管理用杜邦体系，我们称之为基于上市公司的管理用杜邦财务分析体系。

（一）构建思路

总体上仍将每股收益分解为每股净资产和股东权益报酬率。其中股东权益报酬率的分解思路沿用管理用杜邦体系的总体分解思路，同时融入管理会计信息，进一步对财务指标进行分解；每股净资产的分解方式沿袭上市公司杜邦体系的分解思路；为了更好地研究杠杆效应，图9-3中有箭头标示的部分单独提供了净经营资产利润率的另一种分解方法，它研究了经营负债杠杆效应。

（二）基于上市公司的管理用杜邦财务分析体系的内容

基于上市公司的管理用杜邦财务分析体系如图9-3所示。

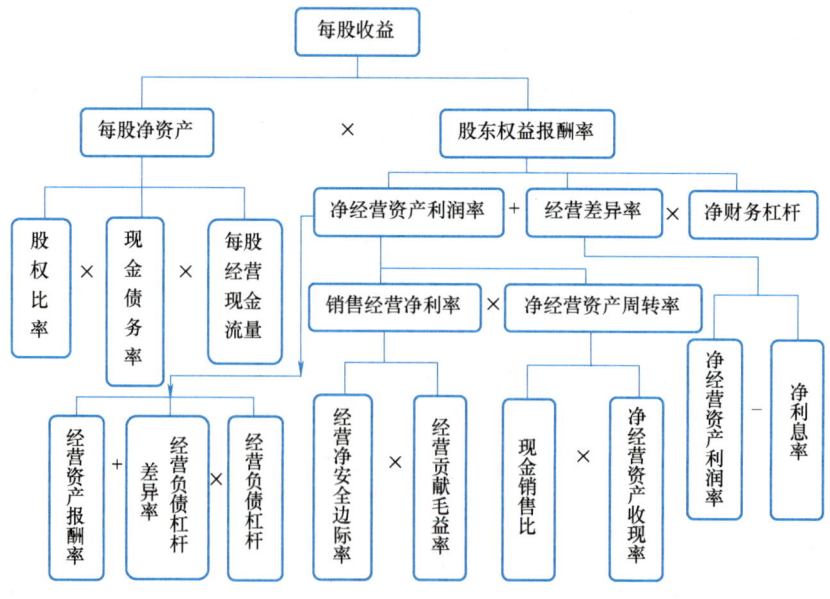

图9-3　基于上市公司的管理用杜邦财务分析体系

本体系中有关计算公式说明：

经营净利润也可以运用下列公式进行计算：经营净利润=(销售收入-变动成本-固定成本)×(1-所得税税率)，计算公式中剔除了净金融负债，仅指经营活动创造的净利润；经营贡献毛益率=经营贡献毛益/销售收入，其中，经营贡献毛益等于销售收入与变动成本总额之差，变动成本不包括金融负债成本中的变动成本。安全边际率的计算公式也一样，计算盈亏平衡点时只考虑经营净利润的平衡点，剔除金融活动的杠杆效应；净经营安全边际率=安全边际率×(1-所得税税率)；净经营资产收现率=经营现金流/净经营资产；现金销售比=销售收入/经营现金流。

与管理用报表对应，沿袭原管理用杜邦财务分析体系，这里涉及现金流量表的有关概念如下：

管理用现金流量表可分为经营现金流量和金融活动现金流量。其中经营现金流量是指因销售产品或者提供劳务等营业活动以及与此有关的生产性资产投资活动产生的现金流量；金融活动现金流量是指企业因筹资活动和金融市场投资活动而产生的现金流量。前者代表了企业经营活动的全部成果，是企业经营活动产生的现金，又称为实体经营现金流量。企业价值决定于未来预期的实体现金流量。管理者要提升企业价值，就必须增加企业的实体现金流量。

相关计算公式如下：

$$营业现金毛流量(营业现金流量)=经营净利润+非付现成本$$

$$营业现金净流量=营业现金毛流量-经营营运资本变动额(增加为正数，减少为负数)$$

$$实体现金流量=营业现金净流量-资本支出(=净经营长期资产增加+非付现成本)$$

从实体现金流量的来源分析，它是营业现金毛流量超出经营营运资本增加和资本支出的部分，即来自经营活动；从实体现金流的运用看，它被用于债务融资活动和权益融资活动，即被用于金融活动。所以：

$$营业现金毛流量-经营营运资本增加-资本支出=债务现金流量+股权现金流量$$

$$实体现金流量=融资现金流量$$

在基于上市公司的管理用杜邦财务分析体系中，凡是涉及现金的均指营业现金流量，而不是指实体现金流量。

（三）基于上市公司的管理用杜邦体系的评价

基于上市公司的管理用杜邦财务分析体系更适用于上市公司绩效评估，其优点主要体现在以下方面：

1）以每股收益为核心，更有利于评价上市公司的绩效和预测公司股票价格。

2）原有体系的所有分解式在这一体系中均得到了保留，也就是说，原有管理用杜邦财务分析体系只不过是本体系的一个子集而已。

3）维持了原管理用杜邦财务分析体系的所有优点，例如它可以体现经营活动与金融活动对公司的贡献度，更有利于管理者直接找出公司经营活动的不足，以及金融活动的缺陷。

4）对净经营资产报酬率进行分解时，考虑了经营负债杠杆效应，与原有体系的财务杠杆效应呼应，有利于进一步揭示公司杠杆效应对公司业绩的影响。

5）充分体现了公司经营现金流量，有效地衡量了公司经营活动的风险高低，从而有效地发现公司在创造价值过程中的风险是否可控。

6）融入了管理会计信息，有效了体现了与决策相关的信息，提升了决策的相关性。

由此知，本体系以每股收益为核心，进行了四个层次分解，兼顾了利润类指标与现金流指标，同时融入了管理会计信息，从而有利于利益相关者找出更有针对性的驱动因素，并寻求解决对策。

思 考 题

1. 通用财务报表综合分析方法有哪些？
2. 沃尔评分法的步骤与难点是什么？
3. 杜邦财务分析体系的核心指标是什么？它的分解指标体系是如何体现公司经营战略与财务战略的？
4. 请评析"因素分析法中因素排序的不同，该因素指标的贡献值必然不同"的观点。
5. 从逻辑上讲，杜邦财务分析体系的六种不同的因素指标排序中有哪一些排序是合理的？哪种排序更占优？
6. 上市公司杜邦财务分析体系的核心指标是什么？如何构建基于上市公司基础上的杜邦财务分析体系？
7. 管理用杜邦财务分析体系的分解公式是什么？它具有哪些优势？
8. 管理用杜邦财务分析体系下经营负债杠杆效应是如何体现的？其分解过程的关键是什么？
9. 基于上市公司的管理用杜邦财务分析体系是如何构建的？

判 断 题

1. 综合评价方法都是将各类财务能力的不同财务指标进行有机结合的方法，实用价值不高，因为各类财务能力已评述，属重复评价。（　　）
2. 综合评分法是一种简单且通用的财务综合分析方法。（　　）
3. 沃尔评分法是早期财务报表综合分析法的典型代表。（　　）
4. 因素分析法是根据目标管理思想而构建的一种综合分析方法，杜邦财务分析体系是因素分析法在财务综合分析方法上运用的典范。（　　）
5. 杜邦财务分析体系是20世纪20年代首创的一种综合财务分析方法，开启了综合财务分析方法的新纪元，但是杜邦财务分析体系到今天基本没有实用价值。（　　）
6. 杜邦财务分析体系的核心指标是资产报酬率。（　　）
7. 因素分析法的一大难题是各因素指标的排序。（　　）
8. 因素分析法各因素指标排序的不同，同一个因素指标在各种不同排序下的贡献值必定不同。（　　）
9. 杜邦财务分析体系的三个因素指标是销售净利率、存货周转率和权益乘数。（　　）
10. 杜邦财务分析体系比较好地体现了公司经营战略和财务战略。（　　）
11. 从排列组合知识上讲，杜邦财务分析体系的三个因素指标有六种排序，从逻辑

上讲有四种排序都是合理的。（   ）

12. 传统杜邦财务分析体系不利于直接衡量上市公司股价的合理性。（   ）

13. 每股收益等于净资产报酬率和每股净资产的乘积，以每股收益为核心的杜邦财务分析体系更有利于直接评价上市公司股价的合理性。（   ）

14. 一般来讲，采用差异化战略的公司的销售净利率比较高、资产周转率比较快。（   ）

15. 净资产报酬率可以分解为净资产报酬率＝净经营资产利润率＋经营差异率×净财务杠杆。（   ）

16. 一个公司在多大程度上获得无息资本用于经营活动，它就能在多大程度上减少其在净经营资产上的投资，从而提高净经营资产回报率。（   ）

第四篇
财务预测篇

第十章　财务报表的数据特征分析*
第十一章　财务报表之间的逻辑关联*
第十二章　财务预测与可持续增长

第十章

财务报表的数据特征分析*

■ 回顾

到第九章为止,我们讲述了财务能力评价的两个层次:企业各类财务能力评价和综合财务能力评价。前者是后者的基础,后者是前者的综合。前者重点描述了流动性能力评价、资产管理能力评价和盈利能力评价,后者重点讲述了沃尔评分法和杜邦财务分析方法。

■ 本章提要

本章进入第四篇 财务预测篇。本章概述了财务数据的"正确性",描述了财务数据的若干特征:财务数据与经营特征的关系、财务指标的相关性、财务比率的假设、极端值的处理、财务数据进行横向与纵向分析的影响因素。这将有利于分析者更为全面地理解财务数据,提升对特殊事件的处理能力。

■ 展望

第十一章是财务报表之间的逻辑关联,主要讲述财务报表之间的诸多会计科目和财务指标之间的逻辑关联,这将有助于使用者理解财务数据的内在逻辑关联,找出分析重点,做出合理假设,提高财务预测的准确性。

◆ 章首案例

绝对值指标通常无法进行公司之间的比较分析,即使是公司自身的比较分析也受到诸多限制,而财务比率剔除了公司规模影响,使不同公司之间财务数据具有了可比性。

事实并非如此简单。根据前面讲述的各类财务比率就会发现,即使这些比率在同一行业公司之间也不太具有很强的可比性。因为不少财务比率都有其运用的前提条件,而不同公司的具体情况又不尽相同。在这些财务能力比率中,盈利能力财务比率是最具有可比性的,如销售毛利率、销售净利率,但也不可盲目乐观,例如根据销售净利率预测不同公司盈利能力时，就会发现不同公司净利的预测值与真实的偏差相去甚远。

当然，公司自身财务比率的可比性比较强，但也并非总是如此，公司会计方法、会计估计、税收政策等因素变化使得这些指标在公司进行自身比较时变差。例如，公司本年度净利润为 50.75 亿元，其中所得税税率下降导致税后利润增加 20.78 亿元。又如公司的固定资产折旧由加速折旧法改为直线折旧法促使公司净利润上升 2.46 亿元。同样，在我国深交所上市的万科企业股份有限公司 2018 年预收款项由年初的 407 705 939 864.83 元骤降至 253 965 141.13 元。这是公司执行新收入准则所致，由于将原来计入预收款项的金额绝大部分转入"合同负债"，使得当年公司"合同负债"由年初 0 元骤升至 504 711 414 422.66元。

这里无法逐一列示妨碍财务数据可比性的因素，这些因素可以统称为财务数据的内在特征。公司绩效可视为这些内在特征的函数。如果读者不懂得财务数据的内在特征，就很难透视财务数据的真相，更难以利用财务数据做出正确决策。

根据以上分析，思考以下问题：

1. 这是否意味着财务数据无法用于不同公司之间和公司自身的比较分析？
2. 如何使财务数据更具有可比性？
3. 请分析"如果读者不懂得财务数据之内在特征，就无法透视财务数据的真相"的合理性。

第一节　财务数据的"正确性"

财务报告是会计人员根据会计准则、证监会相关规定，基于会计人员的职业素养判断，运用会计专业工具，经过会计循环加工而成的信息产品。因此，财务报告在加工过程中，必定涉及会计人员的职业判断，其个人经验、专业理解能力等都会影响会计信息产品的结果。当下企业之间的竞争更为智能化、生态化、激烈化，这要求会计人员要具有更好的职业判断能力，从这种意义上讲，财务数据更加没有严格的"正确性"，只有相对的"正确性"。从长期来看，这也要求企业财务数据要保持其处理方法与政策等的趋势性与可比性，这是财务数据有用性的必要条件。

阅读材料 10-1

财务报表项目中需估计和判断的占比有多高？

贵州茅台 2018 年的财务报告显示，其资产总额、净资产、营业收入和净利润分别为 159 846 674 736.01 元、117 408 487 922.53 元、77 199 384 110.22 元和 37 829 617 756.81 元。这些动辄成百上千亿元的财务数据，居然精确到小数点后两位，令外行肃然起敬，给人以会计是一门无比精确科学的印象。然而，建立在权责发生制基础上的财务会计，貌似精确的会计数字背后，存在着大量主观的估计和判断，使其与人们对它的印象相去甚远。

以 2019 年度发布的《一般企业财务报表格式》为例，在资产负债表的 31 个资产项目和 21 个负债项目中，除货币资金、短期借贷、应付票据、应付账款、预收账款、长期借款外，其余 30 个资产项目和 16 个负债项目余额的确定，都离不开估计和判断，占比分别达到 97% 和 76%。同样，在利润表中的 17 个损益项目中，除营业外收入和营业外支出外，其余 15 个项目也都需要大量的估计和判断，占比高达 88%。在资产负债表中，凡是存在减值可能的资产项目，均必须以扣除减值后的余额列示，坏账准备、跌价准备和减值准备的计提，估计多于事实，主观超过客观。按公允价值计量的资产和负债项目，如果采用的是第二和第三层次的公允价值，就离不开估计和判断，甚至是估值模型，后者在变量、参数、假设等方面，无不涉及主观判断因素。即使是按历史成本计量的固定资产和无形资产，在计提折旧和摊销时，对使用期限、经济寿命、剩余残值等因素的确定，也必然掺杂交织着估计和判断。在利润表中，收入的确认，成本的归集，费用的分摊，公允价值变动收益，以及信用和资产减值损失的确定，也充满着估计和判断的成分。

（资料来源：黄世忠，《云顶财说》.《会计的十大悖论》. 厦门大学国家会计学院）

会计人员对同一交易事项的处理经常处于两难窘境，将会计视为一门艺术也不为过。会计人员在处理事务时，依据个人专业知识和经验，基于个人对经济规律和会计政策的理解，在解决特定问题时表现出来的创造性和专业素养等，就体现了会计艺术性的一面。如果过于强调会计的艺术性，必然降低会计确认、计量与报告的可比性。在强调艺术性的同时，应该增加会计的科学属性。会计的科学属性要求会计要尽可能地遵循公认会计准则，减少确认、计量与报告程序的个人判断的抉择范围，以增进会计确认、计量与报告的可比性。要增强会计的科学性，最为关键的还在于增强会计标准的通用性，使之适应尽可能多的业务。根据葛家澍、林志军的考证，20 世纪 70 年代以前，"艺术论"在西方实务界占主导地位，实务中允许较大的"职业判断空间"。20 世纪 70 年代以后，"科学属性论"逐渐占支配地位。自 20 世纪 80 年代以来，西方各国普遍制定会计准则，有关财务会计概念框架研究的目的在于增进会计准则制定的内在逻辑性。

无论如何，财务数据在加工过程中，即使会计科学论完全占主导地位，因为我们生活在一个不确定的世界中，不确定的交易事项必然需要会计人员的职业判断，这样财务数据的结果或者其内部结构就会出现不同从而影响财务数据的趋势性与可比性。

第二节　财务数据的若干特征

一、企业的经营特征与财务数据的关系

如果不了解企业的经营特征，就难以理解财务数据的经济含义。例如，100 万元存货对不同企业的经济内涵有可能不同。在传统经济时代，100 万元存货对一家中小企业可能属于基本安全范畴，但是在移动支付时代，100 万元存货对这家企业很可能意味着存货过多。

这里的经营特征属于广义上的界定范畴，企业的经营特征一般包括企业所处的行业、行业周期、营销战略、竞争战略、商业模式等，这些都会对财务数据产生影响。企业经营特征不同，企业财务数据通常会出现较大差异。这意味着虽然财务比率可以有效地剔除企业规模的影响，但是并不表示财务比率可以无条件地进行公司之间的横向比较。同样，企业自身经

营特征发生变化时,原来财务数据的趋势性也有可能遭到破坏,财务比率也会发生较大变化,这时分析者无法根据财务数据的趋势做出判断,财务数据自身的解释能力就会下降。

步入移动互联网、大数据时代后,企业的经营特征发生了巨大变化,企业的财务数据特征也会发生一些变化,分析者需要更深入地研究企业的经营特征等非财务方面的信息,更有利于其对企业财务数据做出准确评估。

二、财务比率之间的相关性

只要两个财务数据之比具有经济内涵,都可以称之为财务指标或财务比率。根据财务数据可以计算的财务比率非常多,财务比率的划分方法也有许多种。例如,将财务比率划分为六类:短期债务偿还能力、长期债务偿还能力、资产管理能力、盈利能力、现金流能力和成长能力。也可以分为三大类,即流动性能力、资产管理能力、盈利能力。而这些类别中的财务指标具有诸多共性,不同类别财务指标之间存在较大差异。换句话说,每一类别财务比率中所包括的财务比率所提供的信息很可能是相互重叠的,而类别之间的财务指标提供的信息的差异性比较大,其重叠性信息不太多。

验证这一问题的一个有效的办法就是计算每一类别中不同比率之间的相关性以及不同类别中不同财务比率之间的相关性。国内外不少学者对这一问题进行了大量实证研究。

以 2020 年度我国沪深 A 股公司为初始样本,进行相应处理:①剔除 ST 和金融类公司;②剔除缺失值和异常值;③进行 Winsor2 上下 1% 的缩尾处理。最终获取 1 950 个观测值。以 2020 年度样本企业合并财务报表数据为基础,分别计算了类内财务指标相关性和不同类别财务指标相关性。得出类内财务指标之间的相关系数,见表 10-1;不同类别财务指标之间的相关系数见表 10-2。

表 10-1 类内财务指标之间的相关系数

短期偿债能力	CA/CL	QA/CL	(C+MS)/CL	
CA/CL	◆			
QA/CL	0.965***	◆		
(C+MS)/CL	0.784***	0.807***	◆	
长期偿债能力	TL/TA	TA/SE	LTL/(SE+LTL)	EBIT/I
TL/TA	◆			
TA/SE	0.861***	◆		
LTL/(SE+LTL)	0.683***	0.675***	◆	
EBIT/I	−0.200***	−0.140***	−0.178***	◆
资产管理能力	S/AR	CGS/INV	S/TA	
S/AR	◆			
CGS/INV	−0.00400	◆		
S/TA	0.170***	0.068***	◆	

（续）

盈利能力	NI/S	ROA	ROE
NI/S	◆		
ROA	0.791***	◆	
ROE	0.727***	0.909***	◆
市价比率	PE	PB	PS
PE	◆		
PB	0.156***	◆	
PS	0.222***	0.687***	◆

注：CA 表示流动资产；CL 表示流动负债；QA 表示速动资产；C+MS 表示现金及有价证券；TL 表示总负债；TA 表示总资产；SE 表示股东权益；LTL 表示长期负债；EBIT 表示息税前利润；I 表示利息费用；S 表示销售收入；AR 表示应收账款；CGS 表示销售成本；INV 表示存货；NI 表示净收益；ROA 表示总资产收益率；ROE 表示净资产收益率；PE 表示市盈率；PB 表示市净率；PS 表示市销率；***、**和*分别表示 $p<0.01$、$p<0.05$ 和 $p<0.1$。
（资料来源：CSMAR 国泰安数据库。）

由表 10-1 可知，总体上类内指标之间的相关性大多属于强正相关，其中，短期偿债能力和盈利能力类内指标的相关性均在 0.7 以上；长期偿债能力类内指标的相关性也趋于强正相关或者是强正相关，只有利息保障倍数（EBIT/I）与其他类内指标呈负相关，这可能与该指标计量分母的基数过小有关；市价比率的类内指标相关性总体不高，属于弱正相关，只有 PS 和 PB 的相关性趋于强正相关。唯一例外的是，资产管理能力类内指标是弱正相关或者弱负相关。具体来讲，总资产周转率与应收账款周转率是弱正相关，而存货周转率与应收账款周转率是弱负相关，这可能与应收账款周转率只采用销售收入而不是赊销收入有关。

与国外学者在做类内财务指标相关性统计的数据比较，发达国家类内财务指标相关性与我国基本一致，发达国家的资产管理能力类内指标的相关性与其他类别指标相比，也明显处于弱势，但仍是正相关。唯一的区别是，发达国家上市公司的类内财务指标的相关性从总体上看更强。

表 10-2 不同类别财务指标之间的相关系数

相关关系	CA/CL	QA/CL	(C+MS)/CL	TL/TA	TA/SE	LTL/(SE+LTL)
TL/TA	-0.671***	-0.664***	-0.556***	◆	◆	◆
TA/SE	-0.427***	-0.435***	-0.370***	◆	◆	◆
LTL/(SE+LTL)	-0.342***	-0.347***	-0.234***	◆	◆	◆
EBIT/I	0.189***	0.201***	0.101***	◆	◆	◆
S/AR	-0.134***	-0.174***	-0.082***	0.116***	0.133***	0.118***
CGS/INV	-0.0280	0.0350	0.041*	0.040*	0.0310	0.083***
S/TA	-0.089***	-0.090***	-0.106***	0.097***	0.058**	-0.202***
NI/S	0.290***	0.290***	0.274***	-0.315***	-0.241***	-0.072***
ROA	0.262***	0.262***	0.247***	-0.345***	-0.291***	-0.235***
ROE	0.061***	0.060***	0.086***	-0.057**	-0.0280	-0.0370
PE	0.0360	0.0330	0.0220	-0.057**	-0.043*	-0.083***
PB	0.169***	0.179***	0.214***	-0.140***	-0.083***	-0.152***
PS	0.406***	0.406***	0.402***	-0.412***	-0.301***	-0.203***

(续)

相关关系	S/AR	CGS/INV	S/TA	NI/S	ROA	ROE
NI/S	−0.00600	0.0270	−0.175***	◆	◆	◆
ROA	0.0190	−0.0250	0.176***	◆	◆	◆
ROE	0.067***	−0.0170	0.213***	◆	◆	◆
PE	−0.0350	0.0200	−0.059***	−0.228***	−0.265***	−0.290***
PB	−0.039*	0.058**	0.111***	0.274***	0.408***	0.384***
PS	−0.095***	−0.00400	−0.273***	0.382***	0.271***	0.138***

（资料来源：CSMAR 国泰安数据库。）

由表 10-2 可知，不同类别财务指标之间的相关性大多为弱负相关或者弱正相关，其相关性远低于类内指标之间的相关性。其中，盈利能力比率指标与短期偿债能力、长期偿债能力、市价比率之间的相关性趋于弱正相关。盈利能力比率与市价比率为弱正相关，是因为在股票市场中公司股票价格对盈利能力信息的反应最为直接。盈利能力与偿还债务能力为正相关，这与我们观察的现实是一致的，即流动性能力越强的公司，其盈利能力越强，或者盈利能力越强的公司，其流动性能力越强，这一定性描述在长期中显现的更为明显。同样，这一统计规律与发达国家上市公司不同类别财务指标的相关性也是一致的。

分析者可以进一步观察表 10-1 和表 10-2，理解类内财务指标和不同类别指标之间的相关性。

三、财务数据的若干假定

（一）财务比率的假设与异动处理

1. 财务比率的假设

与绝对额指标相比，财务比率能够剔除公司规模差异的影响。这要求财务比率的分子与分母之间要保持严格的比例关系。因此，在进行公司财务预测时，若一些关键财务比率不符合比例假定，预测与实际发生明显偏离是正常的。此时，分析者需考虑更多因素，或者对财务比率做出适当修正，财务预测才有可能与未来真实的财务数据比较吻合。

2. 财务比率计算的特殊事项的处理

这些特殊事项大体包括两种情况：一种情况是财务比率的分母为负，另一种情况是财务比率出现极端值。

（1）"负的分母"的处理　假设在分析某一公司某一年盈利能力或某一公司连续若干年的盈利能力的过程中，遇到某公司在某一年度的股东权益为"负"值，则股东权益报酬率显然是一个没有解释意义的比率。当财务比率的分母为负时，它的计算结果仍有可能出现正常的财务比率数值，这是因为"计算机"计算"错误"所致，例如运用计算机计算的 A 公司的股东权益报酬率为 18%，B 公司的股东权益报酬率为 15%。但是，A 公司的净利润和股东权益都是负数，B 公司的相应数据均是正数。显然，在这种情况下要增加对计算机程序的必要检查。又如 2008 年全球金融危机爆发，当年全球航空业巨亏。以某航空公司为例，当年发生巨亏，假定当年归属于上市公司股东的净利润为−120 亿元，直接导致当年所有者权益为负，其由 2007 年净资产 30 亿元降至−90 亿元。因此，计算该公司当年股东权益净利率不仅为正数，而且会是一个极端漂亮的数值。对此，需要做出适当处理。

我们通常采用以下几种方法解决财务比率分母为负的情况：

1）从样本中剔除该期的财务比率。

2）考察分母为"负"的原因，并做适当调整。

3）更换能反映公司盈利能力的其他财务比率。

4）保留该比率，不做数据调整，并解释说明。

至于哪一种解决方法更合适，需要视公司具体情况而定。

（2）"极端观察值"的处理　极端观察值是指一个与整个数据系列中的其余数据出现明显不一致的观察值。这是观察者的一种主观判断行为，不同的分析者判断同一财务指标的极端值的标准不会完全一致。

一般极端观察值应该属于财务指标较大的异动值，一般可以考虑以下几个方面：

1）财务变量绝对值与相对值的极端值的判定标准是不一致的。例如总资产的极端值与净资产报酬率的极端值的判定规则是不一样的。

2）财务变量的总值与某个财务变量的分值的极端值的判定标准不一致。例如总资产的极端值与存货的极端值的判定标准是不一样的。

3）由于企业发展阶段、宏观经济周期等不同，企业财务变量绝对值与相对值的极端值也不一样。例如企业在初创时期，其诸多财务变量的绝对值与相对值的极端值的判定标准与企业在成熟期的判定标准不一样，需要根据这些变化动态调整财务指标极端值的判定标准。

财务比率极端值的处理主要是考察其具体原因，不同的原因决定了不同的财务分析处理方法。

大体上讲，财务比率极端值由两类因素导致：一类是计算原因，另一类是会计处理方法。

以第一类原因为例，假定某一个年度公司财务比率是记录错误所致，或者是由于该比率的分母在某一特定年份趋于0，则在这种情况下，可以更正错误记录，或者剔除这一年的财务数据。

如果是第二类原因，分析者需要对第二类的具体原因进行分析，然后才能找出合适的处理方法。

1）会计分类。例如一笔巨大的非常利得包含于净收益中，就可能会引起销售净利率的"极端"变化。检查这种问题的一个有效的办法是比较不同计算口径的销售利润率，将这些不同比率进行比较，如果只有销售净利率比较"极端"，那么这种"极端"很可能源于会计分类。

2）会计方法。由于会计处理方法不同，原本正常的财务数据有可能出现极端值。例如一个极端的利息保障倍数可能是因为表外融资，或者可能是因为巨额的汇兑损益等。

3）公司经济类型。所有被比较的公司中，有的可能是资本密集型的，而有"极端"比率的公司则是劳动密集型的，因为该公司所在地区劳动力价格相对比较便宜。这种差别就可能导致公司之间的边际利润率出现显著差异。

4）结构变化。例如公司间的兼并有可能会引起"极端"值。因为被兼并方的财务状况有可能比较特殊，如被兼并方的资产负债率超过100%。

针对上述具体原因，分析者有以下方法可供选择：

1）如果极端观察值只是一个超级异动值，并且没有代表意义，那么将该极端值删除即可。

2）如果是因为会计分类、会计方法、结构变化等原因导致，对引起该极端观察值的经济或会计因素需要做出调整，如通过加入与表外融资有关的利息费用。

3）如果极端观察值代表着某一种特殊背景特征的信息，如不同行业的差异、公司进行 IPO、本行业员工长期罢工等，则应该保留。

4）如果是为了避免样本统计数据失真，通过消除最大值和最小值，或者消除一些极端大值或者一些极端小值，例如在总样本 100 家公司中，有 3 家公司资产负债率为负，并且这 3 家公司的资产负债率出现异动不是因为会计分类等原因，也不代表行业背景，这时直接剔除这 3 家公司即可。

（二）财务数据可比的正态分布假定

财务数据分布有利于分析者形成对公司或者行业的初始预期，有利于其找出分析异动点，做出正确决策。

1. 财务数据分布应用的领域

通常下列决策领域非常有必要了解财务数据的分布。

1）银行信贷决策。在此决策过程中，分析者希望确定贷款申请人的财务比率在该行业分布中所处的位置，进而判断银行是否应该发放贷款及其信贷风险。

2）公司战略决策。这种决策关注的是使一个企业的销售利润率从该产业的最末 10% 上升到最高 10% 的可能性。

3）在审计约定中关于预测总体财务特征的抽样方法设计的决策。如要抽取的观察值数量以及随机抽样法或分层抽样法的采用等。

4）财务数据的分布特征，可能有助于促进相关的学术研究。例如，假如人们不止一次地发现，低集中度产业部门的获利能力比率比高集中度产业部门具有更大的离中趋势，那么，就可能促进旨在解释这种经验规律的产业组织问题的研究。

2. 财务数据行业分布的正态分布假设

行业分布数字并非都具有代表意义，我们经常发现公司所处行业均值指标通常不能代表本行业的平均水平。这是因为这些行业的样本数据不符合正态分布，并且这种情况是广泛存在的。

如果财务数据样本为正态分布，则只要观察样本均值和样本标准差，就足以描绘整个行业财务数据的特点。然而，许多财务比率预期为非正态分布的原因也是广泛存在的。例如流动比率从技术上讲最低只能为 0，而正态分布则包括负值；资产负债率在技术上的上限为 100%，下限为 0，但实际却并非如此。

许多研究表明，财务比率的实际分布特征之所以经常背离正态分布假设，其原因主要是行业或者企业自身极端值的存在。如果剔除相对少量的极端值，就可以相当显著地减小非对称和峰态值，从而能够使样本财务比率的分布符合或基本符合正态分布。

因此，分析者做样本统计时，运用合适的方法处理样本的异动值，需要针对不同样本界定异动值的范畴，并进行剔除，使样本尽量符合正态分布。切记不可单纯追求样本正态分布，因为有些样本原本就不具备正态分布的条件，例如样本数量过小，样本分布异动处过多，或者说异动原本就是这一样本的特征，此时需要用其他变量描述这一样本。

四、财务数据与会计方法

（一）财务数据与会计方法的关系

财务报表中所报告的数字是企业所选择的会计方法的函数。企业会计方法选择的不同，其财务数据结果就会出现差异，而且会计方法的选择又受到诸多因素影响，不仅包括会计准则要求与证监会相关要求，而且要受限于不同管理当局的利益诉求约束。

企业管理层在选择会计方法时都会给出若干解释，最常用的理由是会计方法的改变，使财务报告更加公允、公正地反映了企业的财务状况、经营成果与现金流量等会计信息。分析者需要评估这是管理者人为粉饰报表的借口还是正当的理由。企业管理当局在进行会计方法选择时，需要考虑多方面的利益诉求，在各种利益诉求之间达到均衡，尽量使各方实现效用最大化。这些具体因素通常包括以下方面：

1. 符合会计准则、相关法规要求

许多企业在解释会计方法变化时，通常的说法是为了遵守有关法规和会计准则。例如，某企业根据《企业会计准则第17号——借款费用》，将"本期利息成本资本化"，其结果是利息成本被包括在固定资产或者存货的成本之中，从而作为费用处理的借款利息就减少了。这就需要评估企业这种会计处理方法是否妥当。

2. 与会计基本概念相符合

会计方法的选择应基于可靠性、相关性、可比性、明晰性等会计信息质量要求。许多企业管理层在调整会计方法时在年度财务报告中的解释经常参照这些基本概念。例如企业由移动平均法调整为先进先出法这一变化，是因为技术对存货成本的影响导致采用FIFO更能使现行成本与当前收入相配比，使企业财务数据更具有可比性，与决策也更相关。

3. 揭示经济事实

诸如"经济事实"和"真情"等术语，经常为管理层在解释企业会计方法变化时所采用。例如，"企业已采纳新的标准，是因为它能够更适当地反映跨国企业的经济事实"这种说辞是企业更改会计方法的常用手法，也是最佳答案，最为隐蔽。分析者要注意这一说辞的合理性，可以通过比较同行业不同企业之间同一交易事项的会计处理的异同进行判定。一般条件下，假定基于这家公司最有利的情景，我们仍发现企业变更会计方法是不合理的，则可以断定这种说辞是值得商榷的或者企业存在其他动机。

4. 与同一行业的其他企业的可比性

与同一行业内的其他企业的可比性，也经常被引证为会计方法选择的一个重要的影响因素。例如，2017年企业计提折旧方法发生变化，由双倍余额递减法改为直线折旧法，主要是为了与本行业内其他企业采用的主导折旧方法相符合。

5. 企业的经济后果

企业会计方法选择至少通过以下五种途径影响公司权益或债务证券的市场价值：

（1）税收支出影响　企业出于税收筹划的目的，有可能引起企业存货计价方法、计提折旧、摊销方法等发生变化，最终导致企业当期税收支出的变化。这属于税收筹划范畴，虽然没有太多实质意义，但是可以在一定条件下适度改变当期企业应交所得税额，从而适度改变企业不同年度的现金流分布。

（2）数据收集与经营成本的影响　不同会计方法的数据收集成本与经营成本不尽相同。

例如，按历史成本报告土地与建筑物的成本比按现行成本予以报告的成本低。类似地，用分类折旧率计提厂房和设备折旧比用单项折旧率计提折旧的数据收集成本低。另外，经营成本问题也可能是会计方法选择的一个重要影响因素。企业经营成本的调整最终会引起当期利润发生变化。企业基于利润调整的目的，决定了企业经营成本的调整，例如企业将当期经营成本调高或者调低决定了会计方法的调整。

（3）融资成本影响　融资成本也可能受到会计方法选择的影响。例如，假定企业向一家银行借款，并在借款协议中写入了流动比率、利息保障倍数的最低条款。如果借款协议没有专门规定据以解释协议条款的会计方法，管理层就可以变更会计方法，以避免违背合同条款。这一决策的融资成本影响，表现为一旦违约行为发生银行所将采取的行动带来的影响。例如，银行可能要求重新谈判，索取更高的利率。

（4）政治与法规成本影响　一旦企业盈利能力过强，并且有触犯反垄断法的嫌疑，政府和法规当局通过合理的途径，对其实施惩罚。这时企业有可能通过会计方法变更规避制裁。为了避免此类成本的发生，企业就会尽量选择少反映收益和资产价值的会计方法，避免因此招致反垄断法的制裁或者承担更多社会责任成本等。

（5）不同利益相关者之间的财富再分配　财务数据通常是在不同利益相关者之间进行财富分配的基础。例如，在工人的雇佣合同和管理者的薪酬契约中都会涉及与企业绩效相关的财务指标，它势必影响不同群体的财富再分配。从这一角度讲，企业会计方法选择会影响各方利益相关者所得到的数额，它是不同利益相关者博弈的结果。

（二）公司之间会计方法差异化下财务数据的比较

会计方法选择的差异化通常被认为是妨碍不同企业的财务数据进行比较的重要障碍。事实上，在面临企业之间会计方法多样化选择时，财务报告使用者通常可以考虑采取下列三种方法：

（1）不对企业报告的财务数字做调整　分析者采取这种方法有可能基于以下情形：企业已经理性地选择了最好地表达它们内在经济特征的会计方法；或者财务报告的可信的调整所能获得的信息是有限而且不充分的，或者是财务数据的调整成本过高，或者财务数据调整与不做调整的效果基本一致，甚至调整还不如不调整。

（2）利用企业提供的信息进行调整，从而使比较企业都基于统一的会计方法　分析者调整所需要的信息已经披露在财务报表的附注中，或者在管理层对经营成果的讨论中。这些补充揭示有助于减少仅仅使用基本财务报表时所面临的企业之间会计方法差异化所带来的问题。例如，有些采用移动平均法的企业通常在报表附注中揭示企业存货按先进先出法计价与按移动平均法计价的差异数。

（3）利用近似技术进行调整，从而使所有企业都基于统一的会计方法　例如按照现行价格水平对相应的财务数据进行近似调整。

（三）不同会计方法对财务变量的影响

（1）"统一"与财务变量　"统一"是指所有企业都采用相同的会计方法，要么都采用会计方法A，要么都采用会计方法B，要么都采用会计方法C等。问题的关键是要计算统一采用A方法、统一采用B方法和统一采用会计方法C对不同企业财务变量的影响差异。

以物价变动会计给予说明。有关历史成本基础的收益数字与现行成本/不变美元（一般价格水平）基础的收益数字之间相关性的研究较多。例如，有关研究表明：历史成本基础收益与不变美元基础收益之间的相关性，受到通货膨胀率及资本有机构成、财务杠杆等企业特定因素的影响。又如，通货膨胀率较低的年份，两者相关性较强；通货膨胀率较高的年份，两者相关性较弱。这些不同计量属性下收益数字之间的相关性出现差异的原因有赖于学术界深入研究。

（2）"多样化"与财务变量　"多样化"是指一部分企业采用方法 A，而同期另一部分企业采用方法 B，或者同期一部分企业采用方法 C 等。

如果分析者只是对按某一财务比率对企业进行排序感兴趣，那么，只要企业多样化会计规则的使用并没有改变企业的排序，那么会计规则多样化就不是问题。

但是，如果财务分析的目的不仅限于此，则会计规则多样化导致的影响就是重要的。这时，欲了解多样化会计方法导致的影响，就必须获得据以调整会计方法差异影响的企业财务报告中的补充性揭示，或者财务报告的竞争性信息来源。

五、财务报表信息的比较分析

（一）财务数据的横向分析

财务数据的横向分析，是指企业与企业之间在同一时点或时期的比较分析。财务数据横向分析的目的不同，侧重点也不同。在企业兼并与收购中所做的目标公司估价、管理层的业绩评估与报酬计划、财务危机预测，以及超额利润税的公共政策制定等领域，通过企业之间财务数据的横向分析更容易比较优劣，发现对象企业在这些领域是否合理、是否需要纠偏。

在企业之间对财务数据进行比较分析时，分析者需要处理以下三个问题：选择可比对象的标准、横向分析中统计方法的选择和横向分析中资料的可得性问题。

1. 选择可比对象的标准

比较对象的相似点越多越好，尤其是决定比较对象的核心因素方面的相似性越高越好。现实生活中，我们经常想当然地选择比较对象，殊不知它们根本就不具有可比性，而从表象看不太相似的企业，却可能是真正的竞争对手。

一般来说，比较对象至少在下列几个方面中的某一方面是"相似"的：

（1）供给方面的相似性　供给的相似性是指具有相似的原材料、相似的生产过程或相似的分销网络等。产业分类一般就是基于供给的相似性所做的分类。

（2）需求方面的相似性　需求的相似性主要强调最终产品的相似性，以及消费者所认为的产品的可替代性。例如，贵州茅台和五粮液是我国白酒行业的双寡头，但是实际上多年来两家企业之间竞争并无太多交集。前者是典型的差异化战略，定位于高端人群；后者虽然也可以定位为差异化战略，但定位群体更广泛，顾客除了高端人群外，中、低端人群均有涉及。并且贵州茅台定位于酱香型偏好者，而五粮液定位于浓香型偏好者。虽然两家企业自 2010 年开始都计划渗透对方市场，但在对方的垄断市场中，两者均没有真正威胁到彼此。所以，两家企业从表面看是竞争对手，实际上却并不是合适的比较对象。

（3）资本市场特征的相似性　从资本市场角度讲，比较对象要在风险、市盈率、资本市值等方面具有相似性。虽然是同一行业，企业之间也不一定具有可比性。例如，我们在选择工商银行的比较对象时，假定有两个可供选择的比较对象：招商银行与建设银行。工商银行与招商银行之间不太具有可比性，无论是两家企业的资本市场市值，还是两家企业的战略定位，都有明显差异，而建设银行与工商银行具有更多的相似点，例如两者盈利水平、市值、股本数量、市盈率、战略定位等都有一定的相似性，因此将两者作为比较对象更合理。

（4）法定所有权的相似性　它是指企业之间在供给或需求方面或许十分多样化，但它们为同样的股东所拥有。

2. 横向分析中统计方法的选择

在将企业的财务比率与那些可比企业的财务比率进行比较时，分析者通常可以采取下列两种方法"汇总"可比公司的财务比率：

1）使用单一的、概括的集中趋势度量，如简单平均值、加权平均值、中位数、众数等。使用这些单一的集中趋势度量时需要注意这些指标的行业代表性。如果行业平均数代表性不强，需要更换度量指标或者对其进行修正。

2）使用集中趋势度量和离中趋势度量，如平均值和标准差等。

当然，如果样本中有极端观察值，就应将各极端观察值描述清楚，或予以剔除。

3. 横向分析中资料的可得性问题

（1）数据不充分　横向分析中可能得不到分析者所关注的实体的数据，其具体原因有可能有以下几方面：

1）该实体隶属于一个从事多元化经营的企业，而该企业只披露有限的关于该实体的财务数据。

2）该实体是私人持有的，因而并不公开披露财务报表信息。虽然产业协会经常公布基于其成员提供的财务报表的汇总数据，并保证不公开这些私人企业的财务比率。

3）该实体是为某外国企业所拥有的，而外国企业只提供有限的财务信息，或者国外会计准则与国内会计准则披露要求不同。

4）可比对象的缺乏，例如某航空公司是该国唯一的航空公司，因而没有国内竞争者。在这种情况下，就只能作国际的比较，导致比较对象差异较大。

（2）报告期不一致　企业之间的年度财务报告期存在差异，尤其是在进行不同国家企业之间比较时更是如此。

我国财务报告年度日统一规定为12月31日，即年度财务报告从1月1日开始到12月31日终止。世界各主要国家的财务报告年度截止日不尽相同，世界各国上市公司财务报告年度结束月通常集中于某一个月份或者某两个月份，有的国家是以某一个月作为主要结束月，并且集中趋势高达50%以上，有的国家是以某两个月作为主要结束月，这两个月集中度累计占比达60%左右。

当样本中的所有企业并不具有可比的财务年度结束日时，在企业之间进行横向比较分析时就可能存在问题。例如，以12月31日为年度报告日的公司A可能较以9月30日为年度报告日的公司B显示出更强的盈利能力。假定公司B最近三个月处于经济上升阶段，而上年同期则处于经济衰退阶段。在这种情况下，可以考虑通过调整使本不具有可比报告期的公司变为具有可比报告期。就上例而言，公司B的公历年度收益可以通过加上当年第四季度收益并减去上年同期的收益计算而得。

（3）会计方法不统一　当分析者所面临的样本企业所采取的会计方法不统一时，可以考虑采取下列办法：

1）将样本企业限制在那些采用统一会计方法的公司范围之内。

2）利用企业提供的信息，将报表数字调整为按统一会计方法取得的数据。

3) 利用近似技术,将报表数字调整为按统一会计方法取得的数据。

必须指出的是,在有些决策问题中,会计方法选择的不统一并不造成真正的问题。例如,如果分析者关心的仅限于解释企业之间存货周转率的差异,那么,租赁会计方法的差异就不是问题。

(二) 财务数据的纵向分析

财务数据的纵向分析,是指企业自身在不同时点或时期上的比较分析。财务数据的纵向分析不仅有助于发现企业财务数据的趋势,而且有利于评价管理层业绩,也有利于进行财务预测。

财务数据进行纵向分析时通常遇到以下问题:企业结构发生变化、会计方法变更、会计分类变化以及极端值的处理。

1. 企业结构发生变化

结构变化是指由于技术进步及并购等引起的企业经济结构的改变,如技术进步会改变企业产品的本、量、利关系,也会影响企业产品成本构成,企业的绩效也会发生变动。

针对结构变化,有许多方法可以选择,例如只关注结构变化以后的数据,或者忽略结构变化,也可以将结构变化以前的数据与结构变化时点的数据做适度平均等。孤立地看以上各种方法,几乎没有一种方法是令人满意的。然而,时间序列分析面临的问题就是要在这些不尽完美的方法之间做出权衡,从中选择一种比较适合的财务分析方法,以有利于揭示企业未来的财务数据。

2. 会计方法变更

财务数据的时间序列分析所要求的期间数,严格来讲应该在 10 年以上,至少 5 年,否则很难观察其趋势。在时间序列分析期间,会计方法很可能发生了变化。当会计方法变更时,时间序列分析中可以采取的办法主要包括以下几种:

1) 不做任何调整。其隐含的假设是,这种变更不是重大的变更,或者这种变更是管理层对商业环境变化的一种适当的适应。

2) 保留所有观察值,但进行调整,以使整个时间序列中所采用的会计方法保持一贯。

3) 只考察该时间序列数据中那些按同样的会计规则得出的观察值。如果会计方法变更太频繁,这种方法显然就不可行。

3. 会计分类变化

许多交易事项的记录时间和在财务报表中揭示这些交易事项的会计分类方法的选择,企业具有相当大的弹性。假如能够获得比较明细的数据,从而能够了解到财务数据及所采用的分类方法的"内情",则可以根据分析的需要调整报表中所描述事件的记录时间和会计分类方法。

4. 极端值的处理

在时间序列分析中,所遇到的极端值从经验上看更多的是"负"值或者极端的异动值。当遇到极端值时,分析者有以下可供选择的办法:

1) 不做任何处理,即认为极端值代表一种现象,这种现象可能会在预测期内再次发生。

2) 将所报告的损失调整到一个绝对值较小的极端值。做此调整的动机之一是极端值背后隐含的原因类似的极端现象会再次发生,但其严重性不会有极端值发生的那个期间大;动机之二是极端值出现的原因在随后的期间预期不会再次发生。

思 考 题

1. 如何理解财务数据的正确性？
2. 财务数据与企业经营特征的关系是什么？分别以不同行业的不同企业和同一行业的不同企业的若干财务比率为例说明。
3. 财务指标类内与类别之间的相关系数呈现什么特征？
4. 为什么许多财务比率的行业均值经常没有代表性？
5. 如何理解财务报表是会计方法的函数？
6. 分析者在进行企业之间比较分析时，有哪些特殊事项需要处理？
7. 分析者进行企业纵向财务分析时，有哪些特殊事项需要处理？

判 断 题

1. 企业的经营特征不同，企业财务数据有可能会体现明显的差异。　　　（　）
2. 不同类别指标之间的相关系数远高于类内指标之间的相关系数。　　　（　）
3. 比率分析的运用通常需要一些强假设条件。　　　　　　　　　　　　（　）
4. 当财务数据发生异动时，直接删除异动数据即可。　　　　　　　　　（　）
5. 平均值没有代表性通常是因为样本不太符合正态分布。　　　　　　　（　）
6. 世界各国上市公司年度财务报告的截止日都是 12 月 31 日。　　　　 （　）
7. 分析者进行企业横向比较分析时，无须关注会计方法、会计估计的影响。（　）
8. 分析者进行企业纵向比较分析时，需要正确评估会计方法变更对企业的影响。
　　　　　　　　　　　　　　　　　　　　　　　　　　　　　　　　（　）

第十一章

财务报表之间的逻辑关联*

■ 回顾

第十章为了加深读者对财务数据的理解,描述了财务报表的一些基本数据特征,这些特征包括比率之间的相关性、比率的假定、极端值的处理、平均值的假设、财务数据的横向分析与纵向分析的一些数据特征。

■ 本章提要

本章首先界定了财务报表之间的逻辑关联的内涵与层次,然后沿着六条逻辑主线分别从概率上推定了各种财务指标或者数据之间的逻辑关联。这种逻辑关联只是概率上的一种推定,不是严谨的财务报表之间的勾稽关系。企业所处的发展阶段的不同,不少财务报表之间的逻辑关联将随之改变。

■ 展望

第十二章论述了财务报表预测方法与可持续增长,以我国上市公司顺络电子为例,基于若干假设,运用专业的方法预测企业未来若干年的财务报表及其可持续增长能力。

◆ 章首案例

假定某公司2011年—2017年业绩呈现高增长态势,营业收入以惊人速度增加,净利润与经营现金流量增速也较为明显。

某公司2011年—2017年有关财务数据见表11-1。其中,公司合并报表中净利润始终为负数。

第十一章 财务报表之间的逻辑关联*

表 11-1 某公司 2011 年—2017 年有关财务数据 单位：亿元

项　　目	2011 年	2012 年	2013 年	2014 年	2015 年	2016 年	2017 年
营业收入	2.58	6.99	14.67	28.61	78.19	138.17	240.86
归母净利润	0.75	1.54	1.98	2.85	3.95	5.98	5.45
经营活动现金流量净额	0.68	1.49	1.26	1.96	2.54	3.64	−11.68

根据表 11-1 有关数据及公开信息，作为一名投资顾问，你是否能找出公司财务数据中可能存在的不太符合逻辑的地方，从而为该公司的潜在投资者揭示投资风险。

第一节 财务报表之间的逻辑关联概述

一、再论财务报表难读

财务报告是由会计人员编制，由管理者向外界提供的，满足不同利益相关者信息诉求的一种专业化程度极高的信息产品。具体来讲，财务报告需要会计人员运用专门的会计方法，按照会计准则有关要求和证监会有关制度要求，按照会计循环流程的各环节具体要求，会计循环流程过程中涉及会计方法的选择、会计估计、会计政策选择等会计人员的职业素养判断，编制而成的一种高度专业化的产品。

与外部利益相关者相比，会计人员作为编制者是内部人，参与了财务报告制作的部分或者全部流程，理论上会计人员更易理解财务报告，实际上会计人员识别财务报告描述的企业基本面也非易事。因为会计人员并不太清楚公司管理决策的过程。企业高层管理者更加清楚企业经营状况，却不编制财务报告，两者合作才能更为容易地读懂本企业财务报告。注意两者合作只是更容易读懂本企业或者同行中其他企业而不是同行业之外的任何一家企业的财务报告。

阅读财务报告不仅需要掌握专业技术方法，还需要甄别更多的非财务信息。从专业上讲，经历了复杂的报表编制过程后，会计人员不一定能够清晰还原本企业原貌，更何况是其他公司，尤其在当下大多数企业基本是利用做账软件生成财务报告的情况下，会计人员对企业业务更为陌生。

当然，这并不意味着我们无法挖掘财务报告的真相，只要分析者理解企业经营环境，运用专业方法判断评估财务数据的合理性，评估财务数据之间的逻辑关联，就会提升还原企业财务报告真相的可能性。

二、财务报表之间的逻辑关联的内容

财务报表之间的逻辑关联是指财务报表的一些会计科目或者财务指标在概率上的逻辑推定。它是基于概率推定的财务报表各科目、财务比率等之间的逻辑关联，并不是科学而严谨的，在现实生活中，并非每一家企业的财务数据都符合此处界定的逻辑关联。它与财务报表的勾稽关系不同，勾稽关系是指财务报表之间科学而严谨的账户关系。

财务报表的逻辑关联主要表现为两个层面：一个层面是财务报表中各会计科目之间的逻

辑关联，另一个层面是财务指标之间的逻辑关联。前者主要研究财务报表某两个会计科目或者多个会计科目之间的逻辑关联，后者是指通过对财务报表若干科目组合形成财务指标之间的逻辑关联，它又分为类内指标与类别指标之间的逻辑关联。财务报表两个层面的逻辑关联经常交织在一起，所以我们将其融为一体讲述。

三、正视财务报表之间逻辑关联

财务报告符合财务报表之间的逻辑关联，并不意味着财务报告没有问题；财务报告不符合财务报表之间的逻辑关联，也不意味着财务报告一定有问题。如果是前一种情况，分析者要注意其分析逻辑是否存在缺陷，尤其是要注意财务信息与非财务信息之间的互验关系；而后一种情况，分析者需要挖掘财务报告背离财务关系逻辑的原因，判断企业是否涉嫌造假。

具体来说，财务报表之间逻辑关联的重要性主要体现在以下方面：

1）有利于不同利益相关者更高效地挖掘财务数据真相，快速剔除一些无用的干扰信息。

2）有利于财务报告使用者更快捷地寻找财务报表异动数据，甄别这些异动数据的合理性。

3）为利益相关者提供了不同的财务报表分析视角，有利于其更高效地达到分析目的。

财务报表之间的逻辑关联应引起不同利益相关者的关注。外部中小股东通过财务数据逻辑关联分析，可更高效地找出异动数据，从而更有利于评估这些异动数据对企业持续盈利能力的影响；债权人通过关键财务数据之间的逻辑关联分析能够更有效地评价企业财务风险，而无须关注过多无用信息；管理者通过财务数据逻辑关联分析，了解财务数据内涵，提升与会计人员的沟通效率，实施更有效的管理决策；供应商通过判定财务报表之间逻辑关联的合理性，决定给予企业的信用政策是否需要调整；监管部门通过了解财务报表逻辑关联，判定企业财务数据的合理性，并制定有效的监管对策；审计师通过财务报表之间的逻辑关联，找出审计重点，制订审计计划，并完成审计工作；财务分析师通过分析财务数据之间的逻辑关联，使其更容易判断企业基本面，为投资者提供更有价值的投资决策参考。

事物皆有两面性，会计人员深知财务报表之间的逻辑关联，这一方面帮助会计人员检验编制财务报表过程中是否存在错账，另一方面可能帮助管理者实施盈余管理，从而为分析者阅读财务报告增加难度。这就要求分析者在甄别财务报表之间的逻辑关联时，借助非财务信息验证财务数据之间的逻辑关联真伪。

第二节　财务报表之间的逻辑关联分析

限于学识，本书无法穷尽财务报表之间的所有逻辑关联，只列示出一些逻辑关联，甚至可能是不太成熟的财务报表之间的逻辑分析，希望达到抛砖引玉的效果。

一、货币资金、短期借款、长期借款、资产负债率、财务费用、应收账款、销售收入和应付账款

通过本链条分析可以观察企业的市场竞争力、现金流的充沛度、债务偿还能力以及资本结构的优化等。

当企业步入成熟期时，货币资金充沛，拥有大量银行定期存款，尤其是银行定期存款占货币资金比例较高，并假定其主要来自经营活动和投资活动。这类企业有息负债占总负债的比例较低，经营负债占流动负债或者总负债比例较高，企业资产负债率低，财务费用为负数。同时，企业应收账款、应收票据、预付账款的金额不大，尤其是应收账款占流动资产的比例较小。更为明显的是，应收账款占销售收入的比例低，抑或是短期微幅提升之后逐步下降，至少不应长期逐步提升。同时，企业应付票据、应付账款和预收账款金额比较大，应付账款占流动负债的比例较高。企业应收账款/应付账款的值一般小于1，也有可能趋于1，很少大于1。

以我国酿酒行业为例，2012年前，酿酒业多长期处于高景气周期，贵州茅台和五粮液作为酿酒类企业的领导者，在市场中明显占据主导权，两家企业拥有巨额预收账款，货币资金充足，资产负债率比较低，企业财务费用高达负几亿，为企业带来了巨额"非经营性"收益。因为企业垄断性极强，使这种"非经营性"收益具有强持续性，具备了经营活动性质，从而企业具有主动优化资本结构的能力。然而，这类企业似乎没有利用闲置资金的动力，而是任由闲置资金"恶性"自由发展，即具有主动调整资本结构能力的企业却没有太强调整资本结构的意愿。

以青岛啤酒股份有限公司（简称青岛啤酒）为例对部分会计科目之间的逻辑关系进行数据验证。青岛啤酒1993年—2016年部分会计科目的数据见表11-2。

表 11-2 青岛啤酒 1993 年—2016 年部分会计科目的数据　　单位：万元

科　　目	1993 年	1994 年	1995 年	1996 年	1997 年	1998 年	1999 年	2000 年
销售收入	105 303	110 404	147 361	150 712	152 788	172 737	244 544	376 626
应收账款	16 085	11 890	19 136	23 062	39 209	50 477	59 488	60 909
应收票据	10	760	1 809	11 141	7 615	600	478	1 581
预收账款	5 194	2 805	4 825	10 680	7 559	7 652	4 717	5 994
科　　目	2001 年	2002 年	2003 年	2004 年	2005 年	2006 年	2007 年	2008 年
销售收入	527 672	693 673	750 796	862 069	1 001 986	1 167 716	1 370 922	1 602 344
应收账款	15 165	16 772	17 009	15 942	10 507	11 337	9 420	8 145
应收票据	2 585	6 590	5 088	9 859	7 521	4 498	3 729	905
预收账款	9 120	14 798	12 907	15 057	21 900	19 166	48 288	34 076
科　　目	2009 年	2010 年	2011 年	2012 年	2013 年	2014 年	2015 年	2016 年
销售收入	180 2611	1 989 783	2 315 805	2 578 154	2 829 098	2 904 932	2 763 469	2 610 634
应收账款	9 259	8 981	8 810	8 269	15 229	12 542	11 799	12 465
应收票据	1 075	1 261	9 835	6 180	8 476	4 160	2 277	2 640
预收账款	27 102	77 541	75 113	65 641	98 050	78 792	100 031	132 088

（资料来源：根据青岛啤酒股份有限公司年度财务报告整理。）

由表11-2可知，青岛啤酒1993年销售收入为10.53亿元，2014年达峰值290.49亿元，然后微幅下降至2016年的261.06亿元。同期，青岛啤酒1993年与2014年的应收账款相差无几，分别为1.61亿元和1.25亿元，但是两个年度的销售收入相差近280亿元，相差了26.59倍。从总体上看，2000年之前，公司应收账款逐步增加，应收账款与收入比也呈现逐步增高的趋势,到 2000 年,应收账款达到峰值 6.09 亿元,而应收账款与销售收入的比例于 1998 年达到峰值 29.22%,然后逐步下降,到 2000 年该比例为 16.17%;2001 年之后,该数据大幅度下降,2005 年大幅度下降至 1%左右,以后各年度均在 1%以内,而且更多年度在 0.5%左右,几乎可以忽略不计。公司应收账款占收入之比如此之低,也有可能与公司的结算方式变化有关,如开始采用商业汇票结算。但是,表 11-2 显示,商业票据始终不是公司主要结算手段,2000 年之前,除 1996 年和 1997 年的应收票据金额较大外,其他年度均很小,虽然 2002 年公司应收票据有大幅度上升,但是其与销售收入比基本在 1%以内,可以忽略不计。进一步观察预收账款发现,公司 1993 年—2016 年间预收账款总体上逐步增加,这说明公司议价能力明显上升,由 5 194 万元增加到 13.21 亿元。其中,1993 年—2000 年公司预收账款变化不太规则,由 1993 年的 5 194 万元逐步至 1996 年的峰值 1.07 亿元,然后微幅下降到 2000 年的 5 994 万元,然后逐步上升到 1 亿元以上。2001 年之后,公司预收账款明显超过 2000 年之前的预收账款水平,尤其是 2010 年及以后,预收账款基本保持在 5 亿元以上,2015 年更攀升至 10 亿元以上,2016 年达最大值 13 亿元。这些数据中,唯一让外部利益相关者担心的是,公司 2015 年开始营业收入连续两个年度微幅下滑,但是公司预收账款仍保持了 20%以上增长,应收账款与应收票据进一步下降,进一步显示了公司强劲的市场议价能力。

有兴趣的读者,可以进一步扩展表 11-2 中涉及的有关会计科目或者财务指标,例如,观察应付账款、应付票据与营业收入的关系,以及观察应付账款与流动负债的关系等,也可以将表 11-2 的有关数据内容之间进行更详细的比对,获取更多信息。

二、经营现金流、投资现金流、货币资金、净利润与经营现金流之比、销售收入增长率、利润增长率、股利支付率和股票支付率

经营现金流量、投资现金流量和企业发展阶段密切相关。处于初创期和发展期时,企业可能处于快速扩张阶段,首先要判断企业扩张成功的可行性,扩张成功的可能性大小取决于企业的经营现金流和投资现金流在企业扩张期的特征。好的企业在快速扩张期,至少到成熟期之前,经营现金流量比较充沛,投资现金流量多为负数,货币资金占流动资产的比率逐步改善。在扩张期结束之前,企业销售收入与利润保持增长,很少进行现金分红,甚至现金股利长期为 0,股票支付率极低。当企业步入成熟期时,经营现金流量比较充沛,投资现金流趋于正值或者逐步变大,企业货币资金充足,货币资金占流动资产的比率逐步增加。此时,企业净利润占经营现金流的比率趋于稳定。同时,企业销售增长率和利润增长率逐步接近个位数。与之对应,企业实施高现金股利分红政策,股票支付率逐步上升,有可能超过同期银行定期存款利率。例如,当前我国银行业基本处于成熟期,总体盈利能力强,大多数上市公司股利支付率比较高,并且股票分红率相当高。以 2012 年—2014 年为例,银行业企业的股票分红利率高于银行一年期定期存款利率。还有,格力电器、美的集团、青岛海尔等这些国内知名企业早已步入成熟期,这些企业现金流充裕,股票分红率也比较高,也符合上述规律。

三、经营现金流、投资现金流、筹资现金流、长期资产、现金净流量、货币资金和净利润

正常情况下,步入成熟期的企业经营现金流量应该比较充沛,而且投资现金流呈现为负

数增大或者逐步趋正。经营现金流量与投资现金流量在很大程度上决定了企业自由现金流的充裕程度，也决定了筹资能力和筹资现金净流量。

当一家工业企业处于扩张阶段时，非流动资产处于逐步增加的态势，增加幅度视投资扩张速度而定。一个具有良好成长性的企业经营现金流量是逐步增加的，现金储备也应该逐步增加，货币资金呈稳健上涨态势。当步入成熟期后，企业增加股票分红率，货币资金储备有可能微幅下降，但总体上企业现金储备比较充裕。通常一家能成功度过高成长阶段的企业，与投资现金流量逐步"恶化"阶段对应，企业净利润应该处于高增长状态。

我国中小板上市公司的典型代表苏宁易购（简称苏宁）的发展轨迹就是例证。苏宁2004年于深圳证券交易所上市，2004年—2007年间公司处于快速扩张期，经营现金流量日益充沛，投资现金流为负，收入和利润呈现高增长态势，利润每年基本翻倍，融资成本逐步降低，货币资金逐渐充足。

这种逻辑关联也有可能呈现如下规律：企业步入成熟期之前，经营现金流没有逐步增加，而是微幅增加或者基本不变，甚至小幅恶化，但是投资仍呈持续扩张态势，企业现金流量没有明显改善迹象，企业利润却逐步增加。需要注意的是，由于这类公司现金流量长期不太充沛，所以，分析者需要全面评估公司的流动性能力，并动态监控其流动性是否处于安全范围。

有兴趣的读者可以对这几个会计科目之间的逻辑链条进行扩展，例如加入资产负债率、财务费用等，使之更为完善。

四、资产周转率、销售净利率、权益乘数

资产周转率与销售净利率之积等于总资产报酬率。这一分解式可以清晰反映企业竞争战略，基本确定企业是成本领先战略还是差异化战略。一般情况下，资产周转率与销售净利率（或者是其他利润率指标，如销售毛利率等）是负相关关系。

资产周转率与销售净利率的组合如图11-1所示。

图11-1 资产周转率与销售净利率的组合

总体上讲，大多数企业处于第Ⅱ象限和第Ⅲ象限：一类是资产周转率高而销售净利率低；一类是资产周转率低而销售净利率高。在正常条件下，资产周转率与销售净利率呈反比，这比较符合财务学原理，即资产周转期越长，企业经营风险越大，企业需要更高的销售净利率来弥补其经营风险。从企业实践角度上讲，企业为了提高销售毛利率或者销售净利率，需要增加产品附加值，通常需要增加投资，容易引起资产周转率下降。与此相反，为了加快资产周转，快速回款，需要降低价格，容易引起利润率下降。通常，销售净利率较高的

重工业企业，其资产周转率较低；资产周转速率较高的零售企业，其利润率比较低。

我们将处于两个象限的企业称为问号类企业，处于第Ⅱ象限和第Ⅲ象限中的企业有可能向另外两个象限延伸。

问号类企业的生存处境取决于资产周转率和销售净利率之间最后综合权衡的结果：总体盈利还是总体亏损。具体来说，如果企业销售净利率高带来的优势远优于资产周转率慢的劣势，或者是如果企业销售净利率低带来的劣势远不及资产周转率快的带来的优势，则企业的生存处境占优。只要处于第Ⅱ象限和第Ⅲ象限的企业把财务指标做到极致，即资产周转率极快，而销售净利率并不低，或者资产周转率并不慢，而销售净利率极高，则企业竞争力在行业中占优，它有可能成为行业领导者，即成功延伸到第Ⅳ象限。这就要求处于第Ⅱ象限和第Ⅲ象限的企业分别弥补自身的短板，就有可能成功延伸到第Ⅳ象限。实践中，处于第Ⅱ象限和第Ⅲ象限的企业中很少能做到极致，大多数企业只能将资产周转率与销售净利率的矛盾进行有效平衡，不太可能延伸到第Ⅳ象限。处于第Ⅱ象限和第Ⅲ象限的大多数企业经过市场洗礼过后，维持在原处就已经十分不易，若没有及时调整，它们更有可能延伸到第Ⅰ象限。

假定企业处于第Ⅳ象限，两类指标处于双高位置，我们称之为"巨星类"企业或者为"超级明星类"企业。这类企业打破了财务学原理，不仅实现了资产高周转，而且企业利润率极高。例如，快时尚企业的ZARA、H&M等，其典型特点是"快速、平价和时尚"，这类企业原本以"快"著称，正常条件下，销售净利率比较低，然而这些企业将供应链管理做到了极致，促使企业利润率并不低于普通服装企业，最终实现了高资产周转和高盈利的完美组合，也成为行业内盈利能力最强的一类企业。如果大家细心观察各行业，就会发现每一行业的领导者大都处于行业内的"双高"区域，其持续盈利能力极强。

假定企业处于第Ⅰ象限，资产周转率与销售净利率均处于"双低"区域，我们称之为"瘦狗类"企业。这类企业生存处境艰辛，很少有这类的企业能在两类指标出现"双低"之时还能长期生存下去，这便要求企业快速进入其他象限，否则将处于破产或者财务困境边缘。如果企业开始处于第Ⅰ象限，它可以寻求过渡至其他象限的对策，但是若企业是经历市场洗礼之后由其他象限滑入第Ⅰ象限，清算和收割是上策。

基于资产周转率和销售净利率的组合分析基础上，再加入权益乘数，可以体现企业财务战略，有利于分析者衡量企业资本结构的合理性。这时综合财务指标由资产报酬率转为权益净利率。财务杠杆能否取得正效应，取决于企业总资产报酬率是否超过负债成本。如果企业总资产报酬率超过负债成本，增加举债经营，通常可取得正财务杠杆效应，从而增加股东权益。一般来讲，当企业处于第Ⅳ象限时，通常可以加大财务杠杆。但在现实生活中，这类企业现金流量极其充裕，资产负债率比较低，却不喜欢提高财务杠杆。当处于第Ⅱ象限和第Ⅲ象限时，企业根据自身发展战略、发展阶段等因素有可能增加财务杠杆。当处于第Ⅰ象限时，企业处于危险边缘，尽量减少负债。

在实践中，销售净利率、资产周转率和权益乘数的关系更为复杂。总资产报酬率与企业的权益乘数一般成反比，这种结论看似与我们通常分析的逻辑相矛盾，实则有一些道理。企业为了提高净资产报酬率，会倾向于提高财务杠杆。但是，资金提供方不会同意这种做法。因为贷款提供者只能分享固定收益，他们更倾向于将资金提供给未来经营现金流量稳定的企业。而企业也知道贷款提供者的这种倾向，企业为了获取贷款会主动迎合贷款提供者的意愿，要么企业降低价格减少竞争，要么增加营运资本，提升企业流动性，这都会导致总资产净利率下降。换句话说，企业为了提高流动性，必须牺牲其盈利能力。因此，经营风险低的企业可以获得更多的贷款，其财务杠杆较高；经营风险高的企业，只能得到较少的贷款，其财务杠杆较低。这与企业实践相一致，重工业企业总资产较大，资产净值也比较高，经营风险比较低，这类企业是银行业优先贷款的对象；一些高科技企业，净资产较小，经营风险较高，这类企业不是银行重点贷款的对象。

如果是净资产回报率发生变化时，资产周转率、销售净利率和权益乘数的逻辑关联更为多样。例如企业净资产回报率下降，分析销售净利率、资产周转率和权益净利率的各自贡献时，计算结果表明：资产周转率贡献值为正数，销售净利率贡献值为负数，而权益乘数贡献值为负数，并且资产周转率贡献值上升比较明显，只是三个因素总体上导致净资产回报率下降。从统计数据看，企业资产周转明显上升了，但权益净利率却下降了，从表面上看，这不太合乎逻辑。因为资产周转率是企业管理过程的一个指标，正常情况下资产周转率上升通常导致净资产回报率上升。但也不尽然，这是因为总资产周转率采用销售收入作为计量分子，可以单独运用销售成本重新计量总资产周转率，验证企业资产管理能力是否得到提升。如果验证企业资产周转率上升，结合企业销售净利率下降，这可能是企业信用政策放宽导致企业收入上升，也有可能是竞争激烈导致产品售价下降。由于企业激烈竞争，有可能引起管理费用、销售费用等明显上升，同时企业存货存在贬值压力，鉴于市场竞争不利局面，企业主动采取了降低财务杠杆的方法，导致权益乘数效应下降，最终导致企业资产周转率上升而净资产回报率下降。当然，也还有其他原因，每一种逻辑分析过程都需要运用相关公开信息进行求证。

五、现金比率、资产负债率、资产周转率、净资产报酬率

这一组逻辑关联式是流动性能力、资产管理能力与盈利能力之间的逻辑关联。一般来讲，资产流动性与盈利性成反比，这既是企业资产配置重点，也是难点。大多数企业要追求高盈利性，会采取更为冒险的激进投融资策略，但是这势必会引起企业资产的流动性下降；如果企业要求资产流动性强，会采取保守的投融资策略，这势必影响公司的盈利性。因此，企业需要权衡两者的矛盾。优秀企业经常打破这种束缚，实现"双高"策略，即高盈利性与高资产流动性并存。在移动互联网时代，世界级企业的巨大优势更有可能促使其实现高资产流动性与高盈利性并存，这些企业的顾客黏性更强，且企业的市场议价能力更强，占用他人资金的能力更强，所以，企业持续稳健盈利能力强，且现金储备惊人，从而实现"双高"。例如，我国的腾讯和阿里便实现了高盈利性与高流动性并存。

在正常情况下，企业流动性越充足，例如流动比率、速动比率越高，尤其是当企业现金类比率越高时，资产负债率越低，企业依靠自身充足的现金流量基本就可满足其持续增长的需求。资产周转率是企业融资与盈利能力间的桥梁，尤其是存货周转率和应收账款（款项）周转率。如果企业决定采取激进的投融资策略，且资产负债率很高，现金类比率在短期内有可能并不是那么安全。在这种条件下，企业资产管理能力的高低在很大程度上决定了净资产报酬率的高低，并决定了企业盈利能否快速增长以及总体风险是否可控。如果企业资产管理能力一流，例如我国批发零售业、快时尚服装行业的一些优质企业，具有超强的资产管理能力，并且具有较大的市场话语权，当其采取激进的投融资策略时，通过不断提升资产管理水平，并优化供应链管理水平，适度提升财务杠杆，提高企业的盈利能力，博取更高的净资产

回报率。反之，如果企业资产管理能力一般，那么当企业采取激进的投融资策略时，尤其是出现负财务杠杆效应时，股东回报率大幅度降低，很可能给企业带来灾难性后果。

六、存货周转率、应收账款周转率、应付账款周转率、销售毛利率、现金满足投资率、资产负债率

一般来说，企业存货周转率与应收账款周转率成正比。企业存货周转率越快，存货管理能力越强，市场话语权越高，企业应收账款越少，应收账款周转越快，应付账款周转越慢。通过存货周转率与应收账款周转率可以计算存货周转期与应收账款周转期，即企业资金被他人占用的时间；通过应付账款周转率可以计算应付账款周转期，即企业占用他人资金的时间。通过两方面比较求得企业现金周转期，即广义现金周转期，即企业资金被他人占用的时间或者净占用他人资金的时间。如果现金周转期为负数，就意味着企业净占有他人资金；如果现金周转期为正，则说明企业资金被他人净占用。企业现金周转期越短，表明企业的市场话语权越大。通常现金周转期为负的企业，其竞争战略定位一般是"高周转、低利润率"，通过资产快速周转，减少自身资金占用，提高资金效率，实现利润最大化。

资产周转快的企业，其现金是否满足投资率与资产负债率的要求，主要取决于企业所处的发展阶段。如果处于导入期，绝大多数企业的资产负债率都比较低，企业尽可以使用股权融资。处于导入期的企业，它的现金满足投资率比较低。如果企业处于扩张过程中，这类企业的资产负债率的高低取决于企业扩张速度快慢，以及管理者的融资偏好。如果企业扩张过快，而且管理者偏好债务融资，那么企业必然面临比较高的资产负债率，这时要注意企业现金流是否充足，避免陷入财务困境。如果企业处于成熟期，扩张趋于平稳或者接近尾声，企业资产负债率通常应该比较低。此时，即使企业原来资产负债率比较高，也应该主动降低资产负债率尤其是资产有息负债率以减轻偿债压力。

此外，为了更全面了解企业基本面和潜力，我们可以研究更多财务报表科目、财务比率之间的逻辑关联。例如，货币资金、货币资金中受限资金占比、应收票据、应收账款、预付账款、其他应收款、存货、存货占流动资产比、货币资金占流动资产比、流动资产与非流动资产比、短期借款、应付票据、应付账款、预收账款、合同负债、其他应付款、长期借款、应付债券、应收账款/应付账款、资产负债率、核心利润、财务费用、核心利润/营业利润、核心净利润/净利润、经营现金流量净额、投资现金流量净额、经营现金流量净额/营业利润、自由经营现金流量、自由现金流量等。如此之多的财务数据之间的逻辑关联必然变得更为复杂多变，一般越优质的企业，这些财务数据之间的逻辑关联越简单。然而在现实世界中，这些财务数据之间总会出现偏离理想情况的点，投资者需要在财务数据不太完美的逻辑关联中找出尽可能优质的企业。当然，分析者通过对大量财务数据逻辑关联的评估，基本可以规避有可能爆发流动性危机的企业。

思 考 题

1. 财务报表之间逻辑关联包括几个层面？
2. 如何理解财务报表之间逻辑关联的重要性？
3. 根据本章列示的财务报表之间的逻辑关联，请对其中一些逻辑关联进行拓展。
4. 基于分析者特定的财务分析目的，列示本章之外的一些财务报表之间的逻辑

关联。

5. 某公司是一家制药公司，并于 20×1 年 2 月 10 日在全球主要证券交易所上市。其 20×6 年和 20×7 年每季度的若干主要财务数据见表 11-3。20×8 年 5 月 19 日公司所在地的证监交易委员会就会计不当行为调查该公司，8 月 18 日披露公司存在虚增货币资金、虚增固定资产、虚增营业收入和少计存货等行为，并于 12 月 16 日对该公司进行相应处罚。其中，公司 20×6 年虚增银行存款 280.45 亿元，少计存货 103.21 亿元，虚增营业收入 95.52 亿元，多计利息收入 3.18 亿元，虚增利润 7.34 亿元，占合并利润表当期披露利润总额的 16.41%。公司 20×7 年虚增银行存款 330.48 亿元，少计存货 114.25 亿元，虚增营业收入 108.42 亿元，多计利息收入 3.42 亿元，虚增利润 8.34 亿元，占合并利润表当期披露利润总额的 23.48%。

上述违法事实，有该公司《20×6 年年度财务报告》和《20×7 年年度财务报告》中营业收入明细账、各类业务收入汇总表、录入发票明细、"应收账款余额明细表""关于经营业务收入的情况说明"、税务信息查询结果、会计凭证、相关银行账户资金流水、原始凭证及记账凭证、情况说明、询问笔录等证据证明，足以认定。

20×9 年，该公司现金流断裂，陷入财务困境。两年后该公司最终以退市告终，给其投资者带来了巨大损失。

基于上述信息，你认为表中有哪些财务数据有可能提前为投资者揭示公司存在财务造假和陷入财务困境的线索？

表 11-3 某公司 20×6 年—20×7 年每季度的若干财务数据　金额单位：万元

项　　目	20×6 年				20×7 年			
	第一季度	半年报	前三季度	年度	第一季度	半年报	前三季度	年度
货币资金	1 541 995	2 304 653	2 605 923	2 932 514	2 891 964	2 894 775	3 196 673	3 515 143
受限资金	2 140	3 686	4 120	8 005	9 820	10 546	9 870	8 869
应收票据	14 873	14 910	17 094	22 392	22 899	21 557	26 894	26 897
应收账款	281 583	324 645	328 501	309 518	354 578	388 846	425 029	437 101
预付账款	59 100	67 843	82 816	79 054	98 559	115 700	120 535	113 034
其他应收款	10 228	9 297	11 352	14 513	15 138	10 625	14 968	18 432
存货	1 049 319	1 171 476	1 235 368	1 262 937	1 267 767	1 428 155	1 524 753	1 571 819
其他应收款	10 135	9 284	11 378	14 513	15 139	10 618	14 965	18 034
短期借款	612 050	659 950	729 050	825 280	822 760	907 245	906 555	1 137 025
应付票据	8 943	8 519	5 707	6 418	9 495	9 274	985	2 201
应付账款	158 460	160 947	172 495	169 264	198 506	224 640	244 044	218 158
预收账款	90 777	73 149	77 257	121 884	114 868	172 182	206 504	172 772
其他应付款	47 168	72 532	90 920	41 669	68 841	53 938	61 314	160 346
长期借款	0	0	0	0	0	0	0	0
应付债券	489 654	481 765	488 813	487 860	488 911	238 962	883 065	850 669
营运资本	1 638 462	2 304 619	2 384 427	2 453 710	2 484 358	2 216 101	2 903 232	3 097 150

（续）

项　　目	20×6 年				20×7 年			
	第一季度	半年报	前三季度	年度	第一季度	半年报	前三季度	年度
资产负债率	48.89%	42.17%	46.10%	47.40%	48.24%	49.44%	52.33%	54.24%
财务费用	14 677	17 598	19 450	20 968	22 149	18 736	26 535	29 819
归母净利	98 904	176 623	259 674	334 840	108 876	239 154	315 078	421 093
经营现金净流量	46 897	10 359	66 180	160 319	134 953	106 490	152 585	184 289
投资现金净流量	−17 086	−155 087	−168 559	−198 631	−57 228	−52 614	−71 008	−152 894

判 断 题

1. 财务报表之间的逻辑关联有利于分析者更快捷地评估财务报表异动数据的合理性。
（　　）
2. 只要掌握财务报表之间的内在逻辑，必定可以识别企业造假。（　　）
3. 资产负债率过高的企业不太可能拥有大量银行定期存款。（　　）
4. 应付账款通常与财务费用成反比。（　　）
5. 应收账款占销售收入比例越高，企业资产流动性越强。（　　）
6. 资产周转率通常与利润率正相关。（　　）
7. 经营现金净流量与投资现金净流量双高的公司有可能扩张成功。（　　）
8. 企业应付账款越少，企业银行存款中定期存款占比可能越小。（　　）

第十二章

财务预测与可持续增长

■ 回顾

第十一章主要列举了一些财务报表之间的逻辑关联，这些逻辑关联有利于分析者检验财务预测假设的合理性，提高财务预测的准确性。

■ 本章提要

本章是预测篇的结尾，也是本书的结尾。本章主要描述了预测财务报表的方法，并简要分析了可持续增长能力理论。然后，以我国上市公司顺络电子股份有限公司为例，通过经营环境评估，运用财务预测方法，基于若干假设，预测企业未来若干年度的财务报表，并且对企业未来持续盈利能力做出评估。

◆ 章首案例

下面是一场有关财务预测的辩论会中正反双方队员的论点摘录，请评述正方与反方观点。

反方：财务报告计量属性以历史成本为主，这注定了财务报告在预测方面是无用的。

正方：财务报告虽然以历史成本为主要计量属性，但是，它也包含了其他会计计量属性，这决定了财务报告在预测方面并非无用，并且我们很难证明历史成本不能用于预测。

反方：虽然企业在对会计要素进行计量时，可采用重置成本、可变现净值、现值和公允价值计量，但应保证所确定的会计要素能够取得并可靠计量，尤其是我国引入公允价值计量是适度、谨慎和有条件的，这会极大地限制财务信息的价值。

正方：诸如现值、公允价值计量属性，虽然存在比较大的不确定性，其应用条件比较苛刻，但是它们给财务报告使用者提供了更为相关的信息。何况财务报告也包括企业非财务信息，例如管理层讨论与分析等，这些信息从一个侧面验证了企业财务数据的真伪的同时，也为预测企业未来提供了可能性。

反方：虽然财务报告中的其他非财务信息的确为财务预测提供了一个视角，但是基于当下竞争更为充分的环境，企业没有太强意愿披露过多与企业未来相关的信息。因此，财务报告很难帮助投资者预测企业持续盈利能力，预测持续高增长盈利能力的企业更是天方夜谭。

正方：原本具有持续高增长盈利能力的企业就很难被发现，当财务报告显示企业盈利强劲增长时，的确绝大多数投资者丧失了最佳投资时机，但是，这与投资者的素养更为密切，并且企业持续高增长盈利通常并不是一年，而是发生在一段时间内，在一段时间内恰好证明了财务数据可以预测企业未来持续盈利能力，只是当事人财务分析能力不足而已。何况，分析者选择的预测方法及其假设的合理性的信息处理水平不同，也会导致预测的准确性不同，但是这并不能否认财务报告在预测方面的价值。

反方：持续盈利增长的企业的确通常都会持续一段时间，但关键是投资者总是无法在企业实现盈利高增长之前大量买入企业股票，从而错过最佳投资机会，说明财务报告没有提供预测性信息。并且各种财务预测方法以历史成本数据为基础，运用专业的预测方法对未来进行预测，相当于用无关的数据预测有关的未来，所以，如果运用财务报告能预测准确企业未来是一件比较奇怪的事。

正方：预测本来就不准，通过现实数据与预测数据的比较分析，不断修正预测偏差，运用合适的预测方法，使未来预测更为准确，这才是预测的目的。还有，历史成本计量属性并非完全无关，只要会计方法、会计估计等运用得当，历史成本就有可能是一种相关性比较高的计量属性。所以，运用历史成本计量的数据，兼顾其他计量属性计量的财务信息，辅助非财务信息，运用合理的预测方法，分析者是有可能预测企业未来发展趋势的。

请根据双方辩论内容，评述其中合理与不当之处。

第一节　预测准确性的决定因素

财务预测的最大价值在于人们通过财务报告及其他公开信息，运用专门的预测方法，对公司未来多种生存状态进行模拟，测算不同状态下企业的生存处境，从而对企业未来前景做出趋势判断，并对未来重大差异做出快速而有效的反应。

企业经营环境信息是财务预测的起点。财务预测过程包括经营环境分析、关键财务数据的合理假定、预测方法的合理选择、财务预测数据的计算与财务预测数据简要说明。企业经营环境评估是财务预测的定性因素描述，财务预测的计算是其定量分析。后者是前者的数据演示或者验证，所以，经营环境评估的准确度直接决定了财务预测的准确度。

第二节 财务预测与可持续增长理论

一、预测方法与财务预测概述

预测方法按其是否量化的性质可分为定性预测和定量预测。

定性预测又称直观预测，是指预测者根据调查研究，结合自己的实践经验、专业水平及组织有关领域的专家等人员的判断能力，不用或仅用少量的计算，从预测对象中找出规律进行分析并求得结果。该方法主要有经理人员意见征集法、德尔菲法、访问法、现场观察法、座谈法等。其主要优点是企业在缺乏足够的统计数据和原始资料的情况下，也可做出比较定量的评价。定性预测精确度在很大程度上依赖于预测者的经验水平，主观性较强，预测人员的经验不同，预测结果也不同。又因数据资料不完整，使预测结果与实际情况偏差增大，容易降低预测质量，只有结合定量预测才能提高预测的精确度。

定量预测也称统计预测，主要是指利用企业已掌握的历史资料，运用数理统计、信息运筹处理等定量的数学手段，建立数字模型进行数据分析，并做出预测结果。定量预测大致分为两类，一类是利用经济发展的数据资料来预测发展的趋势，即所谓的外推法，如时间序列分析法；另一类是利用各种经济现象发展的因果关系资料来预测经济发展的前景，即因素法，如回归分析法、经济计量法等。定量预测也有其局限性，一方面，定量预测通常不考虑非定量的因素，所以对经济运转过程中突发事件估计不足，而在预测对象发生偶然性变化时，容易产生滞后的偏差，应变能力比较差；另一方面定量预测结果虽然精确度很高，但数据模型建立过程比较烦琐，耗费人力、财力过多，难以达到既经济、核算又准确的预测目的。

若将预测方法用于财务预测就是财务预测方法。从广义上讲，凡是关于公司财务数据方面的预测都可称为财务预测。一般认为，财务预测是指用货币计量的方式，将决策目标所涉及的经济资源进行配置，以计划的形式具体、系统地反映出来。定量财务预测方法主要有销售百分比法、财务预算法、时间序列分析法和计算机预测法。

二、预测财务报表的方法

预测财务报表的方法主要有销售百分比法和财务预算法，其中，财务预算法包括更多内容，销售百分比法是其中之一。

（一）销售百分比法的操作程序

销售百分比法是根据财务报表各变量与销售收入之间的比例关系，按照预测期销售收入的增长情况，预测企业未来财务报表的一种方法。该方法简单明了、易于操作，是预测分析常用的一种方法。

销售百分比法的操作程序一般如下：

（1）审核历史数据 通过对历史数据的审核，判断财务报表中与销售呈比例变化的项目（即敏感性项目）有哪些。一般来说，资产负债表中的资产类项目，如货币资金、正常的应收账款和存货等项目，都会随着销售额的增长而相应增长。固定资产一般不属于敏感性资产，但是当固定资产项目的利用率已经达到饱和状态时，则要随着销售额的增长而增添设备，也属于敏感性资产。负债类项目，如应付账款、应付票据、其他应付款等项目，一般会随着销售额的增长而增长，而长期负债等项目，则一般不随销售额的增长而增长。所有者权益类项目，如股本、资本公积等项目一般不随销售额的变化而变化，若利润率保持不变，留存收益一般会随着销售额的增长而增长。

（2）预测销售额　由于财务报表中许多项目与销售收入具有高度相关性，所以尽可能准确地预测销售额至关重要。内部分析人员一般是通过从营销经理处得到的销售预测资料来预测销售额的，而外部人员只能通过公开信息处理评估企业销售数据，运用定性、定量的分析方法进行预测而得出。比较严谨的方法是对国家宏观环境、行业竞争态势、企业竞争战略、产品竞争优势、研发优势、财务数据等综合分析之后判断企业的销售收入，但是这种方法耗时、费力，一般比较适合大型企业，它们具备高度信息化的特征，预算管理能力比较强。

（3）预测与销售额相关的项目　根据财务报表中各项目与销售额的依存关系，借助预测的销售额估计财务报表的各项目。

（4）预测与销售额无关的项目　采用其他分析方法分别测定财务报表中与销售额不直接相关，但肯定变动的项目数额。

（5）编制预测财务报表　编制预测的利润表、资产负债表和现金流量表，保证报表之间的内在联系及表内项目的平衡关系，确定应增加的外部融资需求量。

（二）财务预算法

财务预算法是通过编制财务预算来预测财务报表的方法。财务预算是企业全面预算的一部分，它和企业其他的预算是联系在一起的。对于预算管理能力比较强的企业而言，预测未来的财务报表，只要根据预算管理中的资料库就地取材稍作加工即可，外部人员就没有那么简单，需要按照财务预算步骤，搜集相关资料，运用合适的专业方法，编制财务预算。但对于没有完整生产经营计划与相关原始数据的企业来说，财务预算法就显得比销售百分比法费时、费力、复杂得多，并且销售收入预测也不太准确，直接影响财务预算的编制效果。

财务预算法具体的操作程序如下：

（1）分析经营环境　财务预算法要求分析人员在进行报表预测之前，首先应对企业所处的内外环境做出认真、综合的研究与分析，包括国家政治经济形势分析、行业未来发展态势分析，同行业竞争趋势分析，市场价格变动趋势分析，企业研发能力、金融政策趋势分析等。通过经营环境评估，将与环境有关的因素给予量化，结合企业的生产能力拟定企业的预算方案。

（2）拟定预算总方案　预算的总方案是指企业未来的经营方针、各项政策及企业的总目标和分目标。例如，为销售部门制定销售目标，具体包括预算期产品的销售数量、销售价格、销售费用、销售地区、销售战略和战术等。通过拟定预算总方案使企业各部门编制预算有依据和标准。

（3）编制具体预算　组织各部门按照具体的目标要求编制本部门的预算草案，包括销售预算、生产预算、成本预算、费用预算等。

（4）编制预测财务报表　基于经营预算的基础，编制预算期的利润表、资产负债表和现金流量表。

经营环境评估在预算编制中非常重要，它是整个预算的起点，收入预测的准确性与它直接相关，而其他所有预算都依赖于收入预算。因此，经营环境评估越准确的企业，它的预算水平越高，收入预测越准确。可以说，经营环境评估是水源，收入是直接源头。

三、可持续增长能力理论

（一）可持续增长率的概念

可持续增长率衡量企业利用经济杠杆能够获取的持续增长效果。可持续增长率是指在不增发新股并且保持目前的经营效率和财务政策的条件下，企业能够实现的增长速度。可持续增长率可以用可持续资产增长率、可持续净资产增长率、可持续销售增长率和可持续股利增长率等指标来表示。

（二）可持续增长率的计算

预测企业可持续增长率，通常需要如下假设：①企业以市场条件允许的最快速度发展；②企业经理人不愿意或者不能够筹集新的权益资本；③企业维持目标资本结构和固定的股利政策。在这些假设条件下，企业利润要想以过去的增长速度持续增长，就必须增加营业收入。而在企业资产周转率一定的条件下，增加营业收入必须依赖于资产的相应增加。而要增加资产，在不对外进行权益资本融资的条件下，其来源渠道不外乎企业内部的资金积累和对外债务融资。在不改变目标资本结构的条件下，债务的增加又取决于其自身的盈利能力和既定的股利政策。根据这些假设条件，可持续增长率的计算公式如下：

$$可持续增长率(g) = 股东权益增长率 = 净资产收益率 \times (1 - 股利支付率)$$

上述公式的净资产收益率、股利支付率应根据企业当年的资产负债表和利润表计算。根据可持续增长率计算公式可以得出结论：企业在保持目前经营战略和财务战略的条件下，企业可持续增长率取决于净资产收益率和股利支付率，它与净资产收益率成正比，与股利支付率成反比。股利支付率越低，在净资产收益率不变的条件下，企业可持续增长率越高。在股利支付率既定的条件下，净资产收益率越高，可持续增长率越高。基于若干假设条件下，可持续增长率低于净资产收益率，这也意味着如果企业要追求更高的增长率，需要改变经营战略和财务战略。

可持续增长的思想并不是说企业的增长率不可以高于或者低于可持续增长率，而是说企业现有的销售收入水平可以继续保持，而且整体呈上升趋势。

下面对可持续增长率进行分解，找出其驱动因素，分别用期初股东权益、期末股东权益两种方法来计算可持续增长率。

1. 根据期初股东权益计算的可持续增长率

$$可持续增长率(g_1) = 股东权益增长率 = \frac{股东权益本期增加}{期初股东权益}$$

由于可持续状态下企业所有者权益增加只能靠内部留存，所以股东权益本期增加的计算公式如下：

$$股东权益本期增加 = 期末股东权益 - 期初股东权益$$
$$= 本期留存收益增加$$
$$= 本期净利润 \times 本期利润留存率$$

因此，

$$\text{可持续增长率}(g_1) = \frac{\text{本期净利润} \times \text{本期利润留存率}}{\text{期初股东权益}}$$

$$= \text{期初股东权益本期净利率} \times \text{本期利润留存率}$$

$$= \frac{\text{本期净利润}}{\text{本期销售收入}} \times \frac{\text{本期销售收入}}{\text{期末总资产}} \times \frac{\text{期末总资产}}{\text{期初股东权益}} \times \text{本期利润留存率}$$

$$= \text{销售净利率} \times \text{资产周转率} \times \text{权益乘数} \times \text{本期利润留存率}$$

$$= \text{销售净利率} \times \text{资产周转率} \times \text{权益乘数} \times (1-\text{股利支付率})$$

需要注意的是，上述计算公式中"权益乘数"是用"期初股东权益"而非"期末股东权益"。

2. 根据期末股东权益计算的可持续增长率

根据可持续增长率（g_1），重新界定公式（g_2）如下：

$$\text{可持续增长率}(g_2) = \frac{\text{本期净利润} \times \text{本期利润留存率}}{\text{期初股东权益}}$$

$$= \frac{\text{本期净利润} \times \text{本期利润留存率}}{\text{期末股东权益} - \text{本期净利润} \times \text{本期利润留存率}}$$

将分子分母同时除以期末股东权益可得

$$\text{可持续增长率}(g_2) = \frac{\text{本期净利润} \div \text{期末股东权益} \times \text{本期利润留存率}}{1 - \text{本期净利润} \times \text{本期利润留存率} \div \text{期末股东权益}}$$

$$= \frac{\text{权益报酬率} \times \text{本期利润留存率}}{1 - \text{销售净利率} \times \text{资产周转率} \times \text{权益乘数} \times \text{本期利润留存率}}$$

$$= \frac{\text{权益报酬率} \times (1-\text{股利支付率})}{1 - \text{销售净利率} \times \text{资产周转率} \times \text{权益乘数} \times (1-\text{股利支付率})}$$

（三）可持续增长率的因素分析

根据两种不同分解视角，可求得如下两个可持续增长率公式：

$$\text{可持续增长率}(g_1) = \text{销售净利率} \times \text{资产周转率} \times \text{权益乘数} \times (1-\text{股利支付率})$$

$$\text{可持续增长率}(g_2) = \frac{\text{权益报酬率} \times (1-\text{股利支付率})}{1 - \text{销售净利率} \times \text{资产周转率} \times \text{权益乘数} \times (1-\text{股利支付率})}$$

由两个不同的计算公式驱动因素分析，销售净利率、资产周转率、权益乘数和股利支付率是两个计算公式的共同驱动因素。第一个计算公式中权益乘数采用期初股东权益，其分子与分母不对应。可持续增长率（g_2）计算公式中，可持续增长率中还有一个决定因素是权益报酬率，并且股利支付率是一个决定性的关键变量，如果股利支付率上升，将严重影响公司的可持续增长率。

可持续增长率的计算结果的驱动因素与杜邦财务分析体系核心指标 ROE 分解的驱动因素中有三个共同因素：销售净利率、资产周转率和权益乘数，三者与可持续增长率呈正向变动关系，具体分析原理参见杜邦财务分析体系。可持续增长率还有一个决定因素：股利支付率，它与可持续增长率呈反向变动关系，股利分配政策与企业发展阶段、财务限制等密切相关。

第三节 预测财务报表与可持续增长能力的运用

一、预测收入与财务报表的敏感项目

（一）预测收入

预测企业收入是一切财务数据预测的起点，无论是外部人员进行投资分析的财务预算，还是内部人员实施的预算管理，以及投资者进行的持续盈利能力估算，都离不开对企业销售收入的估算。企业内部销售预测更为准确，外部利益相关者作为局外人只能借助公开信息，例如企业历年财务报告、投行研究报告等进行销售预测。

销售收入增长率的推断需要考虑下面的问题：

（1）企业战略　企业处于什么行业？行业前景如何？国家是否大力扶持？企业是否有强劲的内生增长机制？产品质量战略如何？企业主要产品处在产品生命周期的哪一个阶段？有什么新产品？企业的收购和兼并战略是什么？

（2）产品市场　消费者行为将如何变化？产品需求弹性是多少？有没有替代品进入？潜在进入者的威胁如何？企业应对消费偏好变化和潜在竞争威胁的能力如何？

（3）公司的营销计划　企业有没有新开发的市场？有什么样的定价计划？有什么样的促销和广告计划？企业是否有能力开发和维持其品牌？

（二）估算报表中敏感性项目

估算报表中与收入有关的敏感性项目主要有以下几个方法：

（1）理论与经验分析　首先根据财务专业相关理论推算基本的敏感性资产、敏感性负债以及利润表中的敏感性项目，然后根据经验进一步修正敏感性项目，例如固定资产是否在预测年度为敏感性项目等。

（2）敏感性分析　按照分析因素变动数量的多少，敏感性分析可以分为单因素敏感性分析和多因素敏感性分析。本书为了快速找出敏感性项目，只进行单因素敏感性分析。通过敏感性因素分析，进一步调整敏感性项目，以及修正敏感性项目与收入之比。

（3）回归分析法　根据报表项目与收入之间的关系，建立一元或者多元回归分析方程，其中回归分析方程的自变量系数就是通常的报表项目与收入的比例系数。

二、预测财务报表

简单起见，我们运用销售百分比法分析报表中与收入有关的敏感性因素并编制预测财务报表。首先编制预测利润表，在此基础上完成对资产负债表的预测，最后完成对现金流量表的预测。

本节以顺络电子公司为例，立足于2020年，预测企业2021年—2026年的财务报表。

深圳顺络电子股份有限公司（以下简称顺络电子）于2007年6月13日在我国深圳证券交易所上市。企业主要从事各类片式电子元件研发、生产和销售，是一家全球排名前三的片式电感器、片式压敏电阻器生产企业，其性能已与国际电感巨头村田相当，并且具有自主核心技术及竞争优势。

在第一版教材中，本章以2016年该公司的财务数据为基础，预测了该公司2017年—

2022 年间的财务报表。现简要回顾 2017 年—2020 年间顺络电子相关财务数据实际值与预测值的偏差情况（见表 12-1），并给予简要说明。

（一）2017 年—2020 年顺络电子相关财务数据实际值与预测值的差异分析

表 12-1　2017 年—2020 年顺络电子相关财务数据实际值与预测值的差异分析

项　目	2017 年		2018 年		2019 年		2020 年	
	实际	预测	实际	预测	实际	预测	实际	预测
营业总收入（万元）	198 756	199 670	236 204	239 604	269 323	299 505	347 661	389 356
净利润（万元）	34 404	40 683	48 297	48 224	40 576	59 605	59 711	76 797
营业总收入差异率	−0.46%		−1.42%		−10.08%		−10.71%	
净利润差异率	−15.43%		0.15%		−31.93%		−22.25%	
营业总收入实际增长率	14.47%		18.84%		14.02%		29.09%	
营业总收入预测增长率	15.00%		20.00%		25.00%		30.00%	
实际销售净利率	17.31%		20.45%		15.07%		17.18%	
预测销售净利率	20.38%		20.13%		19.90%		19.72%	

根据表 12-1，公司 2020 年度的营业收入偏差为−10.71%，净利润偏差为 22.25%，这也是截至 2020 年度，四年累计的总偏差。具体来讲，前两年公司营业收入总体偏差率不大，几乎无差异，后两年偏差率约为 10%。同期营业收入的实际增长率与预测增长率相比，只有 2019 年的预测增长率高 10.08%，这导致 2020 年实际增长率与预测增长率几乎一致（为 30%）的情况下，其营业收入实际数比预测数低 10.71%。公司净利润的实际值与预测值的偏差明显高于收入增长率，其中 2018 年几乎一致，2017 年实际值比预测值低 15.43%，而 2019 年实际值比预测值低 31.93%，2020 年低 22.25%。此外，企业实际销售净利率与预测销售净利率相比，除 2018 年几乎趋同外，其他年度实际销售净利率比预测销售净利率低。

上述数据中，公司净利润实际值与预测值差异率最大的年度为 2019 年。根据公司财务报表披露，2019 年度公司实现营业收入 26.93 亿元，比上年同期增长 14.02%；实现归属于上市公司股东净利润 4.02 亿元，比去年同期减少 16.07%；当年公司扣除非经常性损益净利润 3.74 亿元，比上年同期增长 0.42%。其中，第四季度实现销售收入 7.62 亿元，同比增长 24.43%，环比本年度第三季度增长了 6.76%，单季收入创造了公司成立以来历史新高。全年公司净利润下滑，主要是因为 2019 年研发项目投入加大、人员工资增加、汇兑收益减少以及相比去年的股权收益减少所致。其中，①2019 年度研发支出 19 653.95 万元，比 2018 年研发支出增长了 6 311.49 万元；主要是研发人员工资支出增长以及日常研发费用支出增加，公司在汽车电子、微波器件、传感器、高端精密电感、精密陶瓷等领域开展了大量的新产品开发、新技术的研究，积累了大量的研究成果，为公司可持续发展打下了良好的技术基础。②公司总人数较 2018 年增加了 572 人，主要为 5G、汽车电子等新项目准备的人员，工资支出增加，增加了短期成本压力。③2018 年公司股权相关一次性收益为 8 310 万元。④财务费用相比去年同期增长 3 461.64 万元，增长了 215.60%。

2020 年与 2019 年相比，公司净利出现了明显上升，其主要原因是 2020 年为 5G 元年，5G 手机替代正式开启，国产化替代进程加快促进市场需求转移，公司其他类产品：汽车电子、敏感及传感器、变压器、微波器件、精密陶瓷等产品，也获得了主流客户的普遍认同，公司已经从单一的电感企业发展成为多品类电子元器件研发制造企业。

（二）顺络电子经营环境分析与收入预测

1. 公司经营环境分析

（1）行业发展前景

1）政策法律环境。在国务院发布的《"十三五"国家信息化规划》中，将电子行业视为战略性发展产业，出台了多项支持政策，驱动行业向技术升级发展，打造以新一代电子信息技术为基础的全新产业结构。2014年—2020年间，相关政策频出，为电子行业发展保驾护航。其中，2016年，国务院发布《"十三五"国家战略性新兴产业发展规划》；2019年，工信部颁布《关于促进制造业产品和服务质量提升的实施意见》，科技部颁布《关于促进新型研发机构发展的指导意见》；2020年工信部发布《关于推动5G加快发展的通知》。

2）经济环境。贸易保护主义与新冠疫情加剧了全球经济下行。在经济全球化背景下，我国各个行业的经济发展均受到一定程度波动。为避免受制于人，电子元件行业必将加快国产替代进程。

① 全球市场分析。从全球市场来看，据统计，2018年全球电感行业市场规模为37亿元，预计未来电感市场将保持平稳增长，2026年将达到52亿美元，2018年—2026年复合增长率达4.29%。分区域来看，亚太地区为全球最大市场，且成长性最佳，预计2026年所占市场份额将超过50%，主要由我国市场贡献。

② 竞争格局分析。这一部分主要包括行业生命周期、行业厂商结构和行业吸引力三个方面。

目前，我国电子元器件行业正处于行业的成长期，行业下游需求保持增长，行业内企业数量处于上升阶段，市场集中度有待进一步增加。随着电子元器件行业下游需求的增长与市场规模的增加，预计未来行业的盈利能力保持稳定增长。

从厂商来看，电感行业厂商众多，竞争比较激烈，全球主要的市场份额掌握在日本和我国台系厂商手中。目前电感竞争格局以日本企业主导，全球电感市场份额前三均为日本厂商，分别为村田、TDK和太阳诱电，合计占比超过40%。国内以顺络电子、风华高科、麦捷科技等公司为主。顺络电子已跻身于第一梯队，但所占市场份额与日本厂商相比仍有较大差距。

行业的终端应用行业为消费电子、电脑、通信、汽车电子，以及其他领域。近年来，中国消费电子、电脑、通信等行业发展势头良好，从而带动了电子元件行业的持续增长；同时，随着电子元件生产技术及性能的提升，其下游应用领域将进一步拓宽，进而增加对电子元器件的需求。这类电子元器件的市场空间巨大且仍将处于长期持续增长态势。随着5G、VR、AI等多种前卫功能逐步落地，未来电子元器件的市场空间将有机会获得显著增长。

3）社会文化环境。在国产替代化的浪潮中，5G手机的需求将拉动对上游国产电子元器件的基础元件的需求。基于消费者对质量的重视和对品牌的需求，公司持续贯彻"质量第一、持续改进"的质量管理思想。经过多年发展，公司获得了全球大量重量级客户群信赖，与客户合作深度和广度得到持续提升。

4）技术环境。

① 物联网落地条件逐渐成熟，产业链结构逐渐明晰。5G建设加速推进，公司长期布局LTCC研发生产，目前公司5G基站专项开发的微波器件已得到国际大厂认可。

② 公司进一步优化信息系统，提升公司内部沟通效率，使内部信息流更顺畅，管理更科学，客户管理更人性化。

③ 汽车电子认证周期长门槛高，公司汽车板块手握主流客户及优质产品，为公司长期持续稳定增长奠定坚实基础。

(2) 公司竞争优势分析　　经过多年发展，顺络电子已经从单一的电感企业发展成为多品类电子元器件研发制造企业。2016年，其秉持"产品多样性、行业应用多样性和区域多样性"经营战略，逐步形成"电感→被动元件→电子元件→陶瓷部件"的产品路径。在电感领域确立领先优势后，2020年全力推进"产品开发+市场开拓"双驱动战略，推动产品结构和市场应用的多元化升级；聚焦大客户战略，促进核心客户的开拓；开展精细化管理，重点开展人力资源管理体系（全方位人才保障）、战略管理体系（有效实现）、研发体系（缩短研发周期并提高项目成功率）、营销体系（新产品、新市场开拓）的建设与管理水平的提升；布局第五个"五年规划"（对应国家"十四五"规划，计划销售收入超百亿级），提升产能、完成新品交付以应对未来市场需求，打造品牌知名度。

1) 产品方面。新产品线持续丰富，明确了"磁性器件、微波器件、敏感及传感器件、精细陶瓷"四大产品发展方向；在产品应用领域方面，由原有的通信、消费类电子应用向汽车电子、5G市场、云计算及云服务、物联网、新能源、工业互联网等领域持续拓展。

① 规模优势。在电感细分领域内，公司在我国市场以及国际市场上均占有较高的市场份额，高端产品市场份额持续提升；新型电感产品保持在全球电感行业前沿，知名度及核心优势进一步聚焦；具有竞争力的产品线持续丰富。

2020年顺络电感业务全球市场占有率约为7%，位列国内第一名，全球前五，进入了全球第一梯队。TDK、村田、奇力新、太阳诱电和顺络电子占据全球市场份额的68%，行业资源集中，规模化生产优势明显。

② 质量优势。公司质量管理向产品前端和管理前端推进，持续改善产品品质、管理体系和工作流程，尤其加强了对产品缺陷管理和管理体系的可靠性、有效性、可操作性及完整性的审核和改善，最终构筑顺络电子产品的可信赖、高质量品牌。

③ 成本优势。顺络电子产品成本优势分析见表12-2。

表12-2　顺络电子产品成本优势分析

表　现	效　果
改造设备技术	提高设备生产效率与生产能力
采用计算机模拟设计、DOE、FMEA、TFE方法	提高合格率、降低物耗、缩短生产周期
科学预测市场需求	平衡季节性供求关系，加速产品周转
建立科学的原材料采购周期和库存	加速原材料周转，降低生产成本
采用SPC、FMEA等科学控制方法	转为以预防控制为主，降低生产成本

2) 技术方面。顺络电子是国内唯一大规模采用精密干法成型技术制作片式叠层电感的企业，工艺精细度达到了国际先进水平。顺络电子研发的01005-HQ0402H系列超小封装高Q特性射频电感已实现量产，可广泛应用于5G供应链端及模块端应用，并且在部分规格的电感中，Q值（Q值越高，损耗越小，效率越高）特性要优于村田。此外，顺络电子还掌握了LTCC（低温共烧陶瓷技术），这是一种比较先进的集成封装技术，此前该技术主要掌

握在日本企业手里。

① 研发优势。公司设立研发中心，对相关的材料及制造技术开展了长期、系统化、持续的研究和创新，形成了从设计、材料、工艺、装备及控制等技术平台，为快速开发满足市场需要的新产品建立了系统化的技术基础。

近年来公司研发费用持续提升，由2016年的4.50%稳步提升到2020年的7.02%，并且研发投入占比高于主要竞争对手太阳诱电、奇力新和麦捷科技等，仅低于全球被动元件龙头Murata和TDK（两者主要产品为电容、电阻以及其他各类被动元件，在产品线和业务体量上远大于顺络电子）。顺络电子2016年—2020年研发投入如图12-1所示。

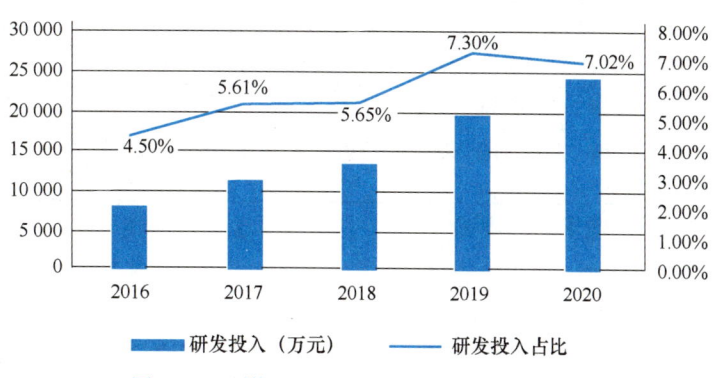

图12-1 顺络电子2016年—2020年研发投入

② 人才及管理优势。高度重视科技创新体系建设、公司运营管理平台的系统建设以及管理队伍的建设培养，关注管理能力和经营效率的持续提升，开展了系列化的中高层管理人员的专项培训。公司引进并优化IPD集成产品开发工作，构建产品创新机制，加速研发成果的市场转化速度；公司将进一步完善组织机构、完善流程化管理体系；通过经营量化管理，激发组织活力，培养和提升管理人员的经营意识；提升企业运作效率和盈利能力，实现企业持续有效的发展。

3）市场和客户方面。

① 市场优势。顺络电子市场优势分析见表12-3。

表12-3 顺络电子市场优势分析

表现	效果
产品技术和产能规模处于全球领先地位	电感细分领域内市场份额达到全球前列
不断拓展应用领域	新兴市场份额提升
电子产品信息处理量与处理复杂度增加	相关元件用量市场空间持续提升
主流客户普遍认同新产品	公司市场份额提升
贸易摩擦	国产化替代加速
5G基站建设空间大	电感市场需求大幅提升

② 客户优势。顺络电子各行业主要客户见表12-4。顺络电子的全球重量级客户群涵盖了"全球一流"的手机企业、电动汽车整车企业、汽车电池供应商、汽车电子模块供应商等。公司全球优质客户群涵盖了新兴市场领域。此外，顺络电子与众多国际芯片厂商建立了

深度合作关系,从源头抢占市场。

表 12-4 顺络电子各行业主要客户

行　业	主　要　客　户
通信	华为、荣耀、小米、闻泰科技、华勤科技、OPPO、VIVO、中兴通讯、苹果、三星、联想、TCL、酷派、海信、诺基亚、LG
电脑	IBM、联想、华为、海尔、微软、亚马逊、英特尔、惠普
视频监控	海康威视、大华
电视	TCL、海信、长虹、康佳、创维、小米、三星、LG、索尼、松下、夏普、飞利浦、Vestel、谷歌
照明设备	欧司朗、通用电气、科锐、松下
汽车电子	法雷奥、博世、特斯拉、松下、电装、先锋、歌乐、比亚迪
可穿戴电子	Fitbit、耐克、阿迪达斯、高通
半导体	高通、博通、迈威科技、英特尔、德州仪器、IDT、联发科技、展讯、海思、Triune、RSA、松下、思智浦

(资料来源:公司年度报告和野村、东方国际证券。)

(3) 公司竞争战略分析

1) 低成本战略。顺络电子目前以国内市场为主,注重材料研发(如磁性材料、微波材料、氧化锆材料),能够基本实现关键材料的全部国产化,并借助国内相对较低的劳动力成本和原材料成本打造低成本优势。以 SPH、WPN 系列功率电感为例,相较村田、太阳诱电等日本厂商,产品性能大致相同,但是顺络电子的产品价格更低,部分产品价格比日本厂商低 10%~20%。顺络电子行业竞争对手分析见表 12-5。

表 12-5 顺络电子行业竞争对手分析

类　别	顺络电子	日本厂商	我国台湾厂商	国内其他厂商
产品性质	与日本厂商的产品基本同质	品质最高,工艺控制能力最好	产品性能较好	产品性能一般,一致性控制有差距
配套供货能力	片式电感产品线最全,并逐步拓宽	元件产品线最全,整机配货能力最强	PC 领域整机配货能力最强	大部分无法满足国际大厂的要求
客户结构	国际高端厂商,基本与日本厂商的产品重合	国际高端整机厂商,例如三星	主攻 PC 市场,很难在其他应用领域形成规模	主要面对国内客户和终端零售
资质认证	大部分高端厂商的供应商资质认证	所有高端整机厂商的供应商资质认证	主要是 PC 厂商的供应商资质	很少获得此类资质认证
服务能力	2~6 周订单快速响应,可接受较大批量临时性订单	只接受大批量计划性订单,临时性订单响应时间在 80 天左右	临时性订单响应时间在 20~50 天	小批量订单可以快速生产,大批量订单无法快速响应
价格	与日本厂商的产品基本持平,波动在 5% 以内	价格最高	价格处于第二梯队	价格最低
成本	成本比日本产品低 10%~20%	成本最高	成本较低	成本最低

2)差异化战略。公司凭借先进的电子元器件技术形成了较高的行业壁垒,同时在以电感为核心竞争力的基础上,不断迈入新产品、新领域的开发阶段。

① 电感小型化。为了满足下游 5G 需求,片式电感未来的技术发展方向是在小型化的基础上实现高精度、高频化、集成化。全球有能力生产的厂家越来越少。企业维持盈利能力的关键是技术升级,通过技术创新实现产品小型化。产品小型化可以带来单位价值的提升,顺络电子是全球少数已实现 01005 产品量产的企业,且已经给部分客户小批量供货。01005 电感价格是 0201 的 2~3 倍,成本仅为后者的 30%~40%。公司 01005 产品需求的放量有利于改善公司产品结构,提高整体盈利能力。其次是降低单位成本,原材料占电感生产成本的 40%左右,产品的小型化使单位产品所需原材料出现明显下降,有助于降低产品的单位成本。

② 掌握重要的原材料技术。公司积极参与原材料研发,与高校合作进行功能材料的研究,自主开发生产 LTCC 用陶瓷粉料。公司掌握了铁氧体材料、高频材料、压敏材料、热敏材料涂覆材料、陶瓷材料等多种材料技术,极大避免了因上游供应商原材料供应不足与价格波动对电子元件生产的影响,为下游客户提供了稳定的供货保障。

③ 创新产品线。除了片式电感基础主营产品以外,顺络电子近几年还拓宽出无线充电、精密陶瓷、滤波器、变压器等新产品或新业务,其中,公司率先将精密陶瓷业务应用在手机后盖上,2017 年收购东莞信柏结构陶瓷股份有限公司继续加码精细陶瓷业务,已实现精密陶瓷上下游一体化生产。

④ 汽车电子的崛起。由于汽车智能化、网络化、电动化的推行,汽车电子产业呈现快速增长态势,在纯电动轿车中,汽车电子的成本占到整车的 65%,汽车电子的渗透率不断提高,电子变压器、汽车电感等磁性元件的市场空间较大。此外由于汽车电感的产值非常高,4%的使用数量占据了全球电感总产值的 13%,由此吸引越来越多的企业进入汽车电子行业。但汽车电子元器件需要长时间的经验积累与高水平的工业基础,进入门槛非常高,所以,汽车电子市场之前一直被日本厂商所占据。现在,顺络电子在汽车电子方面成为全球顶尖的零部件供应商,新推出的具有核心竞争优势的高速共模、小磁环共模、车载网络变压器、OBC 等产品,均取得了国内外多家汽车零部件供应商认证,形成了新的发展方向。

⑤ 服务模式。目前,日本厂商的系列产品新订单交货期拉长,村田等日本厂商只接受大批量计划性订单,临时性订单的响应时间在 80 天左右;奇力新等厂商的临时性订单响应时间在 20~50 天;而顺络电子的订单响应时间在 7~15 天,并且能够接受大规模的临时性订单。因此,顺络电子具备了一定的时间优势。顺络电子与行业竞争对手交货期比较见表 12-6。

表 12-6 顺络电子与行业竞争对手交货期比较

项　　目	顺 络 电 子	Murata	TDK	Taiyo Yuden
质量	5	5	5	5
交货期(亚洲地区)	2~5 周	6~12 周	6~12 周	6~12 周
价格	较高	高	高	一般
接单情况	可接受较大规模的临时性订单	只接受大批量计划性订单,临时性订单的响应时间在 80 天左右		

(资料来源:根据太平洋证券研发报告整理。)

3)集中化战略。目前,公司主要的研发项目有四类,其中又以电感、微波器件、汽车电子三个高景气业务为主;公司未来主业聚焦三条高景气业务线,进入全球领先企业供应链。

① 电感敏感类及新型变压器。公司在该领域的产能规模已位居全球前三,并且下一代超低损耗射频电感已经完成开发并投入量产。

② 微波器件。该产品主要为应用在 5G 通信领域的 LTCC 滤波器、耦合器等产品,其中介质波导滤波器已经进入全球领先企业供应链。

③ 汽车电子。主要产品均已实现量产交付,其中新推出的产品包括高速共模、小磁环共模、车载网络变压器、OBC 等。

④ 精密陶瓷。包括新型导电陶瓷、陶瓷手表底壳、精密结构陶瓷等,均已进入量产阶段并得到客户认可。

(4)公司主营产品的波特五力模型分析 顺络电子主营产品的波特五力模型分析见表 12-7。

表 12-7 顺络电子主营产品的波特五力模型分析

供应商的讨价还价能力:较弱	① 顺络电子拥有关键零部件的制造能力,目前垄断着上游多个关键零部件的生产,其供应商多为其子公司,其他供应商也相对集中 ② 公司上市后一直致力于推动原材料国产化,主要采用垂直产业链方式投放生产自己产品 ③ 随着电子元器件向轻薄短小趋势发展,单位产品的原材料用量越来越小
购买者的讨价还价能力:较弱	① 电感供给市场呈寡头垄断格局。顺络电子在电感业务已经做到了全国第一、世界前五,竞争力强 ② 下游需求量大。智能手机 5G 手机换机潮,使得公司产品量价齐升,公司下游客户有华为、中兴等消费电子客户;汽车电动化和智能化是大趋势,顺络电子还有法雷奥等汽车电子客户 ③ 客户认证周期长。高端电感定制化程度高,电感厂商需要参与客户的产品研发设计,同时其生产规模、技术水平和制造工艺等都对产品质量和交付能力有重要影响,因而下游客户均设置较高的认证壁垒,认证周期通常在 3 年左右。相应地,如果进入这些客户的供应体系,一般也是比较难被替换掉 ④ 新型产品推出。虽然各厂商之间的电感产品面临同质化竞争,导致传统电感产品每年面临成本与价格下架,但是顺络电子不断推出新品,如穿戴产品、车载市场、通信设备等,借助元器件新品销售有助于提高厂商的议价权,降低客户讨价还价能力
新进入者的威胁:较小	① 客户壁垒。片式电感市场集中度较高,市场格局较为稳定,客户认证周期长达 3~5 年,小厂商很难进入目前电感行业呈现寡头垄断竞争格局 ② 资金壁垒。电子产品行业是高科技产业、资本密集型产业,产品研发、广告和促销活动等都需要大量资金 ③ 技术壁垒。电感行业具有极高的工艺技术壁垒
替代品的威胁:较小	① 在电感细分领域内,公司在全球市场上占有较高市场占有率,市场份额达到全球前列 ② 公司核心产品之一的微小尺寸射频电感产品是全球极少数、国内唯一具备批量供货能力的供应商,在市场上已取得了全球众多知名客户的赞誉,客户资源储备丰富,为公司的持续拓展打下了良好的市场基础 ③ 价格优势。在高档市场,顺络电子相较于其他国际企业更具有价格优势 ④ 转换成本。电容器很大程度上决定了电子产品的稳定性和寿命,下游企业会对电容器生产企业进行严格的质量评价及实验,过程复杂且需要耗费大量时间,因此具有较高的转换成本

（续）

同业竞争者的竞争能力：较强	① 顺络电子作为在全球高端客户市场中具有竞争优势的中国片式电子元器件制造商，能够确保公司的产品和服务质量满足世界级企业客户的要求 ② 顺络电子的技术工艺已经处于第一梯队，技术发展路线和布局受到同行认可，国产化替代将挤占村田和 TDK 的市场份额 ③ 当前全球新冠疫情得到完全控制仍需一段时间，TDK、村田和太阳诱电等日本电感厂商"收缩战线"的发展战略仍将持续，因此 2021 年—2022 年全球电感行业"缺货涨价"的趋势或将延续 ④ 5G 手机电感单机用量较 4G 手机大幅提升。顺络电子作为全球领先的片式电感龙头有望充分受益 ⑤ 与其最大竞争对手日本厂商相比，顺络电子的优势在于成本较低而价格不低且订单响应快速灵活，劣势在于产品线依然不够全面；与我国台湾的企业相比，顺络电子的客户结构更高端，而且具有价格优势

2. 2016 年—2020 年公司收入分析与未来预测

（1）公司产品概况　如前所述，顺络电子主要从事片式电感器和片式压敏电阻器等新型电子元器件研发、生产和销售业务。公司主营产品类别如图 12-2 所示。

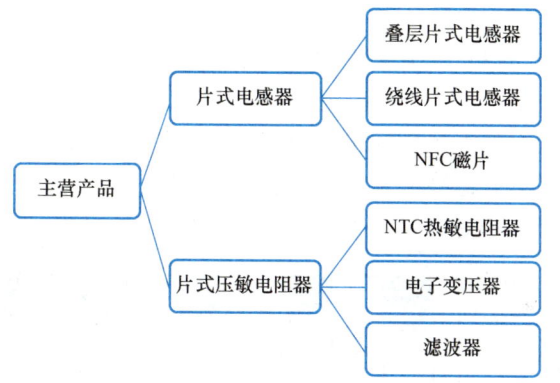

图 12-2　公司主营产品类别

（2）2016 年—2020 年公司收入的定量分析

1）分行业业务。根据公司 2016 年—2020 年的年度财务报告统计，顺络电子的营业收入几乎全部来源于电子元器件行业，其他业务占比不到 1%。本处将营业收入与主营业务收入等同。电子元器件的细分市场包括移动通信领域、汽车电子领域等。

① 移动通信。公司移动通信领域主要受益于 5G 周期。公司身为国内电感龙头，有 LTCC 滤波器、耦合器、天线和巴伦等 5G 相关产品，公司业绩有望受 5G 通信基站+终端建设双轮驱动；通信方面 LTCC 是 5G 基站天线材料最佳方案，公司长期布局 LTCC 研发生产，有望深度受益，目前公司 5G 持续开拓新产品加速推广贡献业绩；终端 5G 手机高端电感需求增大，产品量价齐升叠加拓展客户份额提升，公司业绩有望保持稳定增长。

② 汽车电子。汽车电子是顺络电子近两年重点布局的业务领域，产品已从博世、法雷奥的变压器产品，延拓至储能等应用领域，诸如车载设备用无线充电线圈、用于 LED 车灯控制系统的电感类产品、高速共模、小磁环共模等。公司早期深耕的汽车电子已逐步进入收获期，目前已经导入 BOSCH、VALEO、DENSO、TESLA、CATL 和 KEBODA 等大客户，公

司 2018 年下半年汽车新产品已经批量交货，公司新产品倒车雷达变压器、电动汽车 BMS 变压器及第三代功率电感等均为业内标杆产品。由于汽车电子认证周期长、门槛高，公司汽车领域拥有主流客户及优质产品，为公司长期持续稳定增长奠定坚实基础。

2）分产品收入占比分析。根据公司 2016 年—2020 年的年度财务报告披露，顺络电子的片式电子元件几乎占据了主营业务收入的全部份额，这一数据基本维持在 98% 以上。顺络电子主要产品类别收入分布如图 12-3 所示。

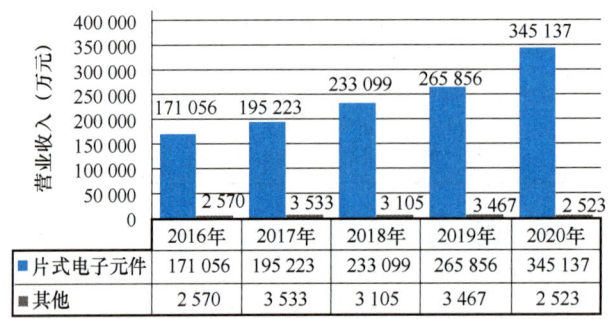

图 12-3 顺络电子主要产品类别收入分布

3）分地区收入占比分析。2016 年—2020 年顺络电子国外与国内收入占比如图 12-4 所示。公司近 5 年国内外出口占比基本稳定在 77%：23%。其中，出口业务主要集中在汽车电子出口方面，并且需求方基本是全球知名企业。因为公司主营产品不太可能发生明显变化，所以国内外业务占比的总体趋势不太可能发生明显变化。基于公司主营产品的国内国产化替代，这一比例有可能微小变更为 80%：20%。

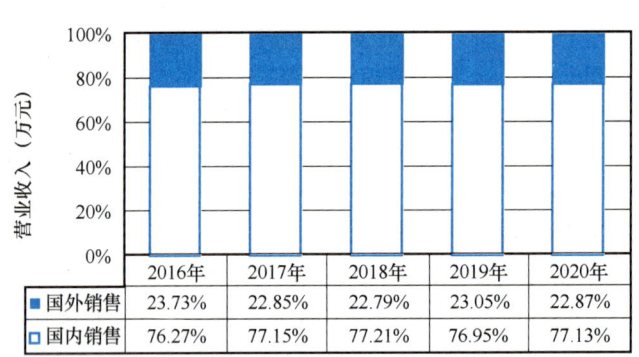

图 12-4 2016 年—2020 年顺络电子国外与国内收入占比

4）主营产品细分类别及其贡献收入占比分析。公司 2016 年—2020 年顺络电子主营业务收入明细见表 12-8。我们认为，公司在未来很长一段时间内将保持这一细分类别结构，并且占比基本保持不变。

表 12-8 2016 年—2020 年顺络电子主营业务收入明细

项目	2016 年（百万元）	占销售额百分比	2017 年（百万元）	占销售额百分比	2018 年（百万元）	占销售额百分比
营业总收入	1 736	100.00%	1 988	100.00%	2 362	100.00%
电感	1 099	63.31%	1 238	62.27%	1 429	60.50%

(续)

项　目	2016 年（百万元）	占销售额百分比	2017 年（百万元）	占销售额百分比	2018 年（百万元）	占销售额百分比
其中：叠层电感	528	30.41%	611	30.73%	739	31.29%
绕线电感	571	32.89%	627	31.54%	690	29.21%
射频元件（滤波器、耦合器等）	—	—	240	12.07%	269	11.39%
其他磁性元件（变压器、天线等）	—	—	130	6.54%	150	6.35%
汽车电子（变压器、电感等）	10	0.58%	13	0.65%	75	3.18%
精密陶瓷	10	0.58%	150	7.55%	185	7.83%
传感器和其他	149	8.58%	220	11.07%	253	10.71%

项　目	2019 年（百万元）	占销售额百分比	2020 年（百万元）	占销售额百分比	过去五年平均占比
营业总收入	2 693	100.00%	3 477	100.00%	100%
电感	1 522	56.52%	1 981	56.97%	59.91%
其中：叠层电感	797	29.60%	1072	30.83%	30.57%
绕线电感	725	26.92%	909	26.14%	29.34%
射频元件（滤波器、耦合器等）	264	9.80%	337	9.69%	10.74%
其他磁性元件（变压器、天线等）	156	5.79%	179	5.15%	5.96%
汽车电子（变压器、电感等）	190	7.06%	238	6.84%	3.66%
精密陶瓷	230	8.54%	301	8.66%	6.63%
传感器和其他	331	12.29%	440	12.65%	11.06%

公司多年深耕电感市场，已步入第一梯队。虽然日本竞争对手强大，但是村田和 TDK 最主要的主业并非电感业务，而是电容业务，并且电容产品市场占被动电子元器件市场 60%以上份额，而电感约 10%。根据村田 2019 年年度财务报告，电容占其收入 37%，贡献了高达 63%的营业利润。这意味着顺络电子在中短期内无力挑战两大巨头的电容市场，并且顺络电子在中短期内似乎也无意开拓该市场，从而更专注于电感市场，使其有可能成为第一名。从被动元件市场地域分布来看，我国是全球被动元器件行业最大的市场，随着国产替代进程加速以及自主可控的迫切需求，未来产业链将进一步向国内转移，我国在全球被动元件市场占比有望超过 50%。顺络电子作为我国具有自主研发的电感市场的巨头，有很大概率成为我国本土市场占有率的第一名，加之，公司早期就进入了汽车电子市场，这都为其持续盈利能力打下良好的基础。

基于上述分析，汇总国内各大证券关于公司的研究报告，本书对顺络电子 2021 年—2026 年主营产品细分类别及其贡献收入占比进行预测。本书认为，本预测期内顺络电子收入增长率先显著增长，随后趋于稳定，假设顺络电子未来 5 年营业收入同比增速分别为 25%、25%、20%、20%和 20%，其余项目的预测参照 2021 年的标准。并假定公司未来 6 年主营产品无明显变化。基于此，2021 年—2026 年顺络电子各主营业务收入未来增长趋势见表 12-9。

表 12-9　2021 年—2026 年顺络电子各主营业务收入未来增长趋势　单位：百万元

项　　目	2021 年	2022 年	2023 年	2024 年	2025 年	2026 年
营业总收入	4 520	5 649	7 062	8 474	10 169	12 203
电感	2 708	3 385	4 231	5 077	6 093	7 311
其中：叠层电感	1 382	1 727	2 159	2 591	3 109	3 731
绕线电感	1 326	1 658	2 072	2 486	2 984	3 581
射频元件(滤波器、耦合器等)	485	607	758	910	1 092	1 310
其他磁性元件(变压器、天线等)	269	337	421	505	606	727
汽车电子（变压器、电感等）	165	207	259	310	372	447
精密陶瓷	300	375	468	562	674	809
传感器和其他	592	740	925	1 110	1 332	1 598

上述数据中，伴随着电动汽车市场长足发展，顺络电子汽车电子市场的预测有可能出现较大正偏差。乐观估计，到 2026 年，顺络电子汽车电子销售额有可能超过 8 亿元。

（三）利润表预测

因为**第五章　财务报表结构与趋势分析**已对财务报表进行了详细分析，所以本节只做财务报表数据计算，不做分析，对资产负债表和现金流量表也做类似处理。

运用销售百分比法做 2021 年顺络电子利润预测表见表 12-10。

表 12-10　2021 年顺络电子利润预测表

项　　目	2020 年实际值		2021 年预测值
	金额（万元）	占销售额百分比	金额（万元）
一、营业收入	347 661	100.00%	451 959
减：营业成本	221 604	63.74%	288 085
税金及附加	3 259	0.94%	4 236
销售费用	9 292	2.67%	12 079
管理费用	15 529	4.47%	20 187
研发费用	24 417	7.02%	31 742
财务费用	5 536	n	7 363
资产减值损失	4 540	n	4 994
信用减值损失	1 833	n	1 741
加：公允价值变动收益	0	n	0
投资收益	−326	n	−378
资产处置收益	−441	n	−512
其他收益	8 362	n	10 034
二、营业利润	69 247	n	90 676
加：营业外收入	3	n	3
减：营业外支出	596	n	602
三、利润总额	68 654	n	90 077
减：所得税费用	8 943	n	11 733
四、净利润	59 711	n	78 344

注：表中第三列是利润表中各项目与营业收入的比例关系，n 表示该项目与营业收入没有关系，并非该项目不变动，其变动情况见文中说明，而百分比表明该项目与营业收入存在比例关系。利润表与收入有关的敏感项目根据理论与财务数据多年的经验分析所得。

顺络电子 2021 年预测利润表有关数据说明如下：

主营业务收入的预测值参看表 12-9。费用方面的预测值有关说明如下：主营业务成本、税金及附加、销售费用、管理费用和研发费用都与销售收入密切相关，并随预计销售额的增长而相应提高。对于不是直接由销售额引起的费用项目，则根据公司过去披露的相关资料预测。例如资产减值损失是由于资产增加引起的，财务费用是预计利息支出增加所致，税收费用是假定公司所适用税率和享受的税费优惠不变。其中，财务费用、投资收益、营业外收支都参考 2016 年—2020 年的加权比例。具体来讲，财务费用、投资收益、营业外收支都参考往年数据，其中财务费用考虑到以后长期借款及短期借款的大量增加，确定增幅为 33%，投资收益全部为对联营企业和合营企业的投资收益，因此预计其增长速率为 16%；营业外收支并不具有规律性，且其所占比例在总收支中不高，因此预计营业外收入增幅 2%，营业外支出 1%，并假定以后各年均保持此增幅。参考历年公司财务报表计算可知，2016 年—2020 年，销售收入/固定资产比率分别为 0.84、0.89、0.96、0.95 和 1.13，可以判定为重资产企业，并且根据历年年度财务报告披露资产的情况，企业造成资产减值损失的主要原因是计提坏账准备与存货跌价准备，考虑到近年公司资产减值损失的变化趋势及公司未来经营情况，因此假设资产减值损失增速为 10%。根据历年财务报告披露资产的情况，企业造成信用减值损失的主要原因是应收账款坏账损失和其他应收款坏账损失，考虑到公司信用管理赊销政策及发展前景良好，因此假设资产减值损失增速为 −5%。根据历年财务报告披露资产的情况，资产处置收益主要来源于固定资产处置的利得与损失，假设资产处置收益增速为 16%。其他收益主要来源于政府补助，公司从 2017 年开始享受政府补助，近三年其他收益增长率为 47%、7%、128%，考虑到公司的主营产品为国家重点扶持的战略性新兴产业，假设预测期内其他收益增长率为 20%。

顺络电子 2022 年—2026 年的利润预测表见表 12-11。

表 12-11 顺络电子 2022 年—2026 年的利润预测表　　　　　　　单位：万元

项　　目	2022 年	2023 年	2024 年	2025 年	2026 年
一、营业收入	564 949	706 186	847 423	1 016 908	1 220 290
减：营业成本	360 106	450 132	540 159	648 190	777 829
税金及附加	5 295	6 619	7 943	9 531	11 438
销售费用	15 099	18 874	22 648	27 178	32 614
管理费用	25 234	31 542	37 851	45 421	54 505
研发费用	39 678	49 598	59 517	71 421	85 705
财务费用	9 792	13 024	17 322	23 038	30 640
资产减值损失	5 493	6 042	6 647	7 311	8 043
信用减值损失	1 654	1 571	1 493	1 418	1 347
加：公允价值变动收益	0	0	0	0	0
投资收益	−439	−509	−591	−685	−795
资产处置收益	−594	−689	−799	−927	−1 075
其他收益	12 041	14 449	17 338	20 806	24 967
二、营业利润	113 606	142 034	169 792	202 593	241 267

(续)

项目	2022年	2023年	2024年	2025年	2026年
加：营业外收入	3	3	3	3	3
减：营业外支出	608	614	620	626	632
三、利润总额	113 001	141 423	169 175	201 970	240 638
减：所得税费用	14 719	18 421	22 036	26 308	31 344
四、净利润	98 282	123 002	147 139	175 662	209 294

（四）资产负债表预测

资产负债表预测所需的数据资料主要包括：业务预算、投资计划、筹资计划、预测的利润表、股利分配政策等。预测资产负债表的方法主要也是采用销售百分比法、财务预算法和线性回归法。

承前例，运用销售百分比法对公司资产负债表进行预测，2021年其资产负债预测表见表12-12。

表12-12　2021年顺络电子资产负债预测表

项目	2020年实际值 金额（万元）	2020年实际值 占销售额百分比	2021年预测值 金额（万元）
流动资产			
货币资金	32 573	9.37%	42 344
交易性金融资产	0	n	0
应收票据	0	n	0
应收账款	126 507	36.39%	164 459
应收款项融资	30 845	8.87%	40 098
预付款项	1 045	n	1 150
其他应收款	1 916	n	2 108
存货	62 115	17.87%	80 750
一年内到期的非流动资产	0	n	0
其他流动资产	10 381	n	11 419
流动资产合计	265 382	n	342 329
非流动资产			
可供出售金融资产	0	n	0
长期股权投资	10 030	n	11 033
其他权益工具投资	500	n	550
固定资产	308 429	n	370 114
在建工程	77 970	n	85 767
无形资产	42 171	n	50 605
商誉	33 031	n	33 031
长期待摊费用	2 713	n	2 985

（续）

项　　目	2020年实际值		2021年预测值
	金额（万元）	占销售额百分比	金额（万元）
递延所得税资产	5 850	n	6 435
其他非流动资产	6 095	n	6 704
非流动资产合计	486 789	n	567 224
资产合计	752 171	n	909 553
流动负债			
短期借款	92 701	n	101 971
应付票据	21 904	6.30%	28 475
应付账款	45 367	13.05%	58 978
预收款项	0	n	0
合同负债	1 805	0.52%	2 347
应付职工薪酬	12 698	3.65%	16 508
应交税费	2 684	n	2 952
其他应付款	21 669	n	23 836
其中：应付利息	0	n	0
应付股利	0	n	0
一年内到期的非流动负债	702	n	772
其他流动负债	169	n	186
流动负债合计	199 699	n	236 024
非流动负债			
长期借款	31 517	n	34 669
长期应付款合计	0	n	0
其中：长期应付款	0	n	0
专项应付款	0	n	0
递延所得税负债	13 706	n	15 077
递延收益-非流动负债	12 386	n	13 625
其他非流动负债	0	n	0
非流动负债合计	57 610	n	63 371
负债合计	257 309	n	299 395
所有者权益（或股东权益）			
实收资本（或股本）	80 632	n	80 632
资本公积	197 660	n	195 684
减：库存股	13 983	n	13 983
其他综合收益	55	n	61
盈余公积	28 997	n	34 216
未分配利润	191 141	n	245 982

(续)

项　　目	2020 年实际值		2021 年预测值
	金额（万元）	占销售额百分比	金额（万元）
归属于母公司所有者权益合计	484 502	n	542 591
少数股东权益	10 361	n	11 397
所有者权益合计	494 862	n	553 987
负债和所有者权益合计	752 171	n	853 382
对外融资需求（资产、负债与所有者权益的差额）			56 171

注：表中第三列是资产负债表中各项目与营业收入的比例关系，n 表示该项目与营业收入没有关系，并非该项目不变动，其变动情况见文中说明，而百分比表明该项目与营业收入存在比例关系；由于与收入无关的一些不敏感因素即显示 n 的报表项目，基于公司实践，我们也给出了一定比例的增速，例如短期借款等，它属于外部融资需求，所以，报表最后一栏：对外融资需求是指剔除这些因素后的外部融资需求额。

公司 2021 年资产负债表预测有关数据计算简要说明如下：①确定资产负债表中与销售额的增长呈正线性相关的项目，如货币资金、应收账款、应收款项融资和存货等项目，按照预测期销售额的增长情况，计算其预测值。②由于新会计准则的修订，增加了"合同负债"这一科目，公司从 2020 年度报告中开始披露合同负债金额，将与商品销售和提供劳务相关的预收款项重分类至合同负债，该年度的预收款项为 0，但在此之前预收款项每年都有，说明由于会计准则的修订，原来计入预收款项的部分基本都转入了合同负债，所以在本预测期内，预收款项均为 0，对于合同负债数值处理参照原来对预收款项处理进行预测。③根据年报可知 2020 年公司固定资产增加主要是设备购置，在建工程增加主要是厂房建设与设备采购，在产能扩张趋势下，预期 2021 年公司仍然会进一步增加采购设备和厂房建设，所以预期 2021 年全年固定资产和在建工程延续往年增幅。④根据公司年报披露的关于商誉的信息知，于 2020 年 12 月 31 日，顺络电子公司合并财务报表中的商誉余额为 33 030.55 万元，主要包括两部分：深圳顺络科技有限公司和东莞信柏结构陶瓷股份有限公司，且公司 2017 年—2020 年经过年度减值测试后，商誉均未出现减值，因此预测未来几年商誉水平仍然保持与 2020 年一致。⑤考虑到公司以前年度利润分配情况，预计公司的利润分配采取 30% 的比例，所以税后净利润的 70% 加上年初未分配利润就是预测的未分配利润。⑥对于其他不直接与销售相关的项目，则根据相关资料进行分析预测。如固定资产的折旧摊销仍然按照公司原有的会计政策执行；预计长期股权投资上升是因为 2020 年对子公司深圳顺络汽车电子有限公司和湘潭顺络电子有限公司追加投资，对联营公司深圳保腾顺络创业投资企业（有限合伙）追加投资，在未来产能扩张的趋势下，对于子公司、联营和合营企业的投资预计仍会增加；预计无形资产增加主要是公司研发投入和购买土地使用权增加所致。⑦其他非敏感项目基本保持 10% 的增长幅度。⑧2019 年 4 月 30 日，财政部发布的《关于修订印发 2019 年度一般企业财务报表格式的通知》（财会〔2019〕6 号），要求对已执行新金融工具准则但未执行新收入准则和新租赁准则的企业应按如下规定编制财务报表：资产负债表中增加"应收款项融资"项目，反映资产负债表日以公允价值计量且其变动计入其他综合收益的应收票据和应收账款等；根据 2020 年年报披露的消息可知，应收款项融资比例增加主要因销售增长对应收票据收款增加所致，包括商业承兑汇票和银行承兑汇票；表明应收款项融资与销售收入联系紧密，所以依据销售百分比法在 2020 年应收款项融资占营业收入比例的基础上，预测后续年度的应收款项融资金额。

基于2021年资产负债表预测的相关基础，顺络电子2022年—2026年的资产负债预测表见表12-13。

表12-13 顺络电子2022年—2026年的资产负债预测表   单位：万元

项　　目	2022年	2023年	2024年	2025年	2026年
流动资产					
货币资金	52 930	66 163	79 396	95 275	114 330
交易性金融资产	0	0	0	0	0
应收票据	0	0	0	0	0
应收账款	205 574	256 967	308 360	370 032	444 039
应收款项融资	50 123	62 654	75 185	90 221	108 266
预付款项	1 265	1 391	1 530	1 683	1 851
其他应收款	2 319	2 551	2 806	3 086	3 395
存货	100 938	126 172	151 406	181 688	218 025
一年内到期的非流动资产	0	0	0	0	0
其他流动资产	12 561	13 817	15 199	16 719	18 391
流动资产合计	425 709	529 715	633 882	758 705	908 297
非流动资产					
可供出售金融资产	0	0	0	0	0
长期股权投资	12 137	13 350	14 685	16 154	17 769
其他权益工具投资	605	666	732	805	886
固定资产	444 137	532 965	639 558	767 469	920 963
在建工程	94 344	103 779	114 156	125 572	138 129
无形资产	60 726	72 871	80 158	88 174	96 992
商誉	33 031	33 031	33 031	33 031	33 031
长期待摊费用	3 283	3 612	3 973	4 370	4 807
递延所得税资产	7 078	7 786	8 564	9 421	10 363
其他非流动资产	7 375	8 112	8 923	9 816	10 797
非流动资产合计	662 716	776 171	903 781	1 054 812	1 233 737
资产合计	1 088 425	1 305 885	1 537 663	1 813 517	2 142 034
流动负债					
短期借款	112 168	123 385	135 723	149 296	164 225
应付票据	35 593	44 492	53 390	64 068	76 882
应付账款	73 722	92 153	110 583	132 700	159 240
预收款项	0	0	0	0	0
合同负债	2 934	3 667	4 401	5 281	6 337
应付职工薪酬	20 635	25 794	30 952	37 143	44 571
应交税费	3 247	3 572	3 929	4 322	4 754

(续)

项　目	2022 年	2023 年	2024 年	2025 年	2026 年
其他应付款	26 220	28 842	31 726	34 898	38 388
其中：应付利息	0	0	0	0	0
应付股利	0	0	0	0	0
一年内到期的非流动负债	849	934	1 028	1 131	1 244
其他流动负债	204	224	247	272	299
流动负债合计	275 573	323 062	371 979	429 110	495 940
非流动负债					
长期借款	38 136	41 949	46 144	50 759	55 834
长期应付款合计	0	0	0	0	0
其中：长期应付款	0	0	0	0	0
专项应付款	0	0	0	0	0
递延所得税负债	16 585	18 243	20 068	22 074	24 282
递延收益-非流动负债	14 987	16 486	18 135	19 948	21 943
其他非流动负债	0	0	0	0	0
非流动负债合计	69 708	76 679	84 346	92 781	102 059
负债合计	345 280	399 741	456 326	521 891	597 999
所有者权益（或股东权益）					
实收资本（或股本）	80 632	80 632	80 632	80 632	80 632
资本公积	193 727	191 790	189 872	187 973	186 093
减：库存股	13 983	13 983	13 983	13 983	13 983
其他综合收益	67	73	81	89	98
盈余公积	40 375	47 643	56 218	66 338	78 279
未分配利润	314 779	400 881	503 879	626 842	773 348
归属于母公司所有者权益合计	615 596	707 035	816 698	947 890	1 104 466
少数股东权益	12 536	13 790	15 169	16 686	18 354
所有者权益合计	628 132	720 825	831 867	964 576	1 122 820
负债和所有者权益合计	973 413	1 120 566	1 288 192	1 486 467	1 720 819
对外融资需求	115 012	185 320	249 471	327 050	421 214

　　资产负债表未来 5 年的简要说明如下：①表 12-13 列示主要科目以 2021 年预测为基础，各个项目预测方法参考 2021 年。②货币资金、应收账款、应收款项融资、存货、应付票据、应付账款、应付票据分别根据其与各年的预测销售额占比进行预测。公司 2020 年长期股权主要是投资三个企业：深圳顺络汽车电子有限公司、湘潭顺络电子有限公司和深圳保腾顺络创业投资企业（有限合伙）。在未来产能扩张的趋势下，对于子公司、联营和合营企业的投资预计仍将增加，因而预计以后年度长期股权投资与往年相比，增速为 10%。根据 2020 年的年度财务报告，顺络电子 2020 年工业园建设投入增长，包括：东莞工业园、上海工业园和东莞顺络工业园，因此固定资产、在建工程预计每年增长速度与往年基本持平；短期借款

与长期借款呈现上升趋势主要是由于公司处于扩张阶段。

(五) 现金流量表预测

现金流量表预测所需的数据材料主要有：业务预算、资本预算、预测利润表、预测资产负债表、筹资计划及现金收支的历史资料等。预测方法主要采用财务预算法和净利润调整法。我们运用净利润调整法预测现金流量表。净利润调整法是以净利润为起点，调整不涉及现金的收入、费用、营业外收支及有关项目的增减变动，据此计算经营活动现金流量，然后根据公司的资本支出计划和财务计划来确定投资活动和筹资活动的现金流量。

承前例，根据公司相关资料，2021年顺络电子现金流量预测表见表12-14。

表 12-14　2021 年顺络电子现金流量预测表　　　　　单位：万元

项　　目	2021 年预测值
一、净利润调整为经营活动产生的现金流量：	
净利润	78 344
加：资产减值准备	38 136
固定资产折旧	23 994
无形资产摊销	2 663
长期待摊费用摊销	157
处置固定资产、无形资产等的损失	397
固定资产报废损失	242
公允价值变动损失	0
财务费用	7 363
投资损失	−378
递延所得税资产减少	−2 172
递延所得税负债增加	5 612
存货的减少	−18 635
经营性应收项目的减少	−38 248
经营性应付项目的增加	26 968
其他	8
经营活动产生的现金流量净额	124 451
二、投资活动产生的现金流量：	
收回投资收到的现金	488
取得投资收益收到的现金	0
处置固定资产等收回的现金净额	979
收到其他与投资活动有关的现金	0
投资活动现金流入小计	1 467
购建固定资产等支付的现金	127 572
投资支付的现金	6 600
支付其他与投资活动有关的现金	0
投资活动现金流出小计	134 172

(续)

项　　目	2021年预测值
投资活动产生的现金流量净额	-132 705
三、筹资活动产生的现金流量：	
吸收投资收到的现金	546
取得借款收到的现金	157 638
收到其他与筹资活动有关的现金	0
筹资活动现金流入小计	158 184
偿还债务支付的现金	107 588
分配股利、利润或偿付利息支付的现金	21 935
支付其他与筹资活动有关的现金	83
筹资活动现金流出小计	129 606
筹资活动产生的现金流量净额	28 578
四、汇率变动对现金及现金等价物的影响	-442
五、现金及现金等价物净增加额	19 882
加：期初现金及现金等价物余额	32 076
六、期末现金及现金等价物余额	51 958

公司2021年现金流量表预测有关简要说明如下：①首先对公司预计净利润78 344万元进行非现金项目的调整，其中大部分现金流量值可以通过业务预算、预计利润表和资产负债表的数据计算求得。②投资活动现金流中的大部分数值是在2020年的基础上乘以一定的比例得到的，预测的投资活动净额为负数且比2020年的绝对值更大，表明公司处于扩张阶段。③资产负债预测表中资产与负债及所有者权益的差额为56 171万元，即对外筹资需求。

基于公司2022年—2026年的利润表和资产负债表，顺络电子2022年—2026年的现金流量预测表见表12-15。

表12-15　顺络电子2022年—2026年的现金流量预测表　　　　单位：万元

项　　目	2022年	2023年	2024年	2025年	2026年
一、净利润调整为经营活动产生的现金流量					
净利润	98 282	123 002	147 140	175 663	209 294
加：资产减值准备	45 893	55 305	65 416	77 454	91 796
固定资产折旧	28 341	33 513	39 669	47 002	55 742
无形资产摊销	3 196	3 835	4 219	4 641	5 105
长期待摊费用摊销	173	190	209	230	253
处置固定资产、无形资产等的损失	357	322	290	261	234
固定资产报废损失	218	196	177	159	143
公允价值变动损失	0	0	0	0	0
财务费用	9 792	13 024	17 322	23 038	30 640
投资损失	-439	-509	-591	-685	-795

(续)

项　　目	2022 年	2023 年	2024 年	2025 年	2026 年
递延所得税资产减少	−2 389	−2 628	−2 890	−3 179	−3 497
递延所得税负债增加	6 173	6 790	7 469	8 216	9 038
存货的减少	−20 188	−25 234	−25 234	−30 281	−36 338
经营性应收项目的减少	−41 440	−51 752	−51 788	−62 106	−74 483
经营性应付项目的增加	29 256	36 168	36 462	43 431	51 760
其他	9	10	11	12	13
经营活动产生的现金流量净额	157 233	192 232	237 881	283 855	338 905
二、投资活动产生的现金流量					
收回投资收到的现金	439	395	356	320	288
取得投资收益收到的现金	0	0	0	0	0
处置固定资产等收回的现金净额	1 028	1 079	1 133	1 190	1 250
收到其他与投资活动有关的现金	0	0	0	0	0
投资活动现金流入小计	1 467	1 475	1 489	1 510	1 538
购建固定资产等支付的现金	140 329	154 362	169 799	186 778	205 456
投资支付的现金	7 260	7 986	8 785	9 663	10 629
支付其他与投资活动有关的现金	0	0	0	0	0
投资活动现金流出小计	147 589	162 348	178 583	196 442	216 086
投资活动产生的现金流量净额	−146 122	−160 874	−177 094	−194 931	−214 548
三、筹资活动产生的现金流量					
吸收投资收到的现金	601	661	727	799	879
取得借款收到的现金	173 402	190 742	209 816	230 798	253 877
收到其他与筹资活动有关的现金	0	0	0	0	0
筹资活动现金流入小计	174 002	191 403	210 543	231 597	254 757
偿还债务支付的现金	118 347	130 181	143 200	157 519	173 271
分配股利、利润或偿付利息支付的现金	24 129	26 542	29 196	32 115	35 327
支付其他与筹资活动有关的现金	91	100	110	121	133
筹资活动现金流出小计	142 566	156 823	172 505	189 755	208 731
筹资活动产生的现金流量净额	31 436	34 580	38 038	41 842	46 026
四、汇率变动对现金及现金等价物的影响	−398	−358	−322	−290	−261
五、现金及现金等价物净增加额	42 150	65 580	98 502	130 475	170 121
加：期初现金及现金等价物余额	51 958	94 108	159 688	258 189	388 664
六、期末现金及现金等价物余额	94 108	159 688	258 189	388 664	558 785

三、企业可持续增长能力预测

企业可持续增长率受销售净利率、资产周转率、权益乘数和股利支付率的影响。其中，销售净利率和资产周转率是企业经营绩效的综合体现，反映企业经营战略的成效，决定于企业的综合实力；而权益乘数和股利支付率则分别体现了企业的融资政策和股利政策，反映企业的财务战略成效，取决于企业经理人的"风险与收益"权衡观念。企业的综合实力与承担风险的能力或意愿，决定了企业的增长速度。因此，企业要改变增长速度，就必须通过改变企业经营战略或者财务战略，或者两者的不同组合。

正因为企业可持续增长率受到企业经营战略和财务战略的影响，企业要实现其预定的可持续增长率的目标，就必须适当运用经营战略和财务战略的有效组合。而可持续增长能力预测就是在利用财务报表数据所计算的可持续增长率的基础上进行的，结合企业外部市场环境和企业内部实际情况，分析企业可持续增长能力。

根据财务报表预测相关数据，运用期末股东权益预算的顺络电子 2021 年—2026 年的可持续增长率预测见表 12-16。

表 12-16　顺络电子 2021 年—2026 年的可持续增长率预测

指　　标	2021 年	2022 年	2023 年	2024 年	2025 年	2026 年
销售净利率	17.33%	17.40%	17.42%	17.36%	17.27%	17.15%
总资产周转率	49.69%	51.91%	54.08%	55.11%	56.07%	56.97%
期末权益乘数	1.64	1.73	1.81	1.85	1.88	1.91
留存收益率	70.00%	70.00%	70.00%	70.00%	70.00%	70.00%
可持续增长率	10.99%	12.30%	13.57%	14.13%	14.61%	15.01%

（一）企业经营战略分析

1. 销售净利率

销售净利率主要表现在企业控制产品成本和产品价格的定价能力上，这是由企业所处的行业和企业竞争战略决定的。因此，销售净利率的分析必须以行业分析和战略分析为基础。

顺络电子近些年销售净利率不断上升，并在 2020 年实现 17.18%，基于公司市场竞争能力比较强和未来市场发展的良好态势，公司的销售净利率在未来 5 年将围绕 17% 波动。公司目前最主要的收入来源仍是传统产品片式电子元件，当然，5G 时代公司其他主营产品开始步入收割阶段，例如汽车电子产品，有望为公司带来多个盈利增长点，这在一定程度上将使公司传统主营业务贡献占比趋降。公司传统业务中，电感业务占比约 80%，这主要由片式叠层电感和片式绕线电感贡献。由于公司没有披露各项营收分项的数据，所以我们大致判断，从毛利率看，近年来片式叠层电感的销售额应在不断提升，其中，片式叠层的毛利率约为 40%，而片式绕线的毛利润为 25% 左右，前者更符合"轻薄短小"的现代电子技术发展要求，毕竟绕线型电感不容易小型化，而叠层电感由于对印刷技术和生产工艺的要求更严，可以实现超小型表面贴装，更易小型化。

2. 总资产周转率

对企业资产周转率进行分析时，需要对影响资产周转的各因素进行分析。除了对资产的各构成部分的占用量的合理性分析之外，还应对资产的构成部分及其周转效率进行分析，寻找改善资产周转率的方法。财务报表分析者可以计算流动资产周转率、存货周转率、应收账款周转率等指标，单独评价各部分资产的运营效率，并做综合评价。另外在分析资产周转率时，也要结合行业分析和竞争战略分析。

顺络电子可持续增长率的增长主要是资产周转率的增长所致,而资产周转率在预测期内稳步提升,由49.69%稳健提升至56.97%,其提高很大一部分原因是收入的持续上升。

(二) 财务战略分析

企业的资本结构选择和股利政策也是其增长战略的一个不可分割的组成部分。当增长率目标高于实际增长率时,企业将面临资金短缺的问题,当增长率目标低于实际增长率时,企业将面临资金闲置的问题。前者多发生在导入期和成长期的企业,后者多发生在处于成熟期和衰退期的企业。当然,相对于经营战略而言,运用财务战略所取得的增长难以维系。因为运用融资政策和股利政策具有一定的局限性,一般而言,如果企业主要依赖这些财务战略获取较高的利润增长,说明企业的净资产收益质量正在下降,企业增长率具有潜在的不确定性。

公司目前采用的主要策略是扩大产能来占据市场份额,顺络电子不太可能实施高现金分红股利政策,而是选择将大部分利润留在企业内部用于支持发展,大概率会保持现有的股利分配政策即由2017年开始公司实施股利分配政策均为每10股派现2元。公司在本预测期内的权益乘数总体处于上升趋势,由1.6逐步升至1.9,即资产负债率为30%~50%,仍处于稳健区间,但这是借助外部融资需求的情况下,这意味着公司实际的可持续增长率有可能小于预测的数据。

至此,我们完成了顺络电子在新周期内(即未来6年)不同静态时点的财务预测。随着时间推移,分析者需根据公司披露信息做出适时调整,并重新修正原有预测。但凡与未来有关之事,不准确乃情理之中,最为重要的是尽力而为。在2017年—2020年的预测期内,我们总体趋势判定基本正确,而2021年—2026年的预测期内,全球充满了不确定性,无疑增加了预测的难度,适时而及时的修正显得更为重要。本预测期内公司预测业绩与实际业绩之间出现的偏差大小,主要取决于5G时代消费者手机更替速度、公司其他主营产品开拓市场的进度,当然也与我国经济和世界经济总体发展密切相关,其中最为重要的是5G手机市场渗透率和汽车智能化的更迭速度。

思 考 题

1. 如何提高财务预测的准确性?
2. 如何进行动态财务预测?
3. 如何进行预测利润表、资产负债表和现金流量表?
4. 简述可持续增长率的决定因素。

判 断 题

1. 收入预测的准确性决定了全面预测的准确性。( )
2. 基于若干假设条件,企业可持续增长率等于股东权益增长率。( )
3. 所有资产都是敏感性资产,与收入高度相关。( )
4. 固定资产一定是非敏感性资产。( )
5. 企业可持续增长率受销售净利率、资产周转率、权益乘数和股利支付率的影响。

( )

参 考 文 献

[1] 中华人民共和国财政部. 最新企业会计准则 [M]. 北京：法律出版社，2007.
[2] 斯科特. 财务会计理论 [M]. 北京：机械工业出版社，2006.
[3] 张新民，钱爱民. 财务报表分析 [M]. 5版. 北京：中国人民大学出版社，2019.
[4] 陈少华. 财务报表分析方法 [M]. 2版. 厦门：厦门大学出版社，2011.
[5] 谢志华. 会计报表结构分析 [M]. 北京：经济管理出版社，1994.
[6] 胡玉明. 财务报表分析 [M]. 3版. 大连：东北财经大学出版社，2016.
[7] 陈敏. 财务报表列报研究：过去、现在、未来 [M]. 3版. 北京：经济科学出版社，2011.
[8] 帕利普，希利. 经营分析与估值 [M]. 刘媛媛，译. 大连：东北财经大学出版社，2014.
[9] 黄世忠. 财务报表分析理论·框架·方法与案例 [M]. 北京：中国财政经济出版社，2007.
[10] 中国注册会计师协会. 会计 [M]. 北京：中国财政经济出版社，2014.
[11] 张新民. 战略视角下的财务报表分析 [M]. 北京：高等教育出版社，2017.
[12] 樊行健. 财务报表分析 [M]. 2版. 北京：清华大学出版社，2014.
[13] BERNSTEIN L A, WILD J J. 财务报表分析 [M]. 许秉岩，张海燕，译. 北京：北京大学出版社，2004.
[14] 孔宁宁，张新民. 营运资本管理效率对公司盈利能力的影响 [J]. 南开管理评论，2009（6）：121-126.
[15] 中国注册会计师协会. 财务成本管理 [M]. 北京：中国财政经济出版社，2016.
[16] 王淑萍. 财务报告分析 [M]. 北京：清华大学出版社，2007.
[17] 邵宇，秦培景. 证券投资分析：来自报表和市场行为的见解 [M]. 上海：复旦大学出版社，2005.
[18] 吉布森. 财务报表分析：利用财务会计信息 [M]. 北京：中国财政经济出版社，2002.
[19] 佩因曼，林小驰，王立彦. 财务报表分析与证券定价 [M]. 北京：北京大学出版社，2013.
[20] 胡文献，金式容，林峰. 基于上市公司的杜邦财务分析体系 [J]. 华侨大学学报（哲社版），2004（2）：38-44.
[21] 胡文献. 杜邦财务分析方法生命力之哲学思考 [J]. 财会月刊，2006（5）：6-7.
[22] 胡文献. 因素分析法下子指标排序问题思考 [J]. 财会月刊，2007（2）：42-44.